자바 코드의 품질을 높이는 100가지 방법

자바 베테랑이 전하는 실전 오류 패턴과 해법

100 Java Mistakes and How to Avoid Them

자바 코드의 품질을 높이는 100가지 방법

자바 베테랑이 전하는 실전 오류 패턴과 해법

초판 1쇄 발행 2025년 3월 4일

지은이 타기르 발레예프 / **옮긴이** 정병열 / **펴낸이** 전태호

펴낸곳 한빛미디어(주) / **주소** 서울시 서대문구 연희로2길 62 한빛미디어(주) IT출판2부

전화 02-325-5544 / **팩스** 02-336-7124

등록 1999년 6월 24일 제25100-2017-000058호 / **ISBN** 979-11-6921-348-6 93000

책임편집 박지영 / **기획 · 편집** 김지은

베타리더 계기훈, 김우경, 마동석, 박정호, 서영원, 손권남, 윤수혁, 이승환, 이시훈, 전성종, 홍수영, 황시연

디자인 표지 박정우 내지 최연희 / **전산편집** 강창효

영업마케팅 송경석, 김형진, 장경환, 조유미, 한종진, 이행은, 김선아, 고광일, 성화정, 김한솔 / **제작** 박성우, 김정우

이 책에 대한 의견이나 오탈자 및 잘못된 내용은 출판사 홈페이지나 아래 이메일로 알려주십시오.
파본은 구매처에서 교환하실 수 있습니다. 책값은 뒤표지에 표시되어 있습니다.

한빛미디어 홈페이지 www.hanbit.co.kr / **이메일** ask@hanbit.co.kr

자바 베테랑이 전하는 실전 오류 패턴과 해법

자바 코드의 품질을 높이는 100가지 방법

타기르 발레예프 지음, **정병열** 옮김

100 Java Mistakes and How to Avoid Them

MANNING 한빛미디어 Hanbit Media, Inc.

표지의 인물은 1788년에 출판된 자크 그라세 드 생소뵈르Jacques Grasset de Saint-Sauveur의 컬렉션에서 가져온 「Habitant des Isles Philipines(필리핀 섬의 주민)」 작품이다. 이 그림은 정교한 수작업을 통해 완성되고 채색되었다. 당시에는 복장만 보고도 그 사람의 거주지나 직업, 신분을 쉽게 파악할 수 있었다. 매닝은 수 세기 전 지역 문화의 다양성이 담긴 그림을 표지로 선정해 컴퓨터 비즈니스의 창의성과 진취성을 기리고 있다.

지은이 · 옮긴이 소개

지은이 **타기르 발레예프** Tagir Valeev

뮌헨 지사에 있는 젯브레인JetBrains의 테크니컬 리더이며 IntelliJ IDEA의 자바 언어 지원 팀에 소속되어 있다. 그의 주요 관심사는 정적 분석과 코드 리팩터링이다. IntelliJ IDEA에 내장된 정적 코드 분석기를 설계하고 개발했으며 자바 바이트코드 정적 분석 도구인 FindBugs에도 기여한 바 있다. 15년간 자바로 상업용 소프트웨어를 개발해왔고 정적 분석 분야에서만 10년 이상의 경험을 보유하고 있다. 또한 2006년에 컴퓨터 과학 박사 학위를 취득했으며, 2020년에 자바 챔피언 칭호를 획득했다.

옮긴이 **정병열** cloudshadow@gmail.com

어린 시절 BASIC 언어를 계기로 프로그래밍을 접했다. 연세대학교 공과대학을 졸업한 이후 서버 엔지니어와 개발자로 일하며 다양한 업무를 담당했다. 현재는 시니어 개발자로 경력을 이어가는 한편 양질의 개발 서적 출간에 일조하고자 노력하는 중이다. 옮긴 책으로는 『자바 개발자를 위한 데브옵스 툴』, 『자바 마이크로서비스를 활용한 SRE』, 『진화적 아키텍처』 (이상 한빛미디어) 등이 있다.

자바 언어를 공부한 후 이제 어느 정도 활용할 준비가 되신 분들에게 참 좋은 책이 나왔습니다. 이 책의 초반부를 읽으며 과거와 미래가 동시에 떠올랐습니다. 25년 전 자바를 처음 접했을 때의 낯설고 생소했던 그 시절, 15년 전 자바 강사로서 수강생들을 만났을 때의 느낌, 그리고 이제 대학에 진학해 저와 같은 길을 가려고 하는 큰아이의 미래까지. 조금 거창해 보일 수 있겠지만, 이 책을 통해 아이와 자바에 대해 토론할 생각을 하니 벌써부터 행복해집니다. 좋은 기회와 제 아이에게 또 다른 기대를 안겨준 한빛미디어에 진심으로 감사드립니다.

계기훈, 삼성SDS 물류시스템 BA

이 책은 자바의 고유한 특성으로 발생할 수 있는 실수와 개발자로서 반드시 유념해야 할 원칙들을 체계적으로 정리해 보여줍니다. 제가 시행착오를 거치며 직접 터득한 실수 예방법들이 이 책에서는 정답처럼 제시되어 있어 무척 놀라웠습니다. 특히, IntelliJ IDEA의 자바 팀에서 활동하는 저자가 직접 소개하는 정적 분석 활용 팁들은 실무에서 오류를 예방하는 데 큰 도움이 됩니다. 자바 입문자부터 숙련된 개발자까지 모두에게 이 책을 추천합니다.

김우경, CJ올리브영 Back-end Engineer

이 책은 프로그래머에게 주어지는 빨간약, 파란약이다. 이 책을 읽고 나면 내가 만드는 자바 프로그램이 얼마나 많은 잠재적 버그에 노출되어 있는지를 깨닫게 될 것이다.

마동석, Royal Bank Of Canada(RBC) Tech Lead

우리 회사는 한국의 기획자들이 해외 개발자들과 협업해, 한국의 고객들이 원하는 소프트웨어를 만들고 운영합니다. 고객 및 파트너와의 커뮤니케이션 과정에서 서로 경험과 지식의 범위가 달라 각자에게는 쉬운 설명인데도 상대방이 다르게 받아들이는 경우가 많습니다. 이 책에서 다루는 여러 사례와 내용을 이해한다면 코드의 품질뿐 아니라 커뮤니케이션의 효율도 몇 배 올라갈 것입니다. 이 책은 소프트웨어 개발에 관련된 모든 사람이 읽어볼 필요가 있습니다.

박정호, 테크레디 대표

개발자로 일을 하다 보면 MSA, DDD 등 여러 가지 콘셉트를 익히고 적용해야 하지만 결국 우리는 프로그래밍 언어를 사용해야 하죠. AI가 코드를 작성해주는 시대에 프로그래밍의 근본적인 원리를 다루는 책, 특히 제가 다루고 있는 자바라는 언어를 다루는 책이 나와 기쁩니다. 재밌게 읽었고 자바를 사용하는 모든 분께 추천합니다.

서영원, 컬리 소프트웨어 엔지니어

저는 여러 회사의 자바 프로젝트를 진행하면서 정적 분석을 자주 도입했습니다. 그 과정에서 한 가지 중요한 문제점을 발견했습니다. 개발자들이 정적 분석으로 발견된 문제를 제대로 이해하지 못한 채, 단순히 에러 메시지를 없애는 데만 집중하여 오히려 버그가 더 커져버리는 것이었습니다. 이 책도 그와 같은 문제점에 동감하며, 어째서 어떤 항목이 문제가 되는 것인지 상세하게 알려주고 있습니다.

또한 많은 문제점이 코드의 명확성보다는 기교를 부리려다가 발생하곤 합니다. 이 책에서도 불필요한 기교를 부리면서 발생하는 다양한 문제점을 제시합니다. 기교보다는 명확성에 초점을 맞추어야 한다는 점을 잘 보여줍니다. 이 책의 대부분 내용은 모른 채 저지르면 버그나 장애로 이어지는 실수와 그동안 제가 수많은 프로젝트에서 봐왔던 실제 실수들이 다수 포함돼 있습니다. 자바 혹은 JVM 기반 언어 개발자들의 필독서라 할 만합니다.

손권남, 네이버 리더

자바를 다 알고 있다는 자신감에 다른 기술을 습득해왔는데, 이 책을 읽으며 기본적인 내용조차 두루 알지 못했다는 사실을 깨달았습니다. 기본적인 실수를 폭넓게 짚어 주어 자바를 더 깊이 이해할 수 있었고, 기본적인 요소에도 더욱 신경 쓰게 되었습니다.

윤수혁, 코나아이 웹 개발자

이 책은 자바로 코드를 작성할 때 발생할 수 있는 다양한 실수 사례를 소개하며 그 이유를 파악하는 과정을 소개합니다. 이 책을 읽어보며 현재 진행 중인 프로젝트에서 의심되는 부분을 점검해보게 되었고 '이 부분은 의도치 않았는데 예방하고 있었네!' 혹은 '이 실수는 우리도 한 번 검증해봐야 할까?'와 같은 생각이 들곤 했습니다. 특히 마음에 들었던 점은, 코드의 품질을 높이는 100가지 방법이 서로 독립적으로 소개되어 있어 필요한 부분을 순서와 상관없이 쉽게 찾아볼 수 있다는 것입니다. 자바를 처음 배우는 개발자에게는 학습 난도가 다소 있어 곁에 두고 여러 번 읽어보기를 권장드리고, 팀원들과 함께 스터디하기에도 적합한 책이라고 생각합니다. 이 책을 통해 여러분의 코드 품질을 한층 더 높여보길 바랍니다!

이승환, 당근마켓 서버 개발자

개발을 하다 보면 예상치 못한 문제에 부딪힐 때가 많습니다. 전체적인 흐름은 문제없어 보이지만, 원하는 결과가 나오지 않을 때. 하루 종일 디버깅에 매달렸지만, 결국 원인은 사소한 실수였을 때. 이런 순간들은 누구에게나 익숙한 경험일 것입니다.

이 책은 바로 이런 순간들을 줄이는 데 집중한 책입니다. 반복되는 실수들을 분석하고, 가독성을 높이며 유지보수하기 쉬운 코드 작성법을 알려줍니다. 이 책을 읽고 나면 불필요한 시행착오를 줄이고, 보다 효율적으로 개발을 진행할 수 있을 것입니다. 개발은 단순히 동작하는 코드만이 아니라, 문제가 발생하지 않는 코드, 이해하기 쉬운 코드, 협업하기 좋은 코드를 만들어가는 과정입니다. 이 책은 그러한 방향으로 가는 길을 명확하게 제시합니다. 시간을 아끼고, 더 나은 개발자가 되고 싶다면 꼭 읽어볼 가치가 있는 책입니다.

이시훈, CJ올리브영 Back-end Engineer

사람은 누구나 실수를 하지만 개발자의 실수는 때론 큰 장애로 이어지고, 이는 고객의 신뢰나 매출에 큰 타격이 되기도 합니다. 늘 바쁜 우리는 어떻게 실수를 예방할 수 있을까요? 바쁜 일상에서도 부담 없이, 하루에 한 개씩 2~4페이지 분량으로 정리된 실수와 실수 방지 가이드를 읽어보는 것은 어떨까요? 100일 후 당신은 아마도 본인의 실수뿐만 아니라 코드 리뷰에서 동료들의 실수도 발견하고 조언해줄 수 있는 듬직한 리뷰어가 되어있을 것입니다.

전성종, CJ올리브영 Back-end Engineer

이 책은 자바 개발자들이 흔히 저지를 수 있는 다양한 실수를 다룹니다. 실수를 통해 배우는 것은 매우 효과적인 학습 방법 중 하나입니다. 직접 프로젝트를 진행하면서 실수를 경험하고 해결하는 과정에서 많은 것을 배울 수 있지만, 이 책을 통해 다른 사람의 실수를 미리 학습하는 것도 큰 도움이 됩니다. 저는 자바를 현업에서 활발하게 사용하고 있지만, 이 책을 통해 몰랐던 부분도 많이 발견할 수 있었습니다. 『이펙티브 자바 3/E』(인사이트, 2018)처럼 책장에 잘 보이게 꽂아두고 필요할 때마다 꺼내보면 더욱 재미있고 유익하게 활용할 수 있는 책입니다. 이 책을 통해 여러분의 코드가 더욱 견고하고 오류 없이 작성될 수 있기를 바랍니다.

홍수영, LINE+ 소프트웨어 엔지니어

개발 시 IDE나 SonarQube 등의 정적 분석 도구를 통해 냄새나는 코드를 사전에 찾아 개선합니다. 하지만 많은 개발자는 도구가 알려주는 내용을 온전히 이해하고 사용하기보다는, 경고 표시가 뜰 때나 코드 커버리지를 높이기 위해 시간에 쫓겨 수정하곤 합니다. 이러한 문제점을 보완해줄 책이 마침내 출간되었습니다. 이 책의 저자는 젯브레인에서 정적 분석 도구를 직접 개발한 전문가로 관련 이슈들을 누구보다 잘 파악하고 있습니다. 책에서는 자바의 다양한 라이브러리에서 발견된 안티 패턴을 개선하는 방식으로 정적 분석 도구가 어떤 점을 문제로 지적하고 어떻게 개선해야 하는지 상세히 설명합니다. 또한 자바 챔피언인 저자의 예제 설명은 자바 버전별로 발생할 수 있는 이슈를 설명해주는 점이 독자들의 이해를 크게 도와줍니다. 이 책은 개발자들이 정적 분석 도구의 경고를 단순히 해결하는 데 그치지 않고, 그 이면의 원리를 깊이 이해하고 더 나은 코드를 작성하는 데 큰 도움이 될 것입니다.

황시연, 엘로스 백엔드 개발자

2023년 8월, 다음과 같이 시작하는 이메일 한 통이 도착했다. '안녕하세요, 카이! 저는 타기르 발레예프입니다. 메일링 리스트를 통해 토론을 나눴던 적이 있는데 저를 기억하실지 모르겠습니다. 실은 콘퍼런스에서 직접 만난 적도 있었죠….'

약간 이상한 기분이 들었다. 물론 나는 타기르를 알고 있었다. 그러나 그것은 메일링 리스트 때문만은 아니다. 자바 버전이 1.0에 불과하던 시절, 전업 프로그래머들에게 현대 자바를 알리고자 『가장 빨리 만나는 코어 자바 9』(길벗, 2018)라는 책을 쓴 적이 있다. 지금은 고전이 된 이 책을 13번에 걸쳐 개정하는 동안 자바 언어와 라이브러리의 모호하고 까다로운 이면을 깊이 파고들어야 했다. 가끔 도저히 답이 없는 막다른 곳에 이를 때면 검색 엔진을 전전해야 했는데, 그때마다 내가 발견했던 것은 다름 아닌 타기르가 이끌어낸 수준 높은 토론들이었다. 그는 진정으로 자바에 대해 잘 아는 인물이었다. 이런 사람이야말로 책을 써야 마땅하다고 생각했다.

그의 이메일은 마치 이런 내 속마음을 들여다본 듯했다. '제가 난생 처음 책을 쓰고 있거든요'라며 운을 뗀 그는 이윽고 내게 서문을 부탁하며 다음과 같이 책을 소개했다. '이 책에서 저는 개발자들이 자바 프로그램에서 흔히 저지르는 반복적인 실수를 조명하고, 이를 피하는 방법을 조언하고자 합니다.'

분명 신선한 발상은 아니었다. 이러한 소구는 오래전 내가 C 언어로 프로그래밍을 배울 때부터 있어 왔다. 당시 나는 사람들이 이토록 명백히 위험천만한 언어를 사용한다는 사실에 경악했지만, C 외에는 달리 선택의 여지가 없었다. C는 당시 내게 필요했던 라이브러리와 연동되는 유일한 언어였기 때문이다. 나는 온갖 종류의 실수를 저지르고 나서야 앤드류 쾨니히Andrew Koenig의 『C 함정과 실수』(피어슨에듀케이션코리아, 2004)라는 멋진 책이 있다는 사실을 알게 됐다. 만일 이 책으로 C를 먼저 배웠더라면 그토록 좌충우돌하는 일 없이 훨씬 더 안락한 삶을 누릴 수 있었을 것이다.

물론 자바는 C가 아니다. 자바 언어의 표준 라이브러리는 처음부터 매우 신중하게 설계되었다. 그럼에도 자바 1.0의 단순함에 비하면 현재의 자바는 사반세기가 넘도록 켜켜이 쌓인 복잡성에 기대고 있다. 물론 그 사이에 프로그래머들도 교훈을 얻었다. 25년 전에 옳다고 여겼던 것들이 모두 시간의 검증을 통과하지는 못한다는 것이다.

그러므로 자바 언어와 API에 숨은 100가지 함정을 다룰 만한 여지는 충분하다. 타기르가 말하고자 하는 바도 이와 같다. 이 책에 나오는 모든 사례는 타기르가 실제 현장에서 목격했던 코드로부터 비롯되었다. 현존하는 최고의 자바 IDE인 IntelliJ IDEA의 개발자로 젯브레인에서 근무하는 동안 그는 수많은 코드를 접할 기회가 있었다.

이 책을 읽으며 실수의 위험성과 함정의 파훼법을 습득하다 보면 자연스레 그보다 더 많은 것을 배우게 될 것이다. 자바 1.0부터 프로그램을 만들어온 나도 고개를 끄덕이며 납득했던 곳이 많았다. 가끔은 '와 이건 정말 몰랐는걸!'이라며 감탄하기도 했다. 타기르가 선정한 문제들은 하나하나가 핵심적이며 모두 실제 코드에 존재한다. 모름지기 자바 프로그래머라면 이들을 가려내고 바로잡을 수 있는 역량을 갖춰야 한다.

자신의 실패보다 더 빠른 배움의 길은 없으며, 타인의 실패만큼 저렴하면서 값진 교훈도 없다. 타기르가 제시하는 실수의 행로를 따라, 그 길에 놓여진 보상을 마음껏 취하라. 그럼으로써 더 나은, 그리고 더 자신감 넘치는 자바 프로그래머가 되길 바란다. 이보다 더 유능한 안내자는 아마 찾기 힘들 것이다.

카이 호스트만 Cay Horstmann, 산 호세 주립대학교 명예 교수

인간이 기계와 소통하는 수단임에도 불구하고, 프로그래밍 언어에는 인간의 실수에 취약한 지점이 꽤 많다. 추상화 수준이 점점 높아지는 현대 프로그래밍 언어일수록 이면의 작동 원리는 복잡하고 정교해지기 때문이다. 자바도 예외는 아니다. 긴 시간에 걸쳐 지속적인 개선과 변화를 겪어온 이 언어에는 생각보다 많은 함정이 도사리고 있다.

어떤 종류의 경험은 특수한 환경이나 경로를 통해서만 체득된다. 오랜 경력을 통해 저자가 겪은 다양한 경험이 그러하다. 저자는 '프로그램을 만드는 프로그램'의 개발자로서, 셀 수 없이 많은 프로그램의 코드를 읽고 실행하며, 그 안에 내재된 원리를 바닥까지 파고들어야 했다. 다른 개발자가 자주 저지르는 실수나 버그를 효과적으로 줄이는 것은 저자의 최우선 임무였다.

이 책의 의의와 실용적 가치는 더 길게 설명할 필요가 없다. 일단 아무 곳이나 펼치고 잠시만 읽어보면 알게 된다. 자바에 대한 저자의 깊은 이해, 전방위적인 해박함은 금세 드러난다. '자바의 현자가 집대성한 지혜의 정수'라는 독자평은 결코 과찬이 아니다. 이 책에 담긴 온갖 지식은 프로그램 개발과 트러블슈팅 전반에 두루 통용된다. 요즘식으로 표현하자면, **거를 타선이 없다.**

그러므로 이 책을 볼 때는 한 번쯤 본문 전체를 정독해볼 것을 권장한다. 저자가 제시하는 각종 문제를 간접적으로 체험해두면, 해결책은 언제든 본문에서 찾아 발췌할 수 있다. 언젠가 실무 도중 단박에 해결되지 않는 난제를 만나게 된다면 이 책 덕분에 많은 시간과 노력을 절약할 수 있을 것이다.

이 책의 번역 과정은 마치 게임 속 퀘스트를 하나씩 클리어하는 것과 비슷했다. 각각의 실수를 이해하고, 옮기고, 풀어쓰는 회차마다 성취감을 얻었다. 알던 것에는 원리를 보충하고, 몰랐던 것은 새로이 익혔다. 무사히 번역을 마치도록 도와주신 김지은 편집자님과 베타리더분들께 감사드린다. 얼마 전 새해가 시작되었다. 사랑하는 아내와 딸이 올해도 작년처럼 건강하길 바란다.

정병열

필자는 상업용 소프트웨어를 20여 년간 개발해왔다. 주로 자바를 다뤘지만 다른 언어도 사용한 경험이 있다. 직접 짰던 코드만 수십만 줄에 이르며 다른 프로그래머가 짠 코드는 그보다 더 많이 읽어봤다. 이러한 경력 속에서 깨달은 진리가 하나 있다면, **인간은 완벽하지 않다는 것이다.** 모든 프로그래머는 실수한다. 제아무리 똑똑한 소프트웨어 개발자도 가끔은 뻔히 보이는 버그를 탄생시키곤 한다.

실수는 늘 소요를 유발한다. 프로그램이 예외를 일으키면 오작동하거나 중단되고 사용자의 불만을 초래한다. 또한 문제를 재현하고 분석하며 이를 바로잡기까지 많은 시간을 허비하게 한다. 단순한 오타처럼 사소한 실수조차 엄청난 노력의 낭비로 이어질 수 있다.

10여 년 전 필자는 FindBugs라는 자바 정적 분석 도구를 처음 접했다. 이때의 경험은 일종의 계시와도 같았다. 이전까지 필자의 회사에서 한 번도 사용해본 적이 없던 이 도구는, 당시 작업 중이던 프로젝트에서 단 몇 분 만에 수십 개의 실수를 찾아냈다. 그뿐만 아니라 실수가 있는 지점을 정확하게 지적했다. 그 실수가 실제로 사용자에게 영향을 미칠 때까지 기다릴 필요도, 조사할 필요도 없었다. 그저 고치기만 하면 됐다.

필자는 정적 분석의 열렬한 팬이 되었지만, 이내 FindBugs에도 한계가 있음을 알게 되었다. FindBugs의 보고서에는 종종 오탐지 또는 대수롭지 않은 문제들이 섞여 있었으며 이를 검토하기 위해 많은 시간을 보내야 했다. 정작 보고해야 할 버그를 놓치는 일도 많았다. 한동안 필자는 FindBugs에 직접 기여하는 방식으로 이를 개선하려 노력했고, 몇 년이 지난 후에는 자체 분석기를 내장한 IDE인 IntelliJ IDEA 개발 팀에 합류할 수 있었다. 이때부터 필자는 다른 개발자가 버그를 줄이도록 돕는 일을 주요 업무로 삼고 있다.

그 무렵부터 실수를 대하는 필자의 태도는 바뀌기 시작했다. 단순히 실수를 고치는 것을 넘어 스스로에게 질문을 던질 수 있게 되었다. 왜 이런 일이 발생했는가? 처음부터 실수를 예방할 수는 없는가? 앞으로도 비슷한 문제가 발생할 수 있는가? 팀원들이 똑같은 실수를 반복하지 않게 하려면 무엇을 해야 하는가?

결국 필자는 모든 실수에 통용되는 만병통치약은 없다는 것을 깨닫게 되었다. 때로는 정적 분석에 기대고, 때로는 테스트나 어설션의 힘을 빌려야 한다. 코드 스타일을 개선하거나, 코드를 자동 생성하거나, 코딩 대신 라이브러리 메서드를 써야 할 때도 있다. 그럼에도 실수란 모름지기 반복되는 법이다. 따라서 실수는 분류할 수 있으며 각각의 유형마다 일반화된 대응책도 있다. 앞길에 존재하는 함정을 미리 아는 것만으로도 함정을 피할 준비는 이미 갖춰진 셈이다. 이에 필자는 지금까지의 다양한 경험을 정리하고 자바 프로그램에서 발생하는 가장 흔한 실수를 나열한 책을 쓰기로 결심했다. 모쪼록 많은 개발자가 이 책을 읽고 이 책에 실린 다양한 문제를 직접 경험하는 일 없이 미리 대비할 수 있게 되기를 바란다.

타기르 발레예프

이 책은 자바 프로그래밍에서 발생하는 실수들을 한데 모았다. 각 실수에는 코드 예시, 자세한 설명, 파급 효과, 실수 방지 가이드 등이 포함되어 있다. 또한 대부분의 실수마다 '정적 분석'을 통해 관련 도구와 감지 기법을 제시한다. 부록에서는 정적 분석 도구를 확장하고 프로젝트에 특화된 실수를 감지하는 방법을 설명한다.

대상 독자

이 책은 중급 소프트웨어 개발자에게 가장 유용하다. 즉 자바 언어를 어느 정도 알고 있지만 실전 프로그래밍 경험은 충분치 않은 이들을 위한 책이다. 그러나 이 책에서 설명하는 버그 패턴 중 몇 가지는 시니어 개발자조차 생소하게 느낄 수도 있다. 아직 미숙한 개발자 또는 성취도 높은 학생 역시 이 책을 흥미롭게 읽을 수 있을 것이다.

학습 목표

이 책은 총 10장으로 구성되어 있다. 개요를 다루는 1장 이후, 2장부터는 다양한 실수를 일정한 범주로 묶어 하나씩 설명한다. 각각의 실수는 대부분 서로 독립적이므로 이미 알고 있거나 일상 업무와 무관한 항목은 자유롭게 건너뛰어도 좋다.

- 1장에서는 소프트웨어 공학 원리에 입각해 코드 품질을 관리하고 버그를 피하는 일반적인 기법을 설명한다.
- 2장에서는 개별 표현식에서 발생하는 실수를 다룬다. 여기에는 연산자 우선순위 문제, 연산자 혼용, 가변 인수 메서드 호출의 위험성 등이 포함된다.
- 3장은 자바 프로그램의 구조와 관련된 실수에 주목한다. `for` 루프 등의 구문뿐만 아니라 슈퍼클래스와 서브클래스의 순환 초기화 등의 고차원적인 문제까지 다룬다.
- 4장에서는 자바에서 숫자를 다룰 때 발생하는 문제들을 다룬다. 악명 높은 숫자 오버플로 문제가 이곳에서 등장한다.

- 5장에서는 자바에서 가장 흔하게 일어나는 `NullPointerException`, `ClassCastException` 등의 예외에 집중한다.
- 6장은 문자열 처리 과정에서 발생하는 문제들에 초점을 맞춘다.
- 7장은 객체 비교에 몰두하며, 주로 `equals()`, `hashCode()`, `compareTo()` 등의 메서드 사용 방식과 구현에 관련된 문제를 다룬다.
- 8장은 컬렉션과 맵을 사용할 때 발생하는 실수에 집중한다.
- 9장은 이전 장에서 다루지 않았던 실수들을 담고 있다. 오용하기 쉬운 일부 라이브러리 메서드에 대해 설명한다.
- 10장은 유닛 테스트를 작성할 때 발생하는 실수들을 설명한다.

부록에서는 정적 분석 도구를 활용해 프로젝트에 특화된 문제를 포착하는 방법을 간략히 설명한다. 꼭 읽을 필요는 없지만, 커스텀 정적 분석 규칙을 프로젝트에 처음 도입하려는 독자는 이 부록을 가이드로 활용할 수 있다.

예제 코드

이 책은 부록 B를 제외하면 전체적으로 실수 그 자체에 중점을 두고 있기에 컴파일 또는 실행 가능한 전체 프로그램을 다루는 경우가 없다. 그 대신 각각의 실수를 드러내는 간략한 자바 코드 예시를 제시한다. 이러한 소스 코드는 본문과 다른 `고정폭 글꼴`로 표시된다. 예시는 가능한 한 짧게 구현하려 노력했으며 대부분의 경우 클래스나 메서드 선언은 생략하고 메서드 본문만 남겨두었다. 또한 실제 자바 프로그래밍보다 코드를 더욱 간소화시킨 곳도 있다. 이를테면 오버라이드 메서드에 `@Override` 어노테이션을 써야 한다는 권장 사항도 종종 무시한다.

부록 B에서는 정적 분석 도구의 예제 플러그인을 구현하며 전체 프로젝트를 제공한다. 이 플러그인의 소스 코드는 깃허브[1]에서 확인할 수 있다. 또한 이 책의 전체 예제 코드는 매닝 웹사이트[2]에서 다운로드할 수 있다. 또한 역자의 깃허브[3]에도 포크했다.

이 책의 예시 코드는 대부분 스니펫 형식이므로 생략된 부분은 직접 작성하며 확인해보기 바란다. 정적 분석 결과는 IntelliJ IDEA 커뮤니티 에디션에서 대부분 확인할 수 있다. SonarQube와 Error Prone 분석기 또한 IntelliJ IDEA의 플러그인 형태로 설치할 수 있다. JDK는 21을 기준으로 두고, 독자의 취향이나 업무 환경에 따라 그 외의 버전을 병행하며 비교해보는 것도 좋다. 역자의 경우 윈도우 환경에 JDK 15/21을 설치하고 IntelliJ IDEA 2023.3, Eclipse 2024-03 등으로 코드를 테스트했다. 상세한 환경 정보는 역자의 깃허브 저장소 README에서 확인할 수 있다.

1 *https://github.com/amaembo/100_java_mistakes_appendix*

2 *https://www.manning.com/books/100-java-mistakes-and-how-to-avoid-them*

3 옮긴이_ *https://github.com/cloud-shadow/hanbit-java-100*

감사의 말

이 책은 필자의 첫 책이다. 한 권의 책을 만드는 과정에 얼마나 많은 사람이 참여하는지, 그리고 그들이 얼마나 공을 들여 책을 다듬는지 알고 나서 정말 많이 놀랐다. 실로 방대한 양의 작업이었다.

우선, 신인 저자의 제안에도 불구하고 그 안의 잠재력을 인정해준 Daniel Zingaro에게 감사드리고 싶다. 그의 믿음 덕분에 제안서가 검토를 통과할 수 있었고 필자는 매닝 출판사와 계약을 맺을 수 있었다. 또한 이 책의 제목을 제안한 사람도 바로 Daniel이다.

필자에게 가장 큰 도움을 주었던 이는 개발 편집자인 Connor O'Brien이다. 이 책을 쓰기 전까지 필자는 블로그 기고나 콘퍼런스 발표 준비 등의 경험이 제법 있었기에, 독자에게 나의 생각을 전달하는 것에 대해서는 꽤나 자신이 있었다. 그러나 한 권의 책을 쓰는 작업은 그것과는 완전히 다른 경험이었다. 다양한 배경을 지닌 독자들을 대상으로 짜임새 있고 이해하기 쉽게 (그러나 지루하지는 않게) 책을 구성하는 일은 Connor 같은 전문가만이 할 수 있는 일이다. 그는 더 많은 그림과 표를 추가하도록 필자를 독려하고, 이를 통해 독자들의 이해를 돕고 저자의 생각을 공유할 수 있도록 해주었다. 이 책의 각종 도표가 도움이 되었다면 그것은 모두 Connor의 공이다. 그는 수없이 많은 문법 오류를 마지막까지 너그러이 이해해주었고, 노골적인 실수조차 참을성 있게 교정하며 이 책을 접할 리뷰어를 배려하는 것도 잊지 않았다.

필자는 정말 운이 좋게도 유능한 기술 편집자인 Jean-François Morin을 만날 수 있었다. Jean-François Morin은 캐나다 퀘벡주 퀘벡시에 위치한 라발 대학교Laval University의 시니어 자바 개발자 겸 아키텍트이다. 그는 수학 학사와 컴퓨터 과학 석사 학위를 보유하고 있으며 Sun/Oracle의 자바 자격증을 6개나 취득한 인물이다. 또한 풍부한 경험을 지닌 자바 강사인 동시에 매닝과의 정기적인 협력 관계를 유지하고 있다. 필자는 이 책의 내용이 기술적으로 완벽하다고 자부했다. 몇 번이고 반복해서 읽었을 뿐만 아니라 이 주제에 꽤 정통하다고 자신했기 때문이다. 그러나 전문가의 또 다른 관점이 더해지자 이러한 생각은 오만이었음이 드러났다. Jean-François는 예제 코드, 그림, 설명 등에 존재하는 오류를 발견하고 정정해주었다. 또한 모든 독자가 당연히 알고 있을 것이라 간과했던 부분에 설명을 보충해주었다. 이 모두가 유용한 제안이었다.

책의 완성도를 높이기 위해 외부 리뷰도 여러 차례 진행되었다. Radmila Ercegovac는 리뷰어를 물색하고 그들이 시간을 할애하도록 설득하는 어려운 임무를 맡았다. 그들의 리뷰를 처음에는 선뜻 확인하기 두려웠지만, 다행히도 대부분 긍정적인 반응을 보였다. 부정적인 리뷰 또한 책을 개선하는 데 유용하게 활용했다. 다음의 모든 리뷰어들에게 감사드린다. Akin Kaldiroglu, Amit Basnak, Andrea Silva, Andres Sacco, Arijit Dasgupta, Ashaar Riaz, Bob Shock, Bonnie Malec, Brent Honadel, Carl Hope, Chikkanayakanhalli Krishnegowda Purushotham, Cicero Zandona, Clifford Thurber, Cosimo Damiano Prete, Daut Morina, Deshuang Tang, Gandhi Rajan, Giampiero Granatella, Gianluigi De Marco, Greg Gendron, Gregorio Piccoli, Harsh Gupta, Jakub Jabłoński, Javid Asgarov, JeanFrançois Morin, Jerome Baton, John Zoetebier, Julia Varigina, Ken W. Alger, Krzysztof Kamyczek, Lakshmi Narayanan, Maksym Prokhorenko, Marcus Geselle, Matthew Greene, Matthew M. Nelson, Matt Welke, Michael Wall, Mikael Byström, Mikhail Malev, Oliver Korten, Oscar Gil, Rahul Kushwaha, Rajeshkumar Muthaiah, Raushan Jha, Ruben Gonzalez-Rubio, Simeon Leyzerzon, Steve Prior, Suhasa R. Krishnayya, Victor M. Perez, and Walter Alexander Mata López

이 책은 최종 출판 이전부터 MEAP[Manning Early Access Program]을 통해 선공개되었다. 이를 통해 독자들은 책을 미리 구입하고, 집필이 진행되는 과정에 따라 내용을 읽을 수 있었다. 이러한 형태의 출간 과정은 코디네이터인 Matko Hrvatin, Dragana Butigan Berberovic, Ivan Martinović을 비롯한 MEAP 팀의 노력 없이는 불가능했을 것이다. 이들은 이 책의 초고를 아홉 번이나 개정해야 했다. 한 번은 필자가 원고를 고치는 과정에서 문서 양식을 망가뜨리는 바람에 같은 작업을 두 번 하기도 했다. 다시 한번 미안한 마음을 전한다. 집필 중인 책의 버전을 관리하기란 매우 복잡한 일이다.

MEAP에서 이 책은 500부 이상 판매되었다. 이 책을 구매해주신 모든 독자 여러분에게 깊은 감사의 말을 전한다. 필자는 실시간으로 판매량을 확인할 수 있었고 건수가 늘어나는 것을 볼 때마다 크나큰 동기부여와 함께 집필을 이어 나갈 수 있었다. 몇몇 초기 독자들은 피드백을 보내주기까지 했다. 그중에서도 특히 상세하게 오류를 제보해준 Piotr Żygieło에게 감사드린다.

서문을 써주었을 뿐만 아니라 리뷰와 조언까지 제공한 Cay Horstmann에게 각별한 감사를 표한다. 이토록 저명한 저자로부터 피드백을 받을 수 있다는 사실이 정말 기뻤다. 뛰어난 개발자인 Brian Goetz에게도 감사드린다. 그는 초고 일부를 검토하고 유용한 피드백을 남겨 주었다.

출간이 다가오자 기술 교정 담당인 Cosimo Damiano Prete가 책을 검토했다. 그는 이 책에 있는 모든 예제 코드를 일일이 확인하고, 코드의 의미는 무엇인지, 설명대로 작동하는지, 정적 분석 도구가 실제로 경고를 일으키는지 점검했다. 기술 편집자, 외부 리뷰어, MEAP 독자들의 검토를 모두 거친 이후에는 더 이상 오류를 찾기 어려웠지만 Cosimo는 그 와중에도 매우 민망한 오류를 발견했다. 다행히 독자 여러분에게 그것들을 내보이지 않게 되어 매우 기쁘다.

초고가 완성되면 별도의 전담 팀이 제작을 맡아 진행한다. 교열을 담당한 Christian Berk는 아직까지 남아 있던 많은 문법 오류를 교정했고 문장이 더 자연스럽게 읽히도록 재구성했다. Marija Tudor는 조판과 레이아웃을 세심하게 관리했다. Mike Beady는 최종 교정을 담당했다. 이쯤 되면 더 이상 고칠 것이 없을 것이라 생각했지만, 이 단계에서 무려 1,000건이 넘는 부분이 교정되었다. 더불어, 제작 과정 전반을 조율한 Kathy Rossland에게도 감사의 인사를 전한다.

책을 쓰는 일은 전체 과정의 절반에 불과하다. 나머지 절반은 독자들에게 다가가 책을 알리는 과정이다. 이 또한 만만치 않은 작업이며 매닝의 마케팅 부서의 유능함이 돋보이는 분야다. 이들의 여정은 이제 막 시작되었지만, 그 외에도 벌써 많은 이가 다양한 방식으로 홍보에 동참했다. 그중에서도 특히 Aira Dučić, Ana Romac, Radmila Ercegovac, Stjepan Jureković, Nikola Dimitrijevic, Christopher Kaufmann, Erik Pillar, Charlotte Harborne, Paul Spratley를 언급하고 싶다.

Rebecca Rinehart와 Melissa Ice를 비롯한 매닝 경영진의 노고에 감사드린다. 이들은 출판 과정 전반에 대한 매우 상세하고도 포괄적인 정보를 제공했다. 이 책을 만드는 데 참여한 이들 중에는 필자가 미처 알지 못했던 분들이 훨씬 더 많을 것이다. 이 자리를 빌어 매닝 팀 전체에게 감사드린다.

이 책은 필자가 젯브레인에서 일하지 않았다면 결코 세상에 나오지 못했을 것이다. 젯브레인은 IntelliJ IDEA 등의 독보적인 프로그래밍 도구를 만드는 회사다. IntelliJ IDEA는 프로그래머가 실수를 피하는 데 큰 도움을 준다. 이 책에 실린 내용은 대부분 필자의 일상 업무에서 영감을 받아 쓰였다. Trisha Gee, Dmitry Jemerov, Mala Gupta, Andrey Akinshin 등의 몇몇 동료는 이미 집필 경험이 있는 저자들로, 글 쓰는 요령, 출판사 접촉 등에 관한 경험을 필자에게 공유해줬다. 이들 덕에 필자는 두려움을 한결 덜어내고 이 작업에 뛰어들 수 있었다.

마지막으로, 아내와 두 아들인 Ekaterina, Artem, Maksim에게 감사한다. 여가 시간을 모조리 할애해 책을 써야 했음에도 불구하고 가족들은 모두 끈기 있게 필자를 지원해줬다. 물론, 가끔은 지원이 중단되기도 했다. 이 글을 쓰는 지금 이 순간에도 Maksim은 필자의 목에 올라타 귓가에 무언가를 말하려는 참이다. 이 또한 좋은 일이다.

CHAPTER 08 컬렉션과 맵 302

CHAPTER 09 라이브러리 메서드 347

CHAPTER

01

코드 품질 관리

이 장의 내용

- 코드 품질을 향상시키는 다양한 기법
- 정적 분석의 장점과 단점
- 정적 분석 효과를 높이는 방법
- 테스트 및 어설션

모든 소프트웨어 개발자는 코드에 버그를 남긴다. 버그로부터 완전히 벗어나는 방법은 없다. 간혹 사소한 버그는 사용자가 알아채지 못할 만큼 아주 미미한 오작동을 유발한다. 그러나 개중에는 훨씬 심각한 버그도 있다. 이런 버그는 프로젝트에 따라 수백만 달러의 손실을 일으키며 때로는 우주선을 망가뜨리고 심지어 인명 피해를 낳기도 한다. 대부분의 버그는 이러한 사소함과 심각함 사이 어딘가에 존재한다. 치명적인 수준까지는 아니더라도 사용자에게 짜증을 불러 일으키고 디버깅과 수정 작업으로 시간을 허비하게 만들기 충분하다.

버그의 원인에는 스펙 요구 사항에 대한 오해, 소프트웨어 개발 팀과 고객 간의 소통 오류, 기타 사람에 의한 에러 등이 있다. 그러나 이와는 달리 개발자와 기계 사이의 잘못된 의사소통이 만들어내는 버그도 있다. 즉, 개발자가 문제를 제대로 이해했지만 코드를 올바르게 작성하지 않아 기계가 문제를 풀지 못하는 경우다. 이 책은 이러한 범주의 버그에 중점을 둔다.

가끔은 복잡하면서도 독특한 버그를 만나기도 한다. 가령 특정 방식으로는 절대 작동하지 않는 모듈이 있고, 반대로 그 방식으로만 작동하는 또 다른 모듈이 한 프로젝트에 있다고 가정해 보자. 처음에는 아무 일도 없지만 두 모듈이 통신하기 시작하는 순간 문제가 생길 것이다. 더욱 드물게는 3개 이상의 독립된 컴포넌트가 서로 얽혀 문제를 일으키는 경우도 있다. 이러한 문제를 조사하다 보면 마치 빼어난 추리소설을 읽는 듯한 흥분을 느끼기도 한다.

그러나 프로그래머가 만들어내는 버그는 각종 프로그램에 걸쳐 비슷하게 반복되는 경우가 많다. 숙련된 개발자는 실무를 통해 이러한 버그를 지속적으로 경험해왔고, 위험한 코드와 주의가 필요한 지점을 한 눈에 파악할 수 있다. 또한 이들은 각종 유형별 버그를 이미 접해보았기에 문제의 소지가 있는 코드 패턴을 간단히 지목할 수 있다. 반면 경험이 부족한 개발자들은 이러한 버그를 간과하기 쉽다. 개발자의 손을 빠져나간 버그는 프로덕션에 심각한 장애를 일으킬 절호의 기회를 얻게 된다.

이 책의 목적은 이러한 경험들을 정리하는 것이다. 자바 프로그램에서 자주 발생하는 일반적인 실수를 나열하고, 실수가 드러나는 예제 코드를 보여주고, 실수하기 쉬운 원인을 설명하며, 이를 예방하는 방법을 조언할 것이다. 이 책에 나오는 대부분의 실수는 필자가 실제 프로덕션 코드베이스에서 직접 목격한 것들이다. 또한 실제 사례를 바탕으로 예제 코드에 적절히 재구성했다. 이는 특정 프로젝트의 세부 사항에 구애받지 않고 버그 자체에 집중하기 위해서다.

각각의 실수 유형을 논의한 다음에는 '실수 방지 가이드'로 마무리할 것이다. 이 부분은 해당 실수를 예방하기 위한 지침에 해당한다. 또한 그에 앞서 '정적 분석'에서는 해당 실수를 정적 분석 도구가 어떻게 분석하는지 알려줄 것이다. 익히 알고 있는 실수라면 자세한 설명은 건너뛰고 '실수 방지 가이드'를 바로 참고하면 된다. 각각의 실수는 대부분 서로 독립적이므로 당장 관심이 없다면 넘어가도 상관없다. 예를 들어 숫자나 비트 연산을 자주 사용하지 않는 독자는 이와 관련된 실수를 당장 참고할 필요가 없다. 추후 그러한 코드를 다룰 때까지 미루어 두어도 좋다.

이 책에서는 컴파일 에러를 일으키는 실수를 다루지 않는다. 물론 이러한 실수도 자주 발생하지만 컴파일 에러는 컴파일러가 출력하는 에러 정보를 참고해 고치면 그만이다. 다행히 자바 컴파일러는 매우 엄격하게 에러를 판단한다. 다른 프로그래밍 언어에서 허용되는 많은 사항이 자바에서는 에러로 취급된다. 사용되지 않은 코드, 초기화되지 않은 로컬 변수, 불가능한 타입 캐스트 등은 모두 자바 컴파일러가 에러로 취급한다. 이들을 모두 컴파일러가 처리하는 덕에, 컴파일에서 살아 남아 프로덕션 코드로 빠져나가는 문제들에 더 집중할 수 있다.

자바는 끊임없이 발전하고 있으며 버그를 억제하는 언어 구조와 라이브러리 메서드가 신버전에 꾸준히 추가되고 있다. 그러나 이러한 기능은 어디까지나 개발자가 알고 있어야만 쓸모가 있다. 그러므로 자바를 새로운 버전으로 마이그레이션할 때에는 시간을 충분히 들여 신기능에 익숙해지는 것이 좋다. 이 책에 나오는 각종 실수와 관련된 자바의 신기능은 JDK 21 버전을 기준으로 제시할 것이다.

수십 년에 걸친 역사를 통해 소프트웨어 개발 업계에는 다양한 코드 품질 관리 기법이 등장했다. 코드 리뷰, 페어 프로그래밍, 정적 분석 등을 비롯해 유닛 테스트, 프로퍼티 테스트, 통합 테스트, 스모크 테스트 등의 각종 테스트가 모두 이러한 기법에 속한다. 이번 장에서는 그중 가장 주목할 만한 기법을 추려 개괄적으로 설명하고, 앞으로 논의할 각종 버그에 이러한 기법을 적용해볼 것이다.

코드 리뷰와 페어 프로그래밍

코드 리뷰code review는 개발자가 커밋한 변경 사항을 체계적인 절차에 따라 동료들이 검토하는 제도다. 서로 다른 경험, 독특한 배경을 지닌 동료가 코드를 재검토하면 원저자가 놓쳤던 버그가 릴리스 전에 드러나는 경우가 많다. 코드 리뷰는 단순한 버그 방지 외에도 코드 아키텍처를 개선하고 가독성과 성능을 높여준다. 또한 조직 내부에 지식을 공유하고 멘토링 문화를 정착시키는 역할을 한다. 코드 리뷰 제도를 효과적으로 운영하려면 관련 도서, 콘퍼런스 발표, 블로그 기고 등의 훌륭한 자료를 참고하는 것이 좋다. 필자는 먼저 트리샤 지Trisha Gee의 『What to Look for in a Code Review』(Leanpub, 2016)[1]를 추천하고 싶다.

페어 프로그래밍pair programming은 익스트림 프로그래밍 방법론에서 등장한 기법이다. 코드 리뷰 절차를 극단화시켜 아예 두 명의 프로그래머가 함께 개발하는 것이 핵심이다. 둘은 하나의 워크스테이션을 쓰거나 실시간 코드 편집 도구로 함께 작업한다. 후자는 일명 원격 페어 프로그래밍이라 부른다. 이렇게 만들어진 코드는 작성과 동시에 리뷰를 거치는 셈이다. 페어 프로그래밍은 코드 리뷰보다 효과가 좋지만 더욱 세밀한 규정을 필요로 한다. 페어 프로그래밍의 실무 활용 방안에 대한 우수한 참고 자료가 많다. 필자는 아드리안 볼보아카Adrian Bolboacă의 『Practical Remote Pair Programming』(Packt, 2021)[2]을 추천한다. 또한, 익스트림 프로그래밍의 교과서라 불리는 켄트 벡Kent Beck의 『익스트림 프로그래밍』(인사이트, 2006)[3]도 페어

---

1 옮긴이_ https://leanpub.com/whattolookforinacodereview

2 https://www.amazon.com/Practical-Remote-Pair-Programming-collaborating/dp/1800561369

3 https://www.yes24.com/Product/Goods/2126201

프로그래밍을 잘 설명하고 있다.

코드 스타일

자바는 하나의 목표를 달성하기 위해 여러 가지 방식으로 프로그램을 작성할 수 있다. `if` 문 대신 조건 표현식을 쓰고, `while` 루프를 `for` 루프로 대체하고, 구문을 괄호로 감싸거나 생략하고, 로컬 변수를 모두 `final`로 지정하거나 그러지 않고, 들여쓰기 스타일을 마음대로 구사할 수 있다. 이러한 선택 중 상당수는 단순한 취향의 영역에 속하지만, 일부는 뚜렷하게 코드의 버그를 줄이는 효과가 있다.

가령, 숫자에 `long` 타입을 지정하려면 `10l` 또는 `10L`처럼 소문자 `l`이나 대문자 `L`을 마지막에 붙이면 된다. 그러나 소문자 `l`은 모양이 비슷한 숫자 `1`로 혼동할 우려가 있다. 따라서 일반적으로 대문자 `L`을 쓰는 것이 바람직하다는 보편적인 인식이 있다.

단 하나의 구문만 실행하는 `if` 문에 중괄호를 쓰는 것도 비슷한 이유에서다. 자바 언어에서는 이럴 때 다음과 같이 중괄호를 생략할 수 있다.

```
if (a < b)
  System.out.println("a is smaller!");    <-- 괄호 생략: 에러 소지 있음
```

그러나 개발자가 이 조건 안에 한 줄의 코드를 추가할 때 다음과 같은 난감한 실수가 발생한다.

```
if (a < b)
  System.out.println("a is smaller!");
  System.out.println("and b is bigger");    <-- 오류: 이 라인은 항상 실행됨
```

많은 프로젝트와 개발 팀에서 다음과 같이 `if` 문의 본문을 중괄호로 묶도록 강제하는 것은, 바로 위와 같은 사고를 예방하기 위해서다.

```
if (a < b) {                              <--
  System.out.println("a is smaller!");        중괄호가 코드를
}                                         <-- 더욱 견고하게 만든다
```

자신의 프로젝트는 고유한 코드 스타일을 추구하거나 검증된 기존 스타일을 따를 수 있다. 후자의 경우 **구글 자바 스타일 가이드**[4]는 한 번쯤 읽어볼 만하다. 이 가이드가 자바 프로그래밍의 모든 면을 낱낱이 설명하지는 않는다. 또한 신기능 측면에서 보면 다소 뒤처지는 것도 사실이다. 그러나 자신의 코드 스타일을 정립하기 시작한 개발자에게는 좋은 출발점이 될 것이다. 오라클 웹사이트에는 'Code Conventions for the Java Programming Language'라는 좋은 자료가 있지만, 아쉽게도 지속적으로 관리되고 있지는 않다. 또한 배경이 되는 자바 버전도 매우 구형이다. 한편 코드 스타일의 상당 부분은 통합 개발 환경integrated development environment (IDE)에서 자동 포맷 기능으로 손쉽게 맞추어 줄 수 있다. 예를 들어 이클립스 IDE는 'Preferences' 창에 있는 'Java' – 'Code Style' 메뉴에서 각종 코드 스타일을 설정한다. 주요 스타일 옵션들은 대부분 'Clean Up' 하위 메뉴에 있다. 여기에서 [Edit] 버튼을 누르면 [그림 1–1]처럼 자세한 설정 창이 나온다. 이전 단락에서 언급했던 Long 리터럴 접미사, `if/while/for/do` 문의 블록 설정을 비롯해 다양한 스타일 옵션이 있다. 자유롭게 설정을 바꾸며 직접 결과를 확인해 보기 바란다. 변경된 설정은 오른쪽 'Preview' 창에 바로 반영된다. 그중 버그를 방지하는 데 도움이 될 만한 설정은 무엇일까?

IntelliJ IDEA는 설정 방식이 약간 다르다. 간격, 줄 바꿈, 괄호 등의 코드 스타일은 'Settings' – 'Editor' – 'Code Style' – 'Java' 메뉴에서 설정한다. 이 설정은 XML 파일 또는 EditorConfig 파일로 저장할 수 있다. Long 리터럴 접미사를 포함한 각종 옵션은 'Settings' – 'Editor' – 'Inspections'에서 설정하며 **inspection profile**이라 불리는 별도의 파일로 저장할 수 있다. IDE 문서를 보면 이러한 설정 파일을 팀원들과 공유하는 방법도 알 수 있다.

4 *https://google.github.io/styleguide/javaguide.html*

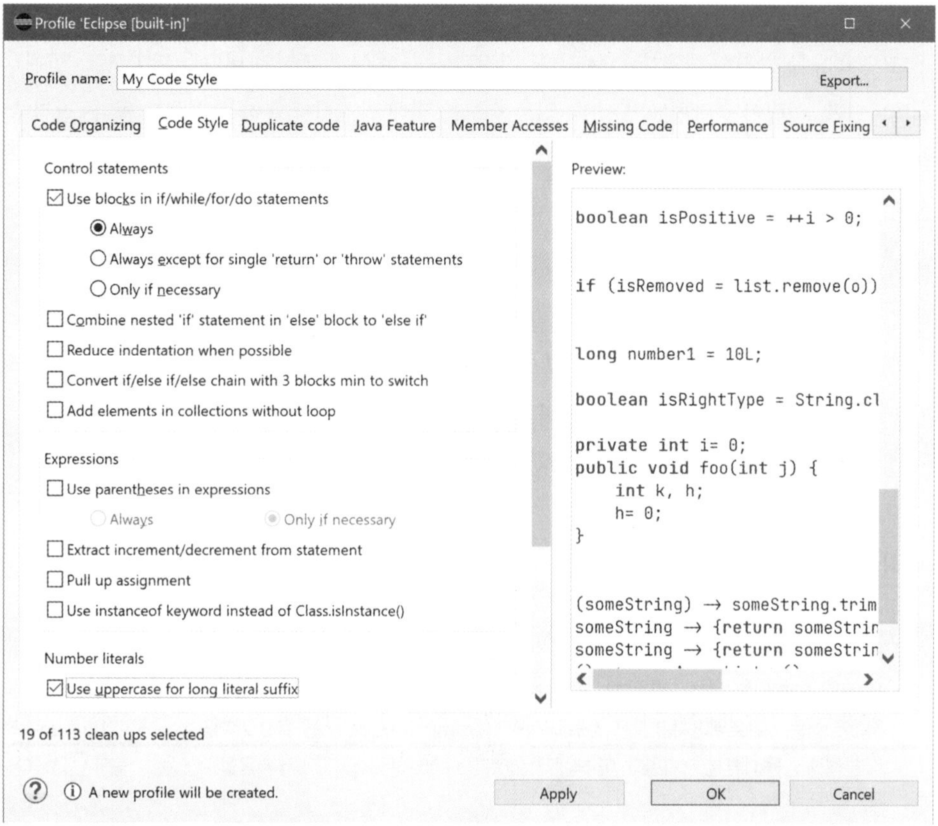

그림 1-1 이클립스 'Clean Up' 설정 창

코드 스타일을 통일하면 코드 가독성이 향상되고 에러 발생률도 낮아진다. 그러나 일관된 코드 스타일로 방어할 수 있는 에러는 전체 중 일부에 불과하다. 이 책에서 다루는 대부분의 실수는 코드 스타일만으로 방지할 수 없다. 코드를 더욱 견고하게 만들려면 또 다른 방식으로 문제에 접근해야 한다.

정적 분석

정적 분석static analysis은 버그 탐지 분야에 활용하기 좋은 기술이다. 조금 달리 표현하면, 정적 분석이란 일정 수준까지 자동화된 코드 리뷰라 할 수 있다. 사람이 하는 코드 리뷰와 마찬가지로 정적 분석 또한 의심스럽고 헷갈리고 에러 가능성이 높은 코드를 지목한다. 그러나 정적 분석이 코드 리뷰를 완전히 대체할 수는 없다. 정적 분석기는 특정 유형의 버그를 탐지하는 데 매우 뛰어나지만, 사람이 간단히 식별할 수 있는 버그를 절대 탐지하지 못하는 경우도 많다. 정적 분석기는 특정 패턴을 감지하는 식으로 코드를 분석하는데, 이러한 패턴에서 벗어난 코드를 발견하면 혼동을 일으키곤 한다.

대부분의 독자는 프로그래밍 관련 기사나 콘퍼런스 강연을 통해 **린트**lint 또는 **린터**linter라는 용어를 접해봤을 것이다. 1978년에 처음 개발된 린트는 C 언어 최초의 정적 분석 도구로 널리 알려졌다. 그 이후 린트라는 단어는 정적 분석기를 지칭하는 일반적으로 용어로 정착되었다. 분석기명에 아예 린트를 붙이기도 한다. 자바스크립트용 정적 분석기인 JSLint도 마찬가지다.

자바용 정적 분석 도구

자바 프로그램을 검사하는 정적 분석기는 매우 많다. 그중 몇 가지를 나열하면 다음과 같다.

- **IntelliJ IDEA**:[5] 강력한 정적 분석기가 내장된 자바 IDE이며 자바를 비롯한 다양한 언어를 지원한다. 기본적으로 상용 소프트웨어지만 오픈 소스 버전인 Community Edition을 무료로 제공한다. 무료 버전 또한 정적 분석 기능을 대부분 포함한다. 이 책에서는 IntelliJ IDEA 무료 버전에서 사용할 수 있는 기능만 언급한다.

- **SonarQube for ide**:[6] 소나Sonar 사의 무료 정적 분석기이며 IDE 플러그인으로 형태로 제공된다. 자바를 포함한 다양한 언어를 지원한다. 같은 회사에서 나온 코드 품질 검사 플랫폼인 SonarQube에도 이 분석기가 통합되어 있다. 이 책에서는 전자만 다루며 SonarQube로 통칭한다.

- **Error Prone**:[7] 구글에서 개발한 오픈 소스 정적 분석기이며, 자바 컴파일러 플러그인 형태로 작동한다.

- **PVS-Studio**:[8] C, C++, C#, 자바 등의 각 언어별 정적 분석기를 제공한다.

- **PMD**:[9] 오픈 소스, 규칙 기반, 확장 가능, 교차 언어cross language 지원 등을 특징으로 내세운 정적 코드 분석기이다. 자바 외에 XML, 자바스크립트, 코틀린 등의 여러 언어에서 문제를 감지한다.

---

5 https://www.jetbrains.com/idea/

6 https://www.sonarsource.com/products/sonarlint/

7 https://errorprone.info/

8 https://pvs-studio.com/

9 https://pmd.github.io/

- **SpotBugs**:[10] 소스 파일이 아닌 자바 바이트코드bytecode를 검사하는 정적 분석기이다.
- **Coverity**:[11] Synopsys 사의 정적 코드 분석 도구다. 다양한 언어를 취급하며 자바, 자바스크립트, C# 등으로 제작된 200개 이상의 프레임워크를 지원한다.
- **Klocwork**:[12] Perforce 사의 정적 코드 분석 도구다. 보안과 안전에 중점을 두며 C, C++, C#, 자바, 자바스크립트, 파이썬 등의 다양한 프로그래밍 언어를 지원한다.
- **CodeQL**:[13] 깃허브에 통합된 정적 분석기이다. 깃허브 호스팅 프로젝트는 워크플로에서 CodeQL이 자동으로 코드를 스캔하도록 설정할 수 있다. 다양한 언어를 지원하며 심층적인 절차 간 분석interprocedural analysis을 제공한다. 또한 자체 쿼리 언어를 이용해 분석기를 확장할 수 있다.

여기서 나열한 것들 이외에도 각기 다른 장단점을 지닌 분석기가 많다. 그러나 이 책에서 그들을 일일이 비교하지는 않을 것이다. 분석기 선정은 독자들의 몫이다. 정적 분석기를 사용하면 아무것도 하지 않을 때보다 무조건 이롭다는 사실을 명심하기 바란다. 버그를 최소한으로 줄이기 위해 심지어 복수의 분석기를 가동하는 프로젝트도 있다.

정적 분석기

일부 정적 분석 도구는 IDE 플러그인이나 확장 형태로 설치해야 한다. 가령 SonarQube는 자바 IDE 플러그인 방식으로 손쉽게 설치할 수 있다. 이클립스 IDE에서는 'Help' – 'Eclipse Marketplace'를 열고 **SonarQube**를 검색하면 된다. 플러그인을 설치하고 나면 편집기에서 코드의 문제를 자동으로 알려준다. 가령 `int` 값을 32비트만큼 이동시키는 단순한 실수를 가정해보자. 자바에서 이러한 작업은 아무 의미가 없으므로 단순한 실수일 가능성이 높다. 거의 모든 자바 정적 분석기는 이러한 코드를 사용자에게 보고한다. [그림 1-2]는 SonarQube 플러그인이 설치된 이클립스 IDE에서 실수를 감지한 화면이다.

10 https://spotbugs.github.io/

11 https://mng.bz/0lol

12 https://www.perforce.com/products/klocwork

13 https://codeql.github.com/

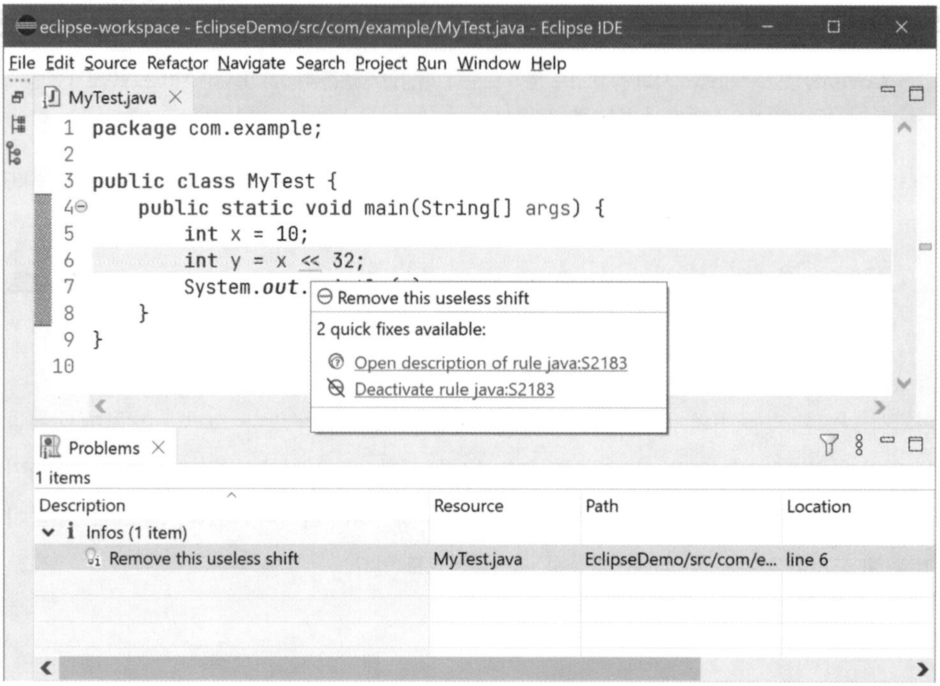

그림 1-2 SonarQube가 설치된 이클립스 IDE에서 int 값의 32비트 이동을 경고하는 화면

실수를 낸 부분에 밑줄이 생기고 'Problems' 뷰에는 항목이 추가됐음을 알 수 있다. 해당 코드에 마우스를 올리면 실수에 대한 설명을 보거나 검사 규칙을 비활성화하는 옵션이 나온다. SonarQube는 전체 프로젝트 또는 일부(예: 특정 패키지) 영역으로 검사 범위를 지정할 수 있다.

SonarQube는 비주얼 스튜디오 코드Visual Studio Code 확장도 지원한다. VS Code에서 'Install Extensions' 액션을 선택하고 **SonarQube**를 검색하고 설치하면 소스 코드 분석이 바로 시작된다. 결과 화면은 [그림 1-3]처럼 이클립스Eclipse와 매우 비슷하다. 'Problems' 뷰에 검사 항목이 나열되고 해당 설명을 보거나 검사 규칙을 비활성화하는 기능이 추가된다.

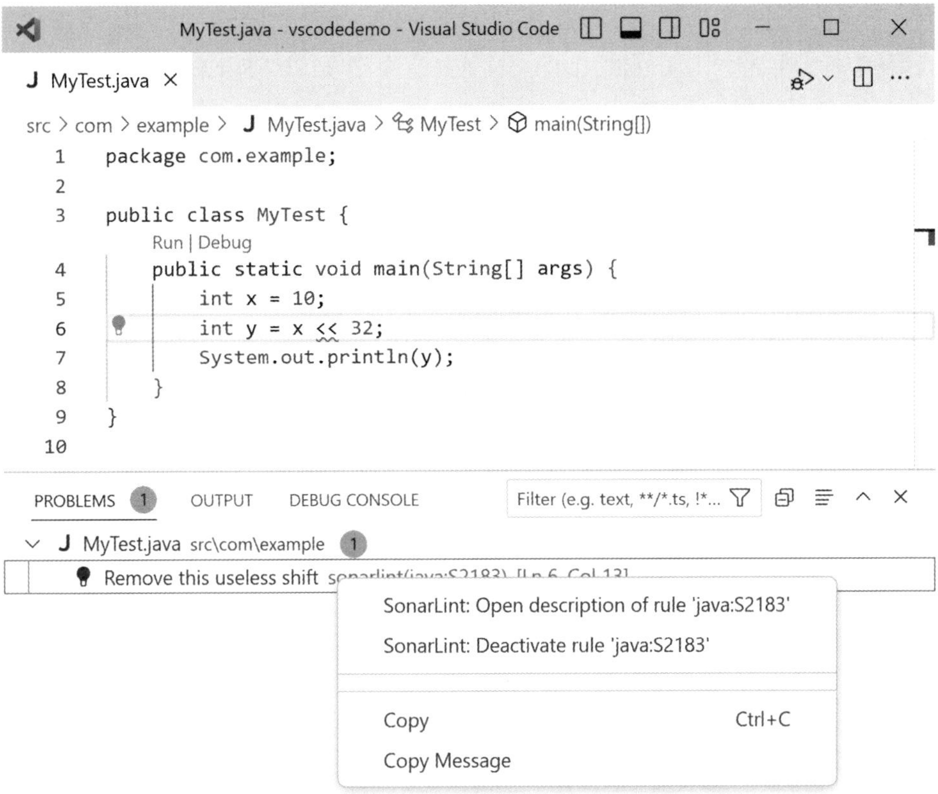

그림 1-3 SonarQube가 설치된 VS Code에서 `int` 값의 32비트 이동 경고를 보여주는 화면

SpotBugs 또는 PVS-Studio 등의 정적 분석 플러그인 및 확장도 비슷한 방식으로 설치할 수 있다. PVS-Studio를 사용하려면 통상적으로 유료 라이선스가 있어야 한다.

Error Prone은 빌드 프로세스에 통합하는 정적 분석기다. 빌드 시스템에 따라 메이븐 또는 그레이들 빌드 스크립트에 플러그인 형태로 추가한다. 자세한 내용은 공식 설치 문서[14]를 참고하기 바란다.

IntelliJ IDEA처럼, IDE를 선택하는 것만으로 강력한 정적 분석기를 얻게 되는 경우도 있다. IntelliJ IDEA를 기반으로 제작된 구글의 안드로이드 스튜디오도 마찬가지로 정적 분석기를 내장하고 있다. 이러한 IDE는 정적 분석 기능을 추가로 설치하거나 구성할 필요가 없다. 코드

14 *https://errorprone.info/docs/installation*

에서 실수를 발견하면 [그림 1-4]처럼 편집기가 자동으로 이를 강조하고 관련 정보를 표시한다. 물론 외부의 분석기도 IntelliJ IDEA에서 사용할 수 있다. 가령 SonarQube를 사용하려면 플러그인 마켓플레이스에서 검색하고 설치하면 된다. 젯브레인JetBrains 사의 지속적 통합 서버인 Qodana[15] 서버 또한 IntelliJ IDEA 정적 분석 엔진을 사용한다.

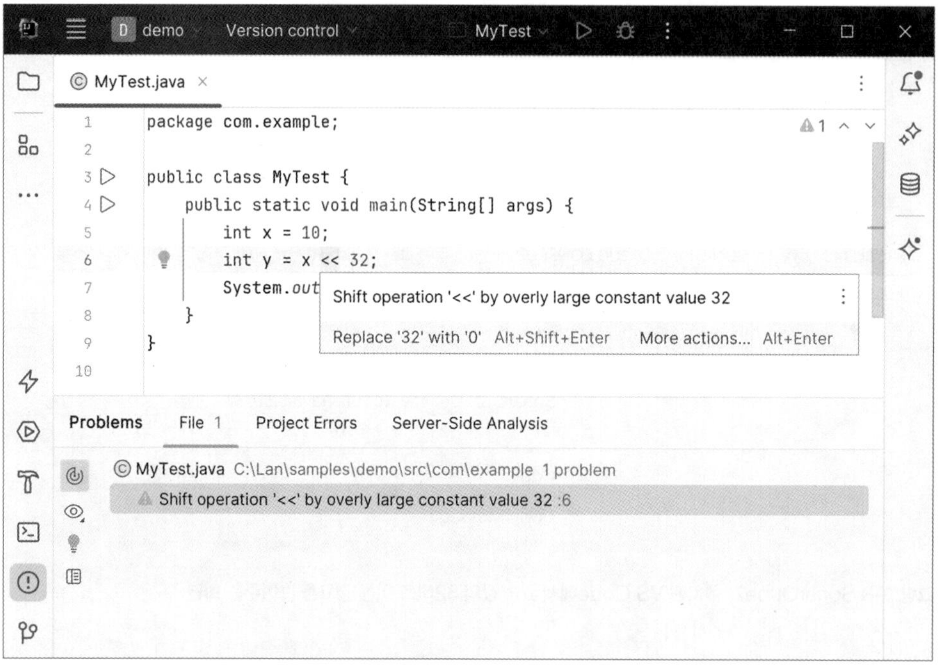

그림 1-4 IntelliJ IDEA 내장 정적 분석기의 32비트 이동 경고

실수를 발견했을 때 IDE는 퀵픽스quick-fix 기능을 통해 대체 코드를 제시한다. 그러나 무턱대고 이를 받아들이면 안 된다. 가끔 퀵픽스 기능은 코드의 의미semantics는 그대로 둔 채 그저 간소화시키는 방안을 제시하곤 한다. 하지만 해당 실수가 정말로 버그라면 코드의 의미가 바뀌어야 한다. [그림 1-4]에서 검사기가 제시한 수정안은 `x << 0`이다. 이렇게 하면 코드의 기존 의미는 유지되지만 문제는 해결되지 않을 것이다. `x`를 다른 상수로 교체하거나 `int` 대신 `long` 타입으로 선언하는 것이 원래 개발자의 의도에 맞는 제안일지도 모른다. 만일 그렇다면 32비트를 이동시키는 코드도 말이 된다. 확실치는 않지만 어쨌든 이 경우 퀵픽스의 제안은 도움이 되

15 *https://www.jetbrains.com/qodana/*

지 않는다. 그러므로 경고가 발생하면 검사기의 수정안을 맹신하지 말고 항상 근본적인 원인을 먼저 조사해야 한다.

강조된 코드에서 Alt + Enter를 누르면 [그림 1-5]처럼 콘텍스트 작업 목록이 나타난다. 여기서 오른쪽 화살표를 누르면 설정 편집, 경고 숨김, 검사 비활성화 등의 옵션을 볼 수 있다.

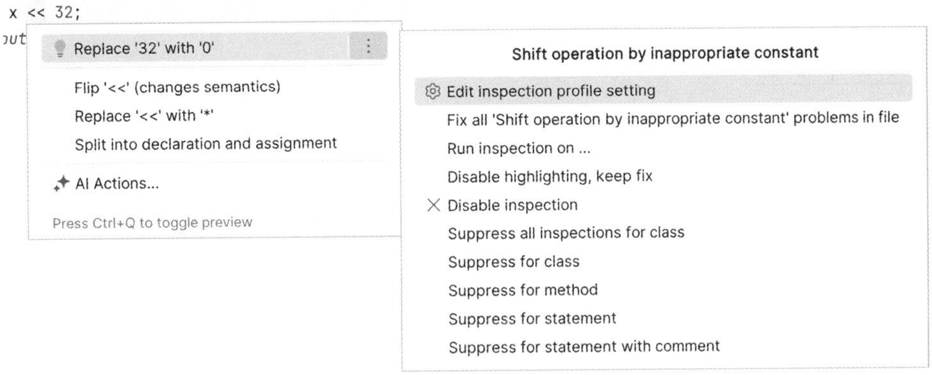

그림 1-5 설정 편집, 경고 숨김, 검사 비활성화 등의 정적 검사 옵션 메뉴

정적 분석기는 자바 표준 라이브러리 메서드가 어떻게 작동하는지 이해하며 이를 잘못 사용했을 경우 경고를 보낸다. 그러나 통상적으로 정적 분석기는 개발자가 직접 만든, 또는 서드파티 라이브러리 메서드에 대해서는 잘 알지 못한다. 이들의 작동 방법을 정적 분석기에게 알려주려면 분석기가 인식하는 특정 어노테이션을 메서드에 지정해야 한다. 앞으로 본문 전반에 걸쳐 이러한 어노테이션들이 등장할 것이다. 상세한 설명은 부록 A를 참고하기 바란다.

대다수의 정적 분석기는 확장 가능성을 열어둔다. 보통은 플러그인 형태의 API를 통해 새로운 유형의 문제를 감지할 수 있도록 지원하는 경우가 많다. 분석 설정을 유연하게 열어두거나 관련 스크립트 기능을 지원하는 분석기도 있다. IntelliJ IDEA의 구조화된 검색structural search이나 치환 작업replace action 등이 좋은 예다. 정적 분석기의 확장에 대해서는 부록 B에서 더 자세히 논의한다.

정적 분석

앞으로 대부분의 실수 유형마다 '정적 분석' 관련 정보를 제공할 것이다. 이곳에서는 IntelliJ IDEA나 SonarQube 등의 대중적인 도구를 기준으로 해당 실수와 관련된 검사 유형이나 규칙 이름을 알려준다. 또한 그에 따른 정적 분석의 한계를 언급하고, 특정 문제를 발견하기 위한 필요한 추가 설정 등을 논의할 것이다.

정적 분석의 한계

대부분의 실수마다 정적 분석 기법이 있다는 말에 혹자는 다음과 같은 의문을 제기할 것이다. 결국 분석기가 실수를 발견하고 경고해줄 텐데 굳이 개발자가 이를 자세히 공부해둘 필요가 있을까? 아쉽지만 정적 분석은 과도하게 의지하기 쉬운 기술일 뿐 전능한 존재는 아니다. 실수를 예방하는 데 확실히 도움이 되는 반면 그 한계 또한 명확하다.

정적 분석 도구는 온라인 혹은 오프라인 환경에서 작동한다. 온라인 분석기나 편집기용 분석기는 에디터에 통합되는 형태로 작동하며 새로운 코드를 입력하거나 저장하는 순간 분석 결과를 업데이트한다. 일반적으로 온라인 정적 분석 도구는 현재 열려 있는 편집기에서 발견한 버그만 표시한다. 반면 오프라인 분석은 명시적으로 실행하거나 지속적 통합 서버에서 수행하며 전체 프로젝트 보고서를 생성하므로 시간이 훨씬 많이 걸린다. 온라인 정적 분석의 편리함과 유능함에는 한계가 있다. 끊임없이 변경되는 코드를 제한된 CPU 리소스를 활용해 실시간으로 분석해야 하기 때문이다. 특히 온라인 분석기는 절차 간 분석 면에서 매우 뚜렷한 한계를 드러내곤 한다.

또한 온라인 분석은 특정 클래스가 변경되는 순간 이를 사용하는 다른 클래스에 발생하는 문제를 놓칠 우려가 있다. 이러한 에러를 분석기가 감지할 수 있다 해도, 변경된 클래스 메서드를 호출하는 곳을 명시적으로 모두 확인하지 않는 한 안심할 수 없다. 따라서 이런 경우에는 전체 프로젝트를 검사하는 오프라인 분석이 더 효과적이다.

대부분의 현대식 IDE는 별다른 설정을 하지 않아도 온라인 코드 분석 기능이 잘 작동한다. 그러나 막상 쓰다 보면 이 기능이 불편하게 느껴지기도 한다. IDE가 제보하는 문제가 실제로는 프로젝트와 무관한 경우가 많기 때문이다. 예를 들어 정적 분석기는 `System.out.println()` 구문 대신 로깅 프레임워크를 사용하라고 제안하곤 한다. 그러나 이는 엔터프라이즈 소프트웨어에 어울리는 조언이다. 프로젝트 규모가 작거나 실험적인 성격을 띠고 있다면 굳이 로깅 설정까지 건드릴 것 없이 콘솔에 바로 출력하는 편이 낫다.

기술적으로는 옳지만 실제로는 프로젝트에서 문제가 되지 않는 부분을 지적할 때도 많다. 이러한 경고를 일일이 처리한다면 시간도 많이 걸리고 코드는 오히려 복잡해질 것이다. 가령 평균을 계산하는 `(a + b) / 2` 코드에서 `a`와 `b`의 값이 일정 수준 이상 커지면 오버플로가 발생한다('실수 027' 참고). 그러나 실제 프로그램에서 `a`와 `b`가 그보다 한참 작은 값임이 명백하다면 아무런 문제도 생기지 않는다. 이 경우 분석기의 경고에 대응하는 일은 그저 시간 낭비에 불과하다.

일반적으로 정적 분석기는 특정한 코드 패턴을 검색하고 보고한다. 따라서 이러한 패턴과 다른 형태로 코드를 작성하면 평소 정적 분석기가 인식하는 실수도 놓칠 가능성이 있다. 가령 대부분의 정적 분석기는 홀수와 음수로 인한 문제 가능성을 검사한다. `value % 2 == 1` 등의 표현식에서 `value`가 음수라면 이 표현식은 쓸모가 없기 때문이다. 그러나 여기서 `value % 2` 부분을 별도의 변수로 추출하면 상황이 달라진다. 이전과 기술적으로 동일한 코드이며 실수일 가능성이 여전히 있지만 어떤 분석기는 이 문제 패턴을 감지하지 못한다.

또한 정적 분석기가 발견하는 실수들이 여러 분석기 사이에서 일관적이지 않다는 점도 유의해야 한다. 아무리 뛰어난 분석기라도 다른 분석기가 발견한 실수와 비교했을 때 놓치는 항목이 있을지도 모른다. 이에 대비해 여러 분석기를 동시에 활용하는 프로그래머도 있지만, 이것도 쉬운 일은 아니다. 여러 분석기를 일일이 설정해야 할 뿐만 아니라 오탐지나 불필요한 경고도 그만큼 늘어나기 때문이다.

마지막으로, 단순히 정적 분석기가 틀렸을 가능성을 고려해야 한다. 제아무리 최첨단 기술로 만들어진 분석기라 해도 하나의 프로그램을 온전히 완벽하게 검사할 수는 없다. 정적 분석기 또한 프로그램이므로 버그가 있을 것이다. 정적 분석기 개발자가 한 번도 접해보지 못한 코드가 자신의 프로젝트에 있다면, 분석기는 이를 의심스러운 코드로 판단할지도 모른다.

불필요한 경고 해제

실제로 정적 분석기를 써보면 불필요한 경고가 상당히 많이 발생한다는 사실을 알게 될 것이다. 이렇듯 과도한 경고는 여러 경로를 통해 억제할 수 있다. 대부분의 정적 분석기는 **진단**dignotics, **규칙**rules, **감지기**detectors, **검사**inspections 등의 독립적인 도구로 구성된다. 각 도구는 개별적으로 켜고 끌 수 있으며 적용 범위도 전체 프로젝트 또는 특정 영역으로 제한할 수 있다. 또한 분석기의 설정 옵션을 통해 특정 상황에서 경고를 끄거나 커스텀 로깅 프레임워크처럼 사용자가 만든 특정 클래스를 인식시킬 수 있다.

검사 기능은 켜 놓은 채 특정 경고만 차단해야 할 때도 많다. 이러한 예외 상황은 일반적으로 코드 주석이나 어노테이션으로 해결할 수 있다. 대표적으로 IntelliJ IDEA는 두 가지 방법을 모두 지원한다. 주석으로 경고를 억제하려면 `noinspection`으로 시작하는 주석을 작성하면 된다. 이 방법은 경고 억제 사유를 코드에 직접 남겨둘 수 있다는 장점이 있다. 예를 들어, `debugData`라는 `List` 타입 로컬 변수를 선언하고 값을 채운 뒤 이를 읽어 들이는 코드는 작성하지 않았다고 가정해보자. IntelliJ IDEA는 이 코드가 미심쩍다고 판단하며 컬렉션이 생성되었지만 읽히지 않았다는 경고를 보낸다. 그러나 이 변수가 실제로는 문제 발생 시 디버깅 또는 메모리 덤프 분석 용도로 선언됐다면 해당 경고는 의미가 없다. 따라서 이런 경우에는 다음과 같이 경고를 억제할 수 있다.

```
//Collection is never read: 의도됨 (디버그용)
//noinspection MismatchedQueryAndUpdateOfCollection
List<String> debugData = new ArrayList<>();
```

또는 다음과 같이 `@SuppressWarnings` 어노테이션을 써도 된다.

```
//Collection is never read: 의도됨 (디버그용)
@SuppressWarnings("MismatchedQueryAndUpdateOfCollection")
List<String> debugData = new ArrayList<>();
```

어노테이션은 변수 선언부, 메서드, 클래스에만 적용할 수 있어 유연성이 다소 떨어진다. 경고 억제 어노테이션을 메서드에 지정하면 그 안에서 발생하는 특정 종류의 경고가 모두 사라진다. 이렇게 하면 향후 발생할 가능성이 있는 유용한 경고까지 억제된다. 즉 실수를 했을 때 이를 놓칠 위험도 높아진다는 뜻이다. 따라서 경고를 억제할 때는 적용 스코프를 가능한 한 좁히는 것이 좋다.

동일한 문제에 대에 분석기마다 서로 다른 억제 ID와 주석을 쓰는 경우도 있다. 예를 들어 [표 1-1]은 각종 분석기에서 `x << 32` 표현식 경고를 억제하는 방법을 나타낸다.

표 1-1 다양한 분석기마다 잘못된 비트 이동 경고를 억제하는 방법

정적 분석기	억제 어노테이션
IntelliJ IDEA	`@SuppressWarnings("ShiftOutOfRange")`
Error Prone	`@SuppressWarnings("BadShiftAmount")`
SonarQube	`@SuppressWarnings("squid:S2183")`
SpotBugs	`@SuppressFBWarnings("ICAST_BAD_SHIFT_AMOUNT")`

표를 보면 아마 짐작이 가겠지만, 복수의 정적 분석 도구를 사용하면 이러한 억제 방식도 복잡해진다. 가령 IDE와 CI 서버에 서로 다른 분석기가 있다면 같은 코드를 동시에 경고하므로 각각을 모두 억제해야 하기 때문이다.

때로는 불필요한 정적 분석 경고를 무작정 억제하기보다, 분석기가 원하는 쪽으로 소스 코드를 수정하는 것이 효과적이다. 이에 대해 혹자는 분석기를 만족시키는 코드가 아닌 정확하고, 빠르고, 읽기 쉽고, 관리하기 좋은 코드를 목표로 해야 한다고 주장할 것이다. 그러나 분석기에 맞추어 코드를 수정하면 코드를 읽는 사람에게도 도움이 되는 경우가 많다. 경고를 파악하고 줄여 나가는 일이 항상 쉽지만은 않지만 다음과 같은 일반적인 기법들을 참고해두면 많은 도움이 될 것이다.

- 정적 분석기가 선호하지 않는 특수한 코드 패턴을 프로그램의 여러 곳에서 사용할 경우, 해당 패턴을 유틸리티 메서드로 추출하고 이를 각지에서 호출하도록 고쳐보자. 이렇게 하면 그 메서드에서 발생하는 하나의 경고만 억제하면 된다. 또한 이 메서드에 대한 문서를 작성하고 그러한 특수 코드 패턴이 존재해야 하는 이유를 설명할 수 있다. 이 문서는 향후 코드를 보게 될 이들에게 도움이 될 것이다.

- 의미가 있는 값을 동일하게 두 번 이상 계산할 때는 해당 값을 로컬 변수로 추출하는 것이 좋다. 중복 코드를 제거할 뿐만 아니라 두 계산 값이 동일하다는 것을 분석기에 알리는 효과가 있다. 다음 예시를 살펴보자.

```
@Nullable String calculateData(int value) {…}   <-- 입력값에 따라 null을 반환할 수 있는 메서드

void printData() {
  if (calculateData(1000) != null) {
    System.out.println(calculateData(1000).trim());   <-- 경고: Method invocation trim() may produce NullPointerException
  }
}
```

이 코드는 동일한 파라미터로 `calculateData()` 메서드를 두 번 호출한다. 통상적으로 메서드는 입력 파라미터에만 의존하며 입력값이 같으면 다시 호출해도 결과가 바뀌지 않는다고 간주한다. 그러나 어떤 정적 분석기는 이렇게까지 추론하지 못한다. 분석기가 보기에 해당 메서드는 `@Nullable` 어노테이션('실수 041' 참고)이 지정되었으므로 반환 결과가 `null`인지 매번 확인해야 한다고 판단할 것이다. 따라서 `calculateData()`의 결과에 직접 `trim()`을 호출하면 불필요한 경고가 발생한다. 이러한 경고를 단순히 억제하는 방식으로 분석기를 무마시킬 수도 있지만, 중복 호출 코드를 다음과 같이 새로운 로컬 변수로 추출하는 방법도 있다.

```
String data = calculateData(1000);
if (data != null) {
  System.out.println(data.trim());   ◁— 경고가 발생하지 않는다
}
```

이제 `data` 변수에 저장된 값이 `null`인지 확인했으므로 분석기는 더 이상 경고를 보내지 않는다.

자동화된 테스트

자동화된 테스트automated testing는 대표적인 버그 탐색 기술이며 유닛 테스트, 프로퍼티 기반property-based 테스트, 기능 테스트, 통합 테스트 등의 다양한 유형이 있다. 그중 테스트 주도 개발test-driven development(TDD)은 실제 코드보다 테스트를 먼저 작성할 정도로 완전히 테스트를 우선시하는 방법론이다. TDD를 더 자세히 알고 싶다면 『Test Driven』(Manning, 2007)[16] 등의 훌륭한 서적들을 참고하기 바란다. JUnit 테스트 프레임워크는 『JUnit IN ACTION(3판)』(인사이트, 2024)[17]을 참고하면 좋다.

필자는 프로퍼티 기반 테스트를 특히 선호한다. 이 테스트는 유닛 테스트 없이 신규 코드에서 버그를 찾아내는 기법이다. 기본적인 개념은 프로그램으로 무작위 작업을 실행한 다음 특정 프로퍼티가 기대에 부합하거나 작동 결과가 예상 범주 안에 드는지 확인하는 것이다. 예기치 못

---

16 *https://www.manning.com/books/test-driven*

17 *https://mng.bz/K9vZ*

한 예외가 발생하지는 않는지, 이를테면 읽기 전용 작업이 정말로 아무것도 쓰지 않는지 등을 확인할 수 있다. 프로퍼티 위반 사항이 발견되면 테스트 프레임워크가 순서대로 작업을 되풀이하며 문제를 재현한다. 재현 과정과 관련이 없는 작업 순서는 알아서 제거하기도 한다. 자바 소프트웨어의 프로퍼티 테스트를 경험해보고 싶다면 jqwik[18] 프레임워크를 참고하기 바란다.

아쉽지만 자동화된 테스트만으로 모든 버그를 발견하기란 거의 불가능하다. 따라서 일반적으로 JaCoCo[19] 등의 코드 커버리지code coverage 도구를 접목해 테스트 품질을 측정한다. 이 도구는 자바 바이트코드를 관찰하는 방식으로 테스트 과정에서 실행되는 코드의 비율을 확인한다. 커버리지 비율은 코드의 줄 수, 바이트코드 지시어bytecode Instruction, 분기branch 단위로 확인할 수 있다.

경험적으로, 커버리지 비율은 80%가 넘어가면 점점 더 올리기 어렵고 100%에 가까워질수록 기하급수적으로 난이도가 증가한다. 따라서 프로젝트의 테스트 커버리지 기준을 지나치게 높게 설정하면 실제 기능은 커녕 테스트를 작성하는 데 모든 시간을 허비하고 말 것이다. 또한 코드 중에는 커버러지가 절대 도달할 수 없는 줄도 있다. 가령 객체를 복제하는 `Cloneable` 인터페이스의 구현체를 만든다고 가정해보자. 이런 경우에는 구현체를 사용하는 곳에서 `CloneNotSupportedException` 예외를 처리할 필요가 없다. `Cloneable`을 직접 구현하면 이 예외는 절대 발생하지 않기 때문이다. 따라서 보통은 다음과 같이 구현체 안에서 예외를 직접 처리한다.

```
class MyObject implements Cloneable {
  public MyObject clone() {
    try {
      return (MyObject) super.clone();
    } catch (CloneNotSupportedException e) {
      // Cloneable을 구현했으므로 이 예외는 절대 발생하지 않는다
      throw new AssertionError(e);
    }
  }
}
```

설령 도달할 수 없는 코드라 해도 자바에서는 `return` 또는 `throw` 구문이 `catch` 블록 내부에 있어야 한다. 그러나 이러한 구문은 유닛 테스트로 검사할 길이 없다. 따라서 코드 커버리지 도

18 https://jqwik.net/

19 https://www.jacoco.org/jacoco/

구도 해당 줄을 확인하지 못했다고 보고할 것이다.

반면, 테스트 커버리지가 100%라 해도 코드에 버그가 없다고 확신할 수는 없다. 다음과 같이 두 `int` 값의 평균을 구하는 간단한 자바 메서드를 살펴보자.

```
static double average(int x, int y) {
  return (x + y) / 2;
}
```

이제 다음과 같이 한 쌍의 값을 전달해 메서드를 호출하고 유닛 테스트로 검사해보자.

```
assertEquals(5, average(0, 10));
```

이 테스트는 문제없이 통과하고 커버리지 도구는 100%를 보고한다. 그렇다면 이러한 결과가 메서드에 버그가 없다는 것을 의미하는가? 그렇지 않다. 사실 여기에는 두 가지 문제가 있다.

- 이 메서드는 부동소수점을 취급하지만 정수 나눗셈을 수행했다. 결과적으로 `average(0, 1)`은 `0.5`가 아닌 `0.0`을 반환한다.
- 입력값이 너무 크면 오버플로가 발생한다. 예를 들어 `avarage(2000000000, 2000000000)`을 호출하면 `2.0E9`가 아닌 `-1.47483648E8`을 반환한다.

이 두 문제는 모두 정적 분석 도구로 검사할 수 있다. 더 자세한 설명은 4장을 참고하기 바란다.

커버리지 분석의 또 다른 문제는 코드의 작동 결과를 유닛 테스트가 정말 제대로 검증했는지 확신할 수 없다는 것이다. 테스트를 잘못 작성하는 방법은 각양각색이다. 코드는 실행했지만 결과의 정확성을 확인하지 않는 일도 많다. 그중 가장 흔한 실수는 어설션assertions 호출을 누락하는 것이다. 테스트에서 단순히 `average(0, 10)`만 호출하고 결과가 올바른지 확인하지 않더라도 해당 메서드는 커버리지에 포함된다.

다시 말하지만, 테스트 또한 코드이므로 버그가 생기고 제기능을 못 할 가능성이 있음을 간과하면 안 된다. 일례로, 테스트를 잘못 만들면 제대로 작동하지 않는 코드까지 성공이라고 판단해버리는 경우도 있다. 테스트에 관련된 버그 패턴들은 10장에서 더 자세히 논의할 것이다.

뮤테이션 커버리지

자동 테스트의 품질을 높이는 기술 중에는 **뮤테이션 커버리지**mutation coverage가 있다. 뮤테이션 커버리지 엔진은 테스트 과정에서 코드를 계측하며 조금씩 변경한다. 가령 `>=` 비교를 `>` 또는 `<=`로 변경하고, 수치 변수 `x`를 `x + 1`로 바꾸고, 불리언 변수의 참거짓을 뒤집고, 호출 코드 일부를 제거하는 식으로 코드를 조작한다. 각 수정본(**뮤테이션**이라 부른다)은 일일이 테스트하며 결과를 확인한다. 이 과정에서 실패한 뮤테이션은 죽고 성공한 뮤테이션은 살아남는다. 최종 보고서는 전체 테스트 중 죽은 뮤테이션의 비율을 보여준다. 이 수치가 높을수록 테스트 스위트 품질이 우수하다고 볼 수 있다. 보고서에는 살아남은 뮤테이션의 상세 정보도 있으므로 어떤 코드에 테스트가 더 많이 필요한지 한 눈에 파악할 수 있다. 현재 가장 널리 쓰이는 자바용 뮤테이션 테스트 시스템은 Pitest[20]다.

뮤테이션 커버리지 분석은 일반적인 커버리지 분석이 놓치는 문제를 일부 감지할 수 있다. 예를 들어 자동화된 테스트에서 메서드 실행 결과를 무시했을 경우, 해당 메서드에 생긴 뮤테이션은 대부분 살아남아 문제를 드러낸다. (예외 또는 무한 루프를 유발하는 일부 뮤테이션은 이 경우에도 죽는다.) 그러나 이 기법에는 단점도 있다. 먼저, 완전한 뮤테이션 분석은 일반적인 테스트보다 실행 시간이 몇 배나 더 걸린다. 모든 테스트를 실행하는 데 몇 분 정도밖에 걸리지 않는 소규모 프로젝트에는 뮤테이션 커버리지가 용납된다. 그러나 더 큰 프로젝트에서는 너무 느리다. 뮤테이션 테스트를 점진적으로 진행하는 대안도 있지만 그 대신 지속적 통합 과정이 복잡해질 것이다.

또 다른 문제는, 절대 죽지 않는 뮤테이션이 있다는 것이다. 예를 들어 다음 메서드를 살펴보자.

```
public static int length(int from, int to) {
  if (from > to) return 0;
  return to - from;
}
```

이 메서드는 두 수의 간격을 반환하며 `from`이 `to`보다 클 때는 무조건 `0`을 반환한다. 매우 단순한 메서드이며 다음과 같은 테스트를 무난히 통과할 것이다(오버플로 가능성은 일단 무시하자).

20 *https://pitest.org/*

```
assertEquals(0, length(1, 1));
assertEquals(100, length(0, 100));
assertEquals(0, length(100, 0));
```

그러나 Pitest 1.7.6에서 기본 옵션 상태로 이 코드를 테스트하면 뮤테이션의 75%(4개 중 3개)만 죽는다. 'from > to' 조건을 'from >= to'로 대체하는 조건 경계 뮤테이션이 살아남기 때문이다. 실제로 이렇게 코드를 고쳐보면 이해할 수 있을 것이다. 이러한 변화는 입력값이 무엇이든 메서드 결과에 영향을 미치지 않으므로 뮤테이션 테스트에서 포착할 수 없다. 비교 연산자를 변경하면 코드가 손상되는 경우도 있긴 하지만 이번 예시에서 >와 >= 연산자의 차이는 그저 선호의 문제일 뿐이다. Pitest 입장에서는 특정 뮤테이션이 실제로 코드의 동작을 바꾸는지 알 수 없다. 따라서 이런 경우는 가능한 모든 테스트를 작성했다 해도 모든 뮤테이션을 죽일 수는 없다.

마지막으로, 자동화된 테스트 스위트test suite에 누락된 곳이 없는지 점검하려면 살아남은 모든 뮤테이션을 일일이 확인해야 한다. 커버리지 결과가 100%에 근접하지 않는 한, 뮤테이션이 너무 많이 살아남게 될 것이다. 따라서 뮤테이션 커버리지를 사용하려면 먼저 라인 커버리지를 최소 90% 이상으로 높여두는 것이 좋다.

동적 분석

정적 분석 외에, 코드 실행 도중 버그를 찾는 **동적 분석**dynamic analysis 도구도 있다. 이들은 주로 동시성concurrency과 관련된, 매우 구체적인 버그를 감지하도록 특화된 도구다. 대표적으로 자바 패스파인더Java Pathfinder[21]는 데이터 경합, 처리되지 않은 예외, 잠재적으로 실패한 어설션 등을 감지할 수 있다. 동적 분석은 설정 과정이 상당히 복잡하고 많은 시스템 리소스를 필요로 한다. 소형 애플리케이션도 예외는 아니다.

Devexperts의 Dl-Check[22]도 빼놓을 수 없다. Dl-Check는 다중 스레드 프로그램에서 잠재적인 교착 상태를 찾아내는 자바 에이전트다. 아주 간단하게 실행할 수 있으며 효과도 좋다.

21 https://github.com/javapathfinder

22 https://github.com/devexperts/dlcheck

이러한 도구가 정적 분석을 대체하지는 못하지만 강화할 수는 있다. 일반적으로 동적 분석은 정적 분석이 식별하지 못하는 문제를 찾아내며 그 반대도 마찬가지다. 정적 분석 도구는 일반적으로 동적 분석 도구보다 더 많은 버그 패턴을 감지한다. 반면 동적 분석은 실행된 코드에서만 문제를 감지한다. 따라서 테스트 스위트에 동적 분석을 적용하면 테스트 대상 코드에서만 문제를 발견할 것이다. 정적 분석은 테스트에서 다루지 않는 코드를 포함해 모든 영역에서 버그를 감지할 수 있다.

코드 어설션

코드 어설션code assertions은 유닛 테스트와 비슷한 방식으로 프로덕션 코드에 직접 어설션을 추가하는 기법이다. 이 어설션은 프로그램의 기대 상태를 검증하고 예상치 못한 상태에 처하면 즉시 실패한다. 모든 버그를 이러한 어설션으로 예방할 수는 없지만 테스트 단계나 릴리스 준비처럼 더 이른 시점에 버그를 발견할 가능성이 높아진다. 또한 코드에 어설션을 잘 입힐수록 어설션이 실패하는 위치도 실제 버그에 가까워지므로 디버깅도 훨씬 쉬워진다. 어설션이 없다면 시스템은 더 오랜 시간 동안 잘못된 상태로 방치될 것이다.

자바의 표준 어셜선 메커니즘은 `assert` 문이다. 이 구문은 먼저 프로그램이 올바르게 작동할 때 참이 되는 `boolean` 조건식을 작성하고, 어설션을 위반했을 때 보여줄 설명이나 콘텍스트를 선택적으로 추가하는 식으로 작성한다. 구문 형식은 다음과 같다.

```
assert condition;
assert condition : explanation;
```

자바 프로그램을 실행할 때 JVM 명령줄 옵션에 `-ea`(enable assertions) 옵션을 추가하면 어설션을 활성화할 수 있다. 이 옵션은 기본적으로 비활성화 상태이며 프로덕션 환경에서도 비활성이어야 한다. 따라서 어설션을 사용할 때는 테스트 환경에서만 활성화되어 있는지 꼭 확인하자. 추가로, `-ea`와 `-da`(disable assertions) 옵션에 파라미터를 추가하면 특정 클래스나 패키지의 활성화 여부를 설정할 수 있다. 그러나 이 설정은 사용하지 않는 편이다.

2장부터는 다양한 버그 패턴을 하나씩 설명하며 이를 조기에 인식하고 방지하는 방법을 알아볼 것이다.

정리

- 코드 속 버그의 발생 빈도를 줄이고 발견 시기를 앞당기는 기술은 여럿 있지만 만능 특효약은 존재하지 않는다.
- 다양한 유형의 버그마다 효과적인 대응책도 다르다. 그러므로 하나의 접근 방식에 모든 노력을 기울이기 보다는 여러 수단(정적 분석, 코드 리뷰, 자동화된 테스트 등)을 골고루 사용하는 것이 합리적이다.
- 정적 분석은 빈번하고 흔한 실수를 방지하는 데 도움이 되지만 불필요한 경고를 일으키기도 한다. 이러한 경고는 정적 분석기의 설정이나 억제 어노테이션을 이용해 줄일 수 있다. 또는 분석기가 쉽게 이해할 수 있도록 코드를 조정하는 방법도 있다.
- 동적 분석 도구는 동시성에 관련된 버그처럼 일부 특수한 유형의 문제를 발견할 수 있다. 이러한 문제는 일반적으로 다른 도구에서 감지하지 못한다.
- 유닛 테스트는 매우 중요하다. 유닛 테스트를 통해 코드가 예상대로 작동하는지 확인하고 회귀regressions를 감지할 수 있다. 테스트 커버리지와 뮤테이션 커버리지 지표metrics는 테스트가 코드를 실제로 얼마만큼 검증했는지 나타낸다. 그러나 이 지표는 불완전하다. 테스트 커버리지를 완벽하게 달성하는 것은 일반적으로 불가능하며, 설령 달성하더라도 이를 프로그램에 버그가 없다는 의미로 받아들이면 안 된다.

CHAPTER

02

표현식

이 장의 내용

- 우선순위 관련 에러
- 연산자를 잘못 써서 생기는 흔한 실수
- 조건 표현식의 함정
- 메서드 호출 및 참조에 발생하는 일반적인 문제

이번 장에서는 잘못된 연산자 사용, 잘못된 우선순위 판단 등, 단일 자바 표현식에서 발생하는 일반적인 버그를 논의한다. 이러한 버그는 표현식의 결과를 원치 않은 값으로 바꿔버린다. 또한 표현식을 올바르게 계산했지만 결괏값을 무시하게 되어 발생하는 버그도 간략히 다룰 것이다.

숫자, 문자열, 컬렉션 등의 특정 데이터 타입에 관련된 버그는 이번 장에서 다루지 않는다. 이러한 버그는 이후의 장들을 참고하기 바란다.

실수 001 숫자 연산자 우선순위 오해

자바를 비롯한 대부분의 프로그래밍 언어는 다양한 연산자를 제공한다. 이들은 서로 우선순위가 다르며 각각 다른 방식으로 표현식 평가 순서에 영향을 미친다. 우선순위는 괄호를 이용해 바꿀 수 있다. [표 2-1]은 자바의 연산자 우선순위를 나타낸다.

표 2-1 자바의 연산자 우선순위

우선순위	종류	연산자
1	후행(postfix)	`++, --`
2	선행(prefix)	`++, --, +, -, ~, !`
3	곱/나눔(multiplicative)	`*, /, %`
4	증감(additive)	`+, -`
5	시프트(shift)	`<<, >>, >>>`
6	상관(relational)	`<, >, <=, >=, instanceof`
7	동등(equality)	`==, !=`
8	비트(bitwise) and	`&`
9	비트(bitwise) xor	`^`
10	비트(bitwise) or	`|`
11	논리(logical) and	`&&`
12	논리(logical) or	`||`
13	조건(conditional)	`?:`
14	할당(assignment)	`=, +=, -=, *=, /=, %=, &=, ^=, |=, <<=, >>=, >>>=`

우선순위 중 일부는 매우 당연하게 여겨지며 거의 실수할 일이 없다. 가령 곱셈과 나눗셈이 덧셈과 뺄셈보다 연산 우선순위가 높다는 것은 대부분 교과 과정을 통해 배운다. 자바도 같은 규칙을 따르므로 자연스럽게 받아들이게 된다.

이진 시프트

이진 시프트binary shift처럼 이색적인 연산자가 등장하면 조금씩 문제가 생기기 시작한다. 이진 시프트는 곱셈, 나눗셈과 의미가 비슷하므로 덧셈보다 우선순위가 높다고 생각하기 쉽지만 실상은 그렇지 않다. 다음 메서드를 살펴보자.

```
int pack (short lo, short hi) {
  return lo << 16 + hi;
```

```
}
```

이 코드를 작성한 이는 마치 (lo << 16) + hi의 연산 순서처럼 이진 시프트가 덧셈보다 먼저 계산될 것이라 예상했다. 그러나 실제로 덧셈의 우선순위가 더 높기 때문에 이 표현식은 lo << (16 + hi)로 계산되고 결괏값은 예상과 달라진다. 이러한 실수는 타입 불일치를 일으키지 않으므로 컴파일러가 포착하지 못한다. 따라서 보통은 유닛 테스트에서 걸러져야 하지만 간혹 프로덕션 코드에서 발견되는 경우가 있다. 다음은 hashCode() 메서드를 직접 구현한 코드에서 실수가 발생한 사례다.

```
public int hashCode() {
  return xmin + ymin << 8 + xmax << 16 + ymax << 24;
}
```

시프트 연산자는 덧셈 후에 실행되므로 이 코드의 결과는 [그림 2-1]처럼 예상과 완전히 달라진다. 작동 중 에러가 발생하지는 않지만 해시코드 분포에 심각한 악영향을 미친다. 특히 마지막 단계에서 이전까지의 값이 24비트만큼 왼쪽으로 이동하므로 최종 해시코드의 최하위 24비트가 무시된다. 이러한 해시코드를 HashMap 키로 사용하는 객체는 예상치 못한 성능 저하를 일으킬 위험이 있다.

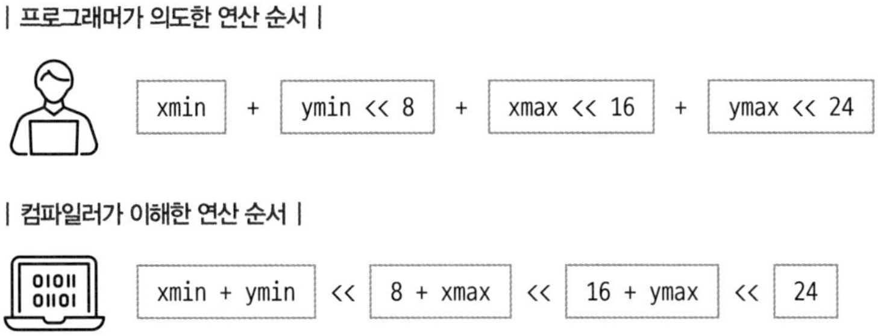

그림 2-1 덧셈은 비트 시프트보다 우선순위가 높다

어떠한 양(대체로 버퍼 크기)에 25% 또는 50%를 추가할 때도 비슷한 문제가 발생할 수 있다. 다음은 Apache Avro 프로젝트에 존재했던 코드다.

```
class OutputBuffer extends ByteArrayOutputStream {
```

```
    static final int BLOCK_SIZE = 64 * 1024;
    …
    public OutputBuffer() {
        super(BLOCK_SIZE + BLOCK_SIZE >> 2);
    }
}
```

개발자는 ByteArrayOutputStream의 초기 값을 BLOCK_SIZE 상수보다 25% 크게 잡으려 했다. 그러나 불행히도 비트 시프트가 덧셈보다 우선순위가 낮다는 점을 간과했다. 결과적으로 초기 값은 (BLOCK_SIZE + BLOCK_SIZE) >> 2로 계산되며, 이는 BLOCK_SIZE / 2와 같다.

> **정적 분석**
>
> Apache Avro 프로젝트 개발자는 실제로 정적 분석기를 활용했다. 재미있는 점은, 분석기가 이 부분을 지적하며 덧셈과 비트 시프트가 혼재하는 표현식에 괄호를 추가할 것을 권장했다는 사실이다. 분석기의 권고 제안을 무비판적적으로 받아들인 개발자는 전체적인 코드 정리 과정에서 괄호를 추가했지만 코드의 의미는 그대로 보존됐다. 결과적으로 수정된 코드는 다음과 같다.
>
> ```
> public OutputBuffer() {
>     super((BLOCK_SIZE + BLOCK_SIZE) >> 2);
> }
> ```
>
> 정적 분석기는 이러한 조치에 만족했고 더 이상 문제 삼지 않았다. 이 코드를 재검토하고 수정하기까지는 몇 년이 더 걸렸다. 이 사례는 매우 큰 교훈을 준다. 정적 분석기가 의심스러운 코드를 강조하고 퀵픽스 코드를 제안했을 때, 이를 맹목적으로 적용하면 안 된다. 문제를 해결하는 대신 문제를 감춰버리는 수가 있다.

| 실수 방지 가이드 |

- 모든 비트 시프트 연산자는 덧셈 및 뺄셈보다 우선순위가 낮다는 것을 명심한다. (lo << 16) + hi 또는 BLOCK_SIZE + (BLOCK_SIZE >> 2)처럼 항상 명시적으로 괄호를 추가한다.
- 곱셈 또는 나눗셈에 비트 시프트 연산자를 사용하지 않는다. 예제에서 나왔던 표현식은 lo * 0x10000 + hi, BLOCK_SIZE * 5 / 4(오버플로를 대비한다면 BLOCK_SIZE + BLOCK_SIZE / 4)로 쓰면 된다. 이렇게 하면 괄호도 필요 없고 코드를 읽기도 쉽다. 최근 자바 가상 머신(JVM)의 Just-In-Time(JIT)과 AOT(Ahead-Of-Time) 컴파일러는 기계어machine code를 내보낼 때 시프트 연산을 곱셈과 나눗셈으로 바꾼다. 따라서 성능도 동일하다.

- hashCode() 메서드를 직접 작성하지 않는다. 그 대신 대부분의 자바 IDE에서 제공하는 코드 생성기를 활용한다. 가령 이클립스에는 'Source 〉 Generate **hashCode()** and **equals()**' 메뉴가 있다. 또는 라이브러리 메서드인 Objects.hash()를 사용하는 것도 좋다.

비트 연산자

&(비트 and)와 |(비트 or) 등의 비트 조작 연산자 그룹 또한 종종 우선순위를 혼동하기 쉽다. 다음 예제 코드를 살펴보자.

```
int updateBits(int bits) {
  return bits & 0xFF00 + 1;
}
```

이 표현식이 어떻게 평가될지 추측해보자. +(덧셈)과 &(비트 and) 중에서 어느 것을 먼저 계산할까?

이 경우 덧셈과 뺄셈 연산자의 우선순위가 낮다고 생각하는 개발자가 많다. 그러나 실제로 증감 연산자는 비트 연산자보다 우선순위가 높다. 따라서 작성자의 의도와 달리 표현식은 bits & 0xFF01로 계산된다. 항상 1로 설정하려 했던 최하위 비트는 결과적으로 bits에서 그대로 복사된다.

이런 종류의 실수를 피하는 가장 간단한 해결책은 단일 표현식에서 비트 연산자와 산술 연산자를 함께 쓰지 않는 것이다. 꼭 그렇게 해야 할 경우도 거의 없을뿐더러, 코드만 더 복잡해진다. 이번 예시의 경우에는 다음과 같이 비트 연산자 |(or)를 사용하는 편이 더 낫다.

```
return bits & 0xFF00 | 1;
```

이제 코드는 정확해졌지만 보는 이에게는 여전히 혼동의 여지가 있다. 비트 연산자 &는 |보다 우선순위가 높지만 모든 개발자가 이를 숙지하고 있지는 않다. 따라서 다음과 같이 괄호를 추가하면 더 명확해진다.

```
return (bits & 0xFF00) | 1;
```

> **정적 분석**
>
> 일부 정적 분석기는 괄호를 넣어 우선순위를 명시적으로 적용해야 할 표현식을 알려준다. 가령 SonarQube에는 'S864: Limited Dependence Should Be Placed on Operator Precedence' 규칙이 있으며 IntelliJ IDEA에는 'Multiple Operators with Different Precedence' 검사 설정이 있다. 그러나 이 설정을 켜면 경고가 너무 많이 발생한다. 따라서 둘 모두 기본값은 비활성화 상태다. 이러한 경고를 귀찮게 여기는 프로그래머도 있다. 그러나 프로젝트를 시작할 때부터 이 스타일을 꾸준히 따르고 경고에 대응하면 자연스럽게 버그도 방지할 수 있다.

| 실수 방지 가이드 |

- 단일 표현식 안에서 비트 연산과 산술 연산을 섞어 쓰지 않는다.
- 특수한 연산자를 쓸 때는 반드시 괄호를 추가한다. 자신은 자바 연산자 우선순위를 완벽히 숙지했다 하더라도, 미숙한 다른 개발자는 코드를 잘못 해석할 우려가 있다.

실수 002 조건식의 괄호 누락

자바에는 불리언boolean 타입(원시primitive 불리언, 박싱된boxed 불리언 포함)과 그 외 타입 간에 묵시적 상호 변환 기능이 없다. 그 덕분에 조건식의 연산자 우선순위로 인한 에러는 컴파일 과정에서 거의 대부분 드러난다. 다음과 같이 `instanceof` 연산자를 부정할 때 괄호를 누락하는 흔한 실수는 컴파일러가 즉시 감지할 수 있다.

```
if (!obj instanceof String) {}      ← 컴파일 에러: ! 연산자는 객체에 사용할 수 없음

if (!(obj instanceof String)) {}    ← 올바른 코드
```

`&`(비트 and), `|`(비트 or), `^`(비트 xor) 연산도 문제가 자주 발생하는 요소다. 앞서 확인했듯 이들의 우선순위는 덧셈보다 낮다. 그러나 더 의외인 사실은, 비교 연산보다도 낮다는 것이다. 다행히 이 문제도 컴파일러가 해결해준다.

```
if (flags == Flags.ACC_PUBLIC | Flags.ACC_FINAL) {}   ← 컴파일 에러: | 연산자는 불리언과
                                                        정수형에 사용할 수 없음
```

```
if (flags == (Flags.ACC_PUBLIC | Flags.ACC_FINAL)) {}    <-- 올바른 코드
```

&&, ||의 우선순위

컴파일러가 조건식의 모든 문제를 감지하지는 못한다. 논리 연산자 &&(and)와 ||(or) 또한 흔히 우선순위를 혼동하기 쉽다. 그러나 두 연산자 모두 boolean 피연산자에 적용되고 결과도 boolean이므로 컴파일러의 타입 검사는 효과가 없다.

비트 연산자 &, |와 비슷하게 논리 연산자 &&는 ||보다 우선순위가 높다. 이는 수학 논리에서 일반적으로 and를 곱셈과, or는 덧셈과 연관시키기 때문이다. false를 0으로, true를 1 또는 다른 양수로 치환하면 이러한 관계를 더욱 직관적으로 이해할 수 있다. 논리적으로 &&는 [표 2-2]처럼 일반 곱셈과 똑같이 작동한다.

표 2-2 논리 연산자 &&와 곱셈의 비교

논리 연산자 &&	곱셈
false && false == false	0 * 0 == 0
false && true == false	0 * 1 == 0
true && false == false	1 * 0 == 0
true && true == true	1 * 1 == 1

마찬가지로 논리 연산자 ||는 [표 2-3]처럼 덧셈과 비슷하게 작동한다. 1 + 1 = 2 라는 결과 또한 여전히 양수다.

표 2-3 논리 연산자 ||와 덧셈의 비교

논리 연산자 ||	덧셈
false || false == false	0 + 0 == 0
false || true == true	0 + 1 == 1
true || false == true	1 + 0 == 1
true || true == true	1 + 1 == 2

논리 연산과 수학 연산의 유사성을 이해하면 &&와 ||의 우선순위도 자연스럽게 받아들이게 될 것이다. 그러나 이러한 규칙을 잠깐이라도 잊어버리면 다음과 같은 조건식이 나온다.

```
if (index >= 0 && str.charAt(index) == ' ' ||
              str.charAt(index) == '\t') { … }
```

이 코드는 두 `charAt()` 메서드를 사용하기에 앞서 `index` 값이 음수가 되지 않도록 보호하려 했다. 그러나 && 연산자의 우선순위가 더 높기 때문에 두 번째 `charAt()` 호출은 `index >= 0`로 보호할 수 없다(그림 2-2). 따라서 이 상태로 `index`에 음수가 들어가면 반드시 예외가 발생한다. 코드가 올바르게 작동하려면 다음과 같이 작성해야 한다.

```
if (index >= 0 && (str.charAt(index) == ' ' ||
               str.charAt(index) == '\t')) { … }
```

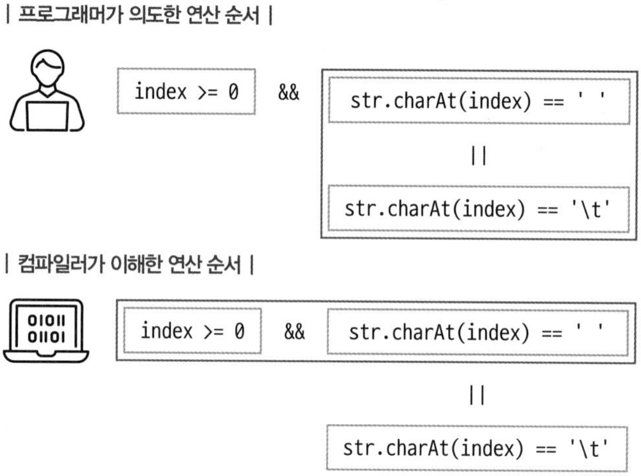

그림 2-2 &&는 ||보다 우선순위가 높다

| 실수 방지 가이드 |

- &&와 || 연산자가 모두 있는 조건식은 각별히 신중하게 취급한다. 조건을 재검토하고, 입력 가능성이 있는 모든 값을 고려하고, 예상대로 결과가 출력되는지 확인한다. 우선순위가 미심쩍은 부분이 있으면 자바 연산자 우선순위 표를 참고한다.

- 가급적이면 && 및 || 연산자가 단일 표현식에 등장할 때마다 괄호로 묶는다.

- 복잡한 조건식은 추가로 `if` 문을 작성하고 더 간단한 조건식으로 분할한다. 이렇게 하면 실수를 방지할 수 있을 뿐만 아니라 코드를 읽기도 쉽다. 이번 절의 예제 조건문은 다음과 같이 다시 고칠 수 있다.

```
if (index >= 0) {
  if (str.charAt(index) == ' ' ||
      str.charAt(index) == '\t') { … }
}
```

그러나 이러한 중첩 `if` 문은 SonarQube에서 '**Collapsible if statements should be merged**'라는 경고를 일으킨다. 합칠 수 있는 `if` 문은 축약해야 한다는 뜻이다. 필자의 생각에 이 규칙은 쓸모가 없으며 비활성화하는 것이 상책이다.

- 복잡한 조건식은 일부만 떼어 별도의 메서드로 추출해본다. 이번 경우는 다음과 같이 `isWhitespace()` 메서드를 고려할 수 있다.

```
static boolean isWhitespace(char ch) {
  return ch == ' ' || ch == '\t';
}
```

이제 조건식은 다음과 같이 고칠 수 있다.

```
if (index >= 0 && isWhitespace(str.charAt(index))) { … }
```

코드는 한층 보기 쉽고 안전해졌으며 우선순위 실수는 원천적으로 차단됐다.

- 복잡한 조건식이 있을 때는 유닛 테스트 커버리지에 주의를 기울인다. 복잡한 조건의 각 연산에 대해 `true`와 `false` 결과를 모두 테스트하고 있는지 확인한다.

조건 연산자와 덧셈

삼항 연산자ternary operator라고도 불리는 **조건 연산자**conditional operator(`?:`)는 우선순위가 가장 낮은 축에 든다. 조건 연산자의 우선순위는 종종 성가신 문제를 일으키곤 하지만 대부분은 컴파일러에서 쉽게 감지할 수 있다. 다음 코드를 살펴보자.

```
return "Found " + multiple ? "multiple problems"
                           : "a problem";
return "Found " + (multiple ? "multiple problems"
                            : "a problem");
```

컴파일 에러: 타입 불일치: 불리언에 문자열 입력

올바른 코드

그러나 다음은 유효한 자바 코드이며 컴파일러는 아무런 문제도 발견할 수 없다.

```
static String indentString(String str, int indent) {
  int capacity = str.length() + indent < 0 ? 0 : indent;
  StringBuilder sb = new StringBuilder(capacity);
  for (int i = 0; i < indent; i++) {
    sb.append(' ');
  }
  sb.append(str);
  return sb.toString();
}
```

잘못된 우선 순위: 덧셈이 조건에 포함됨

원래의 의도는 `indent`가 음수이면 아무 일도 하지 않고, 그렇지 않으면 `str` 앞에 `indent` 만큼 공백을 추가하는 것이다. 코드 작성자는 할당 최적화allocation optimization를 고려해 `StringBuilder`의 용량capacity을 미리 정하려 했다. 그러나 괄호가 빠지는 바람에 계산이 틀리고 말았다(그림 2-3). 해당 표현식은 `str.length() + indent`를 먼저 계산하고 이를 `0`과 비교하므로 `capacity`는 결국 `0` 또는 `indent` 값으로 설정된다. `indent`가 양수이거나 `-str.length()` 보다 작은 음수일 경우, `capacity`에 엉뚱한 값이 들어가긴 해도 메서드가 작동하긴 한다. 그러나 `indent`가 `-str.length()` 이상 `-1` 이하일 경우에는 메서드에서 `NegativeArraySizeException` 예외가 발생한다. `StringBuilder`는 결국 `indent`만큼 배열을 할당하려 하며, 이 값은 음수이기 때문이다.

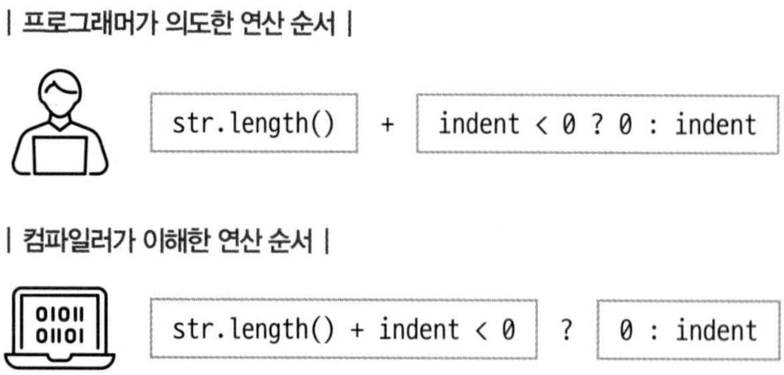

그림 2-3 조건 연산자는 덧셈보다 우선순위가 낮다

주의 이러한 문제는 정적 분석기로 감지하기가 거의 불가능하다. 계산 자체에 특별히 의심스러운 점이 없기 때문이다. 상황에 따라서는 올바른 표현식일 때도 있다.

| 실수 방지 가이드 |

- 조건 표현식이 복잡한 표현식의 일부일 때는 항상 괄호로 묶는다. 그 부분의 우선순위가 가장 낮을 가능성이 크기 때문이다.
- 이번 예시는 다음과 같이 라이브러리 메서드로 최댓값을 계산하면 문제를 예방할 수 있다.

```
int capacity = str.length() + Math.max(indent, 0);
```

  일반적으로, 아주 간단해 보이는 계산이라 해도 직접 작성하기보다 가능하면 표준 라이브러리 메서드로 처리할 것을 권장한다.

- 동일한 문자를 반복시켜 새로운 문자열을 만들 때는 코드를 직접 구현하지 않는다. 자바 11부터 String 클래스에 있는 repeat() 메서드를 다음과 같이 사용할 수 있다.

```
static String indentString(String str, int indent) {
  if (indent < 0) return str;
    return " ".repeat(indent) + str;
}
```

조건 연산자와 null 검사

조건 연산자가 문자열 결합 구문 뒤에 올 때도 비슷한 문제가 발생한다. 조건 표현식으로 null과 비교한 결과 문자열을 다른 문자열과 연결하는 사례가 대표적이다. 다음 코드를 살펴보자.

```
String format(String value) {
  return "Value: " + value != null ? value : "(unknown)";
}
```

원래 의도는 value가 null일 때 Value: (unknown)을 반환하고 그렇지 않으면 해당 문자열

값을 "Value: "와 결합하는 것이었다. 그러나 실제로 return 표현식은 다음과 같이 분석된다(그림 2-4).

```
(("Value: " + value) != null) ? value : "(unknown)";
```

결과적으로 문자열을 먼저 결합한 다음 null 검사를 수행하며, 그 결과는 결코 null이 될 수 없으므로 조건은 항상 참이 된다. 따라서 메서드는 무조건 접두사 없이 value만 반환하며 null일 경우에도 그대로 통과시킨다. 이러한 문제는 수동 테스트 과정에서도 발견하기 어렵다. 테스터가 보기에 이 코드의 작동 결과는 의도된 것이라고 간주할 만하기 때문이다. 필자는 내부 진단 정보를 생성하는 프로시저에서 이와 비슷한 버그를 발견한 적이 있다.

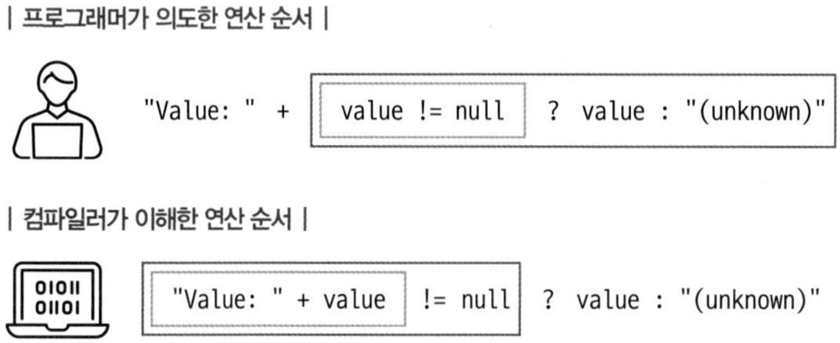

그림 2-4 문자열 결합은 null 검사 또는 조건 연산자보다 우선순위가 높다

엘라스틱서치Elasticsearch 프로젝트도 이와 유사한 문제가 발견된 적이 있다. 이번에는 ArrayList 객체 초기화 시 기본 용량을 지정하는 코드였다. 다음은 해당 사례를 거의 비슷하게 재현한 코드다.

```
List<String> trimAndAdd(List<String> input, String newItem) {
  List<String> result = new ArrayList<>(
    input.size() + newItem == null ? 0 : 1);   ◁── 잘못된 초기 용량 계산
  for (String s : input) {
    result.add(s.trim());
  }
  if (newItem != null) {
    result.add(newItem.trim());
  }
  return result;
}
```

반환할 List의 원소 개수는 이미 정해져 있으므로 용량을 미리 할당할 수 있다면 그렇게 하는 것이 좋다. 그러나 괄호가 없는 한 덧셈 연산자는 수치 연산이 아닌 문자열 결합으로 먼저 해석된다. 결합 결과는 결코 null이 될 수 없으므로 ArrayList의 초기 용량은 항상 한 개의 원소만큼 할당된다. 차라리 기본값 그대로 두는 것만 못할 가능성이 크다(그림 2-5).

정적 분석

이러한 시나리오는 문자열 결합 결과를 null과 비교하는 것 자체가 매우 의심스러운 정황이므로 정적 분석기로 쉽게 감지할 수 있다. IntelliJ IDEA는 'Condition Is Always True' 경고를 보내고, SonarQube는 'S2583: Conditionally Executed Code Should Be Reachable' 검사 항목으로 보고한다.

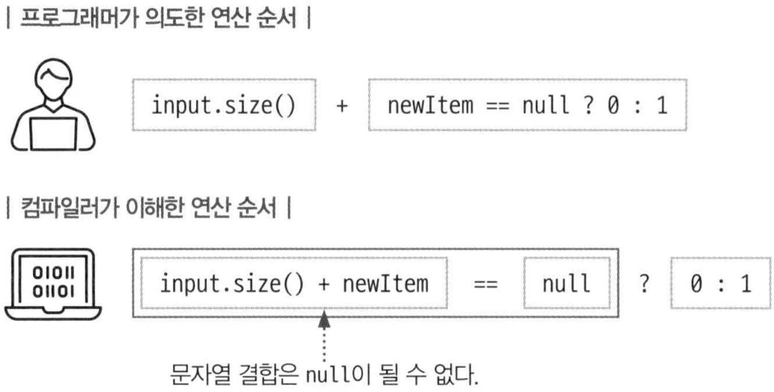

그림 2-5 덧셈 연산이 문자열 결합으로 해석된다

| 실수 방지 가이드 |

- 서로 다른 연산자가 포함된 복잡한 표현식은 다음과 같이 중간 변수를 이용해 분할한다.

```
String displayedValue = value != null ? value : "(unknown)";
return "Value: " + displayedValue;
```

마찬가지로 trimAndAdd() 예시의 ArrayList 초기화 코드는 다음과 같이 고칠 수 있다.

```
int additionalElements = newItem == null ? 0 : 1;
List<String> result = new ArrayList<>(input.size() + additionalElements);
```

- 문자열을 직접 결합하는 대신 다음과 같이 포매팅formatting 메서드를 호출한다.

```
return String.format("Value: %s",
                     value != null ? value : "(unknown)");
```

또한 자바 15부터는 다음과 같은 방식으로 작성할 수 있다.

```
return "Value: %s".formatted(value != null ? value : "(unknown)");
```

아쉽지만 현재 JVM에서 포맷팅 메서드는 문자열 연결보다 상당히 느리므로, 빈번하게 실행되는 코드 경로hot code path에는 무턱대고 쓸 수 없다. 그러나 결합 문자열을 UI에 표시할 때는 포맷팅 코드보다 UI 렌더링 코드가 전체적인 성능을 좌우할 가능성이 높다.

- 자바 9부터 `Objects.requireNonNullElse()` API 메서드로 `null` 판단 조건 표현식을 대체할 수 있다. 보기에는 꽤 장황하지만 의미를 명확히 할 수 있으며 연산자 우선순위 문제도 해결된다는 장점이 있다. 다음은 이 메서드를 정적으로 임포트해서 사용하는 예시다.

```
return "Value: " + requireNonNullElse(value, "(unknown)");
```

이 방식을 무조건 권장하는 것은 아니다. 취향에 맞게 활용하기 바란다.

- 일반적으로, `ArrayList`와 `StringBuilder`의 초기 용량 최적화 조치는 어그러지기 쉽다. 괄호를 잊지 않고 항상 올바르게 넣는다 하더라도 이후 로직이 변경되면(예: 리스트에 원소를 한 개 추가할 때) 최적화된 초기 용량도 바뀌곤 한다. 최초의 설정은 잊혀지기 쉽고, 용량 불일치 등의 문제는 추후 어떠한 테스트로도 밝혀내기 어렵다.

실수 003 덧셈이 아닌 결합으로 작동

문자열 결합과 수치 가산에 공통적으로 **이항 + 연산자**를 사용한다는 점은 자바 구문의 문제거리 중 하나다. 숫자가 문자열에 결합되면 묵시적으로 문자열 변환 과정을 거치며 예상치 못한 버그가 발생할 위험이 있다. 다음 코드를 살펴보자.

```
String entryName = "Entry#" + index + 1;
```

이 코드의 작성자는 원래 0부터 시작하는 인덱스값을 조정하려 했다. 예를 들면 `index = 4`일 때 `Entry#5`라는 문자열을 생성하기 위해서다. 그러나 자바는 `+` 연산을 좌에서 우로 차례차례 실행하므로 이 코드에서 `+`는 두 번의 문자열 결합으로 해석된다. 따라서 최종적으로 생성되는 문자열은 `Entry#41`이다. 이로 인해 런타임 오류가 발생하거나, 엉뚱한 데이터를 조회하거나, UI에 틀린 메시지가 표시되는 등의 문제가 발생할 수 있다.

| 실수 방지 가이드 |

- 문자열 결합 중 산술 연산부는 다음과 같이 항상 괄호로 감싼다.

```
String entryName = "Entry#" + (index + 1);
```

`(price + tax) + "$"`처럼 괄호가 굳이 필요 없는 부분도 명시적으로 넣는다. 이렇게 하면 코드 가독성이 향상된다.

- 단일 표현식에서 산술 연산과 문자열 결합을 섞어서 쓰지 않는다. 산술 연산부는 다음과 같이 모두 중간 변수로 추출한다.

```
int adjustIndex = index + 1;
String entryName = "Entry#" + adjustIndex;
```

- 여기서도 마찬가지로 포매팅 메서드를 쓰면 코드가 견고해진다(성능 저하는 감수해야 한다).

```
String entryName = String.format("Entry#%d", index + 1);
```

또는 다음과 같이 고칠 수 있다.

```
String entryName = MessageFormat.format("Entry#{0}", index + 1);
```

실수 004 멀티라인 문자열 리터럴

자바 15에 텍스트 블록 문법이 도입되기 전에는 일반적으로 긴 문자열을 다음과 같이 여러 줄에 걸쳐 결합하곤 했다.

```
String template =
  "<html>\n" +
  "  <head><title>Welcome</title></head>\n" +
  "  <body>\n" +
  "    <h1>Hello, $user$!</h1>\n" +
  "    <hr>\n" +
  "    <p>Welcome to our web-site</p>\n" +
  "  </body>\n" +
  "</html>\n";
```

자바 15 이상으로 업그레이드할 수 없는 상황이라면 이 방식이 최선일 것이다. 다만 이렇게 결합된 문자열 전체를 가공할 때는 주의해야 한다. 예를 들어 이 문자열에서 **$user$**라는 플레이스홀더placeholder를 특정 값으로 대체한다고 가정해보자. 다음과 같은 실수가 벌어지기 쉽다.

```
String greetingPage =
  "<html>\n" +
  "  <head><title>Welcome</title></head>\n" +
  "  <body>\n" +
  "    <h1>Hello, $user$!</h1>\n" +
  "    <hr>\n" +
  "    <p>Welcome to our web-site</p>\n" +
  "  </body>\n" +
  "</html>\n".replace("$user$", userName);
```

언뜻 보기에는 이상 없지만 실제로 **replace()** 메서드는 마지막 줄의 문자열인 **</html>\n**에만 적용된다. 결국 **replace()**는 아무 일도 하지 않고 플레이스홀더는 그대로 유지된다. 컴파일 에러나 런타임 예외가 발생하지는 않겠지만 사용자는 이름 대신 **$user$**라는 플레이스홀더 문구를 보게 될 것이다.

정적 분석

정적 분석 경고를 눈여겨보기 바란다. IntelliJ IDEA의 'Replacement Operation Has No Effect' 검사 옵션은 아무 작업도 수행하지 않는 문자열 치환 코드를 감지할 수 있다. 이 기능을 활용하면 버그를 쉽게 감지할 수 있을 것이다.

| 실수 방지 가이드 |

- 문자열 결합은 메서드 호출보다 우선순위가 낮다는 것을 명심한다. 배열 원소 접근, 타 메서드 호출, new 표현식 등이 아닌 한, 메서드 호출 한정자call qualifier[1]는 항상 괄호로 감싼다.
- 복합 한정자complex qualifer를 대상으로 메서드를 호출하지 않는다. 가급적이면 복합 한정자를 별도의 변수로 추출한다.
- 가능하면 자바 버전을 15 이상으로 올리고 문자열 결합 대신 텍스트 블록을 사용한다. 다음과 같은 코드에서는 이러한 실수가 생길 염려가 없다.

```
String greetingPage = """
        <html>
          <head><title>Welcome</title></head>
          <body>
            <h1>Hello, $user$!</h1>
            <hr>
            <p>Welcome to our web-site</p>
          </body>
        </html>
        """.replace("$user$", userName);
```

실수 005 단항 덧셈 연산자

자바에는 **단항 + 연산자**[2]가 있다. 이 연산자는 대부분의 경우 완전히 무해하며 아무 일도 하지 않는다. 그러나 byte, char, short 타입에 붙이면 int 타입으로 확장 변환된다는 점을 유념해야 한다. 다음과 같이 문자열 결합 코드 안에서 이 연산자를 실수로 붙이면 귀찮은 버그가 발생한다.

```
String error(String userName) {
  return "User not found: " +
        + '"' + userName + '"';
}
```

1 옮긴이_ 메서드 호출 주체. ("ht"+"ml").replace()에서 메서드 한정자는 "html"이라는 String이다.

2 옮긴이_ +'a', +1 처럼 후행 피연산자만 단독으로 두는 + 연산자.

이 코드는 어디가 잘못됐을까? 잘 보면 + 연산자가 줄바꿈 전후에 모두 들어가 있음을 알 수 있다. 두 번째 + 연산자가 나왔을 때 컴파일러는 이를 " 문자에 적용된 단항 연산자로 해석한다. 따라서 " 문자에 확장 변환이 일어나고 아스키 코드(34)로 변경된다. 결국 이 메서드는 목표했던 `User not found: "User"` 대신 `User not found: 34User"`를 반환한다. 유닛 테스트로 UI 메시지의 정확성까지 판단하기는 어렵다. 특히 에러 처리 코드에 따라 표시되는 메시지는 더욱 그러하다. 따라서 이러한 실수는 프로덕션까지 반영될 가능성도 높다.

단항 덧셈 연산자의 존재는 다음과 같은 오타를 유발하기도 한다.

```
x =+ y;  // 원래의 의도: x += y
```

이 코드는 +=으로 복합 할당compound assignment하려 했으나 실수로 =+를 사용했다. 이 코드는 정상적으로 컴파일되고 실행도 할 수 있지만 원래의 변수값을 무시하므로 결과도 달라진다.

정적 분석

일부 정적 분석기는 연이은 =+를 인식하고 경고한다. SonarQube에는 'S2757: "=+" Should Not Be Used Instead of "+="' 규칙이 여기에 해당한다. 그러나 이러한 규칙이 있다 해도, 자동 포매팅 기능으로 코드를 정돈하면 =+ 연산자가 다음과 같이 교정될 가능성이 크다.

```
x = +y;
```

이제 정적 분석기는 =와 + 사이에 공백을 보고 단항 덧셈 기호가 의도적으로 사용됐다고 판단할 것이다. 따라서 경고도 발생하지 않는다. 필자는 오래된 코드베이스에서 단항 덧셈 사용처를 검색하다가 실제로 이런 사례를 발견한 적이 있다.

| 실수 방지 가이드 |

- 문자열 리터럴("")을 사용할 수 있는 곳에는 가능한 한 문자 리터럴('')을 사용하지 않는다. 이번 예시의 경우 문자 리터럴 '"' 대신 문자열 리터럴 "\""을 쓰는 것이 좋다. 문자열 리터럴에 단항 덧셈 등의 산술 연산자를 쓰면 모두 컴파일 에러가 발생한다. 문자열 리터럴로 인해 성능이 저하된다 해도 대부분의 경우 미미한 수준에 그친다.

- 문자열 결합보다 `String.format()` 등의 포매팅 메서드를 먼저 고려한다.

- 정적 분석기가 경고한 부분은 함부로 자동 포매팅하지 않는다. 경고부터 먼저 바로잡아야 한다. 자동 포매팅 기능은 문제를 그저 감춰 버릴 가능성이 매우 높다.

- 가능하면 단항 +는 애초부터 쓰지 않도록 한다. 또한 단항 + 연산자가 사용된 모든 곳을 보고하도록 정적 분석기를 설정한다. 이렇게 하면 자동 포매팅 기능도 정적 분석 경고에 방해가 되지 않을 것이다. 그러나 여전히 해결해야 할 문제들이 남아있다. 단항 – 연산자도 다음과 같은 실수의 원인이 된다.

```
x =- y;   // 원래의 의도: x -= y
```

코드베이스에서 단항 -를 금지하는 것은 현실적으로 불가능하다. 그러므로 이 문제 역시 자동 포매팅을 적용하기 전에 정적 분석기로 검사해야 한다. 꼼꼼한 코드 리뷰와 유닛 테스트로 뒷받침하면 더욱 좋다. 다행히 복합 뺄셈은 복합 덧셈에 비해 훨씬 드물게 사용한다. 필자가 검수했던 한 대형 프로젝트에서는 +=가 -=보다 7배나 많이 사용됐다.

실수 006 조건 표현식의 묵시적 타입 변환

조건 표현식conditional expression 또는 삼항 연산자tenary expressions는 `if` 문과 매우 비슷하다. 많은 개발자는 다음 조건 표현식이,

```
return condition ? thenExpression : elseExpression;
```

다음 `if` 문과 완전히 동일하다고 여긴다.

```
if (condition) {
  return thenExpression;
} else {
  return elseExpression;
}
```

이러한 동일시는 대부분의 경우 타당하지만, 숫자를 다룰 때는 그렇지 않다.

조건 표현식의 박싱된 숫자

문제는, 조건 표현식의 then과 else가 매우 복잡하고 비직관적인 방식으로 타입을 변환한다는 사실이다. 박싱된 숫자를 다룰 때는 이러한 특성에 매우 주의해야 한다. 다음 메서드를 살펴보자.

```
Double valueOrZero(boolean condition, Double value) {
  return condition ? value : 0.0;
}
```

이 메서드는 condition이 참일 때 인수를 변경하지 않고 그대로 반환하는 것처럼 보인다. 그러나 자바 언어 스펙(JLS § 15.25[3])에 따르면 그렇지 않다. 조건 표현식의 최종 결과 타입을 결정하는 절차는 꽤 복잡하다. 스펙을 모두 숙지하기는 어렵겠지만 몇 가지 기본 원리들은 기억해두면 좋다.

먼저, 자바에는 **독립형 표현식**standalone expression과 **다형성 표현식**poly expression이 있다. 독립형 타입은 주변 콘텍스트와 무관하게 표현식 자체가 정의한다. 가령 표현식 a + b는 독립형 표현식이며 a와 b의 타입을 알면 항상 전체 표현식의 타입을 판단할 수 있다. 반면 Collections.emptyList()는 다형성 표현식이다. 이 표현식의 타입은 주변 콘텍스트에 따라 List<Integer>, List<String> 등의 다양한 List로 결정된다. 이를테면 해당 표현식의 결과를 할당하는 변수의 타입 등이 주변 콘텍스트에 해당한다.

원시 타입primitive type 또는 원시 래퍼primitive wrapper를 취급하는 조건 표현식은 무조건 독립형 표현식이므로 주변 콘텍스트는 결과 타입에 영향을 주지 않는다. 이 예시에서 메서드 반환 타입이 Double이라는 사실은 표현식 타입과 아무런 관련이 없다. 타입을 결정하는 것은 condition ? value : 0.0이라는 표현식 자체다.

또 한 가지 기억해둘 것은, then 표현식에 Integer나 Double 등의 박싱된 타입이 있고 else 표현식에는 int나 double 등의 원시 타입이 있으면(혹은 그 반대의 경우) 원시 타입이 우선시된다는 점이다. 따라서 valueOrZero()에서 조건 표현식의 결과 타입은 원시 double이다.

또한 valueOrZero()는 조건 표현식을 실행한 다음 결과를 다시 박싱한다. 메서드 반환 타입

3 https://docs.oracle.com/javase/specs/jls/se21/html/jls-15.html#jls-15.25

이 박싱된 Double이기 때문이다. 자바는 원시 타입을 박싱 타입으로 변환할 때 valueOf() 등의 정적 메서드를 묵시적으로 호출하며 언박싱 변환할 때는 doubleValue() 등의 인스턴스 메서드를 호출한다. 따라서 예제에서 벌어지는 모든 묵시적 연산을 명시적으로 작성하면 다음과 똑같이 작동한다.

```
Double valueOrZero(boolean condition, Double value) {
  return Double.valueOf(
           condition ? value.doubleValue() : 0.0);
}
```

이제 예시 코드의 문제는 상당히 명확해졌다. 첫째, value는 항상 박싱되며 그 외에도 두 개의 박싱된 값이 있으므로 불필요하게 메모리를 낭비할 위험이 있다. 더 중요한 둘째, valueOrZero(true, null)을 호출하면 어떻게 될까? 원래 코드만 보면 null을 반환할 것으로 예상하기 쉽다. 그러나 묵시적으로 value.doubleValue() 메서드가 호출되므로 NullPointerException이 발생한다. 이러한 결과를 코드만 보고 예상하기는 쉽지 않다.

| 실수 방지 가이드 |

- 박싱된 원시 타입을 사용하지 않는다. 가끔 제네릭 타입을 다룰 때는 필요하지만 가능한 한 빨리 원시 값으로 변환하는 것이 좋다. 이렇게 하면 해당 변수가 null이 될 수 없음을 명확히 선언하는 효과도 생긴다.
- 박싱된 타입이 꼭 필요한 경우에는 조건 표현식이 아닌 if 문을 쓴다. 코드는 더 장황해보일지 몰라도 혼란은 덜하다. 세부 내용을 완벽히 이해하고 작성된 조건 표현식이라 해도 코드의 불안정성은 여전히 남아 있다. 조건식에 쓰인 타입에 약간의 변화만 생겨도 결과는 예기치 못한 변화를 일으킬 수 있다.
- 숫자로 이루어진 조건 표현식은 독립형 표현식이므로 주변 콘텍스트가 타입에 영향을 미치지 않는다는 점을 유념한다.

중첩 조건 표현식

중첩 조건 표현식nested conditional expression에 박싱된 원시 타입을 쓰는 경우도 예상치 못한 결과가 발생할 수 있다. 다음 코드를 살펴보자.

```
static Integer mapValue(int input) {
```

```
  return input > 20 ? 2 :
         input > 10 ? 1 :
         null;
}
```

외관상으로는 문제없어 보인다. 이 메서드는 박싱된 **Integer** 값을 반환하므로 2, 1, **null** 등의 세 값은 모두 유효하다. 그러나 10 이하인 **input** 값으로 이 메서드를 호출하면 **NullPointerException**이 발생한다. 더 흥미로운 점은 다음과 같이 조건 순서를 변경하면 제대로 작동한다는 것이다.

```
static Integer mapValue(int input) {
  return input <= 10 ? null :
         input <= 20 ? 1 :
         2;
}
```

이번 예시를 분석하려면 앞 절에서 배웠던 타입 결정 규칙들을 기초로 한 가지 규칙을 더 적용해야 한다. 원시 타입인 **int**가 **null**을 만나면 결과 타입은 **Integer**처럼 박싱된 타입이 된다. 따라서 조건 순서를 바꾸기 전 코드에서 조건 표현식 타입은 [그림 2-6]의 과정을 따라 결정된다.

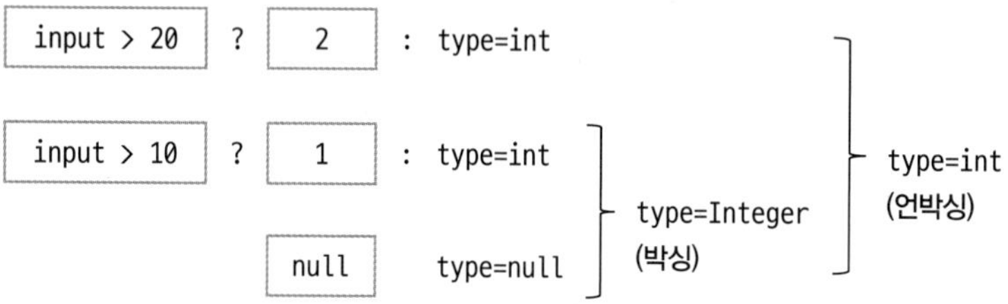

그림 2-6 int **타입이 유도되는 연산 과정**

반면 두 번째 코드는 [그림 2-7]처럼 결과 타입이 달라진다.

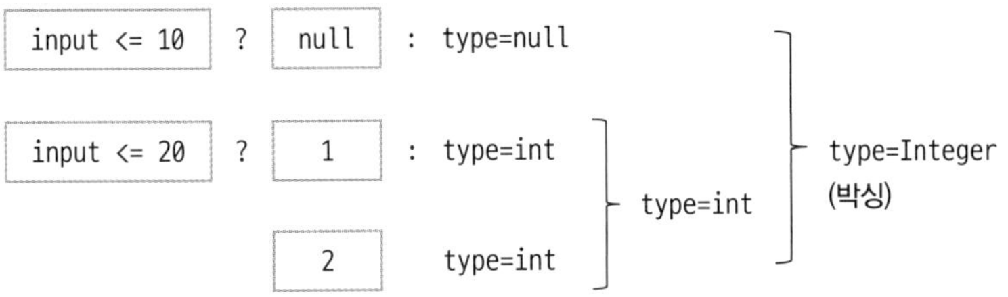

그림 2-7 Integer 타입이 유도되는 연산 과정

결과적으로 두 번째 코드는 `null`을 언박싱하지 않으므로 안전하다. 이해를 돕기 위해, 박싱 변환이 일어나는 부분을 명시적으로 표시해보자. 첫 번째 코드에는 다음과 같이 두 개의 묵시적 자동 박싱 변환과 한 개의 자동 언박싱 변환이 있다.

```
return Integer.valueOf(input > 20 ? 2 :
    (input > 10 ? Integer.valueOf(1) : null).intValue());
```

두 번째 코드는 더 간단하다. 다음과 같이 한 개의 묵시적 자동 박싱 변환만 있다.

```
return input <= 10 ? null :
        Integer.valueOf(input <= 20 ? 1 : 2);
```

각종 타입의 변환 원리를 완벽히 이해하지 못해도 좋다. 기억해야 할 것은, 조건 표현식에는 박싱과 관련된 중대하며 비직관적인 규칙이 있다는 사실이다.

정적 분석

IntelliJ IDEA는 검사 설정에서 'Nullability and Data Flow Problems' 옵션을 켜면 언박싱으로 인한 `NullPointerException` 유발 위험을 경고한다. PVS-Studio는 'V6093: Automatic Unboxing of a Variable May Cause `NullPointerException`'라는 경고를 일으킨다. 그러나 SonarQube는 이 문제로 인한 예외를 보고하지 않는다. 다만 중첩 삼항 연산자를 감지하고 내부 연산부를 별도의 변수로 추출하라는 권고안을 제시한다. 권고에 따라 조치를 하면 해당 부분을 더 이상 문제 삼지 않지만, 위험 요소는 여전히 남는다.

| 실수 방지 가이드 |

- 중첩 조건 표현식을 지양하고 `if` 문을 사용한다.
- 분기에 따라 다른 타입을 반환하는 조건 표현식은 쓰지 않는다. 하나 이상의 분기에 원시 타입이 있을 경우 특히 위험하다. 자동 타입 변환은 가끔 직관에 반하는 결과를 낸다. `if` 문을 사용하는 편이 훨씬 더 안전하다.

실수 007 비단락 논리 연산자 사용

자바는 `and`와 `or` 연산자를 각각 두 가지 형태로 제공한다. **단락 연산자**short-circuit operator인 `&&`와 `||`는 다음 피연산자가 연산 결과에 영향을 미치지 않을 경우 해당 피연산자를 평가하지 않는다. 반면 **비단락 연산자**non-short-circuit operator인 `&`와 `|` 연산자는 중간 결과에 상관없이 모든 피연산자를 평가한다. 대부분의 경우 단락 논리 연산 쪽이 훨씬 자연스럽고 권장할 만하다. 그러나 실수로 비단락 연산자를 쓴다 하더라도 컴파일 에러가 발생하지는 않는다. 대부분은 `a == null & b == null`처럼 완전히 무해하거나, 두 번째 조건을 실행하는 동안 성능이 저하되는 정도의 부작용이 생길 뿐이다. 그러나 이 실수는 가끔 런타임 에러처럼 심각한 결과를 낳기도 한다. 다음 예시를 살펴보자.

```
boolean isPositive(int[] data, int index) {
  return index >= 0 && index < data.length & data[index] > 0;
}
```

이 코드는 두 번째 연산자의 오타로 인해 이후의 경계 조건 검사가 의도한대로 작동하지 않는다. `index`가 배열의 길이를 초과해도 평가를 멈추지 않고 배열을 조회하려 시도하며 결국 `ArrayIndexOutOfBoundsException`이 발생할 것이다.

한편, 자바의 복합 할당 연산자는 항상 비단락이다. 예를 들어 프로그래머가 다음과 같은 방식으로 일련의 검사 코드를 작성했다고 가정해보자.

```
boolean result = true;
result &= check1();
result &= check2();
result &= check3();
```

보기에는 가지런하고 예쁘지만 이 코드에는 간과해서는 안 될 부분이 있다. check1(), check2(), check3() 메서드는 result가 이미 false가 된 이후에도 항상 호출된다는 점이다. 이 코드만으로 프로그램이 잘못됐다고 말할 수는 없다. 각각의 검사가 서로 독립적으로 작동할 수 있기 때문이다. 그러나 이러한 방식은 중복 연산을 유발할 위험이 있다. 안타깝게도 자바에서는 &&=처럼 복합 할당 단락 연산자를 사용할 수 없으므로, 불필요한 연산을 줄이려면 다음과 같이 온전한 형태로 코드를 작성하는 것이 좋다.

```
boolean result = true;
result = result && check1();
result = result && check2();
result = result && check3();
```

비단락 연산자를 실수로 사용할 때 생기는 또 다른 문제는 우선순위의 변화다. 이러한 버그는 다음과 같은 복잡한 조건에서 발생하기 쉽다.

```
interface First {}
interface Second {}
interface Third {}
interface Exclude extends Second {}

boolean checkObject(Object obj) {
  return obj instanceof First && checkFirst((First)obj) |
         obj instanceof Second && !(obj instanceof Exclude) ||
         obj instanceof Third && checkThird((Third)obj);
}
```

이 메서드는 입력 받은 인수가 세 개의 인터페이스 중 하나인지 확인하고 각각에 맞는 검사 메서드를 호출한다. 연산자 우선순위에서 볼 수 있듯 논리 연산자 or는 and보다 우선순위가 낮으므로 처음에는 괄호 없이 &&와 ||를 혼용해도 안전했다. 그러나 추후 누군가 실수로 첫 번째 ||를 |로 바꾸고 말았다(버전 관리 내역으로 확인함). 비단락 논리 연산자는 단락 연산자보다 우선순위가 높으므로 전체 조건식은 이제 다음과 같은 구조로 평가된다(그림 2-8).

```
return (obj instanceof First &&
        (checkFirst((First) obj) | obj instanceof Second) &&
        !(obj instanceof Exclude))
       ||
```

```
        (obj instanceof Third && checkThird((Third) obj));
```

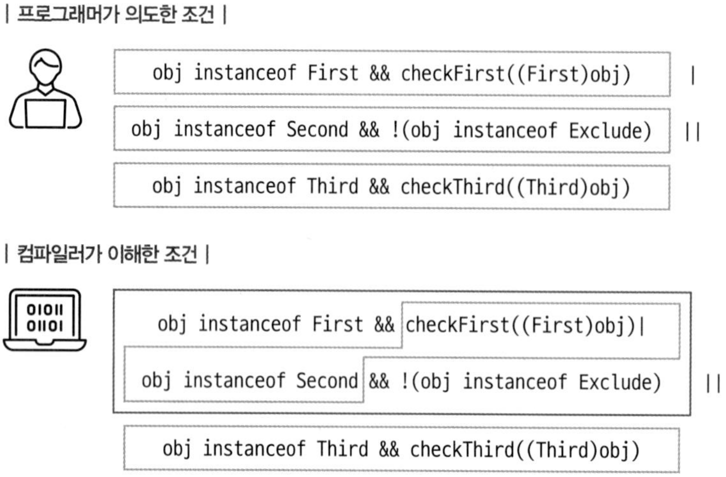

그림 2-8 비단락 논리 연산자는 우선순위가 더 높다

일부 사례, 특히 obj가 Second 인터페이스를 구현했을 경우에는 First 인터페이스도 동시에 구현하지 않는 한 조건을 만족시킬 수 없다. 자바 타입 시스템에 의하면 다중 인터페이스 상속이 가능하긴 하다. 그러나 이 프로그램의 논리에 따르면 First, Second, Third 인터페이스는 상호 배타적이다. 따라서 이제부터 Second 타입의 객체는 이 조건을 통과할 수 없다.

정적 분석

데이터 흐름 기반dataflow-based 정적 분석기는 비단락 논리 연산자가 위험하게 사용된 곳을 일부 감지할 수 있다. 예를 들어 IntelliJ IDEA에서 'Nullability and Data Flow Problems' 검사 옵션을 켜면 && 대신 &를 잘못 쓴 코드에 경고가 발생한다. 다음 코드는 원래 null 역참조dereference에 대비해 null을 체크하는 고전적인 로직이다.

```
if (str != null & str.isEmpty()) {}
```

경고: Method invocation isEmpty may produce NullPointerException

그러나 이 검사는 [그림 2-8]처럼 더 복잡한 사례는 경고하지 못한다. 이 문제의 가장 간단한 해결책은 프로젝트에서 비단락 논리 연산자를 완전히 금지하는 것이다. SonarQube에서 'S2178: Short-Circuit Logic Should Be Used in Boolean Contexts' 규칙을 켜면 조건식에 사용된 & 또는 |를 모두 보고

한다. IntelliJ IDEA에는 'Non-Short-Circuit Boolean Expression'이라는 비슷한 검사 기능이 있다. 처음에는 꺼져 있으니 검사 프로필에서 활성화시키면 된다.

| 실수 방지 가이드 |

- 비단락 논리 연산자를 사용하지 않는다. 이들은 불필요한 추가 계산을 유발하며, 연산자 이후 조건이 이전 조건의 영향을 받는다면 실수로 이어질 것이다.
- 복합 할당 연산자인 &=과 |=는 단락되지 않는다.
- &&와 || 연산자가 혼재하는 복잡한 조건에서는 자바의 연산자 우선순위를 알고 있다 해도 명시적으로 괄호를 사용한다. `checkObject` 예제에서 처음부터 && 표현식을 괄호로 묶었다면 실수는 발생하지 않았을 것이다.
- 다양한 연산자가 포함된 복잡한 조건은 일부분을 추출한다. 중간 변수를 사용하거나, 간단한 메서드로 추출하거나, 여러 개의 구문으로 나누는 방법이 있다. 이렇게 하면 코드 가독성이 향상되고 에러는 줄어든다. 이번 예시의 `instanceof` 검사를 별도로 추출하고 `if` 문으로 분리하면 다음과 같다.

```
if (obj instanceof First) {
  return checkFirst((First)obj);
}
if (obj instanceof Second) {
  return !(obj instanceof Exclude);
}
if (obj instanceof Third) {
  return checkThird((Third)obj);
}
return false;
```

이제 && 및 || 연산자를 사용할 필요가 전혀 없다. 참고로 자바 16 이상에서 다음과 같이 `instanceof`에 패턴 매칭 기능을 쓰면 타입 캐스트 표현식도 제거할 수 있다.

```
if (obj instanceof First first) {
  return checkFirst(first);
}
if (obj instanceof Second) {
  return !(obj instanceof Exclude);
}
if (obj instanceof Third third) {
  return checkThird(third);
```

```
    }
    return false;
```

마지막으로, 자바 21부터는 switch 문도 패턴 매칭을 지원하므로 다음과 같이 더 가지런하고 읽기 편한 코드로 고칠 수 있다.

```
return switch (obj) {
    case First first -> checkFirst(first);
    case Second second -> !(second instanceof Exclude);
    case Third third -> checkThird(third);
    case null, default -> false;
};
```

양쪽 피연산자 평가

두 피연산자에서 모두 의도적으로 부수 효과side effect를 처리할 때는 비단락 연산자를 쓰는 것이 합당하다. 가령 다음과 같은 코드가 있다고 가정해보자.

```
if (updateA() & updateB()) {
  …
}
```

다만 이러한 코드는 의도적으로 && 대신 &를 썼는지 혹은 오타인지 불분명하므로 보는 이에게 혼란을 줄 수 있다. 정적 분석기가 모든 비단락 연산자를 보고하도록 설정했다면 이 부분에 명시적인 억제 주석suppression comment을 써야 한다. 억제 주석을 선호하지 않는 개발자는 정적 분석 검사 쪽을 비활성화시킬지도 모른다. 그러나 억제 주석은 정적 분석기뿐만 아니라 코드를 보게 될 다른 이에게 명확한 정보를 주는 효과도 있다. 예를 들면 억제 주석은 다음과 같이 작성한다.

```
//noinspection NonShortCircuitBooleanExpression
if (updateA() & updateB()) {
  …
}
```

억제 주석보다 더 확실한 조치는 다음과 같이 코드를 리팩터링하고 비단락 로직을 완전히 제거하는 것이다.

```
boolean isAUpdated = updateA();
```

```
boolean isBUpdated = updateB();
if (isAUpdated && isBUpdated) {
  …
}
```

이렇게 하면 updateA()와 updateB()를 의도적으로 모두 평가하고 있음이 분명해진다. 일반적으로 조건식 안에서는 가급적 부수 효과를 배제해야 더 명확하고 덜 위험한 코드가 된다.

실수 008 &&와 || 혼동

개발자는 and와 or의 논리를 기계만큼 완벽히 다루지 못한다. 필자는 이 둘을 바꿔 사용해서 발생한 버그를 많이 보았다. 다음은 빈번하게 발생하는 에러 패턴 중 하나다.

```
void validate(int byteValue) {
  if (byteValue < 0 && byteValue > 255) {
    throw new IllegalArgumentException(
            "byteValue is out of range");
  }
}
```

코드 작성자는 0부터 255 사이를 벗어난 파라미터값을 거부하려 했다. 그러나 || 연산자 대신 && 연산자를 쓰는 실수를 저질렀다. 이 조건문에 보이듯, 0보다 작으면서 255보다 큰 값은 존재하지 않는다. 결과적으로 이 검증 코드는 아무 일도 하지 않으며 사실상 모든 byteValue를 허용한다.

필자는 이와 비슷한 버그를 10번도 넘게 고쳐봤다. 다음 메서드도 비슷한 버그가 있다.

```
private static boolean isPrintableAsciiString(byte[] array) {
  for (byte b : array) {
    char c = (char) (b & 0xFF);
    if (c != '\t' && c != '\n' && c < 0x20 && c > 0x7E) {   <- 실수: 마지막 && 대신 || 를 사용해야 함
      return false;
    }
  }
```

```
    return true;
  }
```

이 메서드는 입력 받은 바이트 배열의 모든 원소가 인쇄 가능한 심볼인지 검사한다. 그러나 검사 조건이 항상 true를 반환하는 바람에 byte[] 배열을 매번 문자열로 출력하고 말았다. 원래 의도했던 올바른 조건은 다음과 같다.

```
  if (c != '\t' && c != '\n' && (c < 0x20 || c > 0x7E)) {
    return false;
  }
```

불리언 논리 연산자가 포함된 조건을 코딩할 때는 다음과 같은 드 모르간의 법칙De Morgan's laws을 떠올리면 좋다.

- !(a || b)는 !a && !b와 같다.
- !(a && b)는 !a || !b와 같다.

그러나 조건식을 부정하기 위해 코드를 직접 고치다가 이 법칙을 잘못 적용하는 개발자들이 종종 있다. 예를 들어 입력 텍스트에서 # 또는 //로 시작하는 주석 줄을 처리하는 메서드가 있다고 가정해보자. 다음은 이를 구현한 코드다.

```
  void processLine(String line) {
    if (line.startsWith("#") || line.startsWith("//")) {
      processCommentLine(line);
    } else {
      processContentLine(line);
    }
  }
```

시간이 지나, 주석 줄에 아무 처리도 하지 않기로 정책이 바뀌었다고 해보자. 다음과 같이 기존 조건을 부정하고 else 분기 코드만 남기면 된다.

```
  void processLine(String line) {
    // 주석은 무시한다
    if (!(line.startsWith("#") || line.startsWith("//"))) {
      processContentLine(line);
```

```
  }
}
```

이제 여기에서 조건 전체를 묶는 괄호를 없애 보자. 드 모르간의 법칙에 의하면 `!(a || b)`는 `!a && !b`와 동일하므로 괄호를 없애면 `||`도 `&&`로 변경해야 한다. 그러나 이러한 과정을 온전히 마무리하지 못하고 다음과 같은 실수를 하는 경우가 많다.

```
void processLine(String line) {
  // 주석은 무시한다
  if (!line.startsWith("#") || !line.startsWith("//")) {
    processContentLine(line);
  }
}
```

이 코드가 특히 기만적인 이유는, 주석 줄이 실제로는 무시되지 않고 있다는 사실이 눈에 잘 띄지 않기 때문이다. 심지어 숙련된 개발자조차 이를 이해하는 데 잠시나마 시간이 걸릴 것이다. `#`으로 시작하면서 동시에 `//`로 시작하는 줄은 있을 수 없으므로 모든 줄은 `processContentLine()` 메서드로 전달될 것이다. 이후에 무슨 일이 벌어질지는 상상에 맡기겠다.

정적 분석

이번 유형의 실수는 수치 범위 분석 능력을 지닌 정적 분석기가 보고할 수 있다. 예를 들어 IntelliJ IDEA의 'Constant Values' 검사는 이번 절 도입부의 `validate()` 예제에서 'Condition Is Always False' 경고를 일으킨다. 그러나 그보다 더 복잡한 다음과 같은 코드는 정적 분석기도 실수를 감지하지 못할 가능성이 있다.

```
void validate(int value) {
  if (Math.abs(value) < 10 && Math.abs(value) > 20) {
    throw new IllegalArgumentException();
  }
}
```

조건식의 `Math.abs()` 메서드는 동일한 인수로 두 번 호출됐으므로 결괏값도 항상 동일하다. 그러나 모든 정적 분석기가 이를 인식하지는 못한다. 따라서 이전의 예시와 근본적으로 같은 문제가 있지만 이번에는 분석기가 감지하지 못한다.

설령 각 조건이 상호 배타적이라 해도 이들이 복잡하게 엮이면 정적 분석기도 어쩔 도리가 없다. 이번 절의 `processLine()` 예시에서 `line.startsWith("#")`와 `line.startsWith("//")` 조건이 상호 배타적임에도 불구하고 대부분의 정적 분석기는 문제를 보고하지 않는다. 분석기가 `startsWith()` 메서드의 의미를 알지 못하면 접두사 필터링 여부도 추적할 수 없기 때문이다.

| 실수 방지 가이드 |

- 정적 분석기의 경고에 주목한다. 값의 범위를 추적하거나 다양한 라이브러리 메서드의 의미를 이해하는 고급 정적 분석기를 사용하는 것이 좋다. 항상 참 또는 거짓인 조건을 식별하는 데 도움이 될 것이다.

- 반복되는 조건은 임시 변수로 추출한다. 이렇게 하면 정적 분석기가 값을 추적하기 쉽다. 가령 IntelliJ IDEA는 `Math.abs()` 예제에서 문제를 발견하지 못하지만 다음과 같이 `Math.abs()` 호출부를 중간 변수로 추출하면 경고를 일으킨다.

```
void validate(int value) {
    int abs = Math.abs(value);
    if (abs < 10 && abs > 20) {
        throw new IllegalArgumentException();
    }
}
```

  또한 코드의 성능과 가독성 향상도 기대해볼 수 있다.

- 조건 로직은 주의 깊게 유닛 테스트에 반영한다. 또한 검증 로직 등의 특수한 코드 경로는 반드시 테스트한다. 불리언 타입을 반환하는 메서드는 `true`와 `false` 양쪽에 각각 하나 이상의 테스트를 작성한다. 이렇게 하면 실수로 메서드가 항상 같은 값을 반환하고 있는지 쉽게 감지할 수 있다.

- 복잡한 조건을 부정하는 작업은 직접 하지 않고 IDE에게 맡긴다. `if` 문에서 `else`만 남기는 작업도 마찬가지다. IntelliJ IDEA나 이클립스에서 'Invert `if` Condition' 기능을 실행하면 `if`의 분기를 교체할 수 있으며 이후 `else` 분기만 삭제하면 된다. `!(a || b)` 조건을 부정하려면 IntelliJ IDEA에서 해당 코드를 우클릭하고 'Replace `||` With &&'을 선택하면 된다. 이클립스Eclipse의 'Push Negation Down'도 동일한 역할을 한다. 이들은 코드 의미를 보존하는 동시에 드 모르간의 법칙도 올바르게 적용한다.

실수 009 잘못된 가변 인수 호출

자바 1.5부터 메서드 파라미터 중 마지막 요소를 **가변 인수**variable arity로 선언할 수 있다. 가변 인수를 활용하면 인수가 몇 개든 자유롭게 메서드로 전달할 수 있다. 이렇게 전달한 모든 인수는 배열로 자동 래핑된다. 가변 인수는 편리한 기능임에 틀림없지만 한편으로는 다양한 실수의 원천이기도 하다.

모호한 가변 인수 호출

자바에 가변 인수가 도입될 당시, 배열을 명시적으로 전달하는 방식도 허용하기로 결정됐다. 예를 들어 다음과 같은 가변 인수 메서드가 있다고 가정해보자.

```
static void printAll(Object... data) {
    for (Object d : data) {
        System.out.println(d);
    }
}
```

이 메서드를 다음과 같이 두 가지 방식으로 호출해도 결과는 동일하다.

```
printAll("Hello", "World");
printAll(new Object[]{"Hello", "World"});
```

이렇듯 명시적 배열 인수 또는 평범한 인수 목록을 모두 허용하는 기능은 코드의 진화에 유리하게 작용한다. 고정된 배열을 인수로 받는 메서드는 간단히 가변 인수 메서드로 업그레이드할 수 있으며, 업그레이드 이후에도 기존의 호출 코드가 그대로 작동한다. 그러나 이러한 편의에는 대가가 따른다. 정확히 하나의 인수를 전달했을 때, 이 인수가 배열로 래핑될 것인지 즉각적으로 알기 어려워진다. 다음 호출 코드를 살펴보자.

```
printAll(obj);
```

이 코드에서 `obj`의 배열 래핑 여부는 `obj`의 타입에 의해 결정된다. 정확히 말하면, `obj`가 비원시 타입 배열일 경우 래핑되지 않는다. 더 중요한 점은, 이러한 결정이 런타임 타입이 아닌 선언 타입에 따라 이루어진다는 것이다. 다음 코드를 살펴보자.

```
Object obj = new Object[]{"Hello", "World"};
printAll(obj);
```

여기서 변수 obj는 객체 배열을 담고 있으므로 래핑되지 않을 것이라 예상하기 쉽다. 그러나 변수의 선업 타입은 배열이 아닌 단순한 Object일 뿐이다. 래핑 여부는 컴파일 시 결정되며 컴파일러는 obj에 담긴 객체의 실제 타입을 알지 못한다. 따라서 컴파일러는 이 배열을 또 다른 배열로 래핑하기로 결정한다. 결국 이 코드를 실행하면 배열을 표현하는 기본 문자열인 [Ljava.lang.Object;@7106e68e과 비슷한 결과가 출력된다.

가변 인수 메서드에 다음과 같이 null을 전달하면 상황은 더욱 혼란스러워진다.

```
printAll(null);
```

이 코드는 하나의 null을 전달했으니 배열로 래핑되고 결과적으로 null 문자열이 출력될 것이라 예상하기 쉽다. 그러나 자바 언어 스펙(JLS § 15.12.4.2)[4]에 따르면 가변 인수 메서드에 전달한 값이 해당 메서드의 인수 타입 배열에 할당 가능한 값일 경우, 이를 배열로 래핑하지 않는다. null은 모든 종류의 배열 변수에 할당할 수 있으므로 절대 래핑되지 않는다. 결국 printAll 메서드는 data 파라미터에 null을 할당하며 NullPointerException이 발생하게 된다.

정적 분석

정적 분석기는 이번 절의 시나리오처럼 모호한 호출을 감지할 수 있다. IntelliJ IDEA에는 'Confusing Argument to Varargs Method'라는 검사 옵션이 여기에 해당하며 SonarQube에서는 'S5669: Vararg Method Arguments Should Not Be Confusing' 경고가 발생한다.

4 *https://docs.oracle.com/javase/specs/jls/se21/html/jls-15.html#jls-15.12.4.2*

| 실수 방지 가이드 |

- 가변 인수 파라미터에 인수를 하나만 전달할 때는 신중을 기한다. 어떻게 처리될지 확실치 않을 경우에는 다음과 같이 명시적으로 타입을 캐스팅한다.

```
// null이 포함된 배열이 필요할 경우
printAll((Object)null);
// null을 참조하는 배열이 필요할 경우
printAll((Object[])null);
```

- 가급적이면 `null` 인수는 쓰지 않는다. 특히 배열과 가변 인수 메서드를 다룰 때는 더욱 자제하는 것이 좋다.

배열과 컬렉션 혼용

가변 인수 메서드에 배열 대신 컬렉션을 전달하면 또 다른 문제가 발생한다. 다음과 같이 배열에 특정 원소가 포함되어 있는지 확인하는 유틸리티 메서드가 있다고 가정해보자.

```
@SafeVarargs
static <T> boolean contains(T needle, T... haystack) {
    for (T t : haystack) {
        if (Objects.equals(t, needle)) {
            return true;
        }
    }
    return false;
}
```

이 메서드는 편의상 가변 인수 메서드로 선언했으므로 다음과 같이 `value`와 특정 값들을 비교하는 용도로 사용할 수 있다.

```
boolean isDayOfWeek = contains(value,
"SUN", "MON", "TUE", "WED", "THU", "FRI", "SAT");
```

다시 말하지만, 이러한 편의성에는 대가가 따른다. 이제 이 메서드를 다음과 같이 컬렉션 인수로 호출했다고 가정해보자.

```java
static final List<String> allLanguages =
    List.of("Java", "Groovy", "Scala", "Kotlin");

static boolean isLanguage(String language) {
    return contains(language, allLanguages);
}
```

배열과 컬렉션이 의미적으로semantically 비슷한 탓에 개발자는 `allLanguages`가 배열이라고 착각했는지도 모른다. 혹은 원래 배열이었던 `allLanguages`를 `List`로 변경한 뒤 컴파일 에러만 수정했을 가능성도 있다. 그러나 `contains(language, allLanguages)`라는 호출 코드는 컴파일 에러를 일으키지 않는다. 컴파일러는 타입 파라미터 `T`를 `Object`로 추론하고 해당 컬렉션을 단원소single-element 배열로 래핑한다. 따라서 `contains()` 메서드는 컴파일 에러 없이 무조건 `false`를 반환하게 된다.

> **정적 분석**
>
> IntelliJ IDEA는 일반generic 가변 인수 파라미터에 컬렉션이 전달되는 지점을 감지하고 의심스러운 호출로 보고할 수 있다. 해당 검사 옵션은 'Iterable Is Used as Vararg'이다.

| 실수 방지 가이드 |

- 배열 변수 타입을 컬렉션으로 변경할 때는 주의를 기울여야 한다. 컴파일 에러가 발생할 뿐만 아니라 기존 변수를 사용했던 모든 곳을 확인해야 한다. 컴파일 에러는 없다 해도 코드의 의미가 변경됐을 가능성이 있다.
- 반환 타입이 `boolean`인 메서드를 호출할 때는 참과 거짓을 확인하는 테스트를 모두 작성한다. 이렇게 하면 테스트 코드가 항상 같은 값을 반환하고 있는지 바로 알 수 있다.

가변 인수에 원시 배열 전달

`Arrays.asList()` 메서드도 비슷한 문제를 일으킬 수 있다. 이 메서드는 배열과 컬렉션을 오가는 가교 역할을 한다. 배열의 표준 라이브러리에 없는 `contains()`, `indexOf()` 등의 편리한 메서드가 `List`에는 있다. 이러한 메서드를 쓰기 위해 개발자는 종종 배열을 `List`로 래핑하

곤 한다. 가령 다음은 문자열 배열 `arr`에 `"Hello"`가 포함되어 있는지 확인하는 표현식이다.

```
Arrays.asList(arr).contains("Hello")
```

그러나 이 코드에 원시 배열primitive array을 넣으면 제대로 작동하지 않는다. 다음 메서드를 살펴보자.

```
static boolean containsZero(int[] arr) {
    return Arrays.asList(arr).contains(0);
}
```

이 메서드는 정상적으로 컴파일되지만 배열의 내용과 관계없이 항상 `false`를 반환한다. 참고로 `asList` 메서드 선언부는 다음과 같다.

```
public static <T> List<T> asList(T... a) {…}
```

타입 파라미터 `T`는 비원시non-primitive 타입으로만 대체되므로 원시 타입 배열은 `T[]` 타입에 할당되지 않는다. `T`가 `int[]`일 경우 컴파일러는 이를 단원소 배열one-element array로 래핑하며 입력 배열을 담은 `List<int[]>`를 생성한다. 당연히 이 하나의 원소는 숫자 0과 비교할 수 없다. 또한 여기에서 숫자 0은 자동으로 `Integer`로 박싱된다. 만일 `Collection.contains()` 메서드가 해당 컬렉션 원소 타입만 허용한다면 이 문제를 컴파일러가 감지할 수 있을 것이다. 그러나 이 메서드는 모든 객체를 허용한다. 더 자세한 설명은 8장의 '실수 069'를 참고하기 바란다.

정적 분석

`Object` 타입을 받는 컬렉션 메서드에 비호환 타입을 전달하면 정적 분석기가 경고를 알린다. IntelliJ IDEA는 'Suspicious Collections Method Calls' 검사 옵션이 이 문제를 감지하며 SonarQube에는 'S2175: Inappropriate Collection Calls Should Not Be Made' 규칙이 있다.

| 실수 방지 가이드 |

- `Arrays.asList()` 메서드에 원시 배열을 전달하지 않는다. 그럴 경우 원하는 결과를 얻지 못할 가능성이 크다.

- 다음과 같이 명시적으로 타입이 선언된 중간 변수를 둔다.

```
static boolean containsZero(int[] arr) {
List<int[]> list = Arrays.asList(arr);
return list.contains(0);
```

이제 list 변수 타입이 틀렸다는 것을 즉시 알 수 있다.

실수010 조건 연산자와 가변 인수 호출

가변 인수 메서드 호출 내부에서 사용된 조건 연산자도 혼란의 원인 중 하나다. 다음 메서드는 형식 문자열과 파라미터를 입력 받아 System.out.printf()로 가공해서 출력하는 예시다. 파라미터가 없을 경우에는 기본값으로 대체한다.

```
static void printFormatted(String formatString,
                           Object... params) {
  if (params.length == 0) {
    System.out.printf(formatString, "user");
  } else {
    System.out.printf(formatString, params);
  }
}
```

이 메서드를 다음과 같이 테스트해보자.

```
printFormatted("Hello, %s%n");
printFormatted("Hello, %s%n", "administrator");
```

두 호출 코드를 실행한 결과, 예상대로 다음과 같은 텍스트가 출력된다.

```
Hello, user
Hello, administrator
```

이 메서드에서 if 문의 두 분기는 매우 비슷하다. 이를 깨달은 한 개발자는 다음과 같이 조건 표현식을 활용해 코드를 단축했다.

```
static void printFormatted(String formatString,
                           Object... params) {
  System.out.printf(formatString,
          params.length == 0 ? "user" : params);
}
```

리팩터링 이후 코드는 더 간결해졌으며 누군가는 이러한 변화를 반길 것이다. 그러나 문제는 이 과정에서 코드의 의미가 변경되었다는 것이다. 두 테스트를 실행한 결과는 다음과 같다.

```
Hello, user
Hello, [Ljava.lang.Object;@7291c18f
```

원래 메서드를 주의 깊게 보면 `if` 문의 두 분기 사이에서 중요한 차이를 발견할 수 있다. `then` 분기(첫 분기)는 가변 인수 스타일로 출력 메서드를 호출하며 컴파일러는 이를 배열로 자동 래핑한다. 반면 `else` 분기는 배열을 명시적으로 전달하므로 래핑이 발생하지 않는다.

그러나 조건 표현식을 사용하면 컴파일러가 한 쪽 분기만 래핑할 수 없다. 컴파일러는 전체 조건 표현식을 하나로 인식한다. `then` 분기의 타입이 `String`이고 `else` 분기는 `Object[]`이므로 조건 표현식 전체의 타입은 `String`과 `Object[]`의 공통 슈퍼타입인 `Object`가 된다. `Object`는 배열이 아니므로 컴파일러는 이를 배열로 자동 래핑하며 결과적으로 `params` 배열은 또 다른 배열 속으로 들어간다. 이 문제를 바로잡으려면 컴파일러가 개입할 필요가 없도록 다음과 같이 `user` 문자열을 직접 래핑하면 된다.

```
params.length == 0 ? new Object[]{"user"} : params
```

그러나 이제는 가변 인수 메서드에서 조건 표현식을 사용하지 않았던 원래의 코드가 더 깔끔해 보일 것이다.

정적 분석

정적 분석기의 경고에 주목하라. IntelliJ IDEA에서 'Suspicious Ternary Operator in Varargs Method Call' 검사를 하면 조건 연산자 분기 중 한 쪽에만 배열이 있는 곳을 보고한다.

| 실수 방지 가이드 |

- 조건 표현식에서 가변 인수를 사용할 때는 주의해야 한다. 가급적이면 `if` 문을 사용한다.
- 조건 표현식을 고수하고 싶을 때는 IDE의 리팩터링 기능인 'Introduce Variable' 또는 'Extract Variable'로 표현식을 변수로 추출한다. 예시에 적용하면 다음과 같다.

```
Object adjustParams = params.length == 0 ? "user" : adjustParams;
System.out.printf(formatString, adjustParams);
```

이제 표현식의 타입이 `Object`이고 컴파일러가 이를 래핑할 것임을 코드만 봐도 알 수 있다.

실수 011 반환값 무시

다른 프로그래밍 언어들처럼 자바도 메서드 호출 결괏값을 무시할 수 있다. 결괏값이 중요하지 않을 때는 이러한 특성이 편리하게 작용한다. 예를 들어 `map.remove(key)`는 제거된 키에 관련된 값을 반환한다. 그러나 이 결과를 이미 알고 있거나, 이후 코드에서 사용할 필요가 없어서 무시하는 경우가 많다.

더 극단적인 예는 `list.add(element)`다. `List.add()`는 `Collection.add()`를 오버라이딩한 메서드다. 중복 불가 컬렉션에 원소를 추가할 때 `Collection.add()`를 쓰면 `false`가 반환된다. 이러한 특성은 `Set.add()`를 쓸 때 유용하다. 세트에는 중복 원소를 추가할 수 없으므로 반환값을 통해 해당 원소의 존재 여부를 미리 확인할 수 있기 때문이다. 반면 `List` 인터페이스는 중복을 허용하므로 `List.add()` 메서드는 항상 `true`를 반환한다. 반환값은 부모 인터페이스의 요구 사항이므로 메서드 자체를 `void`로 변경할 수 없다. 또한 이 반환값으로 할 수 있는 일도 없다.

이렇듯 반환값이 중요치 않은 메서드를 경험하다 보면 자연히 반환값에 대해 안일한 인식을 갖게 된다. 이로 인해 다양한 실수가 벌어지는데, 그중 가장 흔한 사례는 조작하려는 대상이 가변 객체mutable object라고 착각하는 것이다. 다음 코드는 사실 불변 객체immutable object를 다루고 있지만 변경된 반환값을 취하지 않는 실수를 범하고 있다.

```
String s = "Hello World!";
s.substring(6);   ◁── 문자열에서 'Hello'를 제거
```

```
BigInteger value = BigInteger.TWO;
value.add(BigInteger.ONE);   ◁── 수치 증가
```

이런 경우에는 기존 변수를 재할당하거나 다음과 같이 새로운 변수를 만들어야 한다.

```
String s = "Hello World!";
s = s.substring(6);   ◁── 새로운 문자열이 기존 변수에 할당됨
```

```
BigInteger value = BigInteger.TWO;
BigInteger result = value.add(BigInteger.ONE);   ◁── 새로운 변수 생성, 결과 저장
```

람다와 참조 메서드의 반환값을 무시하는 경우도 있다. 예를 들어 다음은 목록의 모든 문자열을 트리밍trimming하기 위해 만든 메서드다.

```
void trimAll(List<String> list) {
  list.forEach(String::trim);
}
```

forEach 메서드로 컬렉션의 모든 원소를 읽을 수는 있지만 원소의 값을 바꿀 수는 없다. **forEach** 메서드는 함수형 인터페이스인 **Consumer**를 받아들이며, **Consumer**의 추상 메서드인 **accept()**는 **void**를 반환한다. 따라서 **trim()**의 반환값은 허공으로 사라지고 만다. 이 경우에는 다음과 같이 **replaceAll()** 메서드를 사용하는 것이 맞다.

```
void trimAll(List<String> list) {
  list.replaceAll(String::trim);
}
```

메서드를 잘못 선택해서 발생하는 실수도 있다. 물론 잘못된 메서드는 반환값과 별개의 문제지만 반환값을 무시할 수 있다는 사실 자체가 문제를 더 키우는 경우가 많다. 다음 코드의 실수를 살펴보자.

```
void processBitSets(BitSet s1, BitSet s2) {
  s1.intersects(s2);   ◁── 실수: 이 코드는 아무 일도 하지 않는다
  processIntersection(s1);
}
```

이 코드의 작성자는 두 BitSet 객체의 교집합을 만들고 s1과 s2에 모두 존재하는 비트만 유지하려 했다. BitSet 객체는 가변이며 s1.and(s2) 메서드를 실행했다면 실제로 객체가 변경됐을 것이다. 그러나 작성자는 실수로 intersects() 메서드를 사용했다. 이 메서드는 s1 집합을 변경하지 않고 둘 사이에 교집합이 있는지만 확인하며 and()와 달리 boolean 값을 반환한다. 결국 이 반환값은 무시되고 말았다. 비슷한 사례로, Thread 클래스의 interrupt() 메서드 대신 interrupted()를 호출하는 경우가 있다. 이러한 실수는 대체로 코드 자동 완성 메서드를 잘못 선택해서 벌어진다.

최근 자바 진영에서는 메서드를 연쇄 호출하는 플루언트fluent 스타일의 API 설계가 각광받고 있다. 이런 API는 보기에는 근사하지만 단점도 있다. 그중에서도 실제 기능을 수행하는 최종 호출을 빠트리기 쉽다는 점이 가장 큰 문제다. 예를 들어 다음과 같이 AssertJ 라이브러리[5]로 만든 유닛 테스트를 살펴보자.

```
@Test
public void testCreateList() {
  List<String> list = createList();
  assertThat(!list.isEmpty());
}
```

AssertJ에 익숙치 않은 개발자가 볼 때 마지막 줄은 아무런 문제도 없을 것이다. 그러나 실제로 assertThat() 자체는 아무것도 검증하지 않는다. 다음과 같이 연쇄 호출로 처리할 Assert 객체를 반환할 뿐이다.

```
assertThat(!list.isEmpty()).isTrue();
```

스트림 APIStream API도 비슷한 문제를 유발한다. 가령 다음 코드에서 개발자는 문자열 리스트를 필터링하면서 빈 문자열을 제거하려 했다.

5 *https://assertj.github.io/doc/*

```
stringList.stream().filter(str -> !str.isEmpty());
```

또한 다음과 같은 목록 정렬 코드도 종종 눈에 띈다.

```
stringList.stream().sorted();
```

방금 두 코드에서 필터링과 정렬 작업은 제대로 수행되지 않았다. 단말 연산terminal operation[6]을 호출하지 않았으므로 결과도 할당되지 않은 것이다. 올바른 코드는 다음과 같다.

```
stringList = stringList.stream().filter(str -> !str.isEmpty())
        .collect(Collectors.toList());
stringList = stringList.stream().sorted()
        .collect(Collectors.toList());
```

혹은, 원본 리스트가 가변이라면 다음과 같이 `removeIf()` 및 `sort()` 메서드로 직접 목록을 수정할 수 있다.

```
stringList.removeIf(String::isEmpty);
stringList.sort(null);
```

물론, 부수 효과side effect 자체가 목적이며 반환값은 중요치 않아 보이는 메서드도 있다. 이들이 `void`가 아니며 값을 반환한다는 사실조차 모르는 개발자도 있을 것이다. 그러나 이들 중에도 반환값이 중요한 경우가 있다. 과거부터 이어 온 자바의 파일 처리 API가 좋은 예다. 파일 처리 중 문제가 생기면 `IOException` 예외가 발생할 것 같지만 실제로 이들은 예외가 아닌 `false`를 반환한다. `java.io.File` 클래스에 속한 `createNewFile()`, `delete()`, `mkdir()`, `rename()` 등의 메서드가 모두 이런 식이다. 파일 시스템 작업은 드라이브 공간, 액세스 권한, 네트워크 에러, 원격 파일 시스템 등의 다양한 이유로 실패하기 쉽다. 이러한 에러를 무시해버리면 나중에 더 심각한 문제로 발전할 가능성이 높다. 그럴수록 근본적인 원인은 점점 더 규명하기 어려워질 것이다.

배열을 입력받는 `InputStream.read()`와 `Reader.read()` 메서드도 개발자를 현혹한다. 예

6 옮긴이_ 스트림을 가공하고 결과를 취합, 반환하는 연산. `collect()`, `reduce()` 등. '실수 083' 참고.

를 들어 다음 코드는 스트림에서 100바이트를 읽어 들이고 일정하게 처리하기 위해 만든 메서드다.

```
void readPrefix(InputStream is) throws IOException {
  byte[] arr = new byte[100];
  is.read(arr);
  process(arr);
}
```

그러나 **read()** 메서드는 배열을 전부 채울 의무가 없다. 스트림 소스에 따라서는, 심지어 스트림의 데이터가 더 많을 때도 배열의 일부만 채우는 경우가 있다. 메서드의 스펙을 보면 그 이유가 명백하다. **read()**는 스트림을 읽을 때 최대 한 번만 블로킹block한다. 또한 스트림의 끝에 도달하면 **-1**을 반환하고 배열에 아무 내용도 쓰지 않는다. 따라서 **read()** 메서드의 반환값을 확인하지 않는 한, 실제로 몇 바이트를 읽었는지 알 수 없다.

정적 분석

무시하지 말아야 할 메서드의 결과가 무시됐을 때, 정적 분석기는 이를 감지할 수 있다. 이번 절에서 예로 들었던 모든 실수는 IntelliJ IDEA가 'Result of Method Call Ignored' 검사로 보고한다.

SonarQube에는 부수 효과side effect가 없는 메서드의 반환값을 확인하는 규칙(S2201: Return Values from Functions Without Side Effects Should Not Be Ignored)과 `InputStream.read` 등의 메서드 결과를 확인하는 규칙(S2674: The Value Returned From a Stream Read Should Be Checked)이 별도로 있다. 또한 Error Prone 분석기에서 `CheckReturnValue` 버그 패턴을 검사하면 이러한 문제 중 일부를 감지할 수 있다.

그러나 특정 메서드의 반환 결과를 반드시 사용해야 한다고 일반화해서 말하기는 어렵다. IntelliJ는 자바 표준 라이브러리 메서드와 AssertJ 등의 대중적인 API 메서드를 잘 알고 있다. 그러나 자바 생태계에는 수천 개의 라이브러리와 각기 다른 프로젝트 코드가 존재한다. 이러한 모든 코드 중 반환값을 무시해도 좋은 곳이 어디인지 분석기가 미리 파악하는 것은 불가능하다. 반환값이 무시되는 모든 비라이브러리 호출nonlibrary call을 보고하도록 설정할 수는 있지만, 각종 오탐지false-positive 제보가 쏟아질 것을 각오해야 한다.

정적 분석기를 조금이나마 보조하려면 어노테이션을 활용하면 된다. 다양한 어노테이션 패키지에 존재하는 `@CheckReturnValue`는 반환값 필수 확인을 요구하는 신호다. 개별 메서드뿐만 아니라 클래스, 인터페이스 등에 적용하면 내부의 모든 메서드에 대해 반환값을 확인해야 한다고 선언할 수 있다. 참고로 Error Prone 패키지에 있는 `@CanIgnoreReturnValue`는 `@CheckReturnValue`의 효과를 오버라이딩한다. 이러한 별도의 어노테이션 패키지를 쓰고 싶지 않다면 IntelliJ IDEA에서 특정 패키지에 `@CheckReturnValue` 어노테이션을 직접 선언하면 된다. 대신 이 어노테이션은 메서드에 직접 적용했을 때만 인식된다. 어노테이션 패키지에 대한 자세한 내용은 부록 A를 참조하기 바란다.

젯브레인 어노테이션 패키지에는 @Contract도 있다. 메서드에 @Contract(pure = true)를 적용하면 IntelliJ IDEA는 이 메서드가 부수 효과를 일으키지 않는다고 인식하며, 메서드 결괏값을 사용하지 않았을 때 경고한다. 또한 IntelliJ IDEA는 이 어노테이션을 자동으로 추론하려 한다. 확장하지 않을 클래스를 명시적으로 final로 선언하면 이러한 추론 절차를 보조할 수 있다.

| 실수 방지 가이드 |

- boolean 반환 타입으로 에러를 나타내는 과거의 API를 지양한다. 파일을 다룰 때는 신형 java.nio.file.Files API를 쓰는 것이 좋다. 다음은 상위 디렉터리까지 포함해서 path 디렉터리를 생성하는 구형 코드다.

```
new File(path).mkdirs();
```

위 코드는 자바 7 이상에서 다음과 같이 고칠 수 있다.

```
Files.createDirectories(Paths.get(path));
```

이제 디렉터리 생성 중 문제가 생기면 그에 따른 예외가 발생한다.

- 자바 11에서 도입된 readNBytes()는 InputStream.read() 메서드의 대안이다. 더 나은 인터페이스를 구현하였으며 지정한 바이트 수를 다 읽을 때까지 여러 번 블로킹 할 수 있다.

- 새로운 API를 익힐 때는 Javadoc을 참고하고 객체의 가변성mutability를 확인한다. JDK와 서드파티 라이브러리를 막론하고 최근의 자바 API는 내부를 고칠 수 없는 불변 객체를 선호한다. 따라서 반환 결과는 무조건 사용해야 한다. 이는 함수형 프로그래밍 스타일을 따르는 API에서 특히 더 보편화된 관행이다.

- 구형 자바 API는 set- 접두사가 붙은 메서드로 객체 상태를 업데이트하는 경우가 많다. 그에 비해 최근 API는 메서드를 호출할 때마다 새로운 객체를 반환한다는 의미로 with- 접두사를 더 선호한다. with- 접두사가 붙은 메서드를 호출할 때는 결괏값을 사용해야만 할 가능성이 높다. 예를 들어, 2진 데이터를 16진수 형식으로 표현하는 HexFormat API도 이 규칙을 따른다. 이 API는 자바 17에서 도입되었으며 예시 코드는 다음과 같다.

```
static void printInHex(byte[] data, boolean uppercase) {
  HexFormat format = HexFormat.ofDelimiter(":");
```

```
    if (uppercase) {
      format = format.withUpperCase();   // HexFormat 객체는 불변 객체이므로
    }                                    // with- 메서드를 호출할 때는
                                         // format을 다시 할당해야 한다
    System.out.println(format.formatHex(data));
  }
```

- API를 새로 설계할 때는 InputStream.read(byte[])처럼 메서드 실행 결과를 인수와 반환값에 함께 반영하지 않도록 주의한다. 결과를 양쪽에 반영하면 반환값 쪽의 결과가 무시되기 쉽다. 가급적이면 전체 결과를 담은 새로운 객체를 만들어 반환하는 것이 좋다.

불변성과 성능

메서드 파라미터로 전달된 가변 객체를 수정하는 행위는 가끔 성능 관점에서 정당화되곤 한다. 하지만 그럴수록 API는 사용하기 어려워진다. 최신 자바 언어는 객체 할당과 가비지 컬렉션 능력이 과거 버전에 비해 크게 개선되었다. 따라서 정당한 이유가 없는 한 기존 객체를 고치기보다 새로운 객체를 생성하는 것을 추천한다. 자바 11에 새롭게 도입된 API 메서드인 readNBytes()는 이러한 철학을 반영하고 있다. 이 API는 이전의 read() 메서드와 시그니처가 동일한 readNBytes(byte[] array, int offset, int length)을 비롯해, 결괏값을 새로운 배열로 반환하는 readNBytes(int length)도 함께 제공한다. 후자는 매우 편리할 뿐만 아니라 반환 결과를 무시하면 아무것도 얻지 못하므로 잘못 쓰기도 어렵다. 물론 이 메서드는 사용 시나리오에 따라 데이터 복사량이 더욱 늘어날 수 있으므로, 빈번하게 실행되는 코드 경로에서는 주의해서 사용해야 한다. 하지만 대부분의 경우 이러한 추가 오버헤드는 무시할 수 있을 정도로 작고, 그에 비해 코드는 한층 단순해지고 잠재적인 에러의 위험성은 줄어든다. API 메서드를 새로 설계할 때는 이러한 원리를 항상 명심해야 한다.

실수 012 새롭게 생성된 객체를 사용하지 않음

자바에서 **객체 생성 표현식**object creation expression(또는 new 표현식)은 반환값을 사용하지 않아도 상관없다. 예를 들면 다음과 같다.

```
new Object();
```

드물지만, 객체를 생성하며 일부러 결괏값을 무시할 때도 있다. 생성된 객체를 해당 객체 생성

자에서 어딘가로 등록하는 경우가 그렇다. 또는 그저 생성자가 예외를 던지는지 확인하기 위해 결괏값을 무시하기도 한다. 가령 uriString이 유효한 URI인지 확인하기 위해 new java.net.URI(uriString)을 실행하는 프로그래머도 종종 있다. 이 메서드의 생성자는 입력 문자열이 RFC 2396에 명시된 URI 형식을 위반할 때 URISyntaxException를 던진다. 따라서 이 예외를 포착하는 방식으로 사용자 입력 URI를 검증할 수 있다.

이러한 드문 사례를 제외하면, 반환값을 무시한 생성 표현식은 대부분 실수다. 객체를 생성한 후 변수에 할당하지 않았거나 메서드 외부로 반환하는 것을 잊어버렸을 가능성이 높다. 그러나 이 실수는 컴파일 에러를 일으키지 않는다. 또한 반환값을 사용하지 않은 것이 의도인지 실수인지 알 수 없으므로 정적 분석기도 도움이 되지 않는다.

다음과 같이 예외를 생성하고 던지지 않는 실수는 특히 자주 발생한다.

```
void process(int value) {
  if (value < 0) {
    new IllegalArgumentException("Value is negative");
  }
  // value 처리
}
```

예외 객체를 생성하기만 하고 던지지는 않으므로 value는 음수일 때도 유효성 검사를 조용히 통과하며 메서드는 계속 실행된다.

정적 분석

일반적으로 정적 분석기는 생성된 이후 버려진 예외 객체를 보고한다. IntelliJ IDEA에서는 'Throwable Not Thrown' 검사에서 이 사례를 보고하며. SonarQube는 'S3984: Exceptions Should Not Be Created Without Being Thrown' 항목으로 보고한다. SpotBugs는 'Exception Created and Dropped Rather than Thrown'이라는 경고를 알린다.

| 실수 방지 가이드 |

- 생성자에 부수 효과나 복잡한 검증 코드를 넣지 않는다. 이렇게 하면 new 표현식만으로는 아무 의미를 띠지 않게 되며 의도적으로 이렇게 작성할 이유도 없어진다.

- 새로 만든 객체는 반드시 사용하도록 강제하는 것이 합당하다. 객체를 생성하고 사용하지 않았을 때 경고를 내도록 린터 또는 정적 분석기를 설정한다. 이러한 원칙에서 벗어나는 객체 생성 표현식은 명시적으로 억제 주석을 추가해야 하며, 이는 해당 코드가 의도적으로 작성됐음을 나타낸다.

실수013 잘못된 메서드를 참조하는 바인딩

자바 8에 도입된 **메서드 참조**method reference는 자바에서 특정 함수를 가리킬 수 있는 간편한 기능이다. 람다와 달리 메서드 참조는 함수형 인터페이스 메서드에 전달할 변수명을 고려할 필요가 없다. 다음 두 코드를 비교해보자.

```
IntBinaryOperator op = Integer::sum;  <-- 메서드 참조
IntBinaryOperator op = (a, b) -> Integer.sum(a, b);  <-- 람다
```

람다를 사용할 때는 호출 메서드의 파라미터 목록을 지정해야 한다. 이 때문에 전체 호출 코드는 더 길고 더 장황해진다. 메서드 참조 방식의 간결함을 많은 개발자가 선호하는 것은 당연한 일이다.

그러나 이러한 간결함이 주는 혼란도 있다. 메서드 또는 생성자에 여러 오버로드가 있을 경우, 람다식의 메서드 참조 코드를 통해 어느 오버로드가 호출되는지 한 눈에 파악하기 어렵다. 오버로드마다 파라미터 수가 달라도 마찬가지다. 함수형 인터페이스의 선언부를 정확히 기억하지 않는 한, 엉뚱한 메서드 또는 생성자에 바인딩하게 될 위험이 있다.

다음과 같은 예시 클래스를 살펴보자. 이 클래스는 파일명과 콘텐트를 입력 받고 해당 파일에 콘텐츠를 저장한다. 클라이언트는 이 클래스를 통해 새로운 파일을 만들거나 기존 파일에 콘텐트를 추가할 수 있다. 이를 위해 파일명과 StringBuilder 객체를 하나의 맵으로 묶었다. 다음 코드에서 add() 메서드는 파일에 새로운 내용을 한 줄을 추가하며 dump() 메서드는 현재 내용을 표준 출력으로 보낸다.

```
public class Storage {
  private final Map<String, StringBuilder> contents = new TreeMap<>();

  void add(String fileName, String line) {
    contents.computeIfAbsent(fileName, StringBuilder::new)
```

```
            .append(line).append("\n");
  }

  void dump() {
    contents.forEach((fileName, content) -> {
      System.out.println("File name: " + fileName);
      System.out.println("Content:\n" + content);
    });
  }
}
```

이제 이 클래스를 다음과 같이 사용해보자.

```
Storage storage = new Storage();
storage.add("users.txt", "admin");
storage.add("users.txt", "guest");
storage.add("numbers.txt", "3.1415");
storage.dump();
```

기대하는 결과는 다음과 같다.

```
File name: numbers.txt
Content:
3.1415

File name: users.txt
Content:
admin
guest
```

그러나 실제로는 다음과 같은 결과가 나온다.

```
File name: numbers.txt
Content:
numbers.txt3.1415

File name: users.txt
Content:
users.txtadmin
guest
```

결과에 보이듯, 의도와 달리 출력 결과에 맵의 키가 들어가 있다. 이제 add() 메서드의 코드를 더 자세히 살펴보자.

```
contents.computeIfAbsent(fileName, StringBuilder::new)
```

이 코드는 맵에 filename 키가 없을 경우 새로운 항목을 생성한다. 또한 항목을 생성할 팩토리를 지정하기 위해 메서드 참조를 사용했다. 하지만 이때 StringBuilder 생성자 오버로드 중 무엇이 호출될까? IDE의 퀵픽스 기능으로 이 메서드 참조를 람다로 변환하면 다음과 같은 결과를 볼 수 있다.

```
contents.computeIfAbsent(fileName, s -> new StringBuilder(s))
```

이제야 모든 것이 명확해졌다. ComputeIfAbsent()의 두 번째 인수는 함수이며 이 함수는 인수를 입력받는다. 이때 ComputeIfAbsent()의 첫 번째 파라미터가 그 인수로 전달된다. 이 인수는 쓸 일이 별로 없고, 필요하다 해도 fileName을 사용하면 되기 때문에 인수의 존재를 잊어버리기 쉽다. 람다를 쓸 때는 해당 인수를 그냥 제외하면 그만이다. 그러나 여기서는 메서드 참조를 썼기 때문에 컴파일러는 문자열을 입력받는 생성자를 먼저 찾는다. 실제로 StringBuilder에 그러한 생성자가 있기 때문에 컴파일은 무사히 끝난다. 그러나 이렇게 만들어진 StringBuilder는 문자열을 이미 포함하고 있다.

이런 경우에는 다음과 같이 람다에서 기본 생성자를 직접 호출해야 한다. 메서드 참조 기능은 이 상황에 적합하지 않다.

```
contents.computeIfAbsent(fileName, s -> new StringBuilder())
```

오버로드뿐만 아니라 가변 인수 메서드도 예상치 못한 문제를 일으킨다. 다음은 newHashSet()라는 유틸리티 메서드를 선언하는 코드다. 이 메서드는 HashSet을 만들면서 인수를 전달받아 미리 채운다.

```
class Utils {
  @SafeVarargs
  public static <T> HashSet<T> newHashSet(T... elements) {
    return new HashSet<>(Arrays.asList(elements));
```

```
    }
  }
```

인수 없이 이 메서드를 사용하면 빈 HashSet이 생성된다.

한편, 다음과 같이 Item 타입 객체를 포함하는 다중맵 코드가 어딘가에 있다고 해보자.

```
Map<Item, Set<Item>> map = new HashMap<>();
```

이 다중맵에 새로운 원소를 추가하는 코드를 다음과 같이 작성했다. 코드의 의미는 한 눈에 알아볼 수 있다.

```
map.computeIfAbsent(key, Utils::newHashSet).add(value);
```

그러나 이 코드에도 같은 문제가 있다. 원래의 의도는 map에 특정 키가 없으면 빈 세트를 새로 추가하는 것이었다. 그러나 실수로 newHashSet()에 인수를 전달하게 되었고, 결과적으로 Item이 포함된 세트가 생성된다.

Arrays.setAll()을 사용할 때에도 당황스러운 상황이 생길 수 있다. 다음은 이 메서드의 선언부다.

```
public static <T> void setAll(T[] array,
                              IntFunction<? extends T> generator) {…}
```

이 메서드의 인수는 배열과 함수다. 함수는 배열의 모든 인덱스를 차례로 호출하며, 호출 결과를 결과 배열 원소로 저장한다.

이제 StringBuilder 객체 배열을 선언하고 setAll() 메서드로 객체 원소를 추가해보자. 다음과 같이 setAll()과 메서드 참조를 쓰면 될 것이라 예상하기 쉽다.

```
StringBuilder[] array = new StringBuilder[size];
Arrays.setAll(array, StringBuilder::new);
```

배열 변수의 크기가 작을 때는 이 코드도 예상대로 작동할 것이다. 하지만 크기가 커질수록 심각하게 느려지다가 최악의 경우에는 OutOfMemoryError가 발생할 수도 있다. 이 코드의 메서드 참조를 람다로 바꾸면 다음과 같다.

```
StringBuilder[] array = new StringBuilder[size];
Arrays.setAll(array, index -> new StringBuilder(index));
```

setAll()에 전달된 함수는 배열 원소의 인덱스를 차례로 전달받는다. 코드의 원래 목적을 고려하면 인덱스는 불필요한 값이다. 그러나 컴파일러는 StringBuilder를 생성할 때 초기 용량을 지정하는 생성자를 선택하고 인덱스값을 전달한다. 이 용량은 StringBuilder가 문자를 저장하기 위해 미리 할당할 메모리 양을 정의한다. 인덱스가 작을 때는 거의 눈에 띄지 않지만 점점 커질수록 필요 이상으로 많은 메모리를 미리 할당하게 된다. [그림 2-9]는 setAll() 호출 후 메모리 레이아웃의 변화를 나타낸다. 이 코드가 올바르게 작동하려면 다음과 같이 람다를 써서 인덱스 매개변수를 무시해야 한다.

```
StringBuilder[] array = new StringBuilder[size];
Arrays.setAll(array, index -> new StringBuilder());
```

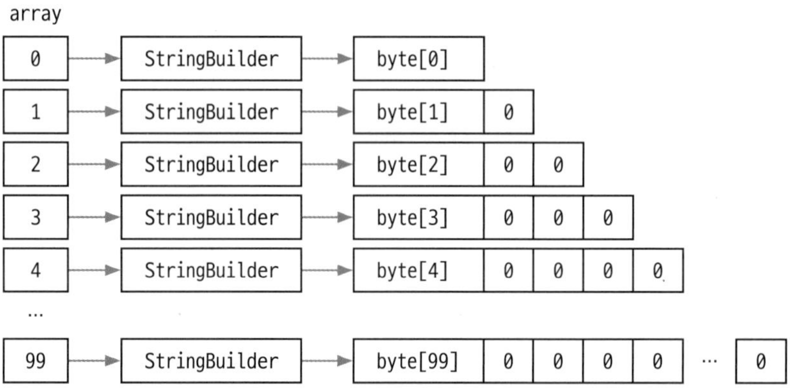

그림 2-9 size = 100일 때 Arrays.setAll()의 최종 메모리 레이아웃. StringBuilder의 내부 byte[] 버퍼는 배열 끝으로 갈수록 점점 늘어난다

| 실수 방지 가이드 |

- 오버로드 또는 가변 인수가 있는 메서드, 또는 생성자를 가리키는 메서드 참조는 신중하게 사용해야 한다. 엉뚱한 메서드에 바인딩하거나 의도치 않게 추가 인수를 전달하게 될 위험이 있다. 실수가 있을까 의심스러울 때는 람다를 사용한다. 개중에는 메서드 참조를 아예 배제하고 항상 람다만 사용하는 개발자도 있다. 린터linter나 정적 분석기를 활용하면 메서드 참조가 쓰인 모든 부분을 한 눈에 확인할 수 있다. 아쉽지만, 잘못 바인딩된 메서드 참조만 강조할 수 있는 분석기는 없다. 분석기는 메서드 참조 각각의 결과가 의도된 것인지 알 수 없기 때문이다.

- 일부 메서드의 함수형 인수는 파라미터가 있다는 사실을 간과하기 쉽다. `Map.computeIfAbsent()`와 `Arrays.setAll()` 등이 그런 불길한 메서드에 해당한다. 이들을 실행하며 메서드 참조를 전달할 때는 특히 주의해야 한다.

실수014 메서드 참조 시 잘못된 메서드 지정

메서드 참조를 쓰면 함수형 인터페이스를 손쉽게 다룰 수 있다. 이런 편리함이 개발자의 경계심을 늦추고 전혀 다른 메서드를 참조하는 실수를 유발하기도 한다. 그중 필자가 목격했던 가장 재미있는 사례는 `Integer.max()` 또는 `Integer.min()` 정적 메서드를 `Comparator` 인터페이스에 매핑하는 실수일 것이다. 다음 코드를 살펴보자.

```
List<Integer> list = Arrays.asList(0, -3, -2, 3, -1, 1, 2);
list.sort(Integer::max);  <-- 잘못됨
System.out.println(list);
```

작성자는 `sort()` 메서드로 정수 리스트를 간단히 정렬하려 했다. `sort()` 메서드는 비교자comparator를 이용해 호출하므로 `Integer::max`를 넣으면 될 것이라 생각했다. 메서드 이름만 보고 둘 중 큰 수를 선택하는 기능이라 생각했기 때문이다. 이 코드는 문제없이 컴파일되지만 다음에 보이듯 결과는 예상과 다르다.

```
[0, -1, -2, -3, 3, 1, 2]
```

현재 표준 자바 라이브러리의 정렬 알고리즘에 의하면, 이 코드가 하는 일은 정렬이 아니다. `Comparator` 인터페이스는 하나의 `compare()` 메서드를 구현한다. `compare()`는 두

Integer 값을 받고 어느 쪽이 큰지 가리키는 int를 반환해야 한다. Integer.max() 메서드 또한 두 int 값을 받고 (자바가 자동으로 언박싱함) 반환값도 int이므로 자바 관점에서 볼 때는 엄연한 Comparator 인터페이스다. 그러나 이 반환값은 더 큰 쪽을 가리키는 값이 아닌, 더 큰 쪽의 값 자체다. 따라서 정렬이 제대로 작동할리 없다. 이 코드를 바로잡으려면 Comparator.naturalOrder()를 쓰거나 그냥 list.sort(null)을 사용하면 된다. 기본적으로 자연순 정렬이 되기 때문이다. 비교자가 만드는 함정들은 7장에서 더 자세히 설명한다.

| 실수 방지 가이드 |

- 정적 분석 메시지를 눈여겨 본다. IntelliJ IDEA는 Integer::min 또는 Integer::max가 Comparator로 사용될 때 'Invalid Method Reference Used for Comparator' 경고를 보낸다.
- 아무리 코드가 명확해 보여도 유닛 테스트를 작성한다. 이번 실수의 주인공은 목록 정렬이 매우 간단한 작업이며 틀릴 일이 없다고 단정했다. 그러나 결과가 말해주듯 실상은 그렇지 않다.

정리

- 수학적 연산자의 우선순위는 마냥 직관적이지 않다. 특히 비트 연산자와 논리 연산자는 더욱 까다롭다. 우선순위가 한 눈에 보이지 않을 때는 항상 괄호를 사용하라.
- 덧셈 기호는 숫자와 문자열에 적용되는 방식이 다르며, 간혹 두 방식이 한 표현식에서 혼용되기도 한다. 단일 표현식에서는 덧셈과 문자열 연결 기능을 혼합하지 않는 것이 좋다. 단항 덧셈 연산자는 프로젝트 전체적으로 금지하라.
- 문자열을 연달아 길게 이어 붙일 때, 전체 문자열이 아닌 마지막 조각에 최종 메서드를 호출할 위험이 있다. 긴 문자열을 다룰 때는 최근 자바 버전에 도입된 텍스트 블록 구문을 사용하는 것이 좋다.
- 조건 표현식에서 각 분기의 표현식 타입이 서로 다를 경우, 복잡하며 비직관적인 규칙에 따라 타입이 변환된다. 결과 타입이 확실치 않을 때는 if 문을 사용하라.
- Integer, Double, Boolean 등의 박싱된 타입은 가능한 한 지양하라. 묵시적 변환이 발생하며 성능 오버헤드를 일으킬 우려가 있다. 또한 실수로 null을 넣으면 NullPointerException이 발생한다.
- 가변 인수 메서드는 사용하기 편리하다. 그러나 가변 인수 메서드에 정확히 하나의 인수를 전달하면 모호성이 발생한다. 배열이나 컬렉션을 또 다른 배열로 래핑할 위험이 있다.

- 자바는 메서드 호출이나 표현식의 결과를 무시할 수 있다. 일부러 그렇게 할 때도 있지만 실수의 원인이 되는 경우도 많다. 불변 클래스는 자신을 고치지 못하므로 새로운 객체를 생성한다는 점을 기억하라. 또한 이들이 만일 예외 클래스라면 객체 생성 시 `throw`를 추가하라.

- 메서드 참조 구문을 통해 깔끔하고 간결한 함수 표현식을 만들 수 있다. 그러나 메서드나 생성자에 오버로드가 있으면 컴파일러가 바인딩할 메서드를 오해할 수 있으므로 주의하라. 확실치 않을 때는 람다 구문을 사용하라.

CHAPTER

03 프로그램 구조

이 장의 내용

- if-else 체인을 사용할 때 발생하는 실수
- while 및 for 루프에서 발생하는 문제
- 필드와 클래스 초기화에 숨은 함정을 피하는 요령
- 슈퍼클래스 메서드 호출 누락
- 정적 필드를 인스턴스 필드로 선언하면 생기는 일

자바에는 프로그램 제어 흐름을 변경하는 다양한 구조가 있다. switch, if-else 등의 분기문과 for, while 등의 루프문이 여기에 해당한다. 초심자는 제어 흐름을 다루며 실수를 범하기 쉽고, 이를 식별하는 능력은 그만큼 중요해진다. 제어 구조가 잘못되면 틀린 분기가 실행되거나 루프가 과도하게 반복되는 등 다양한 문제가 발생한다. 이와 더불어 잘못된 초기화 순서, 우발적인 static 선언 등의 실수도 이번 장에서 다룬다. 이들은 모두 메서드 본문 바깥의 프로그램 구조에 에러를 유발한다.

실수 015 잘못된 if-else 연쇄

if-else 문은 자바 프로그래밍의 흔한 패턴이며 쓸모도 많다. 다음과 같이 조건에 따라 각기 다른 임무를 수행하는 코드가 대표적이다.

```
if (condition1) {
  …
}
else if (condition2) {
  …
}
else if (condition3) {
  …
}
else if (condition4) {
  …
}
else {
  …
}
```

이러한 연쇄가 길어지면 다음과 같이 **else** 키워드를 실수로 누락하기도 한다.

```
if (condition1) {
  …
}
else if (condition2) {
  …
}
if (condition3) {   <── else 누락
  …
}
else if (condition4) {
  …
}
else {
  …
}
```

그러나 다음과 같이 마지막 **else** 블록이 없고 모든 조건이 상호 배타적인 연쇄 구조는 걱정할 것이 없다.

```
if (input == 1) {…}
else if (input == 2) {…}
else if (input == 3) {…}
```

```
else if (input == 4) {…}
```

이 구조는 동시에 둘 이상의 조건을 만족할 수 없으므로 else 키워드를 하나, 또는 전부 빼도 프로그램은 이전과 똑같이 작동한다. 그러나 이런 경우는 드물다. 일반적으로 연쇄 조건은 구체적인 것부터 일반적인 순서로 나열하며, 가장 구체적인 조건을 만족하는 순간부터 프로그램 로직은 이후의 일반적인 조건을 무시한다. 조건이 없는 마지막 else 분기는 이전까지 만족하는 조건이 하나도 없을 때 실행할 일반적인 기능을 담는다.

이런 상황에서 중간의 else를 누락하면 결국 두 개의 분기가 실행된다. 이전 예시에서 conditioin1 또는 condition2가 참이라면 마지막 else 분기까지 실행되는 것이다. 테스트를 한다 해도 condition3과 condition4만 검사한다면 이 문제는 드러나지 않는다. 또한 정적 분석기도 이 문제를 제대로 보고할 수 없다. 두 개의 독립적인 if 문 연쇄가 실제로 의도한 코드일 가능성이 있기 때문이다.

이러한 문제로부터 코드를 방어하는 방법이 있다. if 문의 모든 연쇄 분기에서 하나의(또는 여럿의) 동일한 로컬 변수를 할당하고 그 외에는 아무 작업도 하지 않으면 된다. 다음과 코드를 살펴보자.

```
if (condition1) {
  process(getData1());
} else if (condition2) {
  process(getData2());
} else if (condition3) {
  process(getData3());
} else if (condition4) {
  process(getData4());
} else {
  process(getDefaultData());
}
```

이 코드는 모든 분기에서 process 메서드를 호출하며 매번 다른 인수를 전달한다. 이제 각 인수를 중간 변수에 할당하고 process()를 if 구조 밖으로 옮겨보자.

```
Data data;
if (condition1) {
  data = getData1();
```

```
} else if (condition2) {
  data = getData2();
} else if (condition3) {
  data = getData3();
} else if (condition4) {
  data = getData4();
} else {
  data = getDefaultData();
}
process(data);
```

이전 코드에 비해 분량은 더 늘어났지만 에러 위험은 줄어들었다. 시험 삼아 `else` 키워드 중 하나를 지워보자.

```
Data data;
if (condition1) {
  data = getData1();            <─┐ 정적 분석 경고:
} else if (condition2) {          │ 할당 결과 미사용
  data = getData2();            <─┘
} if (condition3) {           <── else 누락 실수
  data = getData3();
} else if (condition4) {
  data = getData4();
} else {
  data = getDefaultData();
}
process(data);
```

한 걸음 더 나아가, 로컬 변수 `data`는 한 번만 할당한다는 의미로 `final`을 지정할 수 있다. 이제 다음 코드에서 실수로 `else`를 누락하면 컴파일러가 바로 알아차린다.

```
final Data data;
if (condition1) {
  data = getData1();
} else if (condition2) {
  data = getData2();
} if (condition3) {
  data = getData3();            <── 컴파일 에러: 데이터 변수 재할당
} else if (condition4) {
  data = getData4();
```

```
  } else {
    data = getDefaultData();
  }
  process(data);
```

필자는 개인적으로 로컬 변수를 `final`로 선언하는 습관을 좋아하지 않는다. 코드를 볼 때 시각적인 잡음이 너무 많이 일기 때문이다. 그러나 특정 에러를 잡을 때 도움이 되는 방편임은 인정할 수밖에 없다. 이렇듯 로컬 변수에 `final`을 꾸준히 적용하며 안전 장치를 더하는 개발자들이 필자 주변에도 있다. 물론 이렇게 하지 않더라도 IDE를 활용하면 어느 정도 문제를 예방할 수 있다. 기본적으로 IntelliJ IDEA는 재할당된 변수에 [그림 3-1]처럼 밑줄을 긋는다. 이 대목에서 되새겨볼 만한 유익한 경험 법칙이 있다. 재할당할 필요가 없는 변수에 밑줄이 있다면 무언가 잘못되었다는 것이다.

```
Data data;
if (condition1) {
  data = getData1();
} else if (condition2) {
  data = getData2();
} if (condition3) {
  data = getData3();
} else if (condition4) {
  data = getData4();
} else {
  data = getDefaultData();
}
```

그림 3-1 else가 빠진 조건문을 IntelliJ IDEA에서 본 화면. 한 번 이상 할당되는 변수를 밑줄로 강조한다. 따라서 이런 변수는 final로 선언할 수 없다. 또한 앞선 두 분기에서 data를 회색으로 강조함으로써 추후 이 변수가 무조건 덮어씌워진다는 점을 알려준다

다른 대안으로, 다음과 같이 `if` 연쇄를 별도의 메서드로 추출하는 방법이 있다. 단, 조건을 평가할 정보를 갖출 수 있어야 한다.

```
  Data getData() {
    if (condition1) {
      return getData1();
```

```
  } else if (condition2) {
    return getData2();
  } else if (condition3) {
    return getData3();
  } else if (condition4) {
    return getData4();
  } else {
    return getDefaultData();
  }
}
```

원래의 메서드는 다음과 같이 단순해진다.

```
process(getData());
```

이제 다음 코드처럼 분기마다 return을 쓰면 else 키워드를 넣든 빼든 상관없다. else 키워드는 프로그램의 동작에 영향을 미치지 않는다.

```
Data getData() {
  if (condition1) {
    return getData1();
  }
  if (condition2) {
    return getData2();
  }
  if (condition3) {
    return getData3();
  }
  if (condition4) {
    return getData4();
  }
  return getDefaultData();
}
```

원래 코드에 비하면 이 쪽이 훨씬 보기 좋다. 게다가 목적 코드(process() 호출)와 그 외 코드(데이터 계산)가 명확히 분리됐다. getData()를 테스트하거나 재사용하기도 훨씬 쉽다.

| 실수 방지 가이드 |

- IDE의 코드 스타일을 설정하면 코드 포맷 후 `else if`의 위치를 일관되게 조정할 수 있다. 이전 분기의 닫는 중괄호와 `else if`를 같은 줄에 배치하면 다음과 같이 문제가 눈에 더 잘 띈다.

```
if (condition1) {
    …
} else if (condition2) {
    …
}
if (condition3) {
    …
} else if (condition4) {
    …
} else {
    …
}
```

- 모든 조건 분기를 유닛 테스트로 검사한다.

- 가급적이면 `if`의 모든 분기는 둘 중 하나의 형태로 통일한다. 무언가를 반환하거나, 하나의 변수를 할당하는 형태다. 전자는 `else`가 전혀 필요 없으며 후자는 `else`가 누락되면 할당 결과가 사용되지 않는다는 정적 분석기 경고가 나온다. 또한 후자의 변수를 `final`로 선언하면 컴파일 에러가 발생한다.

실수 016 이전 조건의 다음 조건 지배

다음에 살펴볼 문제는 `if-else`에 나열된 조건이 상호 배타적이지 않을 때 발생한다. 이런 경우에는 조건의 순서가 프로그램의 동작에 영향을 미친다. 두 개 이상의 조건이 동시에 참이라면 그중 첫 번째 분기만 실행되므로 순서가 중요하다.

한 조건이 다른 조건을 **지배**하는 특수한 상황도 있다. X가 참일 때만 Y가 참일 수 있을 때, 조건 X가 조건 Y를 지배한다고 표현한다. 이 경우 `if (Y) {…} else if (X) {…}`는 있을 수 있는 코드 패턴이지만 `if (X) {…} else if (Y) {…}`는 명백한 실수이며 마지막 분기는 실행되지 않는다.

숫자 범위와 `instanceof` 검사는 조건 지배 관계를 살펴보기 좋은 예다. 다음과 같이 고객 연령에 따라 요금제를 결정하는 코드를 살펴보자.

```
enum Plan {CHILD, FULL, FREE}
Plan getPlan(int age) {
  if (age >= 6) return Plan.CHILD;
  if (age >= 18) return Plan.FULL;   <-- 이 조건을 만족하는 경우는 없다
return Plan.FREE;
}
```

원래 의도는 6세 이상 17세 이하의 고객에게 CHILD 플랜을 배정하는 것이었지만, 조건의 순서가 틀렸다. age >= 6이 age >= 18를 지배하므로 결국 age >= 18은 절대 참이 될 수 없으며 FULL 플랜이 반환되는 일도 없다.

다음으로 살펴볼 코드는 객체를 BigInteger로 변환하는 메서드다. 실제 프로덕션 코드베이스에서 가져왔으며 instanceof 검사의 조건 지배 관계를 확인하기 좋은 사례다.

```
BigInteger toBigInteger(Object obj) {
  if (obj instanceof Number)
    return BigInteger.valueOf(((Number) obj).longValue());
  if (obj instanceof BigInteger)
    return (BigInteger) obj;
  if (obj instanceof BigDecimal)
    return ((BigDecimal) obj).toBigInteger();
  return BigInteger.ZERO;
}
```

이 코드의 원래 목표는 Long, Double, Integer 등의 각종 숫자를 long 타입을 거쳐 BigInteger로 변환하는 것이다. 또한 입력값이 BigInteger 및 BigDecimal일 때는 별도의 알고리즘을 적용하려 했다. 그러나 BigInteger와 BigDecimal 클래스는 모두 Number라는 추상 클래스를 확장한다. 따라서 둘 다 첫 번째 조건을 만족시키므로 이후의 분기는 아무 쓸모가 없다. 이처럼 순서가 잘못된 instanceof 검사는 문제를 쉽게 알아차릴 수 없다. 타입 계층 구조는 복잡하며 코드 작성자나 검토자도 이를 완벽히 파악하기 어렵기 때문이다.

정적 분석

IntelliJ IDEA의 'Constant Values' 검사는 데이터 흐름 기반 정적 분석이며 다양한 지배 조건을 감지한다. 이번 절의 두 예시를 검사하면 후속 조건이 항상 거짓이라는 보고를 받을 수 있다. PVS-Studio도 이와 비슷하게 'V6007: Expression Is Always True/False' 경고를 보낸다.

훨씬 더 복잡한 지배 조건을 감지하는 정적 분석기도 있다. 다음은 FizzBuzz 문제[1]를 잘못 구현한 코드다.

```
for (int i = 1; i < 100; i++) {
  if (i % 3 == 0) System.out.println("Fizz");
  else if (i % 5 == 0) System.out.println("Buzz");
  else if (i % 15 == 0) System.out.println("FizzBuzz");
  else System.out.println(i);
}
```

원래는 i가 15로 나누어 떨어질 때 FizzBuzz를 출력해야 한다. 그러나 이전 조건이 i % 15 == 0 조건을 지배하므로 해당 분기는 도달할 수 없다. IntelliJ IDEA 분석기는 이러한 조건 지배를 감지할 수 있다.

그러나 아무리 뛰어난 분석기도 모든 종류의 조건 지배를 감지하지는 못한다. 다음은 명령줄 인수 구문을 분석하는 코드다. 시중의 자바 정적 분석기는 대부분 이 코드에서 문제를 발견하지 못한다.

```
for (String arg : args) {
  if (arg.startsWith("--data")) {
    setData(arg.substring("--data".length()));
  } else if (arg.startsWith("--database")) {
    setDataBase(arg.substring("--database".length()));
  } else { … }
}
```

--database로 시작하는 모든 문자열은 이미 --data로 시작하므로 두 번째 조건 분기가 실행되는 경우는 없다. 이론상으로는 이 문제도 정적으로 감지할 수 있다. 그러나 이 책을 쓰는 현재, IntelliJ IDEA에는 그러한 기능이 없으므로 이 문제를 전적으로 믿고 맡길 수 없다. 정적 분석기도 어찌 할 도리가 없는 복잡한 조건(예: 특정 프로젝트만의 커스텀 메서드 호출 등)은 늘 존재한다.

instanceof 조건 체인의 문제를 정적 분석기가 감지하기 어려운 이유는 타입 계층 구조 정보가 불충분한 경우가 많기 때문이다. 다음 코드도 비슷한 문제가 있다. 이 메서드는 컬렉션을 입력 받아 List, RandomAccess 등의 구현체인지 판단한 뒤 적절히 처리하는 역할을 한다.

1 옮긴이_ 보편화된 단순 알고리즘 문제. 기본적인 프로그래밍 능력, 제어문, 조건문, 반복문 등의 지식을 평가하는 용도로 쓰인다.

```
void process(Collection<?> data) {
  if (data instanceof List) {
    processList((List<?>) data);
  } else if (data instanceof RandomAccess) {
    processRandomAccessList((RandomAccess) data);
  } else {
    processAnyCollection(data);
  }
}
```

RandomAccess 인터페이스는 List 인터페이스를 확장하지 않았으므로 반드시 List를 구현할 의무가 없다. 따라서 이론상 두 번째 조건도 참일 가능성이 있으며 정적 분석기도 일반적으로 이를 문제 삼지 않는다. 그러나 레퍼런스에 따르면 RandomAccess는 List를 구현하기 위한 마커marker 인터페이스이며 RandomAccess를 올바르게 구현하려면 List를 구현해야만 한다. 결과적으로 processRandomAccessList()를 호출하는 분기는 절대 실행되지 않는다. 아마도 이 문제는 RandomAccess 선언부에서 List를 확장하지 않은 JDK 구현 측면의 실수일 것이다. 자신의 코드에서 이러한 실수를 방지하려면 상위 인터페이스를 항상 정확하게 선언해야 한다.

| 실수 방지 가이드 |

- 연이은 if-else 분기가 있을 때는 테스트 커버리지 보고서를 확인하고 모든 분기에 테스트가 적용되었는지 확인한다. 누락된 분기가 있다면 테스트를 작성하고 적용한다. 조건 지배 문제가 있다면 금세 발견될 것이다.
- 자바 21부터 일련의 instanceof 검사에 switch 패턴을 적용할 수 있게 되었다. 이번 절의 toBigInteger() 메서드 본문은 다음과 같이 고칠 수 있다.

```
return switch (obj) {
  case BigInteger bigInteger -> bigInteger;
  case BigDecimal bigDecimal -> bigDecimal.toBigInteger();
  case Number number -> BigInteger.valueOf(number.longValue());
  case null, default -> BigInteger.ZERO;
};
```

이 방식의 가장 큰 장점은 조건의 우열 관계를 자동으로 검사할 수 있다는 것이다. 다음과 같이 case Number를 처음에 넣으면 컴파일 에러가 발생한다.

```
return switch (obj) {
```

```
    case Number number -> BigInteger.valueOf(number.longValue());
    case BigInteger bigInteger -> bigInteger;   // 컴파일 에러: 이 case 레이블은 이전 case 레이블에 지배된다
    case BigDecimal bigDecimal -> bigDecimal.toBigInteger();
    case null, default -> BigInteger.ZERO;
  };
```

이렇듯 instanceof 조건의 지배 관계를 검사할 수 있다. 비록 숫자 범위 등의 조건 연쇄에는 해당 항이 없지만 이만 해도 크나큰 진전이다.

- 각 조건은 가급적 상호 배타적으로 작성한다. 특히 숫자 범위는 양 쪽 경계를 모두 지정한다. 코드는 조금 더 길어지겠지만 조건 순서를 바꿔도 동작은 유지된다. 따라서 조건문은 더 명확하고 유연해진다. 예시로 들었던 getPlan() 메서드는 다음과 같이 고칠 수 있다.

```
Plan getPlan(int age) {
  if (age >= 0 && age <= 5) return Plan.FREE;
  if (age >= 6 && age <= 17) return Plan.CHILD;
  if (age >= 18) return Plan.FULL;
  throw new IllegalArgumentException("Wrong age: " + age);
}
```

이 코드는 FREE 플랜도 양쪽 범위를 지정해서 견고함을 더했다. 이제 메서드에 음수 age를 전달하면 예외가 발생한다. 또한 전체 범위 중 빈 구간이 있어도 예외가 발생한다. 가령 18~24세 연령에 새로운 플랜을 도입한다고 가정해보자. 이제 FULL 플랜은 25세 이상에게 적용되어야 한다. 다음은 FULL 플랜의 조건만 수정하고 신규 플랜의 조건을 실수로 누락한 코드다.

```
Plan getPlan(int age) {
  if (age >= 0 && age <= 5) return Plan.FREE;
  if (age >= 6 && age <= 17) return Plan.CHILD;
  if (age >= 25) return Plan.FULL;
  throw new IllegalArgumentException("Wrong age: " + age);
}
```

18~24세를 대상으로 이 코드를 테스트하면 throw 문 덕분에 문제가 즉시 드러난다. 이전에는 잘못된 플랜을 추가해도 아무 문제없이 반영됐지만 이제는 예외가 발생하며 곧장 문제를 가리키므로 테스트 초기에 문제가 발견될 가능성도 훨씬 더 높다.

- 상호 배타적이지 않은 조건을 연이어 쓸 경우에는 각 순서의 의미와 필요성을 주석을 통해 명시적으로 설명하는 것이 좋다.

실수 017 switch 문 통과 실수

이번 문제는 앞 절의 내용과 밀접한 관련이 있다. 자바의 switch 문은 기본적으로 모든 분기를 차례대로 진행한다. 이 불행한 역사의 잔재 덕에, switch를 종료하려면 다음과 같이 break 문을 명시적으로 써야 한다.

```
void performAction(Button button) {
  switch (button) {
    case YES:
      actOnYes();
      break;
    case NO:
      actOnNo();
      break;
    case CANCEL:
      actOnCancel();
      break;
  }
}
```

이 코드에서 두 break 중 하나라도 빠지면 두 작업이 연이어 실행된다.

다행히 이 문제는 자바 14에서 해결되었다. 다음과 같이 switch 분기에 화살표 구문(->)을 쓰면 패스스루pass-through 진행이 차단된다.

```
void performAction(Button button) {
  switch (button) {
    case YES -> actOnYes();
    case NO -> actOnNo();
    case CANCEL -> actOnCancel();
  }
}
```

정적 분석

정적 분석기는 패스스루 분기를 감지하고 경고할 수 있다. SonarQube에는 'S128: Switch Cases Should End with an Unconditional Break Statement'라는 기본 규칙이 있으며 SpotBugs는 'Switch Statement Found Where One Case Falls Through to the Next Case' 경고가 있다. IntelliJ IDEA에는 'Fallthrough in Switch Statement' 검사가 있으니 활성화 여부를 확인하기 바란다. 한편, 정적 분석기는 `// fallthrough`라는 주석을 보면 관행적으로 패스스루 경고를 억제한다.

```
switch (button) {
  case YES:
    actOnYes();
    // fallthrough
  case NO:
    actOnYesAndNo();
    break;
  case CANCEL:
    actOnCancel();
    break;
}
```

`// fallthrough` 주석은 다음 case로 진행한다는 의도를 명시적으로 나타낸다. 대부분의 정적 분석기는 이 주석을 인식하고 패스스루를 경고하지 않는다. **구글 자바 스타일 가이드**에 따르면, 다음 case로 이어서 진행하는 switch 분기에는 반드시 이 주석을 표시해야 한다.

| 실수 방지 가이드 |

- 자바 14 이상에서는 항상 화살표 구문을 사용한다.
- 가급적이면 switch의 모든 분기는 둘 중 하나의 형태로 통일한다. 무언가를 반환하거나, 하나의 변수를 할당하는 형태다. 전자는 break 문을 전혀 추가할 필요가 없다. 후자의 경우, 변수를 final로 선언하면 다음과 같이 실수로 break를 생략해도 변수 재할당 시 컴파일 에러가 발생한다.

```
final Boolean answer;
switch (ch) {
    case 'T':
    case 't':
        answer = true;  <-| 실수로 break 생략됨
    case 'F':
    case 'f':
```

```
            answer = false;   // 컴파일 에러: answer가 재할당됨
            break;
        default:
            answer = null;
    }
```

자바 14 이상으로 전환하면 switch 문을 switch 표현식으로 손쉽게 변환할 수 있다. 이렇게 하면 코드는 한층 더 명확하고 견고해진다. 최근 IDE는 이 변환을 자동으로 처리할 수 있으며 결과는 다음과 같다.

```
final Boolean answer = switch (ch) {
    case 'T', 't' -> true;
    case 'F', 'f' -> false;
    default -> null;
};
```

실수 018 구형 for 루프 오류

자바의 for 루프는 C 언어의 낡은 유산이다. 이 구조는 매우 유연하지만 그만큼 위험하며 온갖 교묘한 버그의 근원이 되어 왔다. 일반적으로 for 루프는 숫자 범위를 순회할 때 다음과 같은 관용적 형태로 작성한다.

```
for (int i = from; i < to; i++) {
  // 본문
}
```

무엇보다, 같은 변수를 세 번 언급한다는 것부터 문제다. 이렇게 하면 변수가 뒤섞이기 매우 쉽다. 특히 다음 코드처럼 여러 겹으로 중첩된 루프는 더욱 취약하다.

```
for (int i = 0; i < 10; i++) {
  for (int j = 0; j < 10; i++) {   // 오타: j++ 대신 i++를 썼음
    // i, j 사용
  }
}
```

언뜻 보면 눈에 잘 띄지 않지만 이 코드는 내부 루프에서 외부 루프의 변수 `i`를 증가시킨다. 결과적으로 내부 루프는 무한히 반복된다. 다음은 무한 루프의 또 다른 예시다.

```
for (int i = 0; i < 10; i++) {
  for (int j = 0; i < 10; j++) {  <-- j < 10 대신 i < 10을 썼다
    // i, j 사용
  }
}
```

이번에는 변수를 제대로 증가시켰지만 조건이 잘못됐다. 일반적으로 무한 루프는 테스트 중에 쉽게 감지할 수 있다. 그러나 내부 루프에서 특정 조건에 따라 `break` 문을 실행하면 상황이 복잡해진다.

```
for (int i = 0; i < 10; i++) {
  for (int j = 0; j < 10; i++) {
    // i, j 사용
    if (condition()) {
      break;
    }
  }
}
```

이 루프는 특정 조건이 갖춰지면 중단된다. 따라서 올바르게 작동하는 듯이 보일 때도 있을 것이다. 그러나 잘못된 코드임은 분명하다. 다음과 같이 조건과 변수 증감 코드에 모두 오타가 있는 경우도 있다.

```
for (int i = 0; i < 10; i++) {
  for (int j = 0; i < 10; i++) {
    // i, j 사용
  }
}
```

이 루프는 언젠가 끝나긴 하지만 `i`와 `j`의 모든 조합을 처리하지는 못한다. 이러한 버그는 유효성 검사, 정규화 코드 등의 코드베이스 내부에 몇 년이고 몸을 숨길 수 있다. 다음과 같이 2차원 배열의 모든 음수를 0으로 바꾸는 코드를 살펴보자.

```
void normalizeData(int[][] data) {
  int rows = data.length;
  for (int i = 0; i < rows; i++) {
    int columns = data[i].length;
    for (int j = 0; i < columns; i++) {   ◁── 조건과 증감 코드에 j를 쓰지 않았다
      if (data[i][j] < 0) {
        data[i][j] = 0;
      }
    }
  }
}
```

이 코드에서 안쪽 루프의 조건이나 증감 표현식에 문제가 있는지 확인하려면 매우 세세하게 로직을 검토해야 한다. 게다가 이 코드는 입력값에 따라 제대로 작동할 때도 있다. 음수를 충분히 입력해보지 않는 한 이 버그는 품질 검수를 통과하고 프로덕션 코드까지 올라갈 가능성이 있다.

정적 분석

데이터 흐름 기반 정적 분석 도구는 방금 예시로 들었던 무한 루프를 쉽게 감지할 수 있다. 가령 IntelliJ IDEA는 조건 또는 증감 표현식이 잘못됐을 때 루프 조건을 강조하며 'Condition Is Always True' 경고를 보낸다. 그러나 조건과 증감 표현식이 모두 틀렸을 경우에는 문제를 발견하지 못한다.

몇몇 정적 분석 도구는 다양한 방식으로 비관용적nonidiomatic 루프를 감지하고 보고할 수 있다. 루프 본문 안에서 루프 변수를 수정하려는 시도 또한 이러한 감지 대상 중 하나다. 내부 루프에서 외부 루프 변수를 수정했던 `normalizeData` 예시가 여기에 해당한다. 그러나 이러한 검사는 정당하게 작성된 코드까지 감지하고 경고를 일으킨다. 이 검사를 효율적으로 활용하려면 매우 엄격한 코드 스타일을 준수하거나 불필요한 경고를 계속해서 억제해야 한다. 이와 관련된 IntelliJ IDEA의 'Assignment to `for` loop Parameter' 검사는 기본적으로 비활성화되어 있다. SonarQube에는 'S127: `for` Loop Stop Conditions Should Be Invariant' 규칙이 있으며, PVS-Studio의 'V6031: The Variable X Is Being Used for This Loop and for the Outer Loop' 검사도 `for` 루프의 문제를 감지한다.

| 실수 방지 가이드 |

- 지정한 범위를 순회하는 관용적인 루프문을 만들 때에는 IDE가 제공하는 코드 템플릿을 활용한다. 예를 들어 IntelliJ IDEA에는 **fori**라는 라이브 템플릿이 있다. **fori**를 입력하고 [Enter]를 누르면 전체 루프가 생성되고 이어서 변수명을 변경하면 한꺼번에 적용된다. 이클립스도 템플릿을 쓰면 비슷한 방식으로 배열을 순회할 수 있다. `for` 루프를 작성할 때는 **for**만 입력하고 [Ctrl] + [Space]를 눌러 코드 자동완성 팝업을 호출한다. 팝업

목록에서 'For – Use Index on Array'를 선택하면 루프문이 자동으로 생성된다.

- 루프 코드 테스트는 내부와 외부 루프가 모두 최소한 두 번 이상 반복되도록 구성한다. `normalizeData` 예제의 경우, `{{-1, -1}, {-1, -1}}`처럼 구성된 배열을 테스트에 전달하고 정상적으로 정규화되는지 결과를 검증한다.

실수 019 루프 변수 미사용

루프를 올바르게 작성한 다음 본문에서 루프 변수 대신 상수값을 사용하는 실수도 가끔 벌어진다. Apache Dubbo 프로젝트를 검수하던 PVS-Studio 팀이 발견했던 버그도 이러한 유형의 실수였다. 다음은 한 배열의 내용을 다른 배열에 매핑하는 고전적인 코드 패턴이다.

```
String[] types = …
Class<?>[] parameterTypes = new Class<?>[types.length];
for (int i = 0; i < types.length; i++) {
  parameterTypes[i] = ReflectUtils.forName(types[0]);
}
```

안타깝게도 이 코드는 `types[i]` 대신 `types[0]`를 쓰고 말았다. 이 코드가 제대로 작동하려면 `types` 배열에 원소가 하나뿐이거나 배열 내 모든 원소가 동일해야 한다. 따라서 간단한 테스트는 우회해버릴 위험이 있다. 또한 'Variable Is Not Used'처럼 단순한 정적 분석 진단은 이 경우 쓸모가 없다. `i` 변수가 실제로 루프 본문에서 사용되고 있기 때문이다.

> **정적 분석**
>
> PVS-Studio 분석기에는 'V6016: Suspicious Access to Element by a Constant Index Inside a Loop'라는 휴리스틱 진단 기능이 있다. 드물지만, 의도적으로 상수 인덱스를 사용할 경우에는 오탐지false positive 보고가 발생할 것이다. 그럼에도 불구하고 이러한 진단 보고서는 가급적 확인해보는 것이 좋다.

| 실수 방지 가이드 |

- 배열을 채울 때는 다음과 같이 `Arrays.setAll()`을 우선적으로 고려한다.

```
Arrays.setAll(parameterTypes, i -> ReflectUtils.forName(types[i]));
```

여기서 배열 인덱스는 람다 파라미터로 쓰이므로 누락되면 훨씬 더 눈에 잘 띈다.

- 가급적이면 인덱스는 사용하지 않는다. 인덱스가 필요한 코드는 대부분 스트림 API 등의 상위 수준 구조로 고칠 수 있다. 예를 들면 다음과 같다.

```
Class<?>[] parameterTypes = Arrays.stream(types)
      .map(ReflectUtils::forName)
      .toArray(Class<?>[]::new);
```

이 구조에서 인덱스는 스트림 API 구현 내부에 캡슐화encapsulated되고 클라이언트 코드에서 사라진다. 스트림 API를 쓰면 시스템 자원이 더 들지만 대부분의 경우 미미한 수준에 그친다.

실수 020 잘못된 루프 방향

가끔 for (int i = lo; i < hi; i++)처럼 오래된 코드 패턴을 수정해야 할 때가 있다. 흔한 사례로는, 컬렉션의 순회 방향을 뒤집는 작업을 들 수 있다. 정방향 루프는 lo부터 숫자가 증가하다가 hi 직전에 끝난다. 같은 범위를 역방향으로 순회하려면 다음과 같이 코드를 고쳐야 한다.

```
for (int i = hi - 1; i >= lo; i--)
```

역방향 루프를 작성하거나 루프 방향을 손수 변경할 때 자주 일어나는 실수는 다음과 같이 i++를 i--로 고치지 않는 것이다.

```
for (int i = hi - 1; i >= lo; i++)
```

다행히 이 문제는 정적 분석으로 감지할 수 있지만, 주의할 부분은 또 있다. 만일 hi - 1 대신 hi를 쓰거나 i >= lo 대신 i > lo를 쓰면 오프 바이 원 에러off-by-one error의 원인이 된다. 루프 방향을 바꿀 때는 조건의 초기값이나 경계값을 잘 살피고 1씩 어긋나는 일이 없도록 해야 한다. 정적 분석기도 이 문제는 감지하지 못한다. 의도에 맞게 작성된 조건일 가능성도 있기 때문이다.

> **정적 분석**
>
> IntelliJ IDEA에는 'Loop Executes Zero or Billions of Times' 검사가 있다. 이 검사는 `i >= lo; i++`처럼 변수 증가 방향과 경계 조건이 일치하지 않을 때 경고를 보낸다. 마찬가지로 SonarQube에서는 'S2251: A `for` Loop Update Clause Should Move the Counter in the Right Direction' 경고가 발생한다. 조건과 증가 방향을 의도적으로 이렇게 조합할 가능성은 매우 낮다. 이러한 루프는 경계 조건이 거짓이라면 한 번도 실행되지 않으며 반대의 경우에는 수십억 번 실행된 후 오버플로를 일으킬 것이다.

| 실수 방지 가이드 |

- IDE에는 기존 루프의 방향을 반전시키는 기능이 있다. 예를 들어 IntelliJ IDEA는 루프 선언부에서 'Reverse Direction of `for` Loop' 기능을 실행하면 루프가 반전된다. 먼저 오름차순 루프를 작성하고 IDE를 이용해 내림차순으로 변환하면 한층 안전하게 역방향 루프를 만들 수 있다.

- 배열이나 `List`를 역방향으로 순회할 때는 IDE가 제공하는 코드 템플릿을 활용한다. IntelliJ IDEA에는 배열 및 `List`에 역방향 루프를 만드는 **forr** 접미사 템플릿이 있다. 가령 `arr`이라는 배열이 있을 때 `arr.forr`을 입력하면 다음과 같이 루프 선언 코드가 생성된다.

```
for (int i = arr.length - 1; i >= 0; i--) {

}
```

- 자바 21에서 `List`를 역순으로 순회할 때는 `List` 인터페이스에 새롭게 추가된 `reversed()` 메서드를 먼저 고려한다. 이 메서드가 반환하는 역순 뷰reverse-ordered view 덕에 `List`를 역방향으로 순회하는 작업이 매우 간소해졌다. 가령 자바 21 이전에는 다음과 같이 작성해야 했다.

```
for (int i = list.size() - 1; i >= 0; i--) {
  var element = list.get(i);
  … // element 사용
}
```

`reversed()` 메서드를 사용하면 다음과 같이 코드에서 인덱스가 모두 사라진다.

```
for (var element : list.reversed()) {
  … // element 사용
}
```

실수 021 루프 오버플로

간혹 루프의 상한 조건에 최댓값을 포함시켜야 할 때가 있다. 이 경우 일반적으로 `for (int i = lo; i <= hi; i++)` 형태로 루프를 선언한다. 이처럼 루프 조건에 '작다less-than' 대신 '작거나 같다less-than-or-equal' 연산자를 사용할 때는 주의할 점이 있다. 물론 대부분은 문제없이 잘 작동하지만, 만일의 경우를 대비해 `hi`가 `Integer.MAX_VALUE`(long 타입일 때는 `Long.MAX_VALUE`)가 될 가능성은 없는지 검토해야 한다. 드물지만 이 경우 루프 카운터가 오버플로를 일으켜 자동으로 음수로 전환된다. 따라서 조건은 항상 참이 되고 루프는 무한히 반복된다. 비현실적인 사례처럼 느껴지겠지만 필자는 이렇게 무한 루프를 유발하는 버그를 실제로 프로덕션 코드에서 본 적이 있다. 이 문제는 다양한 방식으로 해결 가능하다. 다음과 같이 하한 조건을 추가하는 것도 한가지 방법이다.

```
for (int i = lo; lo <= i && i <= hi; i++)
```

| 실수 방지 가이드 |

- 극히 드물게 발생하는 문제이나, 루프문의 '작거나 같다' 조건을 주의 깊게 살피고 경계값이 `MAX_VALUE`가 될 가능성이 있는지 검토한다. 가능하면 이러한 코너 케이스corner case(극단적인 사례)는 전용 테스트로 검증한다.
- 루프 대신 `IntStream.rangeClosed(lo, hi)`처럼 스트림 API를 쓴다. 코드가 훨씬 간결할 뿐만 아니라 코너 케이스 상황에서 `MAX_VALUE`가 입력되어도 `rangeClosed` 구현 내부에서 안전하게 처리하므로 걱정할 필요가 없다. 다만 스트림 API를 사용하면 성능 오버헤드가 발생할 우려가 있으므로 성능을 우선시하는 코드에서는 신중하게 사용해야 한다.

오버플로에 관한 문제는 4장에서 더 자세히 다룬다.

실수 022 멱등 루프 본문

멱등 연산idempotent operation이란 한 번 수행하든 여러 번 수행하든 동일한 부수 효과side effect를 낳는 연산을 의미한다. 가령 다음과 같은 단순한 대입 연산은 멱등성을 띤다.

```
x = 0;
```

이 명령문은 x 변수의 값을 변경하는 효과가 있다. 그러나 이 연산을 한 번 수행하든 수백 번 수행하든 결과는 항상 같다. 반대로, 다음 연산은 멱등성이 없는 연산이다.

```
x += 10;
```

이 연산은 x의 기존 값을 기준으로 새로운 값을 할당하며 연산 수행 횟수에 따라 결과가 달라진다.

이번 절에서 명심할 간단한 원칙이 있다. 루프 안에서 반복적으로 실행되는 **모든 코드**는 멱등하지 않아야 한다는 것이다. 여기서 '모든 코드'란, for 루프의 경우 루프 본문, 루프 조건, 증감 코드 등을 말한다. 이 원칙이 지켜지지 않은 루프는 버그가 있을 가능성이 높다. while 루프에 이 원칙을 적용해보자.

```
while (condition) {
    본문;
}
```

이 루프의 조건에 부수 효과가 없고 본문이 멱등하다고 가정해보자. 발생할 수 있는 상황은 세 가지다.

1. **조건이 처음부터 거짓이다.** 루프는 전혀 실행되지 않는다.
2. **조건이 처음에는 참이었지만 본문을 거치며 거짓으로 바뀐다.** 루프는 한 번만 실행된다.
3. **조건이 처음부터 참이고 본문에서 변경하지 않는다.** 루프는 무한히 반복되며 프로그램은 그대로 멈춘다.

세 번째 상황을 제외하면 이러한 루프는 if 문으로 완전히 교체할 수 있다. 간단한 예시 코드를 살펴보자.

```
while (x < 0) {
  x = 0;
}
```

이 코드에서 x가 처음부터 음수라면 첫 순회에서 0으로 바뀐다. 그 외에 x가 루프를 통해 변경되는 경우는 없으므로, 결국 이 루프는 무슨 일이 있어도 두 번째 순회를 하지 않는다. 엄밀하게 말해 이 루프는 루프라 할 수 없으며 다음과 같은 조건문으로 대체할 수 있다.

```
if (x < 0) {
  x = 0;
}
```

물론 이런 방식으로 에러를 고칠 때는 신중해야 한다. 만일 의도적으로 루프를 사용한 코드라면 문제는 루프 본문에 있을지도 모른다.

세 번째 상황은 더욱 흥미롭다. 다음은 필자가 프로덕션 코드에서 발견했던 실제 사례와 비슷하게 구성한 코드다.

```
static String makeUniqueId(String id, Set<String> usedIds) {
  int i = 1;
  String uniqueId = id;
  while (usedIds.contains(uniqueId)) {
    uniqueId = id + "_" + i;
  }
  return uniqueId;
}
```

이 메서드의 원래 의도는 id 파라미터를 이용해 고유 식별자를 생성하는 것이다. 이렇게 만든 식별자가 새로운 식별자라면 (usedIds 세트에 없을 경우) 그대로 사용한다. 그렇지 않을 경우에는 새로운 식별자를 찾을 때까지 식별자에 _1처럼 접미사를 추가한다.

이 코드의 루프를 자세히 살펴보면 본문이 멱등성을 띠며 조건에 부수 효과가 없다는 것을 알 수 있다. 이는 이번 절에서 언급한 루프의 원칙에 위배된다. 루프 본문은 id와 i를 바탕으로 식별자를 만들어 uniqueId 변수에 할당한다. 그러나 id와 i는 루프 내부에서 변경되지 않고 접미사도 _2, _3처럼 바뀌지 않는다. 동일한 접미사를 반복적으로 사용하므로 결국 이 루프는

[그림 3-2]처럼 무한 루프에 빠진다.

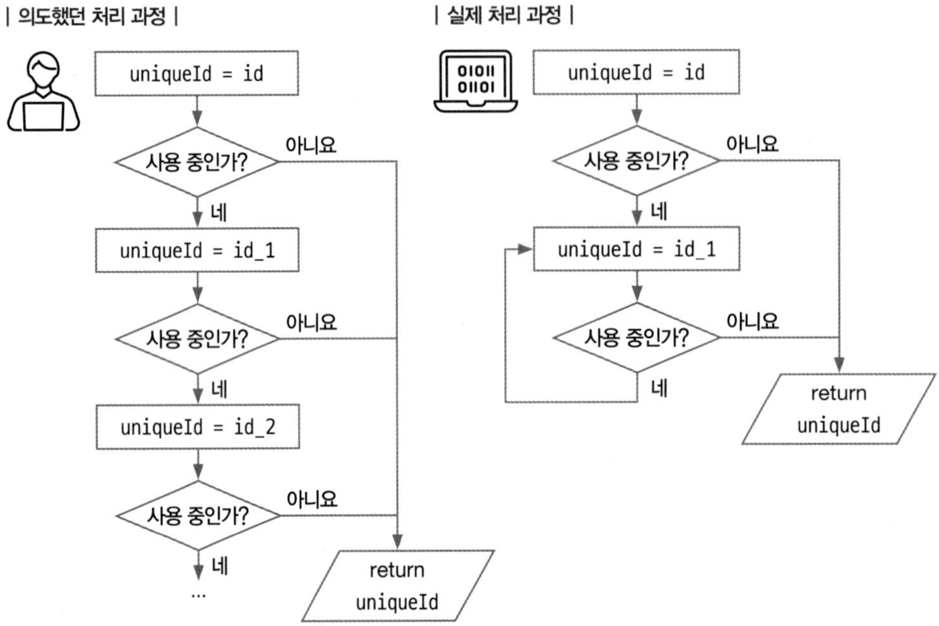

그림 3-2 id로 쓰이지 않았던 문자열을 찾으려 했지만 실제로는 첫 시도 후 무한 루프에 빠진다

이러한 실수는 유닛 테스트를 간단히 통과할 수 있기 때문에 더욱 위험하다. 이 개발자는 다음과 같은 방식으로 메서드를 테스트했을 것이다.

```
assertEquals("id", makeUniqueId("id", Set.of()));
assertEquals("id_1", makeUniqueId("id", Set.of("id")));
```

이 두 테스트가 잘 작동했기에 개발자는 메서드가 제대로 구현되었다고 생각했다. 코드 커버리지 도구도 두 테스트가 해당 메서드의 모든 명령어와 분기를 커버한다고 보고할 것이다. 그러나 실제로 메서드는 잘못 구현되었으며 테스트는 불충분하다. 다음과 같이 메서드를 호출해야 무한 루프가 발생한다.

```
makeUniqueId("id", Set.of("id", "id_1"));
```

일단 문제를 알아내면 고치는 일은 간단하다. 루프 본문에 **i++**를 추가하기만 하면 된다.

정적 분석

IntelliJ IDEA에는 'Idempotent Loop Body' 검사가 있다. 이번 절의 예시처럼 단순한 문제는 이 검사로 포착할 수 있다. 그러나 멱등성을 확인하기 위해 프로시저 간 분석이 필요할 경우에는 문제를 발견하지 못할 가능성도 있다.

간혹 루프 본문이 특정 상황에서만 멱등성을 띠기도 한다. 이 경우, 프로그램 상태가 변경됨에 따라 더욱 '평범한normal' 무한 루프가 발생할 수 있다.

예를 들어, 포맷 문자열을 분석하는 메서드가 있다고 가정해보자. `printf()` 등에 전달하는 문자열을 생각하면 쉽다. 이 메서드는 전달받은 포맷 문자열에 '%d' 지정자가 있으면 `true`를 반환해야 한다. 그러나 단순히 `str.contains("%d")`를 쓸 수는 없다. '%' 기호는 이스케이프 문자이며 '%' 문자 자체를 표현하려면 '%%'를 써야 하기 때문이다. 따라서 '%%d'를 입력받으면 `false`를, '%%%d'는 `true`를 반환해야 한다. 이를 다음과 같이 구현했다고 가정하자.

```
static boolean hasPercentD(String str) {
  int pos = 0;
  while (true) {
    pos = str.indexOf('%', pos);
    if (pos == -1 || pos == str.length() - 1) {   // % 문자가 없거나 하나의 문자만 남았을 경우 중단
      return false;
    }
    char c = str.charAt(pos + 1);
    if (c == 'd') {        // %d 처리
      return true;
    }
    if (c == '%') {        // %% 처리
      pos += 2;
    }
  }
}
```

`indexOf()` 메서드에 두 번째 인수를 전달하면 검색 시작 위치를 지정할 수 있다. 이 코드는 두 번째 인수를 통해 시작점을 차례로 이동하며 % 기호를 검색한다. % 뒤에 d가 나오면 즉시 `true`를 반환하고, %가 나오면 건너뛴 다음 계속 검색한다. 이렇게 구현하면 '%%'와 '%d'만으로 조합된 문자열을 정확하게 처리할 수 있다. 여기까지 생각한 개발자는 해당 조합으로 몇 가지

유닛 테스트를 작성할 것이다. 예를 들어 이 메서드는 다음 테스트를 모두 통과한다.

```
assertTrue(hasPercentD("Hello %d!"));
assertFalse(hasPercentD("%%d!"));
assertFalse(hasPercentD("%%%%"));
assertFalse(hasPercentD("%%%%%"));
assertFalse(hasPercentD("%%d%%d"));
assertTrue(hasPercentD("%%d%%%"));
```

JaCoCo로 코드 커버리지를 계산하면 이러한 테스트 집합이 `hasPercentD()` 메서드의 모든 줄과 구문을 100% 커버한다는 흐뭇한 결과가 나온다. 또한 Pitest로 커버리지를 검사하면 뮤테이션이 100% 죽었다는 보고서가 나온다. 이러한 지표만 보면 개발자는 이 메서드가 올바르게 작동하고 충실하게 테스트되었다고 확신할 수밖에 없다.

그러나 코드에는 엄연히 버그가 있다. `%` 문자 뒤에 `d` 또는 `%` 이외의 문자가 오면 루프가 먹등 상태가 된다. 이 경우 `pos` 변수가 갱신되지 않으므로 `indexOf()`는 동일한 `%` 문자를 계속 발견하며 메서드는 영원히 끝나지 않는다. '`%s`'를 입력값으로 호출하면 이를 직접 확인할 수 있다.

안타깝게도 정적 분석기는 이 문제에 대해 침묵한다. 이론적으로는 정적 분석기도 이 문제를 감지할 수 있다. 그러나 필자가 아는 한 이를 지원하는 분석기는 현재로서는 없다. 다양한 테스트 커버리지 보고서에서 얻을 수 있는 유일한 단서는 `c == '%'` 조건 뒤에 분기가 누락됐다는 정보뿐이다. 예시로 들었던 테스트 집합 중 이 조건을 `false`로 만드는 테스트는 없다. 그러므로 코드 라인이나 구문의 커버리지 범위가 100%로 나오더라도 분기 커버리지는 따로 주의를 기울이는 것이 좋다.

| 실수 방지 가이드 |

- 루프의 유닛 테스트를 작성할 때 `0`과 `1`뿐만 아니라 그 이상의 회차도 테스트에 포함한다. 루프는 두 번 이상 순회하기 위해 존재하므로 (그렇지 않으면 조건문에 불과함) 테스트도 두 번 이상 반복되는 시나리오에 대응해야 한다.

- `indexOf()` 등의 메서드로 문자열을 처리할 때 특히 주의한다. `ch` 문자열을 차례로 찾을 때 쓰는 `pos = str.indexOf(ch, pos)`는 매우 일반적인 코드 패턴이다. 그러나 `pos`를 갱신하지 않는 분기가 존재한다면 무한 루프에 빠질 위험이 있다.

실수 023 잘못된 초기화 순서

프로그래밍에서 초기화란 복잡한 문제다. 전체 프로그램, 서브시스템, 개별 객체를 초기화할 때는 이들 중 아직 완전히 초기화되지 않은 부분이 있을 수 있다는 사실을 늘 염두에 두어야 한다. 완전한 초기화에 대한 확신이 없는 한 해당 함수는 자유로이 사용할 수 없다. 그러므로 초기화 단계는 신중하게 순서를 지켜야 한다. 그렇지 않으면, 아직 초기화되지 않은 필드에 접근하는 사고가 발생한다.

정적 필드

다음은 코드는 IntelliJ 코틀린Kotlin 플러그인의 실제 버그를 바탕으로 구성한 예시다. 원래는 자바가 아닌 코틀린으로 작성된 코드였으며, 여기서는 편의상 자바 16에 도입된 `record`를 활용했다.

```
record Version(int major, int minor) {
  public static final Version CURRENT =
              parse(Application.getCurrentVersion());
  private static final Pattern REGEX =
              Pattern.compile("(\\d+)\\.(\\d+)");

  static Version parse(String version) {
    Matcher matcher = REGEX.matcher(version);
    if (!matcher.matches()) {
      throw new IllegalArgumentException();
    }
    int major = Integer.parseInt(matcher.group(1));
    int minor = Integer.parseInt(matcher.group(2));
    return new Version(major, minor);
  }
}
```

이 코드는 애플리케이션 버전 문자열을 분석하는 간단한 파서parser다. 현재 실행 중인 애플리케이션 버전은 `Application.getCurrentVersion()`이라는 정적 메서드가 문자열로 반환하며, 이를 `CURRENT`라는 `public` 필드에 저장한다.

파서 코드 내부에서는 정규 표현식을 활용한다. 정규 표현식은 일반적으로 별도의 상수로 추출한다. 이렇게 하면 정규 표현식을 한 번만 컴파일하므로 성능 면에서 유리하기 때문이다.

그러나 이 클래스는 제대로 초기화시킬 수 없다. `CURRENT` 필드를 초기화하려면 `parse()` 메서드가 필요하며 `parse()` 메서드가 제대로 작동하려면 `REGEX` 필드가 필요하다. 그러나 `REGEX` 필드는 `CURRENT` 필드보다 나중에 선언되므로 아직 초기화되지 않았다. `parse()`를 호출할 때 `REGEX` 필드는 여전히 `null`이다. 결국 `parse()` 메서드에서 `NullPointerException`이 발생하며 클래스 초기화는 실패한다.

이 문제는 `REGEX`와 `CURRENT` 필드 선언 순서를 조정하면 쉽게 해결할 수 있다. 또한 이 클래스를 사용하려 할 때 무조건 예외가 발생하므로 문제가 즉시 드러난다.

그러나 때로는 초기화 순서가 단 하나의 실행 경로에만 영향을 미치기도 한다. 필자는 다음과 같은 코드 패턴을 본 적이 있다.

```
class MyHandler {
  public static final MyHandler INSTANCE = new MyHandler();
  private static final Logger LOG =
          Logger.getLogger(MyHandler.class.getName());
  private MyHandler() {
    try {
      …
    }
    catch (Exception ex) {
      LOG.log(Level.SEVERE, "Initialization error", ex);
    }
  }
}
```

`MyHandler`의 싱글턴singleton 인스턴스는 클래스 초기화 과정에서 생성된다. 평상시에는 아무 문제가 없다. 그러나 `MyHandler` 생성 도중 예외가 발생하면 로그가 제대로 남지 않을 것이다. 아직 초기화되지 않은 `LOG` 필드를 역참조dereferenced[2]하기 때문이다. 결과적으로 클래스 초기화 실패 시 `NullPointerException`이 발생하며 근본적인 문제를 가려버린다.

2 옮긴이_ 참조 변수를 통해 실제 객체의 필드나 메서드에 접근하는 과정

> **정적 분석**
>
> 이 주제에 관련된 IntelliJ IDEA의 분석 기능은 간단한 수준이지만, 그래도 첫 번째 예시의 문제는 포착할 수 있다. 'Nullability and Data Flow Problems' 검사는 `REGEX.matcher` 호출에서 `NullPointerException` 발생 가능성을 보고한다. 개발자가 보기에 `REGEX` 초기화 코드는 아무 문제가 없으므로 이 경고의 의미를 이해하지 못하거나 혹은 잘못된 경고로 오인하는 경우도 있다. 따라서 이러한 경고가 나타나면 초기화 순서를 확인하기 바란다.
>
> PVS-Studio 등의 독립형 정적 초기화standalone static initializer 분석기는 초기화 주기를 더욱 자세히 분석할 수 있다. PVS-Studio는 이번 절의 두 예시에서 모두 문제를 발견하고, 문제의 필드가 선언 및 사용되는 코드 위치를 정확히 지목한다.

| 실수 방지 가이드 |

- 클래스나 객체를 신중하게 초기화한다. 복잡한 호출 과정은 초기화에서 제거하거나, 꼭 필요한 경우 초기화 마지막 단계로 옮긴다. 그것도 어렵다면 호출당하는 메서드 쪽에서 이 클래스가 완전히 초기화되지 않았음을 대비하고 있는지 확인해야 한다.
- 실행 사례가 드문 코드 경로라 해도 테스트에서 배제하지 않는다. 특히 로그를 남기는 코드는 평상시에 거의 실행되지 않지만 향후 문제 발생 시 원인 규명에 매우 중요한 역할을 한다. 이 코드가 제대로 작동하지 않으면 사용자 로그나 서버 로그에 무의미한 정보가 담길 위험이 있다.

서브클래스 필드

또 다른 초기화 문제는 오버라이드 메서드를 슈퍼클래스 생성자에서 호출할 때 자주 발생한다. 예를 들어 다음과 같이 숫자형 식별자가 있는 엔티티 클래스를 살펴보자.

```
class Entity {
  final int id;

  Entity() {
    id = generateId();
  }

  protected int generateId() {
    return 0;
  }
```

```
}
```

이 코드는 생성자에서 generateId() 메서드를 호출하고 서브클래스가 오버라이딩하게 한다. 이 방식으로 서브클래스마다 고유한 식별자 생성 규칙을 만들 수 있다. 그중 난수로 식별자를 생성하는 서브클래스가 있다고 가정해보자. 클래스 구현 코드는 다음과 비슷할 것이다.

```
class RandomIdEntity extends Entity {
  final Random random = new Random();

  @Override
  protected int generateId() {
    return random.nextInt();
  }
}
```

언뜻 보면 괜찮아 보이지만 이 코드에는 문제가 있다. RandomIdEntity 인스턴스를 생성하려 하면 무조건 NullPointerException이 발생한다. 여기서 random 필드는 실제로 RandomIdEntity 클래스 생성자의 일부이며 슈퍼클래스 생성자 실행 이후 초기화된다. 사실상 이 클래스는 다음과 클래스와 똑같다.

```
class RandomIdEntity extends Entity {
  final Random random;
  RandomIdEntity() {
    super();
    random = new Random();
  }

  @Override
  protected int generateId() {
    return random.nextInt();
  }
}
```

슈퍼클래스 생성자가 실행될 때 하위 클래스 필드는 아직 초기화되지 않은 상태다. (가끔 final 필드가 컴파일 시점에 상수로 초기화는 경우는 있다). 그러나 예시에서 오버라이딩한 generateId() 메서드는 random 필드가 이미 초기화되었다고 간주한다. [그림 3-3]은 이 클래스의 실제 초기화 과정을 나타낸다.

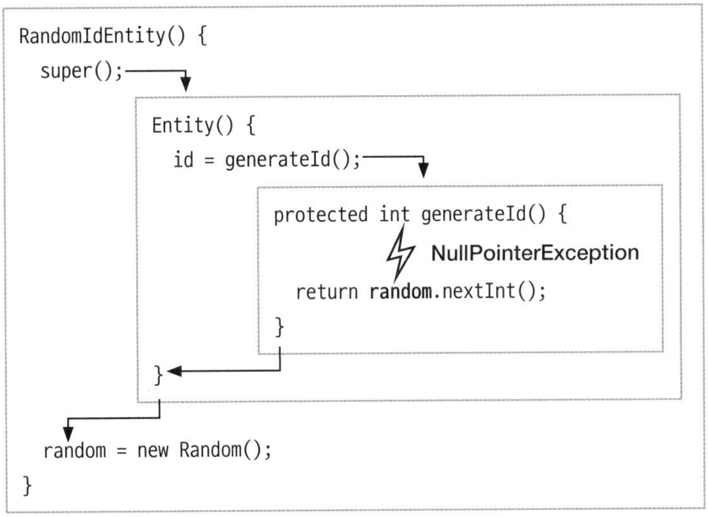

그림 3-3 RandomIdEntity() 클래스의 초기화 흐름. random 필드가 초기화되기 전에 슈퍼클래스 생성자에서 사용된다

이번 문제는 서브클래스를 인스턴스화할 때 명확하게 드러나지만 항상 이렇게 되지는 않는다. 초기화되지 않은 필드를 실수로 사용하면 때로는 매우 미묘하고 진단하기 어려운 버그가 발생하기도 한다.

> **정적 분석**
>
> 일부 정적 분석기는 이러한 문제를 감지할 수 있다. SonarQube에는 'S1699: Constructors Should Only Call Non-overridable Methods'(기본 비활성) 규칙이 있으며 IntelliJ IDE에는 'Overridable Method Called During Object Construction' 검사가 있다.

| 실수 방지 가이드 |

- `final`이 아닌 클래스 생성자에서 `final`이 아닌 인스턴스 메서드를 호출하지 않는다. 기본적으로 생성자는 가능한 한 단순하게 유지한다. 헬퍼 메서드는 처음부터 `static`, `private`, `final`로 선언해서 서브클래스가 오버라이딩할 수 없도록 한다.
- 중요한 초기화 로직은 생성자에서 뺀다. 이를테면 `id` 필드 초기화는 처음 접근하는 순간까지 지연시켜도 된다. (단, 지연된 초기화 코드는 스레드 안전과 관련된 경고를 유발할 수 있다.) 다음 코드를 참고하라.

```
class Entity {
  Integer id;

  int getId() {
    if (id == null) {
      // 스레드 안전 위험
      id = generateId();
    }
    return id;
  }

  protected int generateId() {…}
}
```

- 오버라이드 가능한 메서드를 생성자에서 꼭 호출해야 할 경우, 객체가 완전히 초기화되지 않은 상태에서 이 메서드가 호출될 수 있음을 Javadoc 스펙 형태로 명시한다.

클래스 초기화 순서

두 클래스의 초기화가 서로 의존 관계에 있으면 문제가 생기기 쉽다. 클래스 본문에 선언된 `static {}` 영역과 정적 필드 초기화는 모두 클래스 초기화에 포함된다. 자바 가상 머신(JVM)은 클래스 초기화를 단 한 번만 실행하며 클래스를 실제로 사용하기 전에 완료한다. 결과적으로 모든 정적 필드는 사용자가 접근하기 전에 완전히 초기화된다.

그러나 클래스 A의 초기화가 클래스 B에 의존하고, 클래스 B의 초기화가 클래스 A에 의존하면 문제가 생기기 시작한다. 클래스 초기화 과정을 이해하기 쉽도록 다음과 같이 다소 작위적인 예제를 준비했다.

```
class A {
  private static final B unused = new B();
  static final String WELCOME = "Hello".toUpperCase();

  public static void main(String[] args) {
    System.out.println(B.MSG);
  }
}
```

클래스 A는 B의 인스턴스를 생성하며, B가 초기화되어야 한다

```
class B {
  static final String MSG = A.WELCOME;   <- 클래스 B는 A의 필드를 참조하며, A가 초기화되어야 한다

  public static void main(String[] args) {
    System.out.println(B.MSG);
  }
}
```

두 클래스 A와 B가 있으며 각각의 main() 메서드는 본문이 동일하다. 그렇다면 두 클래스의 실행 결과도 같을까? 또한, unused 필드는 프로그램에 어떤 영향을 미칠까?

먼저 클래스 A를 실행한다고 가정해보자. 클래스 A는 초기화 과정에서 클래스 B를 사용한다. 다시 말해, 타입이 B인 새로운 인스턴스를 만든다. 클래스 A는 아직 완전히 초기화되지 않은 상태에서 클래스 B의 초기화가 시작된다. 이때 초기화가 진행되는 순서는 다음과 같다.

1. 클래스 A 초기화 시작
2. 클래스 B 초기화 시작
3. `B.MSG = A.WELCOME;` (`A.WELCOME`은 아직 `null`이다!)
4. 클래스 B 초기화 종료
5. `A.unused = new B();`
6. `A.WELCOME = "Hello".toUpperCase();`
7. 클래스 A 초기화 종료

MSG를 할당할 때 WELCOME이 아직 초기화되지 않았으므로 결국 null이 출력된다. 아마도 이는 원래 의도했던 결과가 아닐 것이다. 그러나 클래스 B를 실행하면 B의 초기화가 먼저 시작되므로 다음과 같이 초기화 순서가 달라진다.

1. 클래스 B 초기화 시작
2. 클래스 A 초기화 시작
3. `A.unused = new B();` (클래스 B가 아직 완전히 초기화되지 않았지만 이 코드는 작동한다).
4. `A.WELCOME = "Hello".toUpperCase();`

5. 클래스 A 초기화 종료

6. B.MSG = A.WELCOME; ("HELLO" 할당).

이번에는 예상대로 HELLO가 출력된다.

필드는 일반적으로 클래스에 선언된 순서를 따라 초기화되므로, unused 필드와 WELCOME 필드의 위치를 서로 바꾸면 클래스 A를 실행해도 HELLO가 출력된다. 그러나 예외의 경우가 있다. 필드 초기화 코드가 원시 또는 String 타입의 컴파일 타임 상수 표현식이라면 클래스 초기화 이전, 클래스 로딩 단계에서 필드가 초기화된다. 따라서 예제 코드에서 toUpperCase() 호출을 빼면 WELCOME 필드는 클래스 로딩 중 초기화되며 더 이상 null을 출력하지 않는다.

완전히 초기화되지 않은 클래스를 사용하면 이렇듯 곤란한 상황이 생긴다. 그러나 여기서 끝이 아니다. 클래스 초기화 순환 의존성의 가장 큰 문제는 두 클래스를 각기 다른 스레드에서 사용할 때 본격적으로 시작된다. 가상 머신은 클래스 초기화를 단 한 번만 하기 위해 초기화 중 락lock을 건다. 하나의 클래스 초기화 과정에서 또 다른 클래스가 초기화되면 두 개의 락이 차례로 발생한다. 이때 또 다른 스레드에서 두 개의 락을 반대의 순서로 획득하려 시도하면 데드락deadlock에 걸린다. 결과적으로 두 스레드 모두 프로그램이 종료될 때까지 작동을 멈춘다. 심지어는 이 클래스에 접근하려는 다른 스레드까지 멈춘다. 경우에 따라서는 프로그램 전체가 중단될 위험도 있다.

이러한 데드락은 직접 시연할 수 있다. 다음 코드는 A와 B를 각기 다른 스레드에서 초기화하는 클래스다.

```
public class Test {
  public static void main(String[] args) {
    Runnable[] actions = {() -> new A(), () -> new B()};
    Stream.of(actions).parallel().forEach(Runnable::run);
    System.out.println("ok");
  }
}
```

이 프로그램을 실행하면 'ok'가 출력되거나 데드락 상태에 빠진다. 필자의 컴퓨터에서는 50% 이상 데드락에 걸렸으며 하드웨어, OS, JVM 버전에 따라 이 비율은 달라진다.

jstack 도구를 사용하면 데드락에 걸린 초기화 프로세스를 발견할 수 있다. 다음은 자바 11에서 jstack을 실행한 결과 중 일부다.

```
"main" #1 prio=5 os_prio=0 …
  java.lang.Thread.State: RUNNABLE
    at com.example.B.<clinit>(Test.java:22)
    at com.example.Test.lambda$main$1(Test.java:8)
    at com.example.Test$$Lambda$2/0x0000000800061040.run(Unknown Source)
…
"ForkJoinPool.commonPool-worker-19" #21 daemon prio=5 os_prio=0 …
  java.lang.Thread.State: RUNNABLE
    at com.example.A.<clinit>(Test.java:14)
    at com.example.Test.lambda$main$0(Test.java:8)
    at com.example.Test$$Lambda$1/0x0000000800060840.run(Unknown Source)
```

출력 결과를 잘 보면 두 개의 스레드가 `<clinit>` 메서드에서 시간을 보내고 있음을 알 수 있다. 이 메서드는 클래스 초기화를 나타내므로 두 클래스의 초기화 과정에 문제가 있다고 추측할 수 있다. 자바 17 이상을 쓰면 다음과 같이 단서가 더 추가된다.

```
"main" #1 prio=5 os_prio=0 …
   java.lang.Thread.State: RUNNABLE
    at com.example.B.<clinit>(Test.java:22)
    - waiting on the Class initialization monitor for com.example.A
    at com.example.Test.lambda$main$1(Test.java:8)
    at com.example.Test$$Lambda$2/0x0000000800c00c18.run(Unknown Source)
…
"ForkJoinPool.commonPool-worker-1" #23 daemon prio=5 os_prio=0 …
   java.lang.Thread.State: RUNNABLE
    at com.example.A.<clinit>(Test.java:14)
    - waiting on the Class initialization monitor for com.example.B
    at com.example.Test.lambda$main$0(Test.java:8)
    at com.example.Test$$Lambda$1/0x0000000800c00a00.run(Unknown Source)
```

이제 `waiting on the Class initialization monitor`라는 메시지를 통해 클래스 B 초기화에서 클래스 A 초기화를 기다리고 있음을 알 수 있다. 반대의 경우도 마찬가지다.

비록 인위적인 예제였으나 이러한 문제는 엄연히 현실에서도 벌어진다. 초기화 루프는 다음과 같이 슈퍼클래스에서 서브클래스 타입의 필드를 선언할 때도 발생하기 쉽다.

```
class A {
  public static final A INSTANCE = new B();
}
class B extends A {
}
```

전혀 문제가 없어 보이는 이 코드도 실은 그렇지 않다. 한 스레드가 클래스 A를 초기화하는 동안 다른 스레드에서 클래스 B를 초기화하면 데드락이 발생한다. 예시로 들었던 Test 클래스에 똑같이 적용하면 데드락을 직접 확인할 수 있다. 이 문제가 골치 아픈 이유는, 애플리케이션 사용자가 적을 때는 병렬 스레드가 거의 없어서 데드락도 발생하지 않는다는 것이다. 애플리케이션이 대중화되고 적극 사용자가 늘어나면 비로소 데드락이 생기고 장애가 발생하게 된다. 뒤늦게 순환 의존성을 발견한다 해도 애플리케이션을 리팩터링하기는 어렵다. 가령 A.INSTANCE는 public 필드이므로 서드파티 플러그인에서 자유롭게 사용할 수 있다. 이 필드를 다른 클래스로 옮기면 이를 사용하는 다른 코드에 문제가 생길 것이다.

정적 분석

마지막 예시처럼 서브클래스 구조에서 발생하는 초기화 문제는 정적 분석기가 쉽게 감지할 수 있다. SonarQube에는 'S2390: Classes Should Not Access Their Own Subclasses During Initialization' 규칙이 있고 IntelliJ IDEA에는 Static Initializer References Subclass 검사가 여기에 해당한다. 이 문제는 매우 심각한 결과를 초래할 수 있으므로 분석기의 경고를 무시하면 안 된다.

| 실수 방지 가이드 |

- 클래스 초기화는 가능한 한 단순하게 만든다. 복잡한 요소는 가급적 초기화로부터 지연시킨다. 정적 필드를 public으로 노출하는 것보다 온디맨드on-demand 초기화 메서드를 만드는 것이 낫다.
- 프로그램에 순환 초기화 문제가 있다면 나중 일로 미루지 말고 최대한 빨리 수정한다. 추후 실제로 데드락이 발생했을 때는 이를 바로잡기 어렵다.
- 프로그램이 여러 클라이언트를 병렬로 서비스한다면 반드시 자동 테스트로 검증해야 한다. 순차적으로는 잘 작동하는 프로그램도 여러 요청을 병렬로 처리하면서 심각한 문제를 드러내기도 한다.
- 자바를 최신 버전으로 업그레이드한다. jstack 등의 최신 모니터링 도구는 이 문제를 처리할 수 있을 정도로 발전했다.

ENUM 초기화 루프

자바의 enum(열거형) 타입은 사전 정의 상수predefined constant로 구성된다. 열거형을 쓰는 개발자는 대체로 상수가 초기화된다는 사실을 간과한다. 이들에게 상수는 그저 하늘에서 뚝 떨어지는 어떤 것일지 모르지만, 실제로 상수는 열거형 클래스 초기화를 거친다. 시험 삼아 열거형 상수에 커스텀 생성자를 만들어보면 이들이 초기화되지 않는 현상을 확인할 수 있다. 다음은 서로를 참조하는 두 개의 열거형이며 초기화 루프가 생길 가능성이 매우 높다.

```
enum Pet {
  DOG(Voice.BARK),
  CAT(Voice.MEOW);

  final Voice voice;
  Pet(Voice voice) { this.voice = voice; }
}

enum Voice {
  BARK(Pet.DOG),
  MEOW(Pet.CAT);

  final Pet owner;
  Voice(Pet owner) { this.owner = owner; }
}
```

코드를 작성하는 동안 미처 깨닫지 못했더라도 잠시만 생각해보면 뭔가 이상하다는 것을 알게 된다. 닭이 먼저냐 달걀이 먼저냐의 문제가 여기에도 있다. Pet을 먼저 초기화하면 Voice가 초기화되지 않고 Voice를 먼저 초기화하면 Pet이 초기화되지 않는다. 시험 삼아 다음 코드를 실행해보자.

```
System.out.println("Dog voice is " + Pet.DOG.voice);
System.out.println("Barking pet is " + Voice.BARK.owner);
```

첫 번째 코드는 BARK를 제대로 출력하지만 두 번째 코드는 null을 출력한다. Voice.BARK가 초기화될 때 Pet.DOG는 아직 초기화되지 않았고 owner 필드에 null이 할당되었기 때문이다. 이 문제를 해결하려면 owner 필드에서 final을 빼고 생성자 호출 이후에 할당해야 한다.

열거형 상수는 초기화되는 동안 온전하게 작동하지 못한다. 특히 열거형의 values() 메서드는 열거형의 모든 값이 생성되지 않은 상태에서 에러를 일으킨다. 자바 21 이전 버전에서 switch 문이나 표현식에 열거형을 쓰면 묵시적으로implicitly values()가 호출된다. 예를 들어 다음 열거형은 겉으로 볼 때 아무 문제가 없지만 자바 20 이하 버전에서는 초기화할 수 없다.

```
enum DayOfWeek {
  SUN, MON, TUE, WED, THU, FRI, SAT;

  final boolean weekend;

  DayOfWeek() {
    weekend = switch (this) {
      case SAT, SUN -> true;
      default -> false;
    };
  }
}
```

이 열거형을 쓰려고 하면 클래스 초기화 프로그램 내부에서 values() 메서드가 묵시적으로 호출되고 NullPointerException이 발생한다.

values()가 호출되는 이유

values() 메서드가 호출되는 과정을 알아보자. 구버전의 자바는 바이트코드에서 열거형 switch를 처리하지 못하므로 컴파일 과정에서 이를 숫자 타입 switch로 디슈거desugar[3]한다. 원리는 간단하다. 다음과 같이 ordinal() 메서드를 통해 열거형의 각 레이블을 서수ordinal로 변환하면 된다.

```
weekend = switch(this.ordinal()) {
  case 6, 0 -> true;
  default -> false;
}
```

그러나 여기까지만 하면 추후 enum이 변경됐을 때 문제가 생긴다. enum에서 상수가 빠지거나 추가되면 정렬 순서가 바뀌고, 그에 따라 서수도 바뀐다. 이때 해당 enum을 사용하는 다른 클래스가 재컴파일되지 않고 남아있다면 switch 분기 조건이 어긋나게 된다. 이러한 문제를 방지하기 위해 자바는 일종의 중간 배열을 둔

3 옮긴이_ 고수준 언어의 특정 기능을 컴파일러가 저수준(low-level) 코드로 변환하는 과정

다. 이 배열은 컴파일 시 변환했던 서수와 런타임시 적용되는 실제 값을 매핑하는 역할을 한다. 결과적으로 컴파일된 바이트코드는 다음과 비슷하다.

```
weekend = switch(DayOfWeek$1.$SwitchMap$DayOfWeek[this.ordinal()]) {
  case 6, 0 -> true;
  default -> false;
}
```

중간 배열은 컴파일러가 합성한 홀더 클래스holder class 안에 있다. 또한 switch가 처음으로 실행될 때 초기화된다. 이 배열을 초기화하는 과정에서 모든 enum 상수를 차례로 읽어야 하는데, 바로 이때 values() 메서드가 호출된다. enum을 쓸 때는 완전히 초기화된 다음에 써야 하는 이유가 여기에 있다.

그러나 enum 클래스 내부에서 switch를 쓸 경우에는 이렇게 복잡한 과정이 필요 없다. 상수를 추가하더라도 switch 표현식이 함께 컴파일되기 때문이다. 자바 21은 이 경우를 별도로 처리하도록 개선되었다. 따라서 방금 예시도 묵시적 values() 호출 없어 제대로 작동한다.

| 실수 방지 가이드 |

- 가상 머신 관점에서 열거형은 기본적으로 일반 클래스이며 열거형 상수는 정적 필드로 초기화된다는 점을 잊지 말아야 한다. 생성자에서 특정 작업을 처리할 때는 해당 열거형 클래스가 완전히 초기화되지 않은 상태임을 감안한다.

- 자바 21 이상의 환경이 아니라면 열거형을 초기화하는 동안 switch에서 해당 열거형을 사용하지 않도록 한다. 이러한 switch는 values() 메서드를 묵시적으로 호출한다. 그러나 아직 모든 상수가 초기화되지 않았기 때문에 에러가 발생할 수 있다.

실수 024 누락된 슈퍼클래스 메서드 호출

클래스를 상속할 때 슈퍼클래스 메서드의 기능에 추가 로직을 보강할 때가 종종 있다. UI 프로그래밍의 서브클래스에서 슈퍼클래스의 UI 이벤트까지 함께 처리하는 경우가 대표적이다. 가령 특정 프레임워크로 키보드 인터페이스를 개발한 상태에서, X키에 기능을 추가한다고 가정해보자. 이 프레임워크는 다음과 같이 onKeyDown() 등의 메서드를 오버로드하는 방식으로 해당 이벤트를 처리한다.

```
public void onKeyDown(KeyEvent event) {
  super.onKeyDown(event);
  if (event.getKeyChar() == 'x') {
    // 'x'키 기능
  }
}
```

이 경우 반드시 슈퍼클래스 메서드를 명시적으로 호출해야 한다. 그렇지 않으면 표준적으로 정의된 나머지 단축키가 작동하지 않을 것이다. 그러나 슈퍼 메서드 호출은 실수로 누락하거나 리팩터링 중 제거되기 쉽다. 컴파일러는 이를 경고하지 않으며 런타임 예외도 발생하지 않는다. 그러나 프로그램은 정상적으로 작동하지 않을 것이다.

때로는 슈퍼클래스 메서드에 기능이 있어도 일부러 호출하지 않기도 한다. 이러한 코드는 분명 실수는 아니지만 좋지 않은 냄새code smell를 풍기게 된다. 일명 **거부된 상속**refused bequest이라 부르는 문제가 생기기 때문이다. 거부된 상속이란 일반적으로 서브클래스에서 의도적으로 슈퍼클래스의 일부 기능을 제거하는 상황을 뜻한다. 거부된 상속을 발견하면 해당 클래스의 계층 구조를 재검토해야 한다. 상속보다는 위임 구조가 더 어울릴 것이다.

정적 분석

정적 분석용 어노테이션 패키지를 보면 `@MustBeInvokedByOverriders`(젯브레인) 또는 `@OverridingMethodsMustInvokeSuper`(Error Prone) 등이 있다. 이러한 어노테이션은 서브클래스 메서드에서 반드시 호출해야 할 슈퍼클래스 메서드를 나타낸다. 이를 통해 정적 분석 도구는 해당 슈퍼클래스 메서드를 호출하지 않는 서브클래스 메서드를 감시하고 보고한다. IntelliJ IDEA의 'Method Does Not Call Super Method' 검사, Error Prone의 MissingSuperCall 버그 패턴 등이 이러한 분석에 해당한다.

| 실수 방지 가이드 |

- 구현 상속implementation inheritance 메서드,[4] 비추상non-abstract임에도 오버라이딩해야 하는 메서드 등은 API를 설계할 때 지양해야 한다. 꼭 필요하다면 인터페이스 구조로 설계하는 것이 더 낫다. UI 이벤트를 예로 들면, 먼저 `KeyListener` 인터페이스를 선언하고 UI 컴포넌트에서 리스너를 추가하도록 설계하면 훨씬 견고한 구조가 된다. 일단 한 번 등록된 리스너는 UI 컴포넌트에서 자동으로 호출하므로 직접 처리할 필요가 없다. 실제로 자

4 옮긴이_ 상속 과정에서 추가로 구현해야 하는 메서드

바 스윙Swing 툴킷이 이런 방식으로 설계되어 있다. 스윙은 다양한 인터페이스를 통해 커스터마이징할 수 있으므로 일반 메서드를 오버라이드하는 일은 거의 없다. 반면 최초의 자바 UI 프레임워크였던 AWT의 초기 버전은 `Component.handleEvent()` 메서드를 만들어 덮어씌워야 했다. 이 과정에서 슈퍼클래스 메서드 호출이 누락되기도 하고 몇몇 이벤트가 먹통이 되기도 했다. 추후 이 메서드는 사용이 중단deprecated되었다.

- API 설계상 구현 상속이 꼭 필요할 경우에는 오버라이딩될 비추상 메서드 본문을 비워두는 것이 좋다. 또한, 오버라이딩할 필요가 없는 중요 메서드는 `final`로 선언해야 한다. `final` 메서드 안에서 오버라이드 메서드를 호출하면 중요 기능이 서브클래스에서 누락될 일이 없다. 예를 들어, 컴포넌트를 정의하는 슈퍼클래스는 다음과 같이 구현할 수 있다.

```
public final void onKeyDown(KeyEvent event) {
  ... // 표준키 처리
  afterKeyDown(event);
}

protected void afterKeyDown(KeyEvent event) {}
```

이제 `onKeyDown()` 메서드는 `final`이므로 오버라이딩할 수 없다. 그러나 `afterKeyDown()` 메서드를 오버라이딩하면 이전과 똑같이 작동하게 된다. 반면 슈퍼클래스 메서드는 호출할 필요가 없다. 아무 내용도 없기 때문이다.

실수 025 우발적인 정적 필드 선언

간혹 인스턴스 필드를 선언하며 실수로 `static`을 붙이는 경우가 있다. 이러한 실수는 주로 리팩터링이나 복사-붙여넣기 과정에서 발생하며, 하나의 필드 인스턴스가 해당 클래스의 모든 객체 사이에 공유되는 결과를 낳는다. 이 버그는 코드 리뷰나 정적 분석 단계에서 발견하지 못하면 매우 골치 아픈 문제로 발전한다. 통상적인 클래스 사용 패턴을 따른다면 어지간한 테스트는 그냥 통과해버리기 때문이다. 또한 객체 인스턴스를 순차적으로 생성하고 사용하는 한 프로덕션까지 버그가 올라가도 정상 작동하는 경우가 있다. 다음과 같이 간단한 클래스를 살펴보자.

```
class Person {
  private static String name;
```

```
  public void setName(String newName) {
    name = newName;
  }

  public String getName() {
    return name;
  }
}
```

이 클래스는 사용자의 데이터를 가져와 역직렬화deserialized하고 적절히 사용한 뒤 폐기한다. 이것이 이 클래스의 유일한 용도라면, 객체가 동시에 두 개 이상 존재하지 않는 한 프로그램은 제대로 작동할 것이다. 그러나 사용자가 늘어나면 복수의 객체가 동시에 세션을 공유할 가능성도 커진다. 이 버그가 특히 위험한 이유는 버그가 직접적인 예외를 일으키지 않기 때문이다. 따라서 데이터가 유출되고 개인 정보 침해나 보안 사고가 발생해도 이를 즉시 감지하지 못할 가능성이 있다.

정적 분석

IDE는 `final`이 아닌 정적 필드를 강조할 수 있다. 이러한 필드는 용도가 제한적이며 일반적인 상황에서 쓰이지 않는다. 따라서 개발자는 IDE의 강조 표시에 주목하는 습관을 들여야 한다. 또한 일반 메서드에서 정적 필드를 수정하면 정적 분석기가 이를 감지할 수 있다. IntelliJ IDEA에는 'Assignment to Static Field from Instance Context' 검사가 있지만 비활성화 상태인 경우가 있으니 확인 후 사용하기 바란다. SonarQube는 'S2696: Instance Methods Should Not Write to Static Fields' 설정이 기본적으로 켜져 있다.

정적 필드를 `final`로 전환해도 문제는 완전히 해결되지 않는다. 정적 `final` 필드에 저장된 객체가 내부적으로 변경될 수 있기 때문이다. 대표적인 예는 컬렉션이다. 필드에 컬렉션이 있으면 이를 직접 재할당하지 않더라도 데이터는 계속 객체 사이에서 공유된다. 다음과 같이 특정 노드의 자식 목록을 반환하는 트리 구조를 가정해보자.

```
interface TreeNode {
  List<TreeNode> getChildren();
}
```

다음은 이 트리의 너비 우선 탐색breadth-first traversal을 간단히 구현한 `TreeWalker` 클래스다.

```
class TreeWalker {
  private static final Queue<TreeNode> toProcess =
    new ArrayDeque<>();

  TreeWalker(TreeNode root) {
    toProcess.add(root);
  }

  TreeNode nextNode() {
    TreeNode next = toProcess.poll();
    if (next != null) {
      toProcess.addAll(next.getChildren());
    }
    return next;
  }
}
```

클라이언트가 `TreeWalker` 객체를 생성하고 트리 루트를 생성자 인수로 전달한다고 가정해 보자. 이어서 클라이언트는 `null`이 반환될 때까지 `nextNode()`를 반복해서 호출한다. [그림 3-4]는 이러한 단순 탐색 과정을 나타낸다.

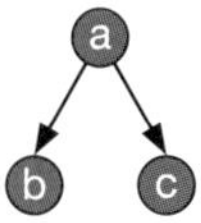


```
walker = new TreeWalker(a);
  toProcess: a
walker.nextNode() -> a
  toProcess: b c
walker.nextNode() -> b
  toProcess: c
walker.nextNode() -> c
  toProcess:
walker.nextNode() -> null
```

그림 3-4 a, b, c **노드로 구성된 단순 트리 탐색.** `TreeWalker`**는 한 번에 하나의 인스턴스만 사용해야 올바로 작동한다**

`toProcess` 필드는 의도치 않게 `static`으로 선언되었다. 두 개의 `TreeWalker` 객체를 동시에 사용하지 않는 한, 또한 매번 전체 트리를 끝까지 처리하는 한, 이러한 실수는 문제가 되지 않을 것이다. 그러나 두 개의 `TreeWalker` 객체가 서로 다른 스레드에서 생성되면 양쪽의 트

리 노드가 뒤섞이게 된다. [그림 3-5]는 두 스레드에서 각기 다른 트리를 처리할 때 발생하는 상황을 보여주고 있다. 스레드 2 트리의 y 노드가 스레드 1에서 검색되거나, 반대로 1쪽의 노드가 2에서 검색되는 문제가 생긴다. `nextNode()` 내부에서 호출되는 `ArrayDeque`의 `poll()`와 `addAll()` 등은 스레드 안전thread safe 메서드가 아니다. 여기서 스레드가 더 늘어나면 상황은 훨씬 더 복잡해지며 심지어는 `ArrayDeque`의 내부 구조까지 완전히 망가지기에 이른다. 결국 `ArrayIndexOutOfBoundsException` 등의 예외가 `ArrayDeque` 외부로 드러나면 그제서야 문제를 알아차리게 될 것이다. 예외가 발생하고 즉시 수정할 수 있다면 그나마 다행이다. 반드시 예외가 발생한다는 보장이 없기 때문이다.

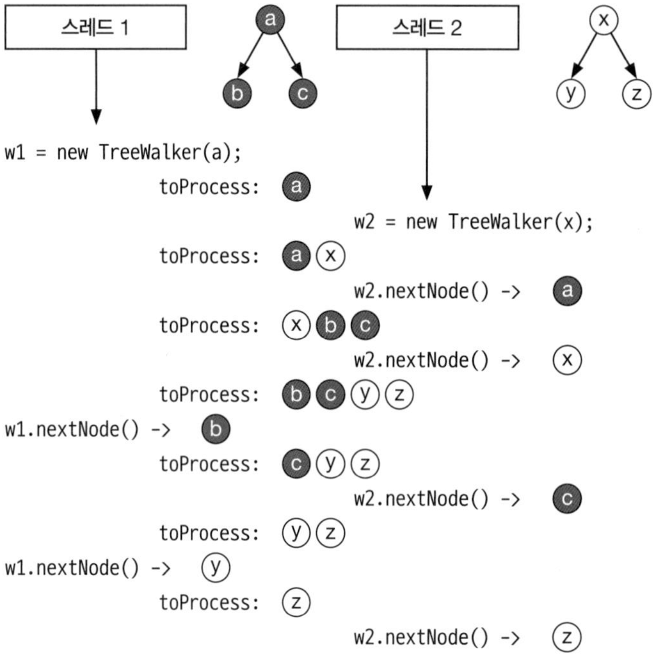

그림 3-5 두 스레드에서 TreeWalker가 사용되는 위험 상황. toProcess를 통해 한 스레드의 노드가 다른 스레드로 유출된다

필자는 루비마인RubyMine IDE의 코드베이스를 검토하며 `java.util.Stack`이 사용된 곳을 찾아 제거한 적이 있다. 이 구형 컬렉션은 과거 자바 1.0 컬렉션 프레임워크의 일부였으며 모든 변경 사항이 동기화된다는 특징이 있다. 이제 이 기능은 거의 쓸모가 없으며, 여러 스레드에서 동시 접근할 필요가 없을 때 쓰면 불필요한 오버헤드만 추가된다. 복수의 스레드에서 한 컬렉션에 접근해야 할 때는 ConcurrentLinkedDeque라는 신기능을 쓰면 된다.

다시 루비마인 코드로 돌아와, Stack 타입 필드를 비스레드 안전non-thread-safe 상태로 사용하던 어떤 클래스가 있었다. 편의상 이를 Xyz 클래스라 부르자. 필자가 보기에 이 클래스는 어차피 스레드 안전 상태가 아니므로 안전성은 더 고려하지 않아도 좋다고 판단했다. 그러나 Stack을 사용한 부분을 ArrayList 방식으로 대체하자 일부 테스트가 ArrayIndexOutOfBounds Exception을 일으키며 간헐적으로 실패하기 시작했다. 추가 조사 결과, Xyz 인스턴스가 다른 클래스의 정적 필드에 저장되기 때문에 발생한 문제였다. 모든 사용자가 하나의 Xyz 인스턴스를 공유하는 것은 절대 의도된 작동 방식일 수 없으므로 이는 실수가 명백했다. 결과적으로 IDE에서 둘 이상의 편집기를 동시에 열었을 때 루비 소스의 구문 강조 기능에 가벼운 에러가 발생했다. 이전에는 컬렉션이 동기화되었기 때문에 예외는 발생하지 않고 프로그램이 약간 이상하게 작동했을 뿐이었다. 기존 컬렉션을 비동기 컬렉션으로 교체한 덕분에 문제가 완전히 드러났다.

가변 객체

불변 객체immutable object처럼 보이지만 실제로는 그렇지 않은 클래스가 종종 있다. 자바 표준 라이브러리 중 java.text.DateFormat과 이를 상속한 SimpleDateFormat 등이 이 방면에 악명이 높다. 여러 곳에서 동일한 형태로 날짜를 가공할 때는 DateFormat 객체를 정적 필드에 담아 두고 재사용하고 싶기 마련이다. 그러나 format() 메서드를 호출하는 순간 private 필드가 변형되므로 여러 곳에서 동시에 호출하면 결과가 뒤섞일 위험이 있다. 정적 분석기는 정적 필드에 저장되는 위험한 객체를 감지하고 경고할 수 있다. 예를 들어 SonarQube에는 'S2885: Non-Thread-Safe Fields Should Not Be Static'이라는 규칙이 있다. 자바 최신 버전에서는 DateTimeFormatter 클래스로 날짜를 포맷할 수 있다. 이 클래스는 불변 클래스이며 스레드 사이에서 공유해도 안전하다.

| 실수 방지 가이드 |

- final이 아닌 정적 필드 선언은 지양한다. 이러한 필드는 매우 특수한 상황에서만 사용하고 IDE가 명확하게 강조 표시할 수 있도록 설정해야 한다. 코드에 이상 현상이 발생하고 있다면 이러한 강조 표시가 경고로 작용할 것이다.

- 비정적nonstatic 콘텍스트에서 정적 필드가 갱신되면 경고가 발생하도록 정적 분석 도구를 설정한다. 아무 문제가 없는 경우도 더러 있지만 경계를 늦추면 안 된다. 멀티스레드 프로그램에서 이러한 경고가 발생하면 실제로 문제가 있을 가능성이 높다.

- 가변 객체를 정적 필드에 저장하지 않는다. 변경 가능 여부를 정확히 모를 때는 클래스 설명서를 확인한다. 가변 클래스를 만들 때는 클래스 Javadoc에 이를 확실하게 명시한다.

- 스레드 안전을 고려할 필요가 없을 때는 스레드 안전 가변 객체를 쓰지 않는다. 스레드 안전 객체는 성능 오버헤드를 추가한다. 또한 의도치 않게 여러 스레드에서 동시에 공유되어도 즉시 문제가 드러나지 않을 가능성이 있다.

- 특정 객체를 여러 스레드에서 사용할 때는 통합 테스트를 이용해 해당 상황을 재현해본다.

정리

- `if` 문의 구조는 매우 간단하지만 그만큼 실수하기도 쉽다. 가장 흔한 실수는 `if-else` 구조에서 `else`를 누락하는 것이다. 또한 조건의 순서가 틀리면 특정 분기가 완전히 차단되는 문제가 생기기도 한다. 가능한 한 `if` 문의 모든 분기마다 테스트를 작성하는 것이 좋다.

- 전통적으로 자바의 `switch` 문은 명시적으로 `break`를 써야만 다음 분기로 진행하지 않는다. 실수로 이를 누락하면 프로그램의 작동 결과가 달라진다. 자바 최신 버전은 `switch` 문에 화살표 구문을 쓸 수 있다. 이렇게 하면 `break`는 신경 쓰지 않아도 된다.

- 숫자 범위를 순회하는 고전적인 `for` 루프는 놀라울 정도로 까다롭고 에러도 쉽게 발생한다. 가능하면 IDE로 자동 생성하는 것이 좋다.

- `while`이나 `for` 루프를 잘못 작성하면 첫 실행 이후 프로그램 상태가 유지되는 버그가 생긴다. 평상시 최대 한 번만 실행되는 루프는 이러한 문제가 있어도 알아차리지 못할 가능성이 있다. 루프가 두 번 이상 돌아도 올바르게 작동하는지 테스트로 확인해야 한다.

- 프로그래밍에 있어 초기화 코드는 아직 완전히 초기화되지 않은 프로그램을 다루므로 많은 실수가 뒤따른다. 자바의 경우, 서로 다른 필드의 초기화 과정이 상호 의존 관계로 엮이는 실수가 많다. 또한 서브클래스 초기화 이전에 슈퍼클래스 생성자에서 서브클래스 메서드를 호출할 때도 비슷한 문제가 생긴다.

- 클래스 초기화에 순환 관계가 생기지 않도록 주의해야 한다. 여러 스레드에서 클래스가 초기화되면 데드락이 걸려 프로그램이 완전히 멈출 위험이 있다.

- 정적 필드는 프로그램당 하나의 인스턴스, 일반 필드는 클래스 객체당 하나의 인스턴스가 생성된다. 이 둘의 차이를 이해해야 한다. 실수로 필드를 정적으로 선언하면 버그가 있더라도 이를 재현하거나 진단하기 어렵다.

CHAPTER

04

숫자

이 장의 내용

- 수치 오버플로 또는 반올림으로 인한 문제
- Integer.MIN_VALUE 또는 -0.0처럼 특수한 수를 다룰 때 생기는 실수
- 비트를 조작하거나 16진수를 다룰 때 실수하지 않는 방법
- 홀수 검사, 클램핑 등의 간단한 수치 알고리즘 사용 시 주의 사항
- 지양해야 할 숫자 데이터 타입과 그 이유

현대의 프로그램은 일반적으로 매우 높은 수준에서 추상화된다. 그럼에도 각종 숫자와 기초적인 수학 연산은 프로그래머가 여전히 자주 활용하는 도구다. 컴퓨터의 수학 연산은 실제 수학과 여러 면에서 다르며, 이러한 차이로 인해 종종 까다로운 버그가 발생한다. 무릇 숙련된 자바 프로그래머라면 자바의 수치 오버플로와 묵시적 변환 과정을 비롯해 특징적인 숫자 처리 원리를 두루 섭렵하고 있어야 한다.

실수 026 우발적인 8진수 리터럴 사용

자바는 원래부터 8진수 리터럴을 지원한다. **8진수 리터럴**octal literal은 0으로 시작한다는 점을 제외하면 일반적인 숫자와 매우 비슷하다. 예를 들어 `037`은 10진수 31을 나타내는 8진수 리터럴이다($3\times8+7=31$). 8진수 리터럴은 실제로 거의 쓸 일이 없다. 필자에게 일감으로 떠오르는 유일한 합리적 사용처는 유닉스Unix의 파일 권한 표기다. 유닉스 파일은 사용자 유형(소유자,

그룹, 기타)의 읽기, 쓰기, 실행 권한을 각각 비트로 나타낸다. 그래서 이를 조합해 0644처럼 상수로 표현하면 편리하다. 풀어 설명하면, 소유자는 읽고 쓸 수 있으며 그룹과 기타 사용자는 읽을 수만 있다는 뜻이다. 그 외에 8진수가 널리 유용하게 쓰이는 영역은 알려진 바 없다.

가끔 사람들은 실수로 10진수 리터럴 앞에 0을 추가하곤 한다. 8진수 표기법을 잘 모른 채 다음과 같이 그저 줄을 맞추기 위해 숫자 앞에 0을 붙이는 개발자도 있다.

```
int n1 = 9876;
int n2 = 5432;
int n3 = 0123;    <-- 숫자들의 줄을 맞추기 위해 앞에 0을 추가함
int n4 = 4567;
```

이 코드는 연이은 상수가 정돈되어 보이도록 일부 숫자 앞에 0을 추가했다. 리터럴에 숫자 8이나 9가 없으므로 유효한 8진수 리터럴로 인식되며, 실제 값은 123과는 전혀 다른 83이 된다. 이러한 실수가 언제 발견될지는 해당 상수를 어떻게 사용하느냐에 달려 있다. 경우에 따라서는 오랫동안 발견되지 않을 수도 있다.

| 실수 방지 가이드 |

- 최선의 방법은 프로젝트에서 8진수 리터럴을 완전히 금지하는 것이다. 스타일 검사기나 정적 분석기가 8진수 리터럴을 에러로 보고하도록 설정할 수 있다. IntelliJ IDEA에는 모든 8진수 리터럴을 보고하는 'Octal Integer' 검사가 있으며 SonarQube에는 'S1314: Octal Values Should Not Be Used'(기본 비활성화) 규칙이 있다. 연이은 줄에서 숫자끼리 줄을 맞출 때는 0이 아니라 공백을 추가하도록 한다.

실수 027 수치 오버플로

컴퓨터는 연산 속도를 높이기 위해 기본적으로 모든 숫자에 고정된 수의 비트를 할당한다. 다시 말해, 값에 할당된 메모리 영역과 연산 결과의 비트 크기가 들어맞지 않으면 **수치 오버플로** numeric overflow를 감수해야 한다는 뜻이다. 오버플로 발생 시 벌어지는 현상은 프로그래밍 언어와 데이터 타입에 따라 다르다.

자바의 오버플로

기본적으로 자바는 수치 연산 오버플로가 발생하면 그저 조용히 틀린 결과를 낸다. 자바는 `int`, `long`, `float`, `double` 등의 네 가지 데이터 타입으로 수치 연산을 수행한다. `byte`, `short`, `char` 등의 원시 숫자 타입은 다른 타입과 함께 연산에 포함되면 실제 연산 전에 `int`로 **확장**widened된다. 정수 타입의 오버플로 결과는 부동소수점floting-point 타입과 상당히 다르다.

`int`와 `long`의 계산 결과가 해당 타입의 비트 한계를 넘어서면 무조건 상위 비트higher-order bit가 삭제된다. 이 과정은 **2의 보수 규칙**two's complement number format과 관련이 있지만 이 책에서는 자세히 설명하지 않는다. 그 대신 `int` 타입에 적용되는 규칙을 다음과 같이 공식화해보자(`long`도 비슷하다).

- 두 `int` 값을 더하거나 뺀 결과가 `Integer.MAX_VALUE`(2,147,483,647)보다 크면 올바른 결괏값에서 2^{32}를 뺀다. 따라서 항상 음수가 나온다.
- 두 `int` 값을 더하거나 뺀 결과가 `Integer.MIN_VALUE`(–2,147,483,648)보다 작으면 올바른 결과에 2^{32}를 더한다. 따라서 항상 양수가 나온다.
- 두 `int` 값을 곱한 결과가 오버플로되면 원래 숫자와 전혀 다른 무작위 숫자가 나온다. 엄밀히 말해서 무작위는 아니지만 이 값에서 실용적인 의미를 찾기란 거의 불가능하다.
- 두 개의 `int` 값을 나눈 결과는 단 한 가지 경우, `Integer.MIN_VALUE / -1`를 제외하면 절대 오버플로되지 않는다. 이 계산의 결과는 `int` 타입 양수로 나타낼 수 없으므로 `Integer.MIN_VALUE`가 나온다. 이 사례는 '실수 029'에서 논의할 것이다.

오버플로의 문제는 조용히 발생한다는 것이다. 즉시 감지하지 못하면 훨씬 나중에 많은 추가 계산을 동원해야만 결과가 잘못되었다는 것을 알아차릴 수 있다. 즉 실수의 원인을 식별하기 어렵다. [표 4-1]은 `x`에 다양한 값을 대입하며 `(x * x + 1_000_000) / x` 표현식을 계산한 결과를 나타낸다.

표 4-1 `(x * x + 1_000_000) / x` **표현식의 단계별 계산 결과. 수치 오버플로로 인해 발생하는 잘못된 결과가 강조되어 있다**

x	x * x	x * x + 1000000	(x * x + 1000000)/x	올바른 결과
10,000	100,000,000	101,000,000	10,100	10,100
46,300	2,143,690,000	2,144,690,000	46,321	46,321

x	x * x	x * x + 1000000	(x * x + 1000000)/x	올바른 결과
46,340	2,147,395,600	**-2,146,571,696**	**-46,322**	46,361
46,350	**-2,146,644,796**	**-2,145,644,796**	**-46,292**	46,371
100,000	**1,410,065,408**	**1,411,065,408**	**14,110**	100,010

보다시피, x 값이 46,300이 될 때까지는 올바른 결과를 얻을 수 있다. 그러나 x의 제곱이 Integer.MAX_VALUE에 가까워지면 문제가 발생하기 시작한다. 먼저, 덧셈 결과가 오버플로되고 갑자기 음수가 나온다. 그 직후 곱셈도 오버플로된다. 이 계산 과정이 특히 마음 아픈 이유는, 나눗셈까지 마친 올바른 결과는 int 타입에 완벽하게 부합하지만 중간 과정에서 오버플로가 발생해 계산이 틀어진다는 점이다.

오버플로가 발생한 직후에는 음수가 등장하므로 문제를 감지할 수 있다. 그러나 후속 계산이 추가되면 다시 양수가 될 수 있다. 가령 x가 100,000일 때 계산 결과는 14,110이다. 결과가 양수인 것은 맞지만 올바른 결과인 100,010과는 전혀 다른 값이다. 안타깝게도 자바는 오버플로가 발생했는지 알려주지 않는다.

부동소수점 숫자는 형편이 조금 더 낫다. 중간에 오버플로가 발생하면 무한대나 NaN 등의 특수한 숫자가 나올 가능성이 높기 때문이다. 따라서 전체 연산 결과만 확인하면 된다. 이번에는 double 타입 x에 10^{200}을 두고 동일한 표현식을 계산해보자.

```
double x = 1e200;
double res = (x * x + 1_000_000) / x;   <-- res는 중간 오버플로로 인해 무한대가 된다
```

이러한 코드는 일련의 계산 결과로 얻은 부동소수점 수를 무한대나 NaN과 비교하는 식으로 에러를 확인할 수 있다.

부동소수점 숫자를 다루면 **수치 언더플로**numeric underflow가 발생할 수 있다. 이러한 문제는 float 또는 double 타입으로 계산한 결과가 0에 지나치게 가까울 때 발생한다. 매우 작은 직각 삼각형의 빗변을 피타고라스 정리로 계산해보자.

```
double x = 3e-200;
double y = 4e-200;
double hypot = Math.sqrt(x * x + y * y);
```

이 계산의 결과는 원래 `5e-200` 이 나와야 하지만 중간 곱셈에서 언더플로가 발생하므로 마지막에는 `0`이 나온다. 언더플로가 일어나지 않도록 안전하게 만들어진 `Math.hypot(x, y)` 라이브러리를 쓰면 문제는 간단히 해결된다. 이러한 언더플로는 매우 작은 수를 다룰 때만 발생하므로 사실상 대부분의 경우에는 신경 쓰지 않아도 된다.

평균 계산은 오버플로 문제로 잘 알려져 있다. 두 수의 평균을 계산하는 수학 공식은 고작 `(a + b) / 2`에 불과하다. 그러나 자바에서 `int` 또는 `long` 타입의 합계가 타입 허용 범위를 초과하면 이렇게 간단한 계산도 작동하지 않는다. 평균은 평균에 사용된 두 수보다 클 수 없으므로 최종 결과는 항상 타입 허용 범위에 들지만, 결과는 다음과 같이 다를 수 있다.

```
int a = 1_000_000_000;
int b = 2_000_000_000;
int average = (a + b) / 2;    <-- -647,483,648: 틀린 결과
```

이 버그는 2006년에 발견되었다. 또한 자바뿐만 아니라 여러 언어의 표준 라이브러리 내 이진 탐색 절차에 존재하는 것으로 밝혀졌다. 그 결과, 배열 원소에 2^{30}개보다 많은 원소가 있으면 이진 탐색이 제대로 작동하지 않는다. 다음과 같이 무부호 우향 시프트 연산자로 오버플로의 영향을 상쇄하면 버그를 수정할 수 있다.

```
int a = 1_000_000_000;
int b = 2_000_000_000;
int average = (a + b) >>> 1;    <-- 1,500,000,000: 제대로 된 평균
```

무부호 우향 시프트unsigned right shift 연산자는 숫자의 비트 표현을 오른쪽으로 이동시킨다. 양의 `int` 값을 한 비트만큼 오른쪽으로 이동시키면 원래의 값을 2로 나누는 효과가 생긴다. 그러나 이 연산자는 음수를 만나면 `MAX_VALUE`보다 큰 양수로 해석하며 오버플로 없이 기존과 동일하게 처리한다. 주의할 점은, 음수에 무부호 우향 시프트를 쓰면 나눗셈 효과가 생기지 않는다는 것이다.

중간 합계를 계산한 다음 `long` 타입으로 전환하는 방법도 있다. 이는 매우 간단하면서도 알고리즘의 속도를 크게 저하시키지 않는 해결책이다. 또한 평균을 낼 `int` 값이 2개 이상일 때도 잘 작동한다. 평균 계산의 버그는 표준 라이브러리에서 수정되었지만 다른 곳에 여전히 존재할 가능성이 있다. 또한 입력값이 매우 클 때 발생하는 문제임을 명심해야 한다.

흥미롭게도, 이와 비슷한 버그는 자바 표준 라이브러리 내부에 여전히 존재한다. 스트림 API로 `long` 숫자의 평균을 계산하면 내부적으로 `long` 변수의 합계가 계산된다. 만일 입력 숫자가 매우 크면 다음과 같은 간단한 코드도 놀랄만한 결과를 낼 수 있다.

```
LongStream.of(Long.MAX_VALUE, Long.MAX_VALUE)
        .average().getAsDouble()
```

이 코드의 실행 결과는 두 값의 평균을 낸다는 직관적인 내용과는 달리 무조건 `-1`이다. `Long.MAX_VALUE + Long.MAX_VALUE`의 계산 결과가 오버플로로 인해 `-2`가 되기 때문이다. 아쉽게도 자바에는 `long`보다 더 큰 원시 정수 타입이 없기에 이러한 계산은 중간 합계를 저장할 수 없다. 임의의 크기를 지정할 수 있는 `BigInteger`가 있지만 성능 오버헤드를 유발할 위험이 있다. 여러 `long` 값의 평균을 오버플로 없이 계산하는 현실적인 방법 중 하나는, 다음과 같이 입력값을 각각 나누고 몫과 나머지를 별도의 변수에 저장하는 것이다.

```
static double average(long... values) {
  long divs = 0;
  long rems = 0;
  int n = values.length;
  for (long a : values) {
    divs += a / n;
    rems += a % n;
  }
  return divs + rems * 1.0 / n;
}
```

이 코드는 `a == (a / n) * n + a % n` 공식을 활용한 알고리즘이다. 각 입력값을 `n`으로 나눈 나머지는 `n`보다 클 수 없으며 `n`은 `Integer.MAX_VALUE`를 넘을 수 없으므로 `rems` 변수도 오버플로를 일으키지 않는다.

그러나 이 방법은 스트림 API에 적용할 수 없다. 처리할 `long` 숫자가 몇 개인지 미리 알 수 없기 때문이다. 또한 나눗셈 연산이 과도하게 많이 발생할 위험도 있다. 이 문제는 두 개의 `long` 변수를 두고 중간 합계를 담으면 해결할 수 있으며, 이 방식으로 128비트 정수도 에뮬레이션할 수 있다. 필자는 StreamEx[1] 라이브러리에 이 기법을 적용했다.

1 *https://github.com/amaembo/streamex*

정적 분석

정적 분석기는 이 문제에 있어 큰 도움이 되지 않는다. 거의 모든 종류의 계산은 잠재적으로 오버플로의 위험이 있으므로 분석기가 이를 모두 아우를 수 없다. 분석기가 감지하는 오버플로는 간단한 상수 표현식의 오버플로 정도다. 다음과 같은 변수 선언 코드를 살펴보자.

```
int microseconds = 24 * 60 * 60 * 1000 * 1000;
```

이 계산의 결과는 int 타입을 벗어나므로 조용히 오버플로가 발생한다. IntelliJ IDEA는 'Numeric Overflow' 검사로 이 문제를 보고한다. 그러나 SpotBugs 등의 바이트코드 기반 분석기는 이러한 문제를 전혀 감지할 수 없다. 상수는 컴파일 시점에 계산되기 때문에 바이트코드에서 계산되지 않고 분석기도 오버플로 여부를 알 수 없다. 어떤 경우든 계산에 변수가 사용되면 분석기가 도움이 될 가능성은 더욱 낮아진다.

반면 SpotBugs는 앞서 설명한 평균 계산 문제를 'Computation of Average Could Overflow' 경고로 보고할 수 있다. 하지만 실제로 오버플로가 발생하는 경우는 많지 않기 때문에 이 경고는 금세 성가신 존재가 된다. 가령 UI 엘리먼트를 배치하기 위해 화면의 좌표 평균을 계산한다고 해보자. 좌표치가 아무리 커도 10억을 넘지 않는다는 가정은 매우 타당하므로 일반적인 나눗셈을 써도 괜찮다. 하지만 정적 분석기가 이러한 나눗셈을 전부 보고한다면 불필요한 경고가 너무 많이 발생할 것이다. 따라서 이 문제는 정적 분석기에 의존하기보다 일반적인 조언을 충실히 따르는 것이 좋다. '지나치게 큰 수는 신중하게 다루어야 한다.'

| 실수 방지 가이드 |

- 정수 연산을 다룰 때에는 늘 오버플로 가능성을 고려한다. 곱셈은 연산 결과가 피연산자보다 상당히 커질 수 있으므로 가장 위험한 연산이다. 경험적으로, `int` 피연산자 중 50,000이 넘는 수가 있으면 오버플로 가능성을 염두에 두고 더 주의 깊게 확인하는 것이 좋다.

- 정상적인 계산 결과는 데이터 타입에 부합하지만 중간에 오버플로가 발생할 위험이 있다면, 대수 변환 또는 비트 연산을 활용해 수식을 고친다. 예를 들어 `(x * x + 1_000_000) / x` 수식은 `x`가 `int` 타입이며 46,330보다 클 때 오버플로가 발생한다. 그러나 이 식을 `x + (1_000_000 / x)`로 바꾸면 오버플로가 발생하지 않는다.

- 복잡한 계산은 가급적이면 라이브러리 메서드로 처리한다. 그중 일부 메서드는 계산 과정에서 발생할 수 있는 오버플로나 언더플로를 방지한다. 예를 들어 `Math.hypot(x, y)`는 본질적으로 `Math.sqrt(x * x + y * y)`와 같은 계산을 하지만 중간 표현식인 `x * x`에서 오버플로를 일으키지 않는다.

- 정수 계산에서 오버플로를 방지하려면 `BigInteger` 클래스를 사용하면 된다. 단순 연산보다 상당히 느려질 가능성은 있지만 오버플로는 확실히 예방할 수 있다. `int` 대신 `long` 타입을 사용하는 방법도 실제로 많은 경우에 효과가 있으며 성능 저하도 심하지 않다. 프로젝트 개발 초기에는 20억 이상의 수치가 비현실적으로 보

여도 데이터는 빠르게 증가한다는 점을 잊지 말아야 한다. .NET 생태계의 패키지 매니저인 NuGet은 다운로드 건수를 추적하는 데이터에 int 타입을 사용했다(C#이지만 자바도 원리는 같다). 서비스가 인기를 끌면서 한 패키지는 다운로드 건수가 10억을 넘고 매주 1,000만 건 이상 늘어나기 시작했다. 데이터는 최댓값을 목전에 두고 있었으며 오버플로가 발생하는 것은 시간 문제였다. 다행히 이 문제는 사전에 발견되었고 바로잡을 시간을 확보할 수 있었다.

- 일반 연산자 대신 Math.*Exact 메서드를 사용하면 수치 오버플로 예외를 감지할 수 있다. 가령 x + y 대신 Math.addExact(x, y)을 쓰면 오버플로 발생 시 ArithmeticException 예외를 던지므로 이를 감지하고 처리할 수 있다. 이러한 메서드를 **내재 함수**intrinsic function라 부른다. 내재 함수는 실제로 호출되지 않으며 JIT 컴파일러에 의해 각각에 대응하는 CPU 명령으로 교체된다. 따라서 오버플로가 발생하지 않는 한 성능은 단순 연산과 비슷하다고 예상해도 좋다.

아쉽지만 addExact() 등의 메서드를 쓰면 코드 가독성은 저하된다. 자바는 사용자 정의 연산자 오버로딩을 제공하지 않으므로 + 연산자를 addExact()로 처리하도록 컴파일러에 지시할 수는 없다. 그러나 가끔은 정확하게 이 메서드가 필요할 때가 있다. JDK 메서드인 str.replace(target, replacement)의 구현에서도 이 메서드를 사용한다. replace는 str 문자열에서 target을 찾아 replacement로 교체한다. 물론 replacement가 target보다 길면 결과 문자열은 기존보다 더 길어질 것이다. 결과 문자열의 길이는 결과 문자열이 생성되기 전에 계산해야 한다. 교체 건수를 알고 있는 상태에서 결과 문자열의 길이는 다음과 같이 계산할 수 있다.

```
bufferSize = str.length() +
  (replacement.length() - target.length()) * replacementCount;
```

이 계산은 곱셈과 덧셈에서 오버플로가 발생할 수 있으며, 버퍼 크기가 잘못 계산되면 버퍼를 채우다가 문제가 생길 것이다. 이 경우 발생하는 예외는 OutOfMemoryError다. 다음과 같이 addExact()로 버퍼 크기를 정확히 계산하면 원하는 대로 예외를 처리할 수 있다.

```
int bufferSize;
try {
  bufferSize = Math.addExact(str.length(),
      Math.multiplyExact(
          replacement.length() - target.length(),
          replacementCount));
} catch (ArithmeticException e) {
  throw new OutOfMemoryError();
}
```

다소 장황해 보이지만, 보편적인 라이브러리 코드라는 점을 감안하면 이 정도는 용인할 만하다.

int 곱셈의 long 변수 할당

정수 곱셈 결과를 long 변수에 할당하거나 long 파라미터로 전달할 때도 오버플로가 자주 발생한다. 가장 흔한 사례는 단위 변환이다. 예를 들어, 초 단위로 입력 받은 시간을 다른 메서드에 마이크로초 단위로 전달한다고 해보자. 코드는 다음과 비슷할 것이다.

```
void process(int second) {
  long microseconds = second * 1_000_000;
  useMicroseconds(microseconds);
}
```

이 코드는 2,147초(약 35분)까지는 정상적으로 작동한다. 하지만 그보다 큰 값이 입력되면 곱셈에 오버플로가 발생하며 조용히 오작동할 것이다. 자바에서는 할당된 변수 타입이 수학적 표현 타입을 결정하지 않으므로 계산 결과를 long 변수에 할당하더라도 곱셈은 int 타입으로 수행된다. 이 코드의 문제는 다음과 같이 L 접미사를 붙이면 간단히 고칠 수 있다.

```
long microseconds = seconds * 1_000_000L;
```

정적 분석

IntelliJ IDEA 분석기는 이 에러를 'Integer Multiplication or Shift Implicitly Cast to long' 검사로 보고한다. SpotBugs에는 'Result of Integer Multiplication Cast to Long'이라는 버그 패턴이 있다.

| 실수 방지 가이드 |

- 두 수를 곱하고 그 결과를 long에 할당할 때, 적어도 하나의 피연산자를 long으로 만들면 잠재적인 오버플로를 방지할 수 있다. 명시적으로 (long) 캐스트를 추가하거나 리터럴에 L 접미사를 붙이면 된다.
- 수동으로 계산하는 대신 전용 API 메서드를 사용한다. 이번 예시는 다음과 같이 TimeUnit 열거형을 사용할 수 있다.

```
long microseconds = TimeUnit.SECONDS.toMicros(seconds);
```

- 가능하면 큰 숫자로 코드를 테스트한다.

파일 크기, 시간, 재무 계산

파일 오프셋을 계산할 때도 시간 계산만큼 주의를 기울여야 한다. 가령 고정 크기 블록들로 구성된 바이너리 파일이 있고 각 블록에 0부터 번호가 매겨져 있다고 해보자. 이 파일에서 `x`번째 블록을 읽거나 쓰려면 `RandomAccessFile.seek()` 메서드 등으로 파일 내부 위치를 찾아가야 한다. 이 메서드에 입력할 오프셋을 계산하려면 블록 크기에 `x`를 곱하면 된다. 하지만 이 곱셈을 `int` 타입으로 수행하면 문제가 생길 수 있다. 2GB를 넘는 파일은 드물기 때문에 일반적으로 바이트 단위의 타입은 `int`가 적당하며 오버플로도 거의 발생하지 않는다. 그러나 2GB보다 큰 파일을 다룰 때 `int` 타입으로 바이트를 계산하면 파일 손상, 데이터 손실 등의 심각한 버그가 일어날지도 모른다.

또 다른 위험 분야는 재무 계산이다. 일반적으로 품목 가격이나 계좌 잔액 등은 `BigDecimal` 타입에 저장할 것을 권장한다. 그러나 `BigDecimal`은 상황에 따라 감당키 어려운 성능 오버헤드를 일으킬 위험이 있다. `float` 또는 `double`도 안전한 대안은 아니다. 반올림 에러가 결괏값에 악영향을 미칠 수 있기 때문이다. 가끔은 최소한의 정밀도로 스케일된 `int` 또는 `long` 타입을 사용해도 좋은 경우가 있다. 가령 모든 값이 1센트 단위에 맞추어 반올림되는 환경에서는 금액을 센트 단위로 저장하고 계산도 센트 단위로 수행하면 된다. 그러나 오버플로의 위험은 여전히 존재한다. 화폐 금액의 규모는 미래에 어떻게 변할지 예측하기 어렵다. 인플레이션이나 사업 성장으로 인해 감당할 수 없을 정도로 증가하기도 한다.

2021년 나스닥 증권 거래소에서 이런 시나리오가 현실화된 적이 있다. 나스닥은 32비트 무부호 정수에 주가를 저장했으며 정밀도는 ¢0.01 또는 $0.0001이었다. 이 데이터 타입으로 표현할 수 있는 최대 주가는 $(2^{32}-1)/10{,}000 = \$429{,}496.7295$이다. 개발 당시에는 이 정도의 한계값이 넉넉해 보였을 것이다. 당시 어떤 주가도 이 값에 근접조차 못했기 때문이다. 그러나 2021년 5월 4일, 버크셔 해서웨이Berkshire Hathaway의 주가가 이 한계를 초과하면서 증권 거래소 백엔드에 수치 오버플로가 발생했다. 처음부터 64비트 데이터 타입을 사용했으면 훨씬 안전했을 것이다.

날짜 간격이나 특정한 일시를 단일 숫자로 변환할 때는 처리 방식과 무관하게 항상 주의를 기울여야 한다. 이러한 조언은 일명 2038년 문제로 널리 알려진 오버플로와 관련이 있다. 유닉스 에포크epoch(1970년 1월 1일) 이후 경과 시간을 초단위로 환산한 값은 다양한 용도로 사용된다. 이 값을 부호 있는 `int` 변수에 저장하면 2038년 1월에 오버플로가 발생하게 된다. 한편 윈도우 95와 윈도우 98은 연속으로 실행된지 약 49.7일이 되는 순간 완전히 멈춰버리는 것으로 알려져있다. 이 OS들은 부팅 후 경과한 시간을 밀리초 단위로 32비트 무부호 정수에 저장한다. 이 수치가 오버플로되어 장애가 발생하는 것이다.

2022년 1월, 날짜와 관련된 또 다른 오버플로 버그가 발생했다. 이번 피해자는 마이크로소프트 익스체인지 서버였다. 마이크로소프트 필터링 관리 서비스의 업데이트의 버전 관리 체계는 YYMMDDNNNN 형식으로 이루어진 10자리 숫자였다. YY는 연도의 마지막 두 자리, MM은 월, DD는 일, NNNN은 해당 날짜의 업데이트 번호를 나타낸다. 아마도 이러한 문자열을 32비트 부호 정수값으로 저장하고 파싱했던 것으로 추정된다. 2021년 말까지는 아무런 문제도 없었다. 2112310001은 2^{31}보다 작았기 때문이다. 그러나 2022년 첫 업데이트의 버전 문자열인 2201010001은 2^{31}보다 크다. 이 업데이트로 인해 마이크로소프트 익스체인지 서버는 심각한 오작동을 일으켰으며 모든 고객은 이를 해결하기 위해 수동으로 조치를 취해야 했다. 날짜 관련 오버플로는 이렇듯 모든 고객에게 동시에 영향을 미칠 수 있기에 특히 위험하다.

| 실수 방지 가이드 |

- 매우 불가피한 사유가 없는 한 파일 크기와 파일 오프셋은 항상 `long` 타입에 담는다. 오프셋을 계산할 때는 먼저 피연산자를 `long` 타입으로 변환한다.
- 2GB보다 큰 파일로 코드를 테스트한다.
- 소프트웨어가 장래 처리할 수량을 과소평가하지 않는다. 오늘까지 터무니없이 커보이는 수치도 당장 내일부터 완전히 평범한 규모처럼 여겨질지 모른다.
- 날짜 값이나 시간 간격을 숫자로 변환할 때에는 언제 오버플로가 발생할지 미리 계산한다. 그 시점이 아주 머나먼 미래가 아니라면 더 큰 숫자 타입을 사용하는 것이 좋다.

실수 028 정수 나눗셈 중 반올림

부동소수점 나눗셈을 해야 할 곳에서 정수 나눗셈을 하는 경우가 있다. 일반적인 패턴은 다음과 같다.

```
void process(int value) {
```

```
    double half = value / 2;
    … // half 사용
  }
```

이 코드는 할당 이전에 정수로 나눗셈을 수행하므로 소수점 이후가 잘린다. 결과적으로 half 변수값은 소수점 이하를 절대 포함하지 않는다. 예를 들어 process(2)와 process(3)는 동일한 half 값을 처리하게 된다.

정적 분석

이러한 실수는 많은 정적 분석기가 쉽게 감지할 수 있다. IntelliJ IDEA에서 이에 해당하는 검사는 'Integer Division in Floating Point Context'이며, SonarQube 규칙은 'S2184: Math Operands Should Be Cast before Assignment'이다. 그러나 개발자가 다음과 같이 로컬 변수에 묵시적 타입을 무리하게 지정하면 위험성은 더욱 높아진다.

```
void process(int value) {
  var half = value / 2;
  … // half 사용
}
```

이제 half 변수의 타입은 int로 추론된다. 나눗셈 결과에서 소수 부분을 제거하려는 의도가 있었는지, 아니면 원래 부동소수점 타입을 의도했는지 알 수 없다. 이 경우는 정적 분석기도 일반적으로 경고를 보내지 않으며, 이후에 half 변수가 자동 확장되고 부동소수점 콘텍스트에서 사용되어도 문제삼지 않는다.

| 실수 방지 가이드 |

- 나눗셈은 주의 깊게 사용한다. 소수점 이후를 잘라내고 싶은지, 포함시키고 싶은지 명확히 표현한다. 소수 부분이 필요하다면 다음과 같이 명시적인 부동소수점 상수나 캐스트 연산자를 사용한다.

```
double half = value / 2.0;         <-- 2.0을 써서 double 타입을 명시
double half = (double) value / 2;  <-- 캐스트 연산자 명시
```

- 원시 변수에 묵시적 타입을 지정하지 않는다. 묵시적 타입을 써서 줄어드는 코드양에 비하면 추론된 타입이 예상과 달라질 위험이 더 크다. 또한 정적 분석기도 혼란을 겪게 된다. 코드의 의도를 알 수 없으면 분석기도 도움을 줄 수 없다.

실수 029 Integer.MIN_VALUE의 절댓값

Integer.MIN_VALUE(−2147483648)는 양수 쪽에 대응하는 값이 없는 특수한 값이다. 정수는 컴퓨터 메모리에서 32비트를 차지하므로 표현 가능한 숫자는 이론상 2^{32}개다. 이 개수는 짝수지만 그중 하나는 0을 표현해야 하므로 양수와 음수의 균형이 깨진다. 이로 인해 수학적 법칙에 완전히 위배되는 다음과 같은 방정식이 생긴다.

```
System.out.println(Integer.MIN_VALUE == -Integer.MIN_VALUE);  ◁— true 출력
```

더 심각한 문제는, 이러한 불균형이 다음과 같이 Math.abs() 메서드에 영향을 미친다는 점이다.

```
System.out.println(Math.abs(Integer.MIN_VALUE));  ◁— -2147483648 출력
```

수학적으로 절댓값은 음수가 될 수 없지만 자바의 절댓값은 그렇지 않다. Math.abs(Integer.MIN_VALUE)의 결과는 음수다.

이러한 특수성은 언제 문제가 될까? 특정 범위 안에서 난수를 만드는 Random.nextInt() 메서드를 예로 들어보자. 다음은 0과 9 사이의 난수를 구하는 코드다.

```
Random random = new Random();
int randomNumber = Math.abs(random.nextInt()) % 10;  ◁— 0과 9 사이의 난수 (거의 대부분)
```

이 코드는 4,294,967,296번의 경우의 수 중에서 4,294,967,295번 정상적으로 작동한다. 2^{32}번 중 단 한 번, nextInt()가 Integer.MIN_VALUE를 반환하면 randomNumber는 -8이 된다. 만일 프로덕션에 이 코드가 있다면 극히 드물고 재현하기 어려운 버그를 초래할 수 있다. [표 4-2]는 random.nextInt()의 반환값에 따라 randomNumber가 어떻게 달라지는지 보여준다.

표 4-2 nextInt() 반환값에 따른 randomNumber 계산 결과

random.nextInt()	Math.abs(random.nextInt())	Math.abs(random.nextInt()) % 10
0	0	0

random.nextInt()	Math.abs(random.nextInt())	Math.abs(random.nextInt()) % 10
123	123	3
-1024	1024	4
-2147483647	2147483647	7
-2147483648	-2147483648	-8

객체를 균등하게 분배할 때도 비슷한 문제가 발생한다. 스레드 풀, 해시 버킷, 클러스터 노드 등에 객체를 할당할 때 해시코드를 만들어 쓰는 경우가 많다. 코드는 다음과 비슷할 것이다.

```
static final int NUMBER_OF_NODES = 10;

void processObject(Object obj) {
  int node = Math.abs(obj.hashCode()) % NUMBER_OF_NODES;
  process(node, obj);
}
```

이 코드도 이전 예시와 비슷한 문제가 있지만 재현하기는 더 쉬울 것이다. 객체의 해시코드가 `Integer.MIN_VALUE`일 경우 node는 -8이 된다. 이후에 무슨 일이 벌어질지는 알 수 없다.

그러나 나눗셈의 제수인 `NUMBER_OF_NODES`가 2의 제곱수라면 문제는 발생하지 않는다. 나머지가 항상 0으로 떨어지기 때문이다.

정적 분석

SonarQube는 이러한 문제를 'S2676: Neither Math.abs nor Negation Should Be Used on Numbers That Could Be `MIN_VALUE`' 규칙을 통해 보고한다. 이번 절에서 언급한 일부 사례는 SpotBugs에서 'Bad Attempt to Compute Absolute Value of Signed 32-bit Hashcode' 및 'Bad Attempt to Compute Absolute Value of Signed Random Integer' 버그 패턴을 통해 감지할 수 있다.

| 실수 방지 가이드 |

- `Math.abs()`는 신중하게 사용한다. 결과가 음수가 될 수 있음을 명심하자.

- 자바 15 이상의 환경에서는 Math.absExact()를 고려한다. 이 메서드는 Integer.MIN_VALUE를 입력받으면 음수를 반환하는 대신 ArithmeticException 예외를 던진다.

- Math.abs()에 이어서 %를 계산해야 할 때는 Math.floorMod()를 사용한다. 이 메서드는 나눗셈의 나머지를 구해서 반환하며 결괏값의 부호는 피제수가 아닌 제수의 부호를 따른다. 다음 코드에서 제수가 양수이면 결과도 항상 양수다.

```
void processObject(Object obj) {
  int node = Math.floorMod(obj.hashCode(), NUMBER_OF_NODES);
  process(node, obj);
}
```

- 특정 범위에서 난수가 필요할 때는 나눗셈과 나머지를 활용할 필요가 없다. 그저 다음과 같이 nextInt()에 파라미터를 입력하면 된다. 이 메서드는 정확하게 작동할 뿐만 아니라 결괏값의 분포도 균등하다. 반면, 나머지를 구하는 방식은 더 작은 수에 치우치는 쪽으로 결과가 왜곡될 가능성이 있다.

```
Random random = new Random();
int randomNumber = random.nextInt(10);   <-- 0과 9 사이의 난수(항상)
```

- 해시코드가 Integer.MIN_VALUE인 객체를 생성하고 입력하는 테스트를 만든다. 이를 검증하면 프로덕션 배포 전에 실수를 감지할 수 있다.

실수 030 홀수 검사와 음수

가끔은 주어진 숫자가 홀수인지 확인해야 할 때가 있다. 자바 표준 라이브러리에는 이런 역할을 하는 전용 메서드가 없다. 그러나 알고리즘이 워낙 간단해 보이기에 프로그래머들은 이를 직접 구현하는 경우가 많다. 특정 정수가 홀수인지 확인하려면 어떻게 해야 할까? 보통은 다음과 같은 방법을 떠올리기 쉽다.

```
public static boolean isOdd(int value) {
  return value % 2 == 1;
}
```

이 코드는 양수에 한해서 올바르게 작동한다. 그러나 이전 절에서 설명했다시피 음수에 % 연산자를 쓰면 결과는 양수가 될 수 없다. 따라서 이 메서드는 음수 입력에 대해 절대 true를 반환하지 않는다. [표 4-3]은 입력값에 따라 isOdd() 메서드 내부에서 무슨 일이 벌어지는지 나열한다.

표 4-3 isOdd() 메서드 내부 계산

value	value % 2	value % 2 == 1
-3	-1	false
-2	0	false
-1	-1	false
0	0	false
1	1	true
2	0	false
3	1	true

대부분의 경우 음수는 처리 대상이 아니기 때문에 value % 2 == 1 공식은 제대로 작동할 것이다. 이런 상황은 공식이 정확하다는 거짓된 안도감을 개발자에게 심어주게 된다. 이후로도 개발자는 문제 가능성을 고려하지 않고 공식을 계속 사용하고, 그러다 언젠가 음수가 등장하는 순간 프로그램은 오작동을 일으킬 것이다.

제수가 문제를 일으키는 사례는 또 있다. 가령 각도값을 도(°)단위로 표시하고 0°~359° 사이의 값으로 정규화시킨다고 가정해보자. 다음과 같이 나머지를 구하는 방식이 제일 먼저 떠오를 것이다.

```
int normalized = angle % 360;
```

그러나 이렇게 계산하면 angle이 음수일 때 결괏값도 음수가 되므로 원하는 바를 정확히 달성할 수 없다. 다음과 같이 floorMod() 메서드를 쓰면 양수와 음수 입력에 모두 대응할 수 있다.

```
int normalized = Math.floorMod(angle, 360);
```

> **정적 분석**
>
> 정적 분석기는 `value % 2 == 1` 패턴을 쉽게 감지할 수 있다. IntelliJ IDEA는 이를 보고하는 'Suspicious Oddness Check' 검사가 있으며 기본적으로 비활성화되어 있다. SonarQube에는 'S2197: Modulus Results Should not Be Checked for Direct Equality'라는 규칙이 있고, SpotBugs는 'Check for Oddness That Won't Work for Negative Numbers' 경고를 통해 이 문제를 보고한다.

| 실수 방지 가이드 |

- 나눗셈의 나머지를 양수나 음수와 비교하는 대신 0과 비교하는 것이 더 안전하다. 따라서 `value % 2 != 0` 공식을 쓰는 것이 좋다.
- 또 다른 방법은 비트 연산을 이용해 해당 숫자의 마지막 비트를 추출하는 것이다. 공식은 `(value & 1) == 1`이다.
- 프로그램에서 홀수 여부를 확인할 때에는 인라인 공식을 작성하는 대신 `isOdd`처럼 유틸리티 메서드를 만드는 것이 좋다. 이 메서드를 철저히 테스트하고 모든 곳에서 사용하면 된다.
- 피제수가 음수일 경우에는 나머지를 구하기보다 `floorMod()` 메서드를 쓸 수 있는지 먼저 확인한다.

실수 031 확장으로 인한 정밀도 손실

원시 타입 확장primitive widening은 기본 타입의 값이 다른 타입으로 변환되는 과정을 일컫는다. 이때 통상적으로 타입 범위는 넓어지며 값은 유지된다. 문제는 모든 경우에 그렇지는 않다는 것이다. 확장은 산술 연산, 할당, 메서드 반환, 메서드 인수 전달 시 묵시적implicitly으로 발생하므로 문제가 겉으로 드러나지 않는다.

정밀도 손실이 발생하는 세 가지 확장 변환은 `int` → `float`, `long` → `float`, `long` → `double`이다. 이러한 변환은 숫자가 매우 클 때만 문제가 된다. `long` → `double` 변환의 경우, 대상 숫자가 2^{53}(약 9×10^{15})을 넘어야만 문제가 발생한다. 반면 `int` → `float`와 `long` → `float`의 경우 그보다 훨씬 더 작은 2^{24}(약 1,700만)부터 문제가 생기기 시작한다. 이때부터 부동소수점 타입이 `int`나 `long`의 자릿수를 보존할 수 없으므로 반올림이 일어난다. 다음 예시를 살펴보자.

```
long longVal = 1L << 53;
double doubleVal = longVal;
double doubleValPlusOne = longVal + 1;
System.out.println(doubleVal == doubleValPlusOne);  ◁— true 출력
```

longVal과 longVal + 1이 다른 숫자임은 분명하다. 그러나 double로 변환하는 순간 반올림으로 인해 값이 같아지게 된다.

| 실수 방지 가이드 |

- 반드시 float 타입을 요구할 정도로 성능이 우선시되지 않는 한 float 타입은 쓰지 않는다. 이렇게 하면 int → float과 long → float 확장 변환 문제를 배제할 수 있으며 약 10^{15}까지 안심하고 숫자를 다룰 수 있다. 이 정도면 대부분의 분야에서 충분한 수치다.

- 부동소수점 타입이 묵시적으로 확장되지 않도록 한다. 다음과 같이 명시적으로 타입 캐스트를 추가하고, 보는 사람으로 하여금 의도적인 반올림이 있음을 알게 한다.

  ```
  double doubleVal = (double) longVal;
  ```

- 반올림 문제가 있는지 항상 다시 확인한다.

- 정밀도가 성능보다 중요할 경우 BigDecimal 타입을 사용한다. BigDecimal은 정밀도를 완전히 제어할 수 있다.

실수 032 무조건적인 축소 변환

때로는 양쪽의 숫자 타입이 일치하지 않아 명시적으로 타입을 변환해야 할 때가 있다. 이때 가장 위험한 변환은 아마도 long에서 int 타입으로의 변환일 것이다. 가령 Stream.count()나 File.length() 등의 표준 API 메서드가 반환한 long 타입의 값을 int 타입 인수 메서드에 전달하는 경우가 있다. 이러한 불일치를 해결하는 가장 단순하고 빠른 방법은 다음과 같이 타입 캐스트 연산자를 붙이는 것이다.

```
processFileLength((int) file.length());
```

그러나 이전에 수치 오버플로 실수에서 논의했던 문제거리들이 이 코드에서 똑같이 등장한다. `Integer.MAX_VALUE`보다 크거나 `Integer.MIN_VALUE`보다 작은 `long` 값은 `int` 타입으로 표현할 수 없지만, 자바는 이를 어떻게든 처리하려 한다. 결과적으로 상위 비트는 무조건 삭제되고 하위 32비트(16진수 8자리)만 남는다. 기계적인 관점에서 보면 합리적인 처리 결과지만, 사람이 보기에는 매우 혼란스럽고 예측하기 어렵다.

파일 크기가 2GB를 넘으면 타입 캐스트 결과는 음수로 오버플로된다. 4GB를 넘어가면 결괏값은 다시 양수가 되지만 실제 파일 크기보다 훨씬 작아진다. 예를 들어 5,000,000,000바이트를 16진수로 표현하면 `0x12A05F200L`이다. 축소 변환을 거치면 첫 번째 1이 손실되고 숫자는 `0x2A05F200`이 되며 이를 10진수로 변환하면 705,032,704이 된다. 이 값을 이후에 어떻게 처리하느냐에 따라 예외가 발생하거나, 오동작하거나, 심지어 데이터가 유실될 수 있다.

> **정적 분석**
>
> 정적 분석은 축소 캐스트를 식별할 때 다소 도움이 된다. IntelliJ IDEA에는 'Numeric Cast That Loses Precision' 검사가 있지만 기본적으로는 비활성화되어 있다. 그러나 이러한 검사는 무해한 캐스트까지 보고할 수 있어 유용성이 떨어진다.

| 실수 방지 가이드 |

- `long`을 `int`로 변환하는 명시적 축소 캐스트는 해당 값이 대상 타입의 최댓값을 초과하지 않는지 꼭 확인한다. 또한 그러한 캐스트 연산이 안전한 이유를 설명하는 주석을 추가하는 것이 좋다.

- 확신이 서지 않으면 `(int)` 캐스트 대신 `Math.toIntExact()` 메서드를 고려한다. 이 메서드는 입력된 `long`을 `int`로 정확히 표현할 수 없을 때 `ArithmeticException` 예외를 던진다. 예외 정보를 통해 문제 지점을 파악하고 프로그램의 오동작이나 데이터 손상을 방지할 수 있다.

- 밀리초 단위의 기간, 파일 크기, 다운로드 횟수 등을 다룰 때 가급적이면 `long` 타입을 사용한다. 현대의 프로그래밍 환경에서 이 수치는 종종 20억을 초과하기도 한다. 프로그램을 만들 때만 해도 영영 도달하지 못할 한계처럼 느껴지겠지만 변화는 순식간에 찾아온다.

실수 033 16진수 음수

자바에서 숫자 타입은 부호가 있다. 예를 들어 `int` 타입의 범위는 −2,147,483,648부터 2,147,483,647까지이며 이를 벗어난 `int` 리터럴은 사용할 수 없다. 이 범위를 16진수로 표기하면 `-0x8000_0000`부터 `0x7FFF_FFFF`까지다. 하지만 16진수를 다루다보면 이들을 부호 없는 값으로 취급하는 것이 더 편리할 때가 있다. 이러한 필요성에 대응해 자바는 `0x8000_0000`부터 `0xFFFF_FFFF`까지의 부호 없는 16진수 리터럴도 사용할 수 있도록 허용한다. 그러나 이 범위의 값들을 `int`로 변환하면 이른바 '2의 보수'로 변환된 음수에 매핑된다. 2의 보수 표현에 대한 자세한 설명은 생략하고, 간단히 말하자면 16진수를 그대로 10진수로 변환한 뒤 2^{32}를 빼면 해당 매핑값이 나온다. 예를 들어 `0xFFFF_FFFF`는 −1이 되고 `0xFFFF_FFFE`는 −2가 되는 식이다(표 4-4). 이렇듯 16진수 리터럴은 2진수를 다룰 때는 편리하지만 타입 확장 변환이 일어나면 실수를 유발할 위험이 있다.

표 4-4 자바의 int 값에 대한 10진수 및 16진수 변환

10진수	부호 있는 16진수	부호 없는 16진수
-2,147,483,648	-0x8000_0000	0x8000_0000
-2,147,483,647	-0x7FFF_FFFF	0x8000_0001
-2	-0x2	0xFFFF_FFFE
-1	-0x1	0xFFFF_FFFF
0	+0x0	0x0000_0000
1	+0x1	0x0000_0001
2,147,483,646	+0x7FFF_FFFE	0x7FFF_FFFE
2,147,483,647	+0x7FFF_FFFF	0x7FFF_FFFF

예를 들어, `long` 숫자에 마스크를 적용해 상위 32비트를 지운다고 가정해보자. 다음 코드가 그럴 듯해 보일 것이다.

```
long mask = 0x0000_0000_FFFF_FFFF;
long result = value & mask;
```

하지만 이 코드는 제대로 작동하지 않는다. `0x0000_0000_FFFF_FFFF`는 `int` 리터럴이며 `long` 리터럴이 아니다(`L` 접미사가 없다). 일반적인 상황에서 `int` 리터럴은 그에 대응하는 `long` 값으로 자동 확장되어도 문제가 없다. 그러나 이 코드에서 `int` 리터럴이 나타내는 값은 −1이다. 이 값을 확장하면 `long` 타입의 −1이 되며 이를 16진수로 표현하면 `0xFFFF_FFFF_FFFF_FFFFL`(모든 비트가 1로 채워진 상태)과 같다. 따라서 이 마스크를 적용해도 `value`는 전혀 바뀌지 않는다.

> **정적 분석**
>
> 이번 절의 문제 시나리오 중 일부 사례는 정적 분석기의 도움을 받을 수 있다. 예를 들어, IntelliJ IDEA는 `long` 타입이 필요한 곳에서 `int` 16진수 상수가 사용될 때 경고를 표시한다. 검사 이름은 'Negative `int` Hexadecimal Constant in `long` Context'이다.

| 실수 방지 가이드 |

- 비트 연산은 신중하게 처리한다. 숫자는 부호가 있으며 부호는 자동 타입 확장에 영향을 미친다.
- `long` 값을 사용할 때 반드시 리터럴에 `L` 접미사를 붙인다. 이러한 습관은 묵시적 타입 변환을 방지하는 효과가 있다. 소문자 `l`은 글꼴에 따라 숫자 1과 혼동할 여지가 있으므로 권장하지 않는다.

실수 034 복합 할당의 묵시적 타입 변환

복합 할당compound assignment은 `x *= 2`처럼 이항 연산을 통해 기존 값을 수정하는 할당을 말한다. `x *= y`를 풀어 쓰면 `x = x * y`와 같다고 생각하는 개발자가 많지만 정확하게는 `x = (x의_타입)(x * y)`와 동일하다. 코드상에 명확하게 드러나지는 않지만, 복합 할당 과정에서 **묵시적 축소 변환**implicit narrowing conversion이 일어날 수 있다. 이러한 이유로 다음과 같은 놀라운 할당 결과가 만들어진다.

```
char c = 'a';
c *= 1.2;    ◁─┤ c는 't'가 된다
```

이 코드에 'a' 문자는 묵시적으로 double 타입의 숫자 97.0으로 확장되고, 이를 1.2와 곱하면 116.4가 된다. 그 결과는 다시 char 타입으로 묵시적 축소되어 't'가 된다. 다행히 이런 사례는 실무보다는 주로 퍼즐 문제집에서 등장한다. 그러나 다음과 같이 실제로 프로덕션 코드(정확히는 스프링 프레임워크 프로젝트)에서 발견되었던 패턴도 있다.

```
byte b = getByte();
if (b < 0) {
  b += 256;    <-- b의 값은 변경되지 않는다!
}
```

이 코드의 작성자는 음수 byte 값을 양수로 변환하려고 했다. 즉 −1은 255로 바뀌어야 한다. 그러나 이 코드는 원하는 대로 작동하지 않는다. 실제로 조건문 안에서 이루어지는 할당 과정은 다음과 같다.

```
b = (byte)((int) b + 256);
```

b는 int로 확장된 다음 256이 더해진다. 여기까지는 올바른 결과가 나오지만 이후 다시 byte로 축소되면서 b의 원래 값으로 되돌아간다. byte 타입의 범위는 -128..127이기 때문이다. 이 코드는 b 변수를 int로 선언하면 제대로 작동한다.

byte 타입에 아무런 변화도 일으키지 못하는 복합 할당의 또 다른 예시를 살펴보자. 다음은 무부호 우향 시프트를 사용하는 코드다.

```
byte b = -1;
b >>>= 1;
```

byte 값은 먼저 int로 확장되고 0xFFFFFFFF가 된다. 이어서 시프트 연산으로 0x7FFFFFFF가 되고 다시 byte 타입으로 묵시적 축소 변환이 이루어진다. 이 과정에서 상위 비트가 잘리고 최종 값은 다시 -1이 된다.

> **정적 분석**
>
> 앞의 두 사례는 IntelliJ의 'Nullability and Data Flow Problems' 검사와 'Variable Update Does Nothing'라는 경고로 확인할 수 있다. 그러나 이 검사는 더 복잡한 사례, 또는 결과가 정확히 동일하지 않은 사례는 발견하지 못할 가능성도 있다. 따라서 이 문제는 정적 분석기에 너무 의존하지 않는 것이 좋다.

| 실수 방지 가이드 |

- 복합 할당 대상의 변수 타입에 주의를 기울인다. 축소 변환이 발생할 가능성이 있는지 재확인한다.
- `byte`와 `short` 타입은 가급적 지양하고 `int`나 `long` 타입을 사용한다. `byte`와 `short`로 인한 대부분의 오버플로 문제는 이러한 습관으로 예방할 수 있다. `byte`나 `short`를 클래스 필드나 배열 원소로 쓰는 정당한 사유는 메모리 절약 외에는 없다. 그러나 로컬 변수, 메서드 파라미터, 반환값 등은 `byte`나 `short` 타입을 그대로 `int`로 바꿔도 성능 면에서 손해가 없다.
- 어쩔 수 없이 `byte`나 `short` 타입을 사용해야 할 경우, 음수 입력을 검증하는 테스트를 만들거나 음수 입력 불가 조건을 검증하는 어설션을 추가한다.
- 간단한 수학 연산이라 할지라도 가급적이면 라이브러리 메서드를 쓴다. 예를 들어 음수 바이트를 양수로 변환할 때는 다음과 같이 `Byte.toUnsignedInt` 메서드를 사용할 수 있다.

```
int b = Byte.toUnsignedInt(getByte());
```

이 경우 묵시적 `byte` 축소 변환이 일어날 수 없으며, 변수를 `byte`로 선언하면 컴파일 에러가 발생한다.

실수 035 나눗셈과 복합 할당

복합 곱셈 할당의 오른쪽 피연산자에 나눗셈 연산을 추가하면 또 다른 실수의 원인이 된다. `a`, `b`, `c`의 타입이 `int`일 때 `a *= b / c`는 `a = a * b / c`와 동일하다고 생각하기 쉽다. 그러나 실제로 이 할당은 `a = a * (b / c)`로 처리된다. 정수 나눗셈의 일반적인 연산 순서와 비교하면 문제가 없지만, 자바에서는 완전히 다른 결과가 나올 수도 있다. Sipdroid 프로젝트에서 이러한 문제가 실제로 발견된 적이 있다. 다음은 오디오 녹음에 사용할 버퍼 크기를 계산하는 공식이다.

```
int min = AudioRecord.getMinBufferSize(…) * 3 / 2;
```

이 코드는 `getMinBufferSize()` 메서드의 결괏값을 50% 늘리는 역할을 하며 처음에는 정상적으로 작동했다. 추후, 버퍼 크기가 4KB 미만일 때만 50% 증가시킨다는 조건이 추가되었고 코드는 다음과 같이 변경되었다.

```
int min = AudioRecord.getMinBufferSize(…);
if (min <= 4096) min *= 3 / 2;
```

이제 곱셈보다 먼저 `3 / 2`를 계산하고, 이 나눗셈의 결과는 `1`이 된다. 따라서 `min`에 항상 `1`을 곱하므로 결괏값은 전혀 바뀌지 않는다.

정적 분석

IntelliJ IDEA는 이번 절에서 문제가 된 코드 패턴을 발견하면 'Suspicious Integer Division Assignment' 경고를 보낸다. 추가로, 변수에 1을 곱하는 곳에서는 'Variable Update Does Nothing' 경고를 보낸다.

| 실수 방지 가이드 |

- 복합 할당의 오른쪽에 수학 연산이 추가되면 주의해야 한다. 문제가 없다는 확신이 없는 한 복합 할당은 쓰지 않는다.
- 수학 연산 코드는 JShell 등으로 간략히 코드화시킨 다음 검증해본다. 적절한 입력 변수를 설정하고 해당 연산을 가져온 뒤 결과가 예상대로 나오는지 확인해보자. 어떤 면에서 보면 `a -= b - c`도 비슷하게 문제의 소지가 있다. 이 계산은 `a = a - b - c`가 아니라 `a = a - b + c`와 같다. 다시 강조하지만 혼동의 여지가 있는 복합 할당은 쓰지 않는 편이 낫다. 코드는 명확해야 한다.

실수 036 short 타입

'실수 034'에서 `byte`와 `short` 타입을 피하라고 권했었다. '실수 036'은 특히 `short` 타입의 문제성에 방점을 찍고자 한다. `byte` 타입은 가끔 바이너리 데이터를 읽거나 디코딩할 때 실제로 쓸모가 있지만, short 타입에는 그러한 특수 용도조차 없다. 아마도 자바에서 가장 쓸모없는 원시 타입일 것이다. 이 타입이 API에 사용되면 더욱 위험하다. short 파라미터를 받거나 short 값을 반환하는 메서드는 언젠가 short 타입으로 처리하지 못하는 값을 만나는 순간 오버플로를 일으킬 것이다. 시간이 지날수록 코드 리팩터링은 쉽지 않다. 특히 외부 클라이언트가 사용하는 라이브러리 코드는 더욱 리팩터링하기 어렵다.

BioJava 소프트웨어 패키지에서 이러한 문제가 실제로 발생한 적이 있다. 이 패키지에는 단백질 구조를 정렬하는 메서드가 있었으며 정렬 우선순위를 계산할 때 short 타입 변수를 사용했다. 계산식은 단백질 서열의 아미노산 개수로부터 유도한다. 대부분의 단백질 구조는 대략 300~500개의 아미노산으로 이루어져 있지만 이보다 훨씬 거대한 단백질 구조도 가끔 발견된다. 인간이 지닌 단백질 중 티틴[titin]은 34,000개 이상의 아미노산으로 이루어져 있다. 이는 short 타입의 한계인 32,767보다 많고, 당연히 오버플로를 일으켰다. 그 결과, 이 거대한 단백질을 정렬하는 계산 절차가 제대로 작동하지 않았다. 이 문제를 해결하기 위해 public 메서드의 시그니처를 short에서 int 타입으로 변경했으며, 그에 맞게 코드도 마이그레이션해야 했다.

비슷한 문제가 Apache POI 라이브러리에서도 발생했다. 이 라이브러리는 MS 오피스 파일 형식, 특히 엑셀의 XLS 파일을 다루는 프로그래밍 인터페이스를 제공한다. 처음에는 엑셀 행을 처리하는 많은 메서드가 short 값을 입력 받았으며 엑셀 파일의 전체 행 수는 32,767개로 제한되었다. short 타입을 int로 대체하는 대규모 리팩터링 및 API 호환성 보존 작업은 2002년에 가서야 추진되었다. 그러나 코드 내부적으로는 short 타입에 의존하는 부분이 여전히 존재했으며 int에서 short로 타입 캐스트를 추가할 곳도 많았다. short를 거의 대부분 제거하기까지, 이후로도 여러 차례의 추가 작업을 진행해야 했다.

| 실수 방지 가이드 |

- short 타입을 사용하지 않는다. 비록 숫자가 32,767을 넘지 않는다는 완전한 확신이 있다 해도, 예측은 틀릴 수 있으며 새로운 데이터가 나타날 가능성은 높다. 설령 그 예측이 맞더라도 API에 short를 쓰면 사용하는 쪽이 어려움을 겪는다. 자바는 수학 연산에서 short 타입을 int로 자동 확장한다. 따라서 이 API의 사용자들은 명시적으로 타입을 short로 다운캐스트해야 하며, 이는 매우 번거로운 일이다. short 타입을 써서 실질적인 이득을 얻을 가능성은 낮다. 매우 드문 사례지만, 오랜 기간 지속되는 객체의 메모리 사용량을 절약할 때는 쓸모가 있을지도 모른다.

- 메모리 사용량을 철저히 측정하고, short 타입을 썼을 때 메모리 최적화에 상당한 도움이 된다고 판단되면

제한적으로 사용해도 좋다. 단 short 타입은 클라이언트에 노출하지 말고 오직 private 필드와 private 메서드에서만 사용한다.

실수 037 비트 조작 알고리즘

프로그램을 개발할 때, 숫자를 양quantity이 아닌 비트 벡터로 취급하고 각각의 비트를 비트 연산자나 비트 시프트 연산으로 조작하는 경우가 있다. 이러한 조작 방식을 **비트 트위들링**bit twiddling이라 한다. 비트 트위들링은 여러 값을 하나의 숫자로 패킹할 때 쓸모가 많다. 예를 들면, 여러 불리언값을 각각 비트로 나타내고 이를 묶어 하나의 변수에 담을 수 있다. 이 변수를 쓰면 컴퓨터 메모리가 절약되며, 프로세서가 곧장 비트를 조작하므로 연산 속도도 엄청나게 빨라진다. JIT 컴파일러는 비트 산술 연산자를 어셈블리 명령으로 변환한다. 자바는 비트 산술 연산자마다 각각에 대응하는 비트 어셈블리 명령어가 있다.

비트 연산은 간단해 보이지만 그만큼 착각하기도 쉽다. 단순한 알고리즘일수록 코너 케이스를 주의해야 한다. 다음에 살펴볼 코드는 매우 간단한 작업을 수행한다. 지정한 자릿수만큼 특정 숫자의 하위 비트를 보존하고 나머지는 제거하는 것이다.

```
int value;

void applyMask(int keepBits) {
  value &= (1 << keepBits) - 1;
}
```

가령 keepBits가 8이면 1 << keepBits는 0x100으로 평가되고, 이어서 1을 빼면 0xFF가 된다. 결과적으로, value의 하위 비트 8개는 유지되고 나머지 비트들은 0으로 설정된다.

이 코드는 keepBits가 0에서 31 사이일 때 정상적으로 작동한다. 다만 작성자는 keepBits가 32일 때 value의 모든 비트가 유지되고 결과적으로 메서드가 아무 일도 하지 않을 것이라 예상했다. 하지만 실제로 1 << 32는 1 << 0과 동일하게 평가되며 결과적으로 1이 된다. 그 이유는 다음과 같다. 비트 시프트 연산을 수행할 때 자바는 먼저 시프트할 폭을 결정한다. 이를 위해 int 타입은 32로, long 타입은 64로 입력값을 나누고 나머지를 구한다. 32를 32로 나눈 나머지는 0이므로 시프트는 발생하지 않고, 1에서 1을 뺀 결과는 0이 된다. 결국 아무 일도 하

지 않았어야 할 이 메서드는 `value`를 0으로 바꾸고 일부 애플리케이션에서 오작동을 일으킬 것이다.

비트 시프트 연산의 코너 케이스는 또 있다. 일반적으로 산술 연산의 결과 타입은 양쪽 피연산자에 의해 정의된다. 그러나 시프트 연산 결과 타입은 왼쪽 피연산자의 타입에 따라 `int` 또는 `long`으로 결정된다. 특히 결과 타입이 `long`이어야 하는 상황에서 좌향 시프트 연산이 종종 문제를 일으키곤 한다. 이 경우 왼쪽 피연산자는 1이고 `L` 접미사를 빠뜨리는 경우가 많다. 다음과 같이 `long` 타입 필드에 비트를 설정하는 간단한 메서드를 살펴보자.

```
long mask;

void setBit(int k) {
  mask |= 1 << k;
}
```

이 코드는 실수로 `1L`에서 `L`을 누락했다. 따라서 시프트 연산에 적용되는 타입은 `int`다. 이전 예시에서 언급했듯이 `int` 값을 `k` 비트만큼 시프트할 때 실제 이동 거리는 `k`를 32로 나눈 나머지이며, 이 값은 항상 0과 31 사이에 있다. 한편 `mask`는 long 타입이며, `k`가 32부터 63 사이의 값일 때도 `setBit()` 메서드는 똑같이 작동할 것처럼 보인다. 그러나 실제로는 그렇지 않다. 가령 `setBit(40)`을 호출했을 때 `mask`에 저장되는 비트는 40번째가 아니라 8번째다. 유닛 테스트를 작성할 때 `k`에 작은 값만 대입한다면 이러한 에러를 발견할 수 없고, 결국 이 코드는 프로덕션까지 올라갈 것이다.

> **정적 분석**
>
> 정적 분석기는 방금 예시의 실수를 포착할 수 있다. 좌향 시프트의 결과가 `int` 타입이고, 이 값이 묵시적으로 `long` 캐스팅되는 상황이 의심스럽기 때문이다. IntelliJ IDEA의 'Integer Multiplication or Shift Implicitly Cast to long' 검사가 이러한 문제를 보고한다.

| 실수 방지 가이드 |

- 비트 연산을 남발하며 코드를 어지럽히지 않는다. 이러한 연산은 유틸리티 메서드로 추출하고 격리시킨 다음 꼼꼼한 테스트를 거쳐 재사용한다.

- `long` 값으로 비트 연산을 할 때에는 상위 비트를 검증하는 유닛 테스트를 작성한다.

- 코너 케이스를 항상 염두에 두고 경계값 입력을 검증하는 유닛 테스트를 작성한다.

- 비트 연산 알고리즘을 직접 고안하지 않는다. 헨리 워렌의 『해커의 즐거움』(피어슨에듀케이션코리아, 2006) 처럼 권위 있는 자료를 참고한다.

- 여러 값을 꼭 하나의 숫자로 패킹할 필요가 있는지 재고한다. 그보다는 라이브러리 클래스를 먼저 고려한다. `BitSet` 클래스는 비트 문자열을 더 편리하게 표현하고 모든 종류의 입력을 처리하며, 메서드마다 역할이 명확하게 드러낸다. 또한 비트 수를 32나 64로 제한하지 않는다. 향후 더 많은 비트를 다루게 되어도 기존 코드를 크게 고칠 필요가 없다. 성능 오버헤드도 대부분의 경우 용납되는 수준이다.

- 여러 개의 플래그를 다룰 때는 플래그 목록을 열거형으로 선언하고 `EnumSet`으로 처리한다. 추가 비용은 거의 들지 않으면서 코드는 훨씬 더 명확하고 견고해진다.

실수 038 음수 바이트

자바에서 `byte` 원시 타입은 −128~127 사이의 숫자를 저장한다. 바이트라 하면 일반적으로 0부터 255 사이의 값으로 이해한다는 점을 감안하면, 다소 직관에 반하는 숫자 범위라 할 수 있다. byte 값이 복합 할당으로 갱신될 때 보이는 특이한 행동은 '실수 034'에서 확인한 바 있다. 그러나 문제의 소지가 있는 코드 패턴은 또 있다. 다음은 두 개의 바이트로 하나의 숫자를 만드는 코드이며, 언뜻 보면 아무 문제도 없다.

```
int readTwoBytes() {
  byte lo = readLowByte();
  byte hi = readHighByte();
  return (hi << 8) | lo;
}
```

그러나 이 코드는 바이트 값이 0~127 사이일 때만 의도대로 작동한다. `readLowByte()`가 `-1`을 반환할 경우 이 값은 `int` 타입으로 확장되고 16진수로 표현하면 `0xFFFFFFFF`가 된다. 따라서 `readTwoBytes` 메서드는 `hi` 값에 관계없이 `-1`을 반환한다.

> **정적 분석**
>
> 가끔 정적 분석 도구가 이 문제를 보고할 때가 있다. SonarQube에는 이 문제와 관련된 'S3034: Raw Byte Values Should Not Be Used in Bitwise Operations in Combination with Shifts' 규칙이 있다. 그러나 이 규칙은 특정 코드 패턴만 발견한다. 그러므로 이번 절의 실수는 정적 분석기로 완전히 예방할 수 없다.

| 실수 방지 가이드 |

- 바이트로 비트 연산을 할 때는 음수를 고려한다. 바이트가 확장되면 상위 비트가 1로 채워진다. 이 효과를 무효화시키려면 다음과 같이 마스크를 입혀야 한다.

```
return ((hi & 0xFF) << 8) | (lo & 0xFF);
```

- 저수준 비트 조작 연산은 유틸리티 메서드로 캡슐화하고 철저히 테스트한다. 그리고 이를 프로젝트 전반에 걸쳐 재사용하면 추가 문제를 방지할 수 있다.

실수 039 잘못된 클램핑 순서

실제로 굉장히 자주 발생하는 사례를 한 가지 살펴보자. 입력된 숫자를 주어진 범위에 맞추어 조정할 때, 다음과 같이 `if` 문을 연달아 사용하곤 한다.

```
if (value < 0) value = 0;
if (value > 100) value = 100;   <-- 이제 value는 0...100 안에 있다
```

또는 조건 표현식으로 다음과 같이 작성할 수 있다.

```
value = value < 0 ? 0 : value > 100 ? 100 : value;
```

그러나 이 코드는 다소 장황해 보인다. 하한값과 상한값을 두 번씩 언급하고 있기 때문이다. 게다가 여기에 단순한 숫자가 아닌 값이 들어가면 더 복잡해질 것이다.

반복되는 표현을 개선하기 위해 다음과 같이 `Math.min()`과 `Math.max()` 호출을 조합했다고 가정해보자.

```
value = Math.max(0, Math.min(value, 100));
```

이 표현식은 간단하면서도 영리해 보이지만 구조적으로 에러에 취약하다. 전체 표현식이 직관적이지 않기에 다음과 같이 실수로 `max`와 `min` 호출을 뒤바꾸기 쉽다.

```
value = Math.min(0, Math.max(value, 100));
```

이렇게 되면 결과는 항상 0이 되지만 표현식만 보고 문제를 알아차리기는 어렵다. 필자는 이 버그를 진행률 렌더링 코드에서 본 적이 있다. 그 결과 진행률 막대 표시는 0%에서 멈춰버렸다. Jenkins CI 소스 코드에서도 비슷한 버그가 발견되었다.

정적 분석

일부 정적 분석 도구는 조건의 경계가 상수값일 때 이 에러를 감지할 수 있다. IntelliJ IDEA는 'Result of min Is the Same as the First Argument Making the Call Meaningless' 경고를 보고하고, SonarQube는 'S3065: min and max Used in Combination Should not Always Return the Same Value' 규칙을 통해 문제를 보고한다. SpotBugs는 'Incorrect Combination of Math.max and Math.min' 버그 패턴을 감지한다. 하지만 복잡한 계산 결과가 경계값으로 쓰이면 정적 분석기도 소용이 없다. 프로그램을 실제로 실행하지 않고는 이를 비교할 수 없기 때문이다.

| 실수 방지 가이드 |

- `Math.min()`과 `Math.max()` 메서드는 신중하게 사용한다. 첫 번째 피연산자가 더 클 때와 작을 때 어떤 결과가 나오는지 검토해야 한다. `min()`과 `max()`를 뒤바꾸는 실수는 맥락을 가리지 않고 벌어진다.
- 혼란스러운 코드 패턴이 늘 그렇듯, 유틸리티 메서드로 추출하고 모든 곳에서 일괄적으로 사용하는 것이 가장 좋다. 다음과 같은 메서드가 좋은 예시다.

```
public static int clamp(int value, int min, int max) {
  if (min > max) {
    throw new IllegalArgumentException(min + ">" + max);
```

```
    }
    return Math.max(min, Math.min(max, value));
  }
```

이 코드는 min 값이 max 값을 넘는지도 검사한다. 이러한 절대 조건invariant을 위반하면 예외를 통해 감지할 수 있다.

- 선호하는 라이브러리나 표준 라이브러리에 적당한 메서드가 없거나 기존 메서드가 혼동을 유발한다면 직접 만들어보는 것도 좋다. 커뮤니티에 기여할 수 있을 뿐만 아니라 다른 개발자가 실수를 줄이고 더 견고한 프로그램을 작성하는 데 일조할 수 있다. 이번 절을 마친 후 필자는 OpenJDK에 `Math.clamp()` 메서드를 기여했다. 자바 21부터 이 메서드는 표준 라이브러리에 포함되며 더 이상 직접 작성할 필요가 없다.

실수 040 특수한 부동소수점 수

부동소수점 숫자 중 몇몇은 특수하게 처리하거나 예기치 못한 연산 결과에 대비해야 한다.

부호가 있는 0: +0.0과 −0.0

부동소수점에는 두 가지 0이 있다. +0.0과 −0.0이다. 이들은 컴퓨터 메모리에서 서로 다르게 표현되지만 ==로 비교하면 같다고 판정된다. −0.0은 일부 특수한 계산의 결과로 얻을 수 있다. 가령 다음 코드는 −0.0을 출력한다.

```
System.out.println(-1 * 0.0);
```

자바 언어 스펙 15.17.1[2]은 이 결과를 다음과 같이 설명하고 있다. '두 피연산자의 부호가 같으면 결과의 부호는 양수, 다르면 음수다.' 이러한 동작은 자바에만 국한되지 않는다. IEEE 754 표준을 따르는 모든 프로그래밍 언어는 같은 방식으로 작동한다.

`double` 값이 `Double`로 박싱될 때, `+0.0`과 `-0.0`은 서로 다른 값이 된다는 점에 주의해야 한다. 다음 코드를 보면 그 차이를 확인할 수 있다.

2 https://docs.oracle.com/javase/specs/jls/se21/html/jls-15.html#jls-15.17.1

```
Double d = 0.0;
System.out.println(d.equals(-0.0));   ◁─┤ false 출력
System.out.println(d == -0.0);   ◁─┤ true 출력
```

Double.equals()은 각각 박싱된 0.0과 -0.0이 서로 다르다고 판단한다. 그러나 언박싱된 Double 값과 −0.0을 원시 비교하면 true가 반환된다.

이 차이는 뜻밖의 지점에서 문제를 일으킨다. 가령 −1.0, −0.5, 0.0, 0.5, 1.0 등으로 이루어진 세트가 있다고 가정해보자. 다음 코드는 이 세트에 속한 두 숫자를 곱해서 나올 수 있는 모든 결과를 수집한다.

```
Set<Double> multiplications = new HashSet<>();
for (double i = -1; i <= 1; i += 0.5) {
  for (double j = -1; j <= 1; j += 0.5) {
    multiplications.add(i * j);
  }
}
System.out.println(multiplications);
```

결과 세트를 출력하면 다음과 같이 일곱 개가 아닌 여덟 개의 값이 나열된다. 0.0과 -0.0이 모두 포함되어 있음을 알 수 있다.

```
[1.0, 0.5, -0.0, -0.5, -1.0, 0.25, -0.25, 0.0]
```

LinkedHashSet와 TreeSet로 같은 코드를 실행해도 동일하게 8개의 결과가 수집된다. 순서는 다를 수 있다.

이러한 차이는 박싱된 Double 타입을 직접 사용하지 않아도 발생한다. 자바 16부터 지원되는 record는 equals()와 hashCode() 등의 메서드를 기본적으로 제공한다. 문제는 이들의 구현 방식이다. 이들이 내부에서 double 컴포넌트를 사용하고 있다면 박싱된 Double과의 비교 결과도 이전과 같을 것이다. 다음 코드를 살펴보자.

```
record Length(double d) {}
Length l1 = new Length(0.0);
Length l2 = new Length(-0.0);
System.out.println(l1.equals(l2));   ◁─┤ false 출력
```

| 실수 방지 가이드 |

- 자바는 내부적으로 `+0.0`과 `-0.0`을 구분하며 이 차이가 코드에 영향을 미칠 수 있다는 점을 명심한다. 이를 예방하려면 필드나 컬렉션에 값을 저장하기 전에 다음과 같이 정규화한다.

```
if (d == -0.0) d = 0.0;
```

약간 이상한 코드처럼 보일 것이다. 그러나 이 조건은 d가 `+0.0`일 때도 만족한다. 따라서 `-0.0`을 `+0.0`으로 바꾸려는 목적만 달성하고 그 외의 값은 변경하지 않는다.

- 부동소수점 숫자와 정확한 값 사이의 비교를 지양한다. 부동소수점 숫자를 세트에 저장하는 것도 좋은 생각이 아니다. 설령 음수가 없다 하더라도 제한된 기계 정밀도 때문에 기존 원소와 정확하게 비교할 수 없다. 다음은 이 문제를 잘 드러내는 고전적 예시다.

```
Set<Double> set = new HashSet<>();
set.add(0.3);
set.add(0.1 + 0.2);
System.out.println(set);
```

이 코드를 실행하면 세트에 하나의 원소만 남아 있을 것으로 예상하기 쉽지만 실제로는 `[0.3, 0.30000000000000004]`처럼 두 개의 숫자가 포함된다. 부동소수점 수는 이진수로 변환되며 0.1, 0.2, 0.3 등의 10진 유한소수에 정확히 대응하는 수가 존재하지 않는다. 따라서 최대한 가까운 무한소수를 구하고 끝부분을 잘라내는 형태로 표현한다. 이러한 근사값들을 합산하면 오차도 함께 누적되므로, 2진수를 다시 10진수로 변환하면 틀린 답을 얻게 된다.

숫자가 아님: NaN

NaN은 **숫자가 아님**을 의미한다. `Double.NaN`과 `Float.NaN`은 매우 특별한 값들이다. 이들은 심지어 자기 자신과도 같지 않은 유일한 값이다. 예를 들어 다음 코드는 두 번 모두 `false`를 출력한다.

```
System.out.println(Double.NaN == Double.NaN);
System.out.println(Float.NaN == Float.NaN);
```

숫자가 NaN인지 확인하려면 `Double.isNaN`이나 `Float.isNaN` 라이브러리 메서드를 사용하는 것이 좋다. Float.NaN 또는 Double.NaN을 명시적으로 비교하면 대부분의 정적 분석기가 그 부분을 감지한다. IntelliJ IDEA에는 'Comparison to Double.NaN or Float.NaN' 검사가 있으며 Error Prone의 버그 패턴명은 'EqualsNaN'이다. 요즘은 이런 실수가 거의 일어나지 않지만 간혹 묵시적으로 NaN이 발생하는 경우가 있다. 다음 메서드를 살펴보자.

```
void process(double a, double b) {
  if (a < b) {
    … // a < b 케이스 처리
  } else if (a > b) {
    … // a > b 케이스 처리
  } else {
    … // a == b 케이스 처리
  }
}
```

이 코드의 개발자는 a가 b보다 크지도, 작지도 않다면 a와 b가 같다고 간주했다. 그러나 a와 b 중 하나가 NaN일 가능성도 있다. 이 경우 마지막 분기가 실행되며 예기치 못한 결과를 초래한다.

| 실수 방지 가이드 |

- 부동소수점 숫자를 비교할 때 NaN이 끼어들 가능성이 있는지 검토한다.
- NaN을 허용하지 않아야 할 곳은 다음과 같이 assert를 추가한다.

```
assert !Double.isNaN(a);
assert !Double.isNaN(b);
```

- 공용 API는 다음과 같은 사전 조건precondition을 추가한다.

```
if (Double.isNaN(a) || Double.isNaN(b)) {
    throw new IllegalArgumentException();
}
```

이러한 조치를 통해 NaN 값의 예고 없는 등장을 방지하고 더욱 이른 시점에 버그를 잡을 수 있다.

Double.MIN_VALUE는 최솟값이 아니다

일부 알고리즘은 최솟값과 최댓값이 필요하다. 자바의 모든 정수 타입은 이에 대비해 일관적인 상수를 구비해놓았다. int에서 최솟값과 최댓값이 필요할 때는 각각 Integer.MIN_VALUE와 Integer.MAX_VALUE를 사용하면 된다. long 타입의 경우 Long.MIN_VALUE와 Long.MAX_VALUE 상수를 사용할 수 있다. 그러나 부동소수점 타입은 약간 다르다. Double.MAX_VALUE는 실제로 double 타입에서 가장 크고 유한한 값이지만 Double.MIN_VALUE는 최솟값이 아니다. 정확히 말해 이 상수는 double 타입으로 표현할 수 있는 가장 작은 양수 값이며 대략 4.9×10^{-324}이다. double 타입의 최솟값을 나타내는 명시적인 상수는 없지만, 꼭 필요할 경우 -Double.MAX_VALUE를 쓰면 된다.

-Double.MAX_VALUE 대신 Double.MIN_VALUE를 사용하는 실수는 주로 코드 리팩터링으로 인해 발생한다. int 타입을 double로 변환하는 과정에서 Integer.MIN_VALUE를 기계적으로 Double.MIN_VALUE로 바꾸기 때문이다. 이후의 코드에서 이 값을 0이나 음수와 비교하면 작동 결과가 달라지게 된다.

double[] 배열에서 최댓값을 찾아야 한다고 가정해보자. 이런 일을 담당하는 자바 표준 메서드는 없다. 스트림 API을 쓰면 비슷한 결과를 얻을 수 있지만 성능 오버헤드를 우려해 직접 작성하는 개발자가 많다. 다양한 구현 방식 중 다음과 같이 최솟값에서 시작해 루프를 돌면서 Math.max()를 호출하는 코드를 살펴보자.

```
static double max(double... data) {
  double max = Double.MIN_VALUE;
  for (double d : data) {
    max = Math.max(max, d);
  }
  return max;
}
```

이 코드를 잘 보면, 시작하는 값에 Double.MIN_VALUE를 잘못 사용했음을 알 수 있다. 이 메서드는 최소 하나의 양수가 있을 경우에만 올바르게 작동한다. 입력된 숫자가 모두 음수이거나 0이면 최댓값 대신 4.9×10^{-324}가 반환된다.

| 실수 방지 가이드 |

- double 타입의 유한한 최솟값이 필요할 때에는 Double.MIN_VALUE 대신 -Double.MAX_VALUE를 사용한다. 또한 무한대 값을 처리할 필요가 있는지 검토한다. 필요다하다면 최솟값으로 Double.NEGATIVE_INFINITY를, 최댓값으로 Double.POSITIVE_INFINITY를 사용하는 것이 좋다.

- 정수 타입을 부동소수점 타입으로 마이그레이션할 때는 신중을 기해야 한다. int를 double로, Integer를 Double로 무작정 교체하면 컴파일은 가능할지 몰라도 의미론적인semantic 실수가 발생할 위험이 있다. 마이그레이션 후 코드를 꼼꼼히 검토하고 테스트해야 한다.

- 배열의 최댓값 검색 등의 표준적인 알고리즘은 가능한 한 라이브러리를 통해 계산한다. 대부분의 경우 max() 함수를 직접 만들기보다 DoubleStream.of(values).max()를 쓰는 것이 낫다. 구글 구아바 라이브러리를 사용한다면 Doubles.max()라는 유틸리티 메서드를 쓰면 된다.

정리

- 8진수가 아닌 수에 8진수 표기법을 적용하면 전혀 다른 숫자로 인식된다. 코드베이스에서 이를 완전히 금지하는 것이 좋다.

- 수치 오버플로는 프로그래밍에서 가장 성가신 버그 중 하나다. 프로그램에 수치 계산이 있다면 오버플로 가능성을 검토하고 프로그램상에서 어떻게 대처해야 할지 고민해야 한다.

- 몇몇 숫자는 비상식적으로 작동한다. Integer.MIN_VALUE(자신을 음수화시켜도 자신과 동일), -0.0(0.0과 동일), Double.NaN(자기 자신과 다름) 등이 대표적이다. 코드가 이러한 입력값을 올바르게 처리하는지 확인해야 한다.

- 복합 할당 연산자는 까다롭다. 묵시적인 축소 변환을 유발하거나 평가 순서를 뒤바꾸고 예상과 다른 결과를 낸다.

- 바이트를 다루며 개발자들은 보통 0부터 255 사이의 숫자를 떠올리지만 자바의 byte 타입 범위는 −128에서 127까지이다.

- short 타입 대신 int를, float 타입 대신 double을 사용하라. short와 float으로 성능과 메모리를 아낄 기회는 많지 않다. 그러나 정밀도 감소, 오버플로 등의 문제가 생길 가능성은 높아진다.

- 홀수 검사, 값 클램핑, 숫자 비트 설정 등의 알고리즘이 단순하다 여기며 인라인으로 직접 작성하는 개발자가 많다. 그럴수록 코드에 실수가 생길 가능성도 높아진다. 모든 알고리즘은 별도의 잘 테스트된 메서드로 분리하라.

CHAPTER

05

일반적인 예외

이 장의 내용

- 자바 프로그램에서 NullPointerException을 피하는 방법
- IndexOutOfBoundsException을 유발하는 실수
- ClassCastException이 발생하는 다양한 이유
- 자바의 유한 및 무한 재귀

이번 장에서는 자바 프로그램의 버그가 유발하는 가장 일반적인 예외를 논의한다. 다른 장과 달리 이번 장은 버그의 원인보다는 그로 인한 파급 효과에 집중할 것이다.

자바의 모든 예외 클래스는 Throwable라는 하나의 클래스를 상속받는다. 모든 예외는 throw 문을 통해 명시적으로 일으킬 수 있으며 몇몇 예외는 가상 머신이 자체적으로 일으킨다. 이번 장은 주로 이러한 예외들을 이야기한다. [그림 5-1]은 앞으로 다룰 예외들의 계층 구조를 보여준다.

예외는 적이 아닌 동지라는 점을 이해해야 한다. 예외를 싫어하는 프로그래머가 많지만 예외는 버그가 없는 프로그램을 만들도록 도움을 주는 존재다. 프로그램이 잘못된 상태로 계속 실행되다가 데이터 손실이나 보안 침해 등의 심각한 피해를 낳는 것보다, 가능한 한 빠른 시점에 예외가 발생하는 편이 훨씬 낫다. 한편 ConcurrentModificationException이라는 중요한 예외는 8장에서 컬렉션을 이야기할 때 별도로 다룰 것이다.

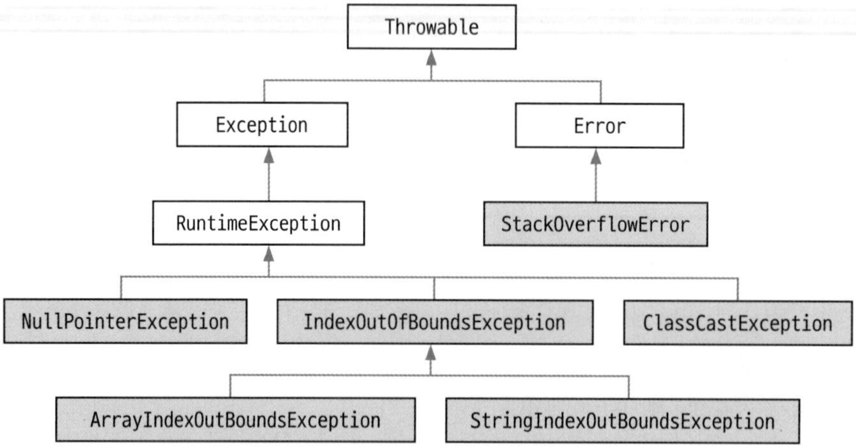

그림 5-1 예외 클래스의 계층 구조. 모든 자바 예외는 `Throwable`을 상속받고 Exception, Error, RuntimeException 등을 슈퍼클래스로 둔다. 이번 장에서 다루는 예외는 회색으로 강조되어 있다

실수 041 NullPointerException

`NullPointerException`은 자바 개발자를 끊임없이 뒤따라 다닌다. 자바는 언어 설계상 비원시non-primitive 타입 변수 또는 비원시 타입 메서드 반환값에 `null`을 저장할 수 있으며 이를 막을 방법도 없다. 개발자는 다음과 같이 센티널값sentinel value[1]이 필요할 때 `null`을 다양한 의미로 활용하곤 한다.

- 객체 생성 도중 또는 배열 생성 직후 초기화되지 않은 값
- 처음 사용될 때 비-널non-null 값이 할당될 예정인 지연된 초기화 값
- 명시되지 않은 값(예: `User` 클래스의 `middleName` 필드에 넣을 값이 없거나 명시하지 않았을 경우)
- 찾을 수 없는 값(예: `Map.get()` 라이브러리 메서드가 매핑 결과를 찾지 못해 `null`을 반환하는 경우)
- 빈 컬렉션을 나타내는 센티널(예: `Queue` 인터페이스의 `poll()` 또는 `peek()` 메서드가 `null`을 반환하는 경우)

이외에도 `null`은 갖가지 용도로 쓰인다. 문제는 `null` 값 자체는 아무 의미도 없다는 것이다.

1 옮긴이_ 특정 조건을 나타내기 위해 사용하는 값. 주변 맥락 안에서만 유효하다.

따라서 참조 값을 발견한 자바 개발자에게는 으레 다음과 같은 질문이 뒤따른다. 이 값에 null이 담길 가능성이 있는가? 그렇다면 null은 정확히 어떤 의미를 지녔는가?

개발자의 관점에서 보면 null을 담을 수 없는 변수와 null을 반환하지 않는 메서드가 많다. 이들을 **널 불가 변수**non-nullable variable와 **널 불가 메서드**non-nullable method라 해보자. 나머지는 특정 상황에서 null을 담거나 반환할 수 있는데, 이들은 상대적으로 **널 가능**nullable이라 부를 수 있다. 코틀린 등의 일부 프로그래밍 언어는 null 가능 여부를 타입 시스템에 직접 설정할 수 있다. 이러한 언어는 널 불가 변수 타입을 선언할 수 있으며 여기에 널 가능 값을 저장하면 컴파일러 에러가 발생한다. 또한 널 가능 타입은 null 여부를 검사하지 않거나 특수한 안전 호출 연산자를 사용하지 않는 한 직접 역참조dereference할 수 없다. 이러한 특성 덕에 코틀린 프로그램은 NullPointerException 예외가 자바에 비해 훨씬 덜 발생한다. 아쉽지만 자바에는 이러한 기능이 없다.

다음은 NullPointerException 예외를 줄이기 위한 주요 원칙들이다.

- 가능한 한 코드베이스에서 null 값을 사용하지 않는다.
- 값이 부재할 가능성이 있다면 Optional 타입을 사용한다.
- 어노테이션을 이용해 null 가능 여부를 명시하고 자바 타입 시스템을 보강한다.
- 잠재적인 NullPointerException 문제를 감지할 수 있는 프로시저 간 정적 분석 도구를 사용한다.

이러한 원칙을 바탕으로, 각 사례를 더 구체적으로 살펴보자

null 회피와 방어적 검사

null 값을 최대한 사용하지 않으려면 메서드가 null을 반환하지 않고 파라미터로 null을 받지 말아야 한다. 하지만 이렇게 하기 어려운 경우가 있다. 예를 들면 표준 라이브러리에 선언된 일부 인터페이스를 구현하거나 클래스를 확장할 때, 특정 상황에서 null을 반환해야 한다는 계약을 따라야 한다. Map 인터페이스를 상속받아 직접 구현하는 시나리오를 가정해보자. Map.get() 메서드는 입력 받은 키가 맵에 없을 때 null을 반환해야 한다. 이처럼 null을 반환하거나 수락해야 하는 API 자체를 기피하는 개발자도 있다. 그러나 이는 현실적인 대안이라 볼 수 없다. 이미 있는 기능을 매번 다시 만들 수는 없기 때문이다.

또한, 입력값을 거르는sanitizing 조치가 있어야 한다. 최소한 public 메서드나 생성자는 반드시 이러한 조치가 필요하다. 조치 방법은 간단하다. 입력 받는 모든 참조 파라미터마다 메서드 진입점에서 Objects.requireNonNull()을 호출하기만 하면 된다. requireNonNull()은 인수가 null일 때 NullPointerException 예외를 던지는 단순한 메서드다. 또한 선택적인 두 번째 인수로 에러 설명 메시지를 전달할 수 있다. 이 메서드는 입력 받은 인수가 null이 아니면 해당 값을 그대로 반환하므로, 이를 이용하면 다음과 같이 간편하게 필드를 초기화시킬 수 있다.

```
public class Person {
  private final String firstName, lastName;

  public Person(String firstName, String lastName) {
    this.firstName = Objects.requireNonNull(firstName);
    this.lastName = Objects.requireNonNull(lastName);
  }
}
```

이 코드는 NullPointerException의 포착 시점을 앞당기는 효과를 낸다. 이렇게 처리하지 않으면 실수로 null 값이 필드에 저장될 때부터 프로그램은 비정상적인 상태에 놓일 것이다. 결과적으로 훨씬 나중에, 필드를 실제로 참조하는 순간 예외가 발생한다. 또한 null 값이 변수로 유입된 경로를 알 수 없게 된다.

만약 메서드 인수가 컬렉션이라면 어떻게 해야 할까? 다음과 같이 메서드 진입점에서 컬렉션을 순회하며 null 포함 여부를 확인할 수 있다.

```
public void process(Collection<String> data) {
  data.forEach(Objects::requireNonNull);
  …
}
```

아쉽지만 컬렉션 순회에는 대가가 따른다. 컬렉션 순회에 드는 CPU 실행 시간은 컬렉션의 크기에 달려 있다. 특히, 동일한 컬렉션이 여러 메서드에 전달되고 메서드마다 이를 순회하는 상황은 용납될 수 없다. 이 경우, 자바 10부터 제공되는 List.copyOf(), Set.copyOf(), Map.copyOf() 등의 컬렉션 팩토리 메서드가 하나의 해결책이 될 수 있다.

```
public void process(Collection<String> data) {
  data = List.copyOf(data);
  …
}
```

이러한 메서드는 수정 불가unmodifiable 복사본을 생성하며 `null`을 허용하지 않는다. 더 중요한 점은, 입력된 컬렉션이 이미 `copyOf` 메서드의 반환 결과일 경우 복사본을 추가로 만들지 않고 인수를 그대로 반환한다는 것이다. 따라서 동일한 컬렉션을 여러 메서드에 전달하고 각 메서드에서 `copyOf`를 호출하면 객체 복사와 `null` 검사가 최대 한 번 실행된다.

`null`을 무조건 쓰지 않는다는 원칙이 과도하다고 느끼거나, `null`을 실제로 유효한 입력이나 출력으로 사용하는 사람도 있을 것이다. 그러나 이제부터 설명할 데이터 타입들에 `null`을 쓰는 것은 명백히 나쁜 관행으로 간주된다.

- **컬렉션**, **이터러블**, **배열**, **맵**: 이 타입에서 데이터의 부재는 일반적으로 빈 컬렉션, 빈 배열, 빈 맵 등으로 표현한다. `null`과 **빈** 컬렉션에 각기 다른 의미를 부여하는 것은 나쁜 관행이다. **빈** 컨테이너 대신 `null`을 기대하는 클라이언트는 많지 않다. 이를 무시하고 `null`을 반환하면 런타임 시 `NullPointerException` 예외가 발생한다.
  컬렉션, 배열, 맵 등에 원소로 담긴 `null`과, 컬렉션 자체를 나타내는 `null`을 명확히 구별해야 한다. 이 차이는 다음 예시에 잘 나타난다.

```
Collection<String> collectionContainingNull() {
  return Collections.singleton(null);
}

Collection<String> nullInsteadOfCollection() {
  return null;
}
```

첫 번째 메서드는 `null`이 담긴 컬렉션을 반환한다. 이는 분명 이상적인 방식이 아니며 문제의 소지도 있지만 가끔 이렇게 해야만 할 때가 있긴 하다. 그러나 두 번째 메서드처럼 컬렉션 대신 `null`을 반환하는 일은 절대로 없어야 한다.

이 문제는 자바 표준 라이브러리에도 존재한다. `java.io.File` 클래스의 `list()`와 `listFiles()`와 등의 메서드는 I/O 에러가 발생할 때 `null`을 반환한다. 이러한 메서드는 다음과 같이 `for-each` 루프로 디렉터리 파일 목록을 읽을 때 매우 편리하게 사용할 수 있다.

```
for (String fileName : new File("/etc").list()) {
  System.out.println(fileName);
}
```

그러나 파일 시스템에 /etc 디렉터리가 없다면 NullPointerException이 발생하며, 에러를 우아하게 처리할 정보를 얻을 수 없다. 다행히 신형 NIO 파일 API(Files.list 메서드 등)는 이 문제를 해결했다. 이 API는 에러가 발생하면 그에 맞는 IOException을 일으키므로 실제로 발생한 문제의 상세한 정보를 얻을 수 있다. 다음은 NIO API로 에러를 처리하는 예시다.

```
try(Stream<Path> stream = Files.list(Path.of("/etc"))) {
    stream.forEach(System.out::println);
}
```

- **Stream 또는 Optional 타입**: 결과가 비어있음을 나타낼 때 Stream.empty() 또는 Optional.empty()를 사용해야 한다. 이러한 타입이 null을 반환하면 특히 더 위험하다. Stream과 Optional 클래스는 플루언트 호출 체인 스타일로 설계되었으며 반환 결과는 즉시 map() 등의 메서드를 호출하는 데 사용되기 때문이다.

- **열거형 타입**: 프로젝트 내부에서 선언된 열거형은 null을 반환하지 않도록 특히 주의해야 한다. null 반환 자체가 또 하나의 선택지를 제공하는 것과 다름없으므로 이를 열거형 상수로 직접 추가하는 것이 훨씬 더 바람직하다. 이 과정에서 NOT_FOUND, UNSPECIFIED, UNKNOWN, UNINITIALIZED 등의 명확한 이름을 붙일 수 있으며 이를 문서화하기도 쉽다. 예를 들어 자바 표준 라이브러리의 java.math.RoundingMode 열거형은 계산 결과를 반올림하는 방식을 나타낸다. 때로는 일부러 반올림을 하지 않아야 할 경우도 있다. JDK 개발자들은 이를 null로 표현하는 대신 현명하게도 RoundingMode.UNNECESSARY라는 별도의 상수를 추가했다. 이 상수 선언부를 보면 반올림 없이 계산하는 과정에서 문제가 생기면 어떻게 되는지(ArithmeticException) 자세하게 설명하고 있다. 따라서 RoundingMode를 사용하는 메서드마다 이를 따로 설명할 필요가 없다.
동일한 열거형을 반환하는 여러 메서드에서 null에 각기 다른 의미를 담아 결괏값으로 반환하는 경우가 있다. 이렇게 반환된 null은 상황에 따라 다르게 해석될 가능성이 높다. 각각의 null마다 별도로 열거형 상수를 추가하고 반환값은 그에 맞는 상수로 대체하면 이러한 모호함을 해소할 수 있다.

- **Boolean 타입**: 일반적으로, Boolean이나 Integer 등의 원시 래퍼 타입을 직접 사용하는 곳은 정말 문제가 없는지 의심해봐야 한다. 원시 래퍼 타입은 보통 List<Integer> 형태로 인스턴스화할 때 이외에는 잘 쓰지 않는다. 특히 Boolean 타입은 Boolean.TRUE와 Boolean.FALSE라는 두 값이 담긴 열거형에 불과하다. 여기에 null 값을 지정해 특별한 의미를 부여한다면 세 값이 있는 열거형과 다를 바가 없다. 그렇다면 실제로 세 값을 지닌 열거형을 선언하는 편이 훨씬 덜 혼란스러울 것이다.

Boolean 대신 열거형을 사용하면 TRUE와 FALSE 값에 적당한 이름을 붙일 수 있다. 예를 들어 온라인 쇼핑 애플리케이션에서 사용자가 장바구니 항목을 제거하는 기능을 떠올려보자. 해당 항목을 즉시 제거하기에 앞서 위시리스트로 이동시킬지 묻는 창을 [그림 5-2]처럼 표시하려 한다.

사용자의 선택을 `boolean` 값으로 반환하는 코드는 다음과 비슷할 것이다.

```
boolean shouldMoveToWishList() {
  …
  // 사용자가 대화 상자에서'Yes'를 클릭하면 true를 반환한다
}
```

그림 5-2 두 가지 선택지가 있는 확인 창

삭제 요청 이후 사용자가 마음을 바꾸고 요청을 취소하고 싶을지도 모른다. 따라서 [그림 5-3]처럼 대화 상자에 [Cancel] 버튼을 추가하기로 했다.

그림 5-3 세 가지 선택지가 있는 확인 창

이제 `shouldMoveToWishList()` 메서드는 세 종류의 값을 반환해야 한다. 개발자는 다음과 같이 반환 타입을 `Boolean` 객체로 바꾸고 `null`을 [Cancel] 버튼으로 처리하고픈 유혹을 느끼기 마련이다.

```
Boolean shouldMoveToWishList() {
  …
  // 대화 상자를 표시하고 다음 값을 반환한다
  // - 사용자가 Yes를 선택하면 true,
```

```
  // - 사용자가 No를 선택하면 false,
  // - 사용자가 Cancel을 선택하면 null
}
```

이렇게 하는 이유는 이 방법이 가장 쉬워 보이기 때문이다. 게다가 호출 지점도 특별히 고칠 필요가 없다. 그러나 이 코드는 매우 위험하다. 예를 들어 메서드가 다음과 같이 사용된다고 가정해보자.

```
if (shouldMoveToWishList()) {
  addItemToWishList(item);
}
deleteItemFromBasket(item);
```

메서드가 `Boolean` 타입으로 바뀌어도 이 코드는 컴파일 에러를 일으키지 않는다. 따라서 리팩터링을 잊고 넘어갈 가능성도 높다. 이대로 사용자가 [Cancel] 버튼을 선택하면 `if` 문 조건이 자동으로 언박싱되고 `NullPointerException`이 발생한다.

이러한 위험을 감수하기보다는 열거형을 도입하고 세 값을 모두 넣는 편이 훨씬 안전하다. 다음은 여러 콘텍스트에서 공통적으로 재사용할 수 있는 일반적인 열거형이다.

```
enum UserAnswer {
  YES, NO, CANCEL
}
```

또는 이번 예시에 특화된 열거형을 다음과 같이 선언해도 된다.

```
enum ItemRemovalRequest {
  REMOVE_FROM_BASKET,
  MOVE_TO_WISH_LIST,
  CANCEL
}
```

물론 불리언을 열거형으로 바꾸면 컴파일 에러가 발생하므로 호출 코드를 수정해야 한다. 기존 `if` 문은 다음과 같이 `switch` 문으로 교체할 수 있다.

```
switch (shouldMoveToWishList()) {
```

```
    case REMOVE_FROM_BASKET -> deleteItemFromBasket(item);
    case MOVE_TO_WISH_LIST -> {
      addItemToWishList(item);
      deleteItemFromBasket(item);
    }
    case CANCEL -> { /* 아무 일도 하지 않는다 */ }
  }
```

이제 반환 결과가 한층 명확해졌다. 또한 코드를 보는 이가 이곳에서 `null`의 의미를 무리하게 추측할 필요도 없다. 여기서 그치지 않고 이후에도 계속해서 반환값을 추가할 수 있다는 것이 열거형의 크나큰 장점이다.

> **정적 분석**
>
> 정적 분석 도구를 이용해 `null` 반환을 방지할 수 있다. IntelliJ IDEA의 'Return of `null`' 검사는 배열, 컬렉션, `Optional` 반환값에서 `null`을 발견하면 경고한다. 이 검사는 기본적으로 비활성화되어 있다. SonarQube의 'S2789: `null` Should Not Be Used with Optional' 규칙은 `Optional`이 반환하는 값이 `null`인 곳을 보고한다. SpotBugs는 'Method With Optional Return Type Returns Explicit null' 경고로 이를 감지할 수 있다.

| 실수 방지 가이드 |

- `null` 유입을 막으려면 API 경계에서 `requireNonNull()` 등의 검사 메서드로 방어하라.
- 입력 컬렉션에 `null`이 포함됐는지 확인하는 검사는 합리적인 절차지만 성능 측면의 대가를 필요로 한다.
- 변수 타입이 `Collection`, `Stream`, `Optional`일 때 `null`을 반환하지 않는다. 가능하면 빈 컨테이너를 반환한다.
- 가급적 배열, 컬렉션, 맵에 `null` 원소를 넣지 않는 것이 좋다. `null`을 쓰는 데 거부감이 없는 개발자도 이러한 권고는 수용해야 한다. 메서드를 호출하는 쪽은 대체로 `null`이 포함된 배열이나 컬렉션을 기대하지 않는다.
- 파일 탐색 불가 에러가 발생했을 때 이를 직접 복구할 수 없다면, `null`을 반환하기보다 상세한 정보가 담긴 예외를 던지는 것이 좋다.
- 열거형 타입으로 `null`을 반환하는 대신, 이를 나타낼 상수를 열거형 안에 추가한다.

- Integer, Boolean 등의 박싱된 원시 타입 변수를 쓰지 않는다. 이들은 null을 저장할 수 있다. 그러나 그것이 의도된 값인지, null의 정확한 의미는 무엇인지 파악하기 어렵다. Boolean으로 null을 반환하지 말고 상수 3개가 담긴 열거형을 선언하라.

null 대신 Optional 사용하기

null을 꺼려하는 개발자는 Optional 타입을 선호하는 경우가 많다. 필자는 Optional 변수를 일종의 상자라 여긴다. 이 상자는 비어 있거나 null이 아닌 값이 담겨 있다.

비어 있는 Optional의 주요 목표는 값의 부재를 드러내는 것이다. 예를 들어 검색 메서드의 반환 결과가 없을 때 다음과 같이 Optional로 결과를 래핑할 수 있다.

```
public Optional<User> findUser(String name) {
  if (!userExists(name)) {
    return Optional.empty();
  }
  return Optional.of(getExistingUser(name));
}
```

이 메서드는 결괏값의 부재를 API 클라이언트에게 명확히 알릴 수 있으며 클라이언트는 그 결과를 처리해야 한다. 또한 Optional 타입은 결괏값을 플루언트 방식으로 처리하는 메서드를 제공한다. 예를 들어 User 클래스에 fullName()이라는 메서드가 있다면 다음과 같은 호출 체인을 안전하게 사용할 수 있다.

```
String fullName = findUser(name).map(User::fullName)
                               .orElse("(no such user)");
```

이 코드는 findUser()로 사용자를 찾아 fullName을 가져온다. 그러나 findUser()가 빈 Optional을 반환하면 "(no such user)" 문자열로 대체한다.

Optional을 반환값으로 사용한다는 발상은 좋다. 물론 Optional에 null을 넣어 반환하는 경우는 없어야 한다. Optional을 메서드 파라미터로 사용하면 모든 호출자가 입력값을 래핑하는 불편을 감수해야 한다. 메서드에서 빈 값을 받긴 해야 하는데 이를 특정한 방식으로 처리하기 어려운 상황이라면, 차라리 null을 허용하고 그 의미를 문서화하는 방법도 나쁘지 않다.

한편, Optional 타입 필드의 적절성은 의견이 엇갈리는 편이다.

다음은 Optional 객체를 얻는 표준적인 세 가지 방법이다.

- Optional.empty(): 빈 Optional을 얻는다.
- Optional.of(value): 비어 있지 않은 Optional을 얻는다. value가 null이면 NullPointerException이 발생한다.
- Optional.ofNullable(value): value가 null이면 빈 Optional을 얻고 그렇지 않으면 value가 담긴 Optional을 얻는다.

마지막 방법은 null 값을 빈 Optional로 변환할 때만 사용하는 것이 좋다. ofNullable()은 예외가 발생하지 않으므로 더 안전하다고 여기며 마구 남용하는 개발자도 있다. 그러나 이 안전함은 눈속임에 불과하다. 값이 절대 null이 될 수 없다고 판단되면 Optional.of()를 사용하는 것이 좋다. 그런 다음 예외가 발생하면 자신의 판단이 틀렸음을 알게 되고, 지금까지의 코드에 버그가 있을 가능성을 확인하게 된다. ofNullable()을 사용했다면 아무 경고 없이 빈 Optional을 받고 프로그램도 예외를 일으키지 않을 것이다. 그러나 작동 결과는 달라지고 시간이 흐른 뒤에야 이를 알아차리게 될 것이다.

널리티 어노테이션

널리티 어노테이션nullity annotation은 자바에서 NullPointerException을 최소화하는 용도로 널리 쓰인다. 부록 A에 나열된 대중적인 어노테이션 패키지는 대부분 널리티 어노테이션을 지원하며, 이들이 내키지 않는다면 프로젝트에 직접 선언해서 사용할 수 있다. 정적 분석 도구는 대부분 커스텀 널리티 어노테이션을 지원한다.

널리티 어노테이션에서 가장 중요한 두 가지는 @Nullable과 @NotNull(@Nonnull)이다. @Nullable은 변수가 null이거나 메서드가 null을 반환할 수 있음을 의미한다. 반대로 @NotNull은 해당 값이 절대 null이 아님을 의미한다. 이러한 어노테이션은 코드 자체를 문서화시키는 효과를 내며 정적 분석이 활용할 수 있는 힌트를 제공한다. 정적 분석 도구가 가장 흔하게 경고를 일으키는 문제 상황이 두 가지 있다. null 미확인 상태로 널 가능 값을 역참조하거나, 널이 아닌 값을 null과 비교하는 경우다. 다음 코드를 살펴보자.

```
import org.jetbrains.annotations.*;

interface MyInterface {
  @NotNull String getNotNull();
  @Nullable String getNullable();

  default void test() {
    if (getNotNull() == null) {      ◁─┤ 경고: condition is always false
      …
    }
    System.out.println(getNullable().trim());   ◁─┤ 경고: trim() invocation may
                                                   cause NullPointerException
  }
}
```

비-널값과 null의 비교에서 발생하는 경고는, 심각한 문제라기보다 불필요한 코드를 제거할 수 있다는 의미가 강하다. 물론 실제로 실수를 지적하기도 한다. 이를테면 XML DOM API로 XML 엘리먼트 프로퍼티값을 읽을 때 사용하는 getAttribute() 메서드가 좋은 예다. org.w3c.dom.Element 인터페이스에 정의된 이 메서드는 프로퍼티명을 입력 받고 해당 프로퍼티값을 반환한다. 만일 이 메서드가 해당 프로퍼티를 찾지 못하면 null을 반환할 것이라고 예상하기 쉽다. 그래서 다음과 같은 코드가 등장한다.

```
String getName(Element element) {
  String name = element.getAttribute("name");
  if (name == null) {
    return "<default>";
  }
  return name;
}
```

그러나 이 코드는 틀렸다. getAttribute() 설명서에 따르면 이 메서드는 프로퍼티를 찾을 수 없을 경우 null이 아닌 빈 문자열을 반환한다. 프로퍼티의 부재와 비어있는 프로퍼티값을 구별하고 싶다면 hasAttribute() 메서드를 써야 한다. 자바 표준 라이브러리에는 null 여부를 나타내는 어노테이션이 없지만 IntelliJ IDEA, SpotBugs, PVS-Studio 등의 정적 분석 도구는 표준 라이브러리에 직접 외부 어노테이션을 적용한다. 따라서 getAttribute() 메서드가 null을 반환하지 않는 것을 알고 있으며 name == null이 항상 거짓이라는 경고를 보낼 수 있다.

리플렉션 API reflection API도 이와 비슷한 실수의 원천이다. Class.getMethod()나 Class.getField() 등의 조회 메서드는 절대 null을 반환하지 않으며 예외를 던진다. 가령 Class.getMethod()는 입력된 메서드명을 찾지 못하면 NoSuchMethodException 예외를 던진다. 이러한 메서드의 반환 결과를 단순히 null외 과 비교하고 예외 발생 여부는 무시하는 개발자가 많다. 정적 분석 도구는 이러한 문제를 식별하는 데 도움이 된다.

일부 어노테이션 패키지는 전체 클래스 또는 전체 패키지에 기본 널리티를 설정할 수 있다. 이러한 기능은 해당 API가 완전히, 또는 거의 대부분 null을 배제할 때 유용하다. 예를 들어 이클립스 JDT 어노테이션 패키지에는 @NonNullByDefault 어노테이션이 있다. 이 어노테이션은 클래스, 인터페이스, 패키지 등에 적용하며 소스 코드의 구성 요소 중 특정 항목을 지정할 수 있다.

```
import org.eclipse.jdt.annotation.*;

@NonNullByDefault({DefaultLocation.PARAMETER,
                   DefaultLocation.RETURN_TYPE})
public interface MyInterface {
  String processString(String input);
}
```

이 코드는 MyInterface의 모든 메서드 파라미터(PARAMETER)와 반환값(RETURN_TYPE)을 지목하며 비-널을 기본 상태로 설정한다. 따라서 processString() 메서드는 null 파라미터를 받지 않으며, null 값을 반환하지도 않는다. 이렇듯 어노테이션을 쓰면 널리티 스펙을 매우 간단한 방식으로 명시할 수 있다.

정적 분석 도구가 알아야 할 것은 메서드의 null 허용 여부만이 아니다. null이 전달될 경우 정확히 무슨 일이 벌어지는지도 알아야 한다. 가령 표준 라이브러리 메서드인 Class.isInstance()는 null을 전달하면 무조건 false를 반환한다. 이러한 정보가 있으면 정적 분석 도구가 더 잘 작동한다. 다음 코드를 살펴보자.

```
default void processObject(@Nullable Object obj,
                           @NotNull Class<?> cls) {
  if (!cls.isInstance(obj)) return;
  int hash = obj.hashCode();
  … // 해시 처리
```

```
}
```

obj가 @Nullable로 설정됐지만 명시적으로 null을 검사하는 부분은 없다. 단순한 분석 도구는 obj.hashCode() 호출에서 NullPointerException이 발생할 수 있다는 경고를 보낼 것이다. 그러나 실제로 이러한 예외는 발생하지 않는다. obj가 null이라면 isInstance() 호출 결과는 false가 되고 obj.hashCode() 호출 코드는 실행되지 않는다. 이렇듯 메서드 작동 방식에 대한 지식을 명시할 때, IntelliJ IDEA는 @Contract 어노테이션을 사용한다. 이 어노테이션은 젯브레인 어노테이션 패키지에서 제공한다. 방금 예시의 isInstance() 메서드는 다음과 같이 계약을 표현할 수 있다.

```
@Contract("null -> false")
```

이 어노테이션은 메서드 파라미터가 null이면 결괏값이 false임을 나타낸다. IntelliJ IDEA는 이를 이해하고 분석에 활용하며 오탐지 경고를 억제한다. 널리티 어노테이션과 마찬가지로 표준 라이브러리는 이러한 어노테이션이 없다. 자신이 직접 작성한 코드는 계약 어노테이션을 명시적으로 지정하기 바란다.

개발자가 자신의 프로젝트에서 널리티 어노테이션을 쓴다 해도 가끔은 어노테이션이 없는 코드를 다뤄야 한다. 이러한 코드는 널리티 어노테이션이 도입되기 이전에 작성된 레거시 코드이거나 다른 프로젝트에서 가져온 모듈인 경우가 많다. IntelliJ IDEA는 이러한 코드에서 자동으로 널리티 어노테이션을 추론하려 시도한다. 가령 다음 메서드를 살펴보자.

```
static String processString(String input) {
  String result = input.trim();
  if (result.isEmpty()) return null;
  return result;
}
```

이 메서드에서 Quick Documentation 단축키를 실행하면 IntelliJ IDEA가 자동으로 추론한 어노테이션이 [그림 5-4]처럼 기울임체로 표시된다.

```
@Nullable ↗
static String processString(
  @NotNull ↗ String input
)
```

그림 5-4 IntelliJ IDEA가 기울임체로 표시한 자동 유추 어노테이션

이러한 결과는 IntelliJ IDEA가 메서드의 소스 코드를 검사하고 파라미터와 반환값의 널리티를 자동으로 판단했음을 의미한다. 그러나 이 기능은 편집 도중에 IntelliJ IDEA가 실시간으로 코드를 분석할 수 있어야 제대로 작동하므로 자주 보기는 어려울 것이다. 여기에 들일 수 있는 CPU 시간이 매우 제한적이기 때문이다.

IntelliJ IDEA는 'Code' – 'Analyze Code' 메뉴에 별도로 Infer Nullity 기능을 두고 있다. 이 기능은 전체 프로젝트 또는 일부분에 자동으로 어노테이션을 설정하는 한층 진보된 메커니즘이다. 그러나 아직 완벽하지는 않다. 이 분야에서 앞서 나가는 대표 주자는 Infer[2]다. 이 도구는 절차 간 심층 분석을 통해 유의미한 잠재적 `NullPointerException` 문제를 찾아낼 수 있다.

실수 042 IndexOutOfBoundsException

C와 비교했을 때 자바의 장점 중 하나는 배열의 경계를 알아서 검사한다는 것이다. 배열의 길이를 넘겨 읽거나 쓰려 하면 가상 머신이 `ArrayIndexOutOfBoundsException` 예외를 일으킨다. 그러므로 실수를 저질렀다면 조용히 넘어갈 수가 없다. 표준 라이브러리도 동일한 원칙이 적용된다. 예를 들어 문자열 길이 밖의 문자에 접근하거나(`charAt()`, `substring()` 등), 리스트 크기를 벗어난 원소에 접근하려고 할 경우 `StringIndexOutOfBoundsException` 또는 `IndexOutOfBoundsException` 등의 적절한 예외가 발생한다.

그러나 이러한 예외는 프로그램의 버그를 식별하려는 목적 외에도 데이터 손상, 오작동, 보안 취약점 등의 중대 사고를 방지하기 위해 존재한다. 예외의 존재 여부와 무관하게 경계 검사는 매번 직접 하는 것이 마땅하다. `IndexOutOfBoundsException`은 자바 프로그램에서 다양한 형태로 매우 흔하게 발생하기 때문이다.

2 *https://fbinfer.com/*

가령 문자열에서 첫 번째 문자가 숫자인지 확인한다고 가정해보자. 다음과 같은 코드는 경계 검사를 깜빡하기 좋다.

```
void processString(String s) {
  if (Character.isDigit(s.charAt(0))) {
    processStringStartingWithDigit(s);
  }
}
```

이 코드는 빈 문자열이 입력되지 않을 때만 잘 작동한다. 배열과 리스트에서도 이와 비슷한 버그가 자주 발생한다.

경계 검사를 넣긴 했지만 잘못 구현하는 경우도 있다. 이러한 문제는 크게 세 가지 형태로 분류할 수 있다.

- **인덱스 접근 이후 경계 검사**: 주로 리팩터링 또는 복사-붙여넣기 실수가 원인이다. 다음 코드는 원래 배열 접근 전에 인덱스를 검사하려 했다.

```
void processArrayElement(int[] data, int index) {
  if (data[index] >= 0 &&
      index < data.length) {   <-- 검사 효과 없음. index가 경계를 벗어나면 이미 예외가 발생한다
    …
  }
}
```

- **검사 조건 반전**: 다음 코드는 원래 `data.length > index`를 확인하려 했다.

```
void processInput(int[] data, int index) {
  if (data.length < index &&   <-- 인덱스가 경계를 벗어난 경우에만 진행한다
      data[index] >= 0) {
    …
  }
}
```

- **오프 바이 원 에러**: 배열, 리스트, 문자열의 길이와 정확히 같은 인덱스가 있을 때 발생하는 코너 케이스다. 이러한 인덱스는 분명히 범위 밖에 있지만 개발자들은 종종 이를 간과한다. 다음 코드는 원래 `index >= data.length`일 때 메서드를 종료해야 한다.

```
void processInput(int[] data, int index) {
  if (index > data.length) return;   <-- 인덱스가 data.length와 같으면 다음 줄이
  if (data[index] >= 0) {                계속 실행되며 예외가 발생한다
    …
  }
}
```

정적 분석

첫 번째, 두 번째 예시는 인덱스에 복잡한 표현식이 들어가지 않는 한 IntelliJ IDEA의 정적 분석기가 감지할 수 있다. 복잡한 표현식이 들어간다면 이를 중간 변수로 추출하는 것이 정적 분석기를 돕는 길이다. 세 번째 형태는 PVS-Studio 분석기가 감지할 수 있다. 진단명은 'V6025: Possibly Index Is Out of Bound'이다.

인덱스 범위의 숫자에 연속으로 접근하는 코드는 검사 조건이 더욱 까다롭다. 지정한 범위만큼 배열을 채우는 메서드에 시작 오프셋과 원소 개수를 입력하는 경우가 대표적이다. 이럴 때는 일반적으로 시작 오프셋과 원소 수가 음수인지 확인하고, 배열의 전체 크기가 시작 오프셋과 원소 수의 합 이상인지 확인해야 한다.

여기에 더해, 오프셋과 원소 수의 합이 오버플로되지 않는지 추가로 확인해야 한다. 따라서 `offset + count <= length` 등의 간단한 검사는 불충분하다. 예를 들어 10억 개의 원소가 있는 배열을 상대로 `offset`에 5억, `count`에 20억을 할당하면 `offset + count`가 오버플로되어 −1,794,967,296처럼 음수로 변환될 것이다. 이 값은 양수인 `length`보다 무조건 작으므로, 결국 입력값이 틀렸지만 경계 검사는 통과한다. 다음은 이러한 오버플로를 방지하는 조건이다.

```
length >= 0 && offset >= 0 && count >= 0 && count <= length - offset
```

먼저 모든 값이 음수가 아님을 확인한 다음, 이전 조건식의 덧셈을 뺄셈으로 변환했다. 음수가 아닌 두 `int` 값의 뺄셈은 절대 오버플로를 일으키지 않는다.

입력 오프셋과 원소 개수에 문제가 있더라도 이를 특별히 처리하지 않고 그저 예외를 던져

야 할 때가 종종 있다. 인수가 3개인 InputStream.read() 메서드를 직접 구현하는 코드가 좋은 예다. 이런 경우에는 자바 9에서 java.util.Objects 클래스에 추가된 checkFromIndexSize() 메서드를 쓰면 편리하다.

```
class MyInputStream extends InputStream {
  @Override
  public int read(byte[] b, int off, int len) {
    Objects.checkFromIndexSize(off, len, b.length);
    …
  }
}
```

그 외에 checkIndex(), checkFromToIndex() 등의 메서드도 있다. 이들은 List를 직접 구현할 때 다음과 같이 활용할 수 있다.

```
class MyList<T> implements List<T> {
  public T get(int index) {
    Objects.checkIndex(index, size());
    …
  }

  public T set(int index, T element) {
    Objects.checkIndex(index, size());
    …
  }

  public List<T> subList(int fromIndex, int toIndex) {
    Objects.checkFromToIndex(fromIndex, toIndex, size());
    …
  }
  …
}
```

그러나 이러한 검사 방식이 적합하지 않은 상황도 있다. 가령 List.add(index, element) 메서드를 호출할 때 index 값은 리스트의 크기와 같을 수 있다(물론 크면 안 된다). 그러나 index와 리스트 크기가 같으면 checkIndex(index, size()) 코드는 인터페이스 계약을 위반하게 된다. 이를 보정하고자 checkIndex(index, size() + 1)처럼 고치면 계약은 만족하지만 리스트 크기가 Integer.MAX_VALUE일 때 오버플로가 발생할 것이다. 리스트의 크기는 이론상 int의 최댓값이 될 수 있다. 따라서 실제로 리스트의 크기가 이렇게 설정될 가능성이 있는지 먼저 확인해야 한다.

정적 분석

일부 정적 분석 도구는 메서드 파라미터의 허용 범위를 나타내는 어노테이션을 지원한다. 이러한 어노테이션은 실제로 예외가 발생하기 전에 개발 단계에서 문제를 해결하는 실마리가 된다. 가령 Checker 프레임워크의 어노테이션 패키지는 음수 불가, 0 불가를 나타내는 @NonNegative, @Positive 어노테이션을 지원한다. 따라서 메서드 파라미터에 인덱스를 전달할 때 다음과 같이 어노테이션을 추가할 수 있다.

```
int getValue(@NonNegative int index) {
  return myData[index];
}
```

이 메서드 인수에 음수를 전달하면 정적 분석 도구가 경고를 보낸다. 젯브레인 어노테이션 패키지는 @Range 어노테이션으로 명시적인 하한과 상한을 지정할 수 있다. 이 방식으로 int 파라미터에 @NonNegative를 표현하면 @Range(from = 0, to = Integer.MAX_VALUE)와 동일하다.

| 실수 방지 가이드 |

- 클라이언트로부터 인덱스값을 받으면 즉시 경계 범위를 검사한다. 실수는 빨리 발견할수록 좋다.
- 인덱스 수치를 비교할 때는 신중을 기하고 <, <=, >, >= 연산을 혼동하지 않도록 주의한다. 몇 가지 값을 머릿속에서 대입하고 조건식의 올바른 검사 결과를 가늠해본다. 예를 들어 배열이나 리스트의 크기가 5이고 인덱스가 4일 때 검사 결과는 참인가 거짓인가? 인덱스와 크기가 둘 다 5일 때는 어떠한가?
- 코드 문서화를 장려하고 정적 분석 도구의 활용성을 높이기 위해 범위 어노테이션을 적극 활용한다.

실수 043 ClassCastException

자바에서 ClassCastException이 발생하는 원인은 주로 두 가지다. 첫 번째는 명시적인 타입 캐스트 표현이고, 두 번째는 제네릭 타입이 인스턴스화될 때 추가되는 묵시적 캐스트다.

명시적 캐스트

명시적 캐스트에서 ClassCastException을 방지하려면 다음 코드처럼 해당 캐스트를 매번 instanceof 검사로 보호하는 것이 좋다.

```
if (obj instanceof MyType) {
  MyType myType = (MyType) obj;
  … // myType 사용
}
```

이러한 코드 패턴은 그 중요성이 공인되어, 자바 16부터 instanceof 표현법이 개선되었다. 방금 전의 코드는 다음과 같이 더 간결하게 작성할 수 있다.

```
if (obj instanceof MyType myType) {
  … // myType 사용
}
```

MyType myType 부분은 **패턴**이라 불린다. 패턴은 여러 종류가 있으며 자바 16 스펙 또는 다양한 튜토리얼을 통해 자세히 배울 수 있다. 중요한 점은, 패턴 기반 instanceof 표현은 명시적 캐스트와 달리 결코 ClassCastException을 일으키지 않으므로 그에 대한 보호 조치도 필요 없다는 점이다.

안타깝게도 자바 16 이상으로 전환하지 못한 프로젝트가 아직 많고, 가능하다 해도 과거의 자바 버전에서 작성된 코드가 수없이 많이 남아있다. 예전에는 instanceof 연산, 캐스트 표현식, 변수 선언부에 매번 타입 이름을 똑같이 타이핑해야 했다. (var 키워드를 사용할 때는 예외다.) 늘 그렇듯이 버그는 반복을 좋아하며, 반복적인 작업에는 실수가 뒤따르기 마련이다. 모두 정확하게 일치해야 할 타입들이 리팩터링이나 오타로 인해 서로 어긋나게 된다.

캐스트 전에 타입을 확인하는 또 다른 방법은 getClass()를 호출하는 것이다. 이러한 코드 패턴은 클래스가 final이 아닐 때, 특히 다음과 같이 equals() 메서드 구현 과정에서 자주 나타난다.

```
public class Point {
  final int x, y;
```

```
    public boolean equals(Object o) {
      if (this == o) return true;
      if (o == null || getClass() != o.getClass()) return false;
      Point point = (Point) o;
      return x == point.x && y == point.y;
    }
  }
```

getClass()를 호출하는 this 객체는 Point 클래스 또는 Point의 서브클래스이므로, 이 코드의 캐스트 구문은 안전하다. 물론 이 코드도 실수가 끼어들 여지는 있다. 개발자가 equals() 메서드 코드를 다른 유사 클래스에서 그대로 가져온 다음, 캐스트 타입을 바꾸지 않는 경우다. 이러한 사고를 방지하려면 매우 유사한 클래스라 해도 equals() 메서드를 서로 베끼지 않는 것이 좋다. IDE를 활용하면 처음부터 자동으로 equals() 구현부를 생성할 수 있다.

그러나 대부분의 ClassCastException 예외는 instanceof나 getClass()로 객체를 검사하지 않고 캐스팅할 때 발생한다. 객체 검사를 생략하는 이유는 개발자가 해당 캐스트에 문제가 없다고 확신하기 때문이다. 특히 다음과 같이 메서드 진입 시 입력 파라미터를 무조건 캐스팅하는 방식은 더욱 위험하다.

```
public void process(Object obj) {
  String str = (String) obj;
  … // str 사용
}
```

이 메서드는 Object 타입 파라미터를 선언했지만 실제로는 String 파라미터만 받아들이고 있다. 따라서 컴파일러의 타입 검사 기능에 의존할 수 없으며 값을 전달할 때 훨씬 더 주의를 기울여야 한다. 따라서 메서드 선언부는 다음과 같이 변경하는 것이 좋다.

```
public void process(String str) {
  … // str 사용
}
```

이렇게 변경하면 호환성 면에서 문제가 생긴다. 아직 process(Object) 형태로 호출하는 서드파티 클라이언트가 있고, 이를 직접 고칠수 없는 상황이라고 가정해보자. 이럴 때는 다음과 같이 오버로드 메서드를 선언하고 deprecated로 지정하는 것이 좋다.

```
/**
 * @param obj object to process(must be a String)
 * @deprecated use {@link #process(String)} instead.
 */
@Deprecated
public void process(Object obj) {
  process((String) obj);
}

public void process(String str) {
  … // str을 사용
}
```

이렇게 하면 구형 클라이언트는 기존과 똑같이 동작한다. 그러나 문자열이 아닌 객체를 전달하면 deprecated 경고가 발생할 것이다. 이후, 모든 클라이언트가 남김없이 수정되면 비로소 이 오버로드 메서드를 제거할 수 있다. 자바 9부터 `@Deprecated(forRemoval = true)`처럼 더욱 완고한 형태로 deprecated 상태를 지정할 수 있다. 이 어노테이션은 해당 메서드가 장래 버전에서 제거될 예정임을 명확히 선언한다.

슈퍼클래스 메서드를 오버라이딩하거나 인터페이스 메서드를 구현하는 경우는 문제가 더 복잡하다. 슈퍼타입을 변경할 수 없다면 필요 이상으로 일반적인generic 타입을 받아들여야 하기 때문이다. 그러나 중간 메서드를 두고 타입 캐스트를 그 안으로 국한시키는 것은 가능하다. 이렇게 하면 원치 않는 객체가 입력됐을 때 다음과 같이 적절한 에러 메시지를 표시할 수 있다.

```
@Override
public void process(Object obj) {
  if (!(obj instanceof String)) {
    throw new IllegalArgumentException(
              "Unexpected object passed: " + obj);
  }
  process((String) obj);
}

private void process(String str) {
  … // str 사용
}
```

첫 메서드는 자신이 구현하는 인터페이스 메서드와 동일하게 `Object`를 받는다. 그러나 조건문으로 타입 캐스팅을 보호하고 커스텀 예외를 던진다. 이번 예시는 입력 받은 객체를 문자열로 표현하는 정도에 그쳤지만 실전에서는 더욱 다양한 콘텍스트 정보를 활용해 입력값을 디버그하고 출처를 확인할 수 있을 것이다.

슈퍼타입을 변경할 수 있지만 모든 상속자를 당장 고치기 어려운 상황이라면 제네릭 파라미터를 고려할 수 있다. 가령 다음과 같은 인터페이스가 있다고 가정해보자.

```
interface Processor {
    void process(Object obj);
}
```

만일 이 인터페이스를 구현한 `StringProcessor`가 `String` 파라미터만 허용하고 있다면, 인터페이스의 타입 파라미터는 다음과 같이 고칠 수 있다.

```
interface Processor<T> {
    void process(T obj);
}
```

물론 이렇게 하면 인터페이스를 상속한 곳과 사용한 곳을 모두 리팩터링해야 한다. 여기저기에서 **로 타입**raw type 경고가 발생할 것이다. 그러나 로 타입 경고가 있어도 컴파일은 기존처럼 완료되므로 이 작업은 점진적으로 진행할 수 있다. 이를테면 `StringProcessor`는 `Processor<String>`을 구현하고 다른 구현체는 `Processor<Object>`를 구현하는 방식이다. 덤으로, 특정 서브타입만 사용하는 또 다른 구현체를 발견하는 행운도 누릴 수 있다. 그럴 때마다 제네릭 파라미터의 효과는 배가될 것이다.

정적 분석

IntelliJ IDEA의 'Cast Conflicts With `instanceof`' 검사는 `instanceof` 타입과 캐스트 타입이 다른 곳을 감지할 수 있다(기본 비활성화). 이 검사는 가끔 잘못된 경고를 보내지만 대체로 유용하다. 캐스트 타입이 `instanceof` 타입과 명백히 호환되지 않을 때는 'Nullability and Data Flow Problems' 검사가 경고를 보낼 것이다.

SpotBugs에는 완전히 불가능한 캐스트를 감지하는 'Impossible Cast'와 'Impossible Downcast' 등의 다양한 경고가 있다. 또한 'Unchecked/Unconfirmed Cast'와 'Unchecked/Unconfirmed

Cast of Return Value from Method'는 특정 조건에서 캐스트가 실패할 가능성을 알려준다. 그러나 이러한 경고들은 매우 빈번하게 발생하며 오탐지 보고 가능성도 있다.

IntelliJ IDEA의 'Too Weak Variable Type Leads to Unnecessary Cast' 검사도 유용하다. 이 검사가 보고하는 타입 캐스트는 더 구체적인 변수 타입을 쓰면 제거할 수 있다. 다음 예시를 살펴보자.

```
List<String> list = List.of("a", "b", "c", "d");
for (Object s : list) {
    System.out.println(((String) s).repeat(2));
}
```

IntelliJ IDEA는 이 코드에서 s 변수를 String으로 선언하고 캐스트를 완전히 제거하도록 제안한다. 이곳에서 아직까지 ClassCastException이 발생하지 않았다 해도 앞으로 무슨 일이 벌어질지 알 수 없다. 타입 캐스트는 최대한 피하고 정적 타입 검사에 의존하는 것이 상책이다. 게다가 IntelliJ IDEA의 자동화된 퀵픽스 기능까지 감안하면, 이 검사에서 발생하는 모든 경고를 받아들이고 수정해야 마땅하다.

| 실수 방지 가이드 |

- 자바 16부터 instanceof 구문과 패턴 매칭을 연계하도록 강력히 권하고 있다. 이러한 방식으로 instanceof와 캐스트 작업을 하나로 묶으면 대상 타입을 한 번만 언급하게 되므로 복사-붙여넣기 실수를 예방할 수 있다.
- equals()를 구현할 때 다른 클래스의 코드를 베끼지 않는다. 그 대신 IDE를 이용해 처음부터 메서드를 새로 생성한다. 복사-붙여넣기는 캐스트 타입 수정 누락 등의 실수를 유발한다.
- instanceof 검사로 예방 조치를 취하기 전에는 타입을 캐스팅하지 않는다. 변수에 담길 타입이 정해져 있다고 확신한다면 변수를 해당 타입으로 바꾸는 것이 맞다. 기존 메서드 파라미터 또는 반환 타입과 충돌하더라도 그 쪽을 고치고 캐스트를 제거하는 편이 낫다. 이후부터는 객체 타입이 일치하지 않을 때 컴파일 에러가 발생하므로 타입 불일치 문제가 발생할 여지가 없다.
- instanceof 캐스트 코드는 템플릿 기능으로 자동 생성하는 것이 좋다. IntelliJ IDEA의 라이브 템플릿 중 **inst**가 이런 역할을 한다. 에디터에서 **inst**를 입력하고 Enter 를 누르면 변수와 타입을 입력할 수 있도록 커서가 이동하며 나머지 코드는 자동으로 만들어진다.

제네릭 유형과 묵시적 캐스트

ClassCastException이 발생하는 또 다른 일반적 원인은 제네릭 타입 인스턴스화 과정에 발생하는 묵시적 캐스트다. 이러한 캐스트는 소스 코드로 표현되지 않아 더욱 혼동하기 쉽다. 다음 메서드를 살펴보자.

```
void printFirstItem(List<String> list) {
  String s = list.get(0);
  System.out.println(s);
}
```

List 클래스는 List<E>로 선언되었으며 get() 메서드는 E 타입을 반환한다. 그러나 자바는 런타임 시 제네릭을 지워버린다. 원래부터 제네릭 타입은 소스 코드 안에서만 볼 수 있는 존재였다. 자바 프로그램이 실행되면 제네릭 타입 인수는 더 이상 확인할 수 없으며 모든 타입 파라미터(E)는 상한 타입(명시적 상한이 없으면 Object)으로 대체된다. JVM의 관점에서 List<E>나 List<String>은 존재하지 않는다. 단지 List만 있을 뿐이다. 자바 가상 머신은 E 타입에 대해 알지 못하며 get() 메서드는 단순히 Object를 반환한다. 따라서 Object 타입을 String으로 변환하기 위해 자바 컴파일러는 묵시적 캐스트를 삽입하며, 메서드는 다음과 같이 디슈거desugar된다.

```
void printFirstItem(List list) {
  String s = (String) list.get(0);
  System.out.println(s);
}
```

이 코드는 가상 머신이 보는 메서드의 모습이다. List를 로 타입raw type으로 사용하며, get() 메서드를 호출할 때마다 타입 파라미터에 맞추어 묵시적으로 캐스트한다. 만일 list가 문자열 리스트가 아니라면 이 캐스트는 실패할 것이다. 그렇게 되는 원인은 주로 printFirstItem()을 호출하는 지점에 안전하지 않은 미확인 캐스트unchecked cast가 선행됐기 때문이다. 다음 코드를 살펴보자.

```
List<String> list = new ArrayList<>();
List<?> objects = list;
((List<Object>) objects).add(1);   <-- 미확인 캐스트
```

```
printFirstItem(list);
```

이 코드는 먼저 list를 objects 변수에 할당한다. List<String>을 List<?> 타입에 할당했지만 후자가 더 일반적인 제네릭 타입이므로 문제는 없다. 그러나 그 이후 별다른 조치 없이 objects를 List<Object>로 캐스트한다. 컴파일러는 이 부분에서 'Unchecked Cast(미확인 캐스트)' 경고를 표시하는데, 이는 해당 캐스트가 런타임에서 제대로 작동할지 알 수 없다는 뜻이다. 사실, 제네릭 타입이 런타임 시 지워진다는 말은 곧 List<Object> 캐스트가 바이트코드에서 완전히 사라진다는 말과 같다. 이후, 리스트에 Integer 타입의 객체를 추가하지만 이를 막을만한 장치는 없다. 이러한 코드는 일종의 시한폭탄이나 마찬가지다. 리스트는 이미 망가졌지만 프로그램은 아무 일도 없다는 듯 계속 실행된다. 이 폭탄은 이후 printFirstItem() 메서드에서 리스트의 문자열을 가져올 때 터진다.

지금까지 알아본 바와 같이 미확인 캐스트는 훨씬 나중에 문제를 일으킬 수 있으므로 가급적이면 쓰지 않는 것이 좋다. 그러나 가끔 꼭 필요한 경우가 있기에 완전히 제거하라고 권장할 수도 없다. 다만 대부분의 경우 미확인 캐스트를 쓰지 않고도 문제를 해결할 수 있다. 가령 다음과 같은 두 메서드를 살펴보자.

```
List<String> getList() { … }
void processList(List<CharSequence> list) { … }
```

이제부터 getList()의 결과를 processList()로 전달할 것이다. 비록 String이 CharSequence 인터페이스를 구현하긴 하나, 일반적으로 List<String>을 List<CharSequence>로 전달하는 것은 안전하지 않다. processList() 안에서 리스트를 조작하는 동안 StringBuilder 등의 CharSequence 또 다른 구현체가 리스트에 추가될 가능성이 있기 때문이다. 그렇게 되면 List<String>에 String 이외의 객체 타입이 포함된다.

만일 processList()가 리스트를 전혀 수정하지 않는다는 전제가 있다면, List<String>을 processList()에 전달해도 리스트의 원소 타입이 뒤섞일 걱정은 없을 것이다. 그러나 processList(getList())처럼 직접 전달하면 컴파일 에러가 발생한다. 이를 해결하기 위해 리스트를 List<?>로 업캐스팅한다면 결국 다음과 같이 미확인 캐스트를 쓸 수밖에 없다.

```
processList((List<CharSequence>)(List<?>)getList());
```

이렇게 하면 컴파일 에러는 사라진다. 그러나 경고는 여전히 발생할 것이다. 그렇다면, getList()를 processList()로 전달해도 안전하다는 사실을 어떻게 하면 자바에 알릴 수 있을까? 이 경우 적절한 해결책은 다음과 같이 processList() 메서드 선언부에 와일드카드 타입을 지정하는 것이다.

```
List<String> getList() { … }
void processList(List<? extends CharSequence> list) { … }
```

이제 processList()는 CharSequence와 이를 상속받은 타입으로 이루어진 List를 받아들인다. 시그니처를 이렇게 설정하면 processList() 내부에서 리스트 원소를 조회만 할 수 있으며 추가할 수는 없다(null 제외). 꼭 추가해야 한다면 미확인 캐스트를 거쳐 타입을 전환해야만 한다. 그러나 리스트를 전혀 수정하지 않는다는 전제가 있었으므로 그런 일은 벌어지지 않을 것이다.

만일 processList()가 표준 라이브러리 또는 상위 인터페이스의 메서드라면 시그니처를 마음대로 수정할 수 없을 것이다. 그러나 이런 경우에도 미확인 캐스트 없이 호출부에서 문제를 해결하는 방법이 있다. 다음 코드는 그러한 해결책 중 하나다.

```
processList(Collections.unmodifiableList(getList()));
```

자바의 컬렉션 라이브러리에는 unmodifiableList()라는 근사한 메서드가 있다. 다음은 이 메서드의 선언부다.

```
public static <T> List<T> unmodifiableList(List<? extends T> list)
```

파라미터 타입이 List<T>가 아닌 List<? extends T>라는 점에 주목하자. 이러한 선언은 해당 리스트를 수정 불가unmodifiable 래퍼로 감싸고, 구체적 타입의 리스트를 더 추상적인 타입의 리스트로 끼워 맞추는adapt 효과를 낸다. 커스텀 제네릭 타입을 잘 다루려면 이와 비슷한 읽기 전용 또는 쓰기 전용 어댑터를 만드는 데 주저함이 없어야 한다.

ClassCastException을 일으키는 또 다른 원인은 로 타입이다. 로 타입은 명확한 파라미터 없이 파라미터화된 타입을 말한다. 예를 들어 List<?>나 List<String> 대신 List만 쓰면

로 타입이다. 로 타입은 원래 자바 1.4를 1.5로 업그레이드할 때 코드베이스를 점진적으로 이관하기 위해 도입됐으며 요즘은 전혀 사용할 필요가 없다. 그러나 아직 자바 컴파일러는 이 문법을 지원하며 사람들은 종종 실수로 로 타입을 사용하곤 한다.

컴파일러는 로 타입의 타입 호환성을 일절 확인하지 않는다. 경고를 보내긴 하지만, 제네릭 타입이 없었던 자바 1.4 시절의 사용 방식을 모두 그대로 허용한다. 지금의 자바 버전에서 `List`는 파라미터화된 클래스다. 그럼에도 불구하고 다음 코드는 정상적으로 컴파일된다.

```
List list = new ArrayList<>();   ◁── 로 타입 List
list.add(123);
printFirstItem(list);
```

두 번째, 세 번째 줄에서 컴파일러는 **미확인 호출**unchecked call 경고를 일으킨다. 이 경고는 해당 호출이 잠재적으로 위험하며 컴파일러가 타입 안전성을 보장할 수 없음을 나타낸다.

| 실수 방지 가이드 |

- 자바 타입 시스템의 한계를 극복하기 위해 간혹 미확인 캐스트를 쓰는 경우가 있다. 하지만 미확인 캐스트가 꼭 필요한지, 다른 방법으로 해결할 수는 없는지, 결과는 어떻게 되는지 반드시 이해한 뒤에 사용해야 한다. 미확인 캐스트가 사용된 코드는 잘 테스트된 유틸리티 메서드로 캡슐화하고, 그러지 못할 때는 해당 용도에 맞는 기성 메서드를 활용하는 것이 좋다. 미확인 캐스트만 분리해 소형 메서드로 추출한 다음 `@SuppressWarnings("unchecked")`를 지정하면 경고를 억제할 수 있다.

- `Collections.unmodifiableList()` 등의 어댑터 메서드로 미확인 캐스트를 방지하는 경우가 있다.

- 메서드를 선언할 때 와일드카드를 활용해 더 일반적인 제네릭 타입 파라미터를 지정할 수 있다. 읽기 전용 객체로 사용할 때에는 `? extends`, 쓰기 전용 객체로 사용할 때에는 `? super`를 지정해야 한다. 이 기법은 흔히 '**Producer Extends, Consumer Super**'의 약자를 딴 **PECS**로 통칭한다. PECS는 미확인 캐스트를 줄이는 원리인 동시에 코드를 통해 더욱 명확한 정보를 전달하는 수단이다. 메서드 선언부만 봐도 읽기 전용인지 또는 쓰기 전용인지 알 수 있기 때문이다.

- 제네릭 타입 객체를 배열에 저장하지 않는다. 자바는 제네릭 배열을 만들 수 없으므로 제네릭 타입 객체 배열을 미확인 캐스트를 통해 처리할 수밖에 없다. 이러한 배열은 대부분의 경우 `ArrayList`로 대체할 수 있다. `ArrayList`는 이미 배열을 캡슐화하고 있으며 미확인 캐스트는 구현 내부에 은닉한다.

- 로 타입은 가급적 사용하지 않는다. 로 타입은 컴파일러의 검사 기능을 약화시키므로 잘못된 타입의 객체가 어딘가에 저장될 위험성을 높인다. 현대의 자바 프로그램에서 로 타입이 쓰이는 경우는 매우 드물다. 그중 하나의 용도가 제네릭 타입 배열 생성이지만, 방금 언급했듯이 이는 좋은 생각이 아니다.

- javac 컴파일러에 `-Xlint:rawtypes` 옵션을 지정하면 프로그램에 쓰인 로 타입을 검색할 수 있다. 이 정보를 바탕으로 모든 로 타입을 근절하라.

- `Collections` 유틸리티 클래스에는 `checkedList()`, `checkedMap()` 등의 래퍼 메서드가 있다. 이들은 컬렉션이나 맵에 추가되는 원소 타입을 제어한다. 타입 안전성이 매우 중요한 작업을 할 때에는 이러한 래퍼를 먼저 고려하는 것이 좋다. 미확인 캐스트가 있다 해도 객체 타입이 잘못 들어갈 염려는 없기 때문이다.

- `printFirstItem()` 예시의 `ArrayList`는 다음과 같이 `checkedList()`로 래핑할 수 있다. 이렇게 감싼 문자열 리스트에 숫자를 추가하려 하면 예외가 발생한다.

```
List<String> list = Collections.checkedList(
                      new ArrayList<>(), String.class);
List<?> objects = list;
((List<Object>) objects).add(1);  <-- 런타임 시 ClassCastException 발생
printFirstItem(list);
```

- 모든 곳에서 이런 식으로 래퍼를 사용하라는 요구는 지나친 감이 있다. 그러나 적어도, 컬렉션 내부에서 잘못된 타입이 등장하는 위치를 파악하려 할 때에는 이 방법이 효과가 있다. 컬렉션을 임시로 래핑하고 프로그램을 다시 실행하면, 해당 타입의 사용 지점이 아닌 추가 지점에서 예외가 발생할 것이다.

복수의 클래스 로더

자바 가상 머신은 클래스명과 클래스 로더class loader를 기준으로 클래스를 구별한다. 일반적으로, `ClassCastException`이 발생하면 클래스명이 다르다는 의미로 받아들이면 된다. 그러나 [그림 5-5]처럼 클래스명은 동일하지만 클래스 로더가 다른 경우도 있다.

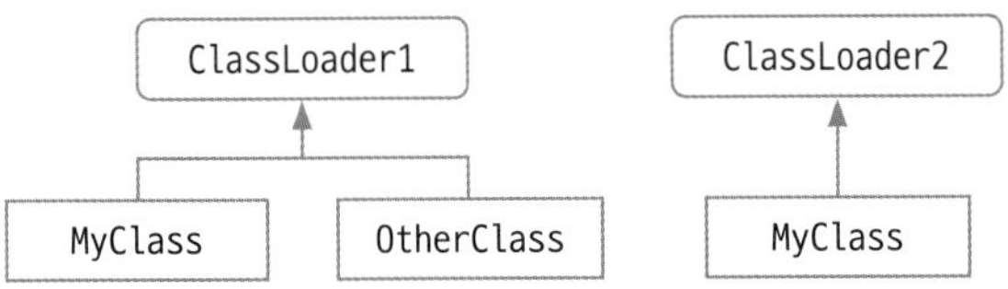

그림 5-5 서로 다른 클래스 로더가 이름이 동일한 클래스를 각각 부르는 경우

간단한 자바 프로그램은 이러한 상황이 발생하지 않는다. 작은 프로그램은 보통 하나의 클래스 로더로 모든 클래스를 처리하기 때문이다. 그러나 모듈형 아키텍처, 플러그인을 지원하는 복잡

한 프로그램 등은 이런 상황에 처하기 쉽다. 서로 다른 클래스 로더가 서로 다른 플러그인이나 모듈 클래스를 불러오는 경우가 있기 때문이다.

이 문제를 재현하기 위해 커스텀 클래스 로더를 만들어보자. 가장 간단한 방법은 `URLClassLoader`가 애플리케이션 클래스와 동일한 위치에서 클래스를 로드하도록 지시하는 것이다. 코드는 다음과 같은 방식으로 작성한다.

```
import java.net.*;

public class MyClass {
  public static void main(String[] args) throws Exception {
    URL url = MyClass.class.getResource(".");   ◁─┤ 컴파일된 MyClass.class가 있는 폴더 지정
    ClassLoader parent = System.class.getClassLoader();   ◁─┤ 시스템 클래스를 가져오는
    try (URLClassLoader newLoader =                          │ 부모 클래스 로더
          new URLClassLoader(new URL[]{url}, parent)) {      │ MyClass의 슈퍼클래스인
      Class<?> anotherMyClass = newLoader.loadClass("MyClass");  │ java.lang.Object 포함
      Object o = anotherMyClass.getConstructor().newInstance();
      System.out.println("Class: " + o.getClass());
      System.out.println("Loader: " + o.getClass().getClassLoader());
      System.out.println("Instance of: " + (o instanceof MyClass));   ◁─┤ instanceof
      MyClass cls = (MyClass) o;   ◁─┤ 캐스트 실패                          │ 검사 결과는
    }                                                                   │ false
  }
}
```

패키지를 선언하지 않은 기본 상태에서 `MyClass` 클래스를 로드한다는 점이 중요하다. 이 프로그램을 실행하면 다음과 같이 예외가 발생한다.

```
Class: class MyClass
Loader: java.net.URLClassLoader@12edcd21
Instance of: false
Exception in thread "main" java.lang.ClassCastException: class MyClass Cannot
be cast to class MyClass (MyClass is in unnamed module of loader java.net.
URLClassLoader @12edcd21; MyClass is in unnamed module of loader'app')
    at MyClass.main(MyClass.java:13)
```

`MyClass` 클래스를 한 번 더 정상적으로 로드했지만 이 클래스는 `MyClass`와 이름만 같을 뿐 실제로는 다른 클래스다. 따라서 `instanceof` 검사는 `false`를 반환하며 캐스트는 실패한다.

'Class MyClass Cannot Be Cast to Class MyClass'라는 메시지만 보면 두 클래스가 구별이 되지 않지만, 괄호 안의 추가 설명을 보면 두 클래스의 로더가 다르다는 사실을 명확히 알 수 있다.

| 실수 방지 가이드 |

- URLClassLoader 등으로 동적 클래스로더를 정의할 때에는 부모 클래스 로더에 주의해야 한다. 특정 클래스가 제대로 작동하려면 슈퍼클래스와 인터페이스를 비롯한 다른 모든 클래스가 동일한 클래스 로더에서 로드되어야 한다. 그러나, 클래스 로더는 부모 클래스 로더를 통해 먼저 로딩을 시도하므로 부모가 발견한 클래스는 부모가 반환한다. 앞선 예제는 System.class.getClassLoader()를 부모 클래스 로더로 사용했기 때문에 표준 라이브러리 클래스는 로드할 수 있었지만, 애플리케이션의 클래스는 로드할 수 없었다. 이를 MyClass.class.getClassLoader()로 변경하면 애플리케이션의 클래스를 로드할 수 있게 된다.

- 플러그인 아키텍처를 보유한 애플리케이션은 플러그인과 모듈의 경계를 살피고 이들 사이에서 객체가 전달되는 과정을 잘 관리해야 한다. 두 플러그인에서 동일한 라이브러리에 의존하지만 이를 각기 다른 클래스 로더에서 불러올 때도 있다. 예를 들면 두 플러그인에서 서로 다른 라이브러리 버전을 사용하기 위해서다. 이 경우 한 쪽 라이브러리 객체를 다른 쪽 플러그인으로 전달할 때 동일한 타입으로 캐스팅할 수 없다.

- 서로 다른 클래스 로더가 불러온 객체를 처리할 수 있는 마땅한 방법이 없다면 리플렉션을 사용하면 된다. 해당 객체를 Object 타입으로 저장하고 다음과 같이 리플렉션의 getMethod() 및 invoke() API로 특정 메서드를 호출할 수 있다.

```
obj.getClass().getMethod("myMethod").invoke(obj);
```

- 그러나 이러한 코드는 매우 위태롭다. 이런 식으로 호출된 메서드가 실제로 존재하는지, 파라미터는 호환되는지, 컴파일 시점에 검증할 수 없다. 이 방법을 쓸 때는 리플렉션 호출 코드를 별도의 메서드로 캡슐화하고 이렇게 된 사유를 주석으로 설명해야 한다. 또한 이 방법이 실제로 작동하는지 확인하는 유닛 테스트를 만들어야 한다.

실수 044 StackOverflowError

재귀는 루프보다 더 깔끔한 방식으로 다양한 알고리즘을 구현할 수 있게 해주는 유용한 프로그래밍 기법이다. 그러나 재귀 호출에는 대가가 따른다. 재귀 호출은 스레드의 스택을 소모하며 호출 단계가 지나치게 깊어지면 StackOverflowError 에러가 발생한다. 대중적인 JVM

구현체들의 최대 깊이한계는 고정되어 있지 않다. 메서드 처리 방식이 인터프리터인지 아니면 JIT[Just-In-Time] 컴파일인지, JIT 컴파일의 티어[tier] 단계는 몇인지 등, 여러 요인이 재귀 한계를 결정한다. 또한 재귀 호출에 쓰이는 파라미터와 로컬 변수의 개수도 영향을 미친다. 같은 코드를 실행해도 처음에는 제대로 작동했다가 다음 번에는 `StackOverflowError`가 발생하기도 한다. JIT가 재귀 메서드의 컴파일을 완료하지 못하는 경우가 있기 때문이다.

깊지만 유한한 재귀

일부 프로그래밍 언어, 특히 함수형 프로그래밍 언어는 컴파일 과정에서 **꼬리 재귀**[tail recursion]를 자동으로 제거한다. 꼬리 재귀란 메서드 끝에서 실행되는 재귀 로직을 일컫는다. 가령 스칼라[Scala]나 코틀린[Kotlin] 등의 JVM 언어들은 JVM 바이트코드를 컴파일하는 동안 꼬리 재귀를 최적화한다. 스칼라의 최적화는 자동으로 수행되며 `@tailrec` 어노테이션으로 검증[assert]할 수 있다. 이 어노테이션을 지정하면 최적화 불가능한 재귀 로직이 있을 경우 컴파일이 실패한다. 코틀린은 함수 수정자에 `tailrec`을 지정할 수 있다. 다음 예시는 0부터 `limit`까지 모든 수를 더하는 코틀린 재귀 함수다. 코틀린에 익숙치 않은 이들이 알아보기 쉽도록 다소 일반적이지 않은 방식으로 작성했다.

```
tailrec fun sum(limit: Long, accumulator: Long = 0): Long {
  if (limit == 0L) return accumulator
  return sum(limit - 1, accumulator + limit)
}
```

`sum()`의 첫 번째 파라미터는 `limit`, 두 번째 인수는 기본값이 0인 `accumulator`다. 이 함수는 `limit`가 0이면 `accumulator` 값을 반환하고 그렇지 않으면 자신을 재귀적으로 호출한다. 재귀 호출은 메서드 본문 마지막에 있으며 `accumulator`를 갱신하고 `limit` 값을 줄인 다음 호출 파라미터로 전달한다. `tailrec` 수정자가 없다면 이 메서드는 `limit` 값이 매우 클 때(예: 1,000,000) `StackOverflowError`를 일으킬 것이다. 그러나 `tailrec` 수정자는 코틀린 컴파일러에 꼬리 재귀를 제거하도록 지시하므로 이 함수의 로직은 바이트코드에서 루프로 변환된다. 따라서 호출 깊이의 제한 없이 큰 입력값도 처리할 수 있게 된다. 아쉽지만 자바 컴파일러에는 이러한 기능이 없다. IBM OpenJ9 등의 일부 가상 머신이 JIT 컴파일 중 최적화를

수행한다고 알려졌지만 결과를 보장할 수는 없다.

한편, 모든 꼬리 재귀 로직은 소스 코드 상에서 기계적인 절차에 따라 루프로 전환할 수 있다. IntelliJ IDEA에서 꼬리 재귀 코드에 콘텍스트 메뉴를 호출(일반적으로 Alt + Enter)하면 'Replace Tail Recursion With Iteration' 액션이 나온다. 이를 실행하면 꼬리 재귀 로직이 즉시 루프로 변환된다. 루프로 변환된 코드가 썩 예쁘지는 않겠으나, 적어도 스택 오버플로 걱정은 없다. 다음 예시는 문자열 중 특정 문자의 인덱스를 찾는 `indexOf` 함수를 꼬리 재귀 방식으로 구현한 코드다.

```
/**
* @param s 검색 대상 문자열
* @param start 시작 오프셋
* @param c 검색 심볼
* @return 문자열 s의 start 오프셋부터 c 심볼을 검색한 결과 위치
* 미발견 시 -1 반환
*/
static int indexOf(String s, int start, char c) {
  if (start >= s.length()) return -1;
  if (s.charAt(start) == c) return start;
  return indexOf(s, start + 1, c);
}
```

매우 긴 문자열(예: 10,000자)을 대상으로 이 메서드를 실행하면 `StackOverflowError`가 발생한다. 이 코드에 'Replace Tail Recursion With Iteration' 액션을 실행하면 다음과 같이 루프 형태로 변환된다.

```
static int indexOf(String s, int start, char c) {
  while (true) {
    if (start >= s.length()) return -1;
    if (s.charAt(start) == c) return start;
    start = start + 1;
  }
}
```

그다지 세련된 코드처럼 보이지는 않지만 이 메서드는 임의의 크기의 문자열을 처리할 수 있다. 재귀 호출의 깊이가 몇 백 단계 미만이라는 확신이 없는 한, 자동이든 수동이든 이처럼 꼬리 재귀를 반복문으로 변환할 것을 권장한다.

안타깝게도 모든 재귀 로직이 꼬리 호출 형태는 아니므로 이러한 최적화도 항상 가능하지는 않다. 그러나 재귀 로직을 반복문으로 고치는 것은 어떤 식으로든 가능하다. 다만 호출 상태를 지속적으로 저장해두려면 프로그램 힙에 별도의 컬렉션을 둬야 한다. 보통 이런 식으로 호출 스택을 에뮬레이트할 때는 `ArrayDeque` 컬렉션이 적합하다.

꼬리 재귀로 표현할 수 없는 간단한 재귀 트리 탐색 알고리즘을 떠올려보자. 탐색 대상 트리는 [그림 5-6]처럼 각 노드에 이름이 있고 자식 노드를 보유할 수 있다. 탐색 메서드는 `name`을 입력 받고 노드를 검색하며, 찾지 못하면 `null`을 반환한다. 이를 코드로 표현하면 다음과 비슷할 것이다.

```
record Node(String name, Node... children) {
  Node find(String name) {
    if (name().equals(name)) return this;
    for (Node child : children()) {
      Node node = child.find(name);
      if (node != null) return node;
    }
    return null;
  }
}
```

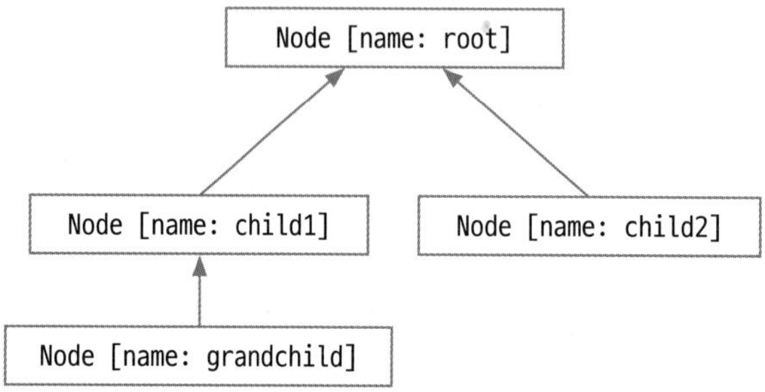

그림 5-6 명명된 노드가 있는 단순 트리

이 메서드는 간단하고 명확하며 대부분의 경우 문제없이 사용할 수 있다. 다음은 [그림 5-6]에 묘사된 트리를 생성하고 `grandchild` 노드를 검색하는 코드다.

```
Node root = new Node("root",
```

```
        new Node("child1", new Node("grandchild")),
        new Node("child2"));
System.out.println(root.find("grandchild"));
```

이 트리의 계층 구조가 매우 깊어질 것이 확실하다면 재귀 코드를 제거하는 것이 좋다. 그러기 위해서는 방문할 노드 목록을 다음과 같은 방식으로 컬렉션에 담아 두어야 한다.

```
Node find(String name) {
  Deque<Node> stack = new ArrayDeque<>();
  stack.add(this);
  while (!stack.isEmpty()) {
    Node node = stack.pollLast();
    if (node.name().equals(name)) return node;
    Collections.addAll(stack, node.children());
  }
  return null;
}
```

내용은 조금 더 길어졌고 이해하기도 어려워졌지만 이 메서드의 한계는 스택 크기가 아닌 힙 크기로 제한된다. 따라서 이전보다 훨씬 더 깊은 트리를 탐색할 수 있다.

재귀 호출을 반복하는 동안 여러 변수를 통해 상태를 유지해야 할 때도 있다. 이 경우 자바 레코드로 데이터 구조를 선언하고 상태를 저장하면 편리하다. 또한 재귀 호출은 중간 프레임이 얼마든지 늘어날 수 있다는 점을 명심해야 한다. 가령 메서드 A가 메서드 B를, B가 C를 호출하고 C가 다시 A를 호출하는 경우도 있다. 이런 상황에서 리팩터링을 통해 재귀를 없애기란 상당히 복잡하다.

| 실수 방지 가이드 |

- 재귀 호출이 스택 용량capacity을 초과할 가능성이 있는지 항상 확인한다. 일반적으로 가상 머신은 1,000~10,000번 정도의 재귀 호출을 처리할 수 있다. 그러나 이 횟수는 메서드의 파라미터와 로컬 변수의 개수, 인터프리터 또는 JIT 컴파일 방식에 따라 다르다. 만일 호출 깊이가 천 단위에 이를 것이라 예상되면 스택 공간 대신 힙을 사용하는 것이 안전하다.
- 표준 알고리즘을 손수 구현하지 않도록 한다. 그래프나 트리 탐색 등의 보편적인 알고리즘을 구현하기 위해 재귀를 쓰는 경우가 많다. 그러나 이미 잘 검증된 라이브러리 메서드를 쓰면 재귀를 사용할 필요가 없다.

무한 재귀

이전 절에서 재귀 호출은 의도적으로 사용했으며 호출 깊이가 유한했다. 다만 가상 머신 스택을 초과할 정도로 단계가 깊어지는 것이 문제였다. 그러나 재귀 호출은 실제로 무한히 반복될 수 있으며 스택 용량이 얼마나 많든 모두 소진시킬 수 있다. [그림 5-7]은 유한 재귀와 무한 재귀의 차이를 나타낸다. 유한 재귀는 프로그램 상태를 변경하고 언젠가는 종료 조건에 도달한다. 반면 무한 재귀는 스택 소비 공간을 늘리기만 할 뿐 프로그램 상태는 변경하지 않는다. 또는 상태를 변경해도 재귀 종료 조건을 충족시키지 않는다. 무한 재귀는 반복문으로 고쳐도 해결되지 않으며 반복문 또한 무한히 실행될 것이다. 간단히 말하면 프로그램에 버그가 있다는 뜻이며, 바로잡아야 한다.

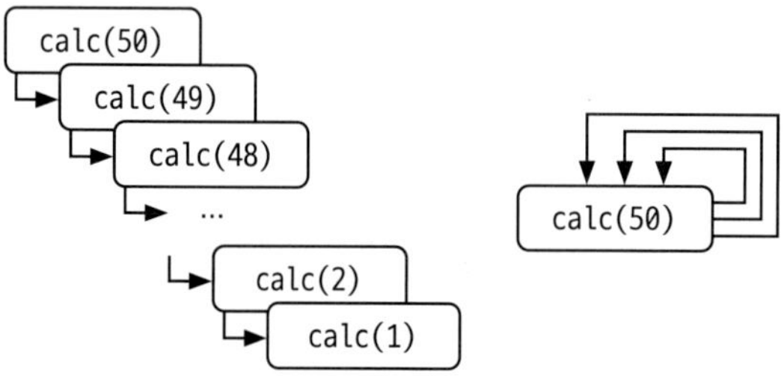

그림 5-7 유한 재귀(좌)와 무한 재귀(우)

필자가 자주 목격했던 우발적 무한 재귀 사례는 주로 호출 위임[delegate] 코드에서 발생했다. 다음과 같이 버튼 프레스 이벤트를 처리하는 UI 인터페이스가 있다고 가정해보자.

```
interface Button {
  void onPressed();
}
```

다음은 버튼의 활성화 상태를 제어하는 래퍼다.

```
class ButtonWrapper implements Button {
  private final Button delegate;
  private boolean enabled;

  ButtonWrapper(Button delegate) {
    this.delegate = delegate;
```

```
  }

  public void setEnabled(boolean enabled) {
    this.enabled = enabled;
  }

  @Override
  public void onPressed() {
    if (!enabled) return;
    onPressed();    <—— 정상 코드: delegate.onPressed()
  }
}
```

이 코드는 delegate의 onPressed() 메서드를 호출하려 했지만 실수로 한정자qualifier를 누락했다. 그 결과, 버튼이 활성화 상태일 경우 무한 재귀가 발생한다.

일반적으로 무한 재귀는 동일한 메서드를 동일한 파라미터로 호출하고 프로그램 상태(관련 변수, 필드의 값)까지 동일할 때 발생한다. 따라서 메서드를 호출할 때마다 프로그램은 원래 상태로 돌아가며 스택 공간 사용량만 늘어난다.

이러한 우발적 상태 동등성state equality은 유사 트리 데이터를 재귀적으로 순회할 때 발생하곤 한다. 트리 또는 유향 비순환 그래프directed acyclic graph를 순회하는 방법은 매우 간단하다. 현재 노드를 처리한 다음 모든 자식 노드에 재귀적으로 자신을 호출하면 된다. 그러나 이러한 데이터에 순환cycle 구조가 포함되어 있다면 스택 오버플로가 발생하기 쉽다. 에러의 원인은 둘 중 하나다. 정상적인 순환이지만 순회 도중에 이를 제대로 처리하지 못했거나, 비정상적인 순환이 의도치 않게 발생한 것이다. 전자는 기존에 방문했던 노드를 추적하고 재차 방문하지 않도록 조치하면 된다. 후자는 재귀 순회를 수정할 필요가 없다. 트리 자체에 순환 구조가 없어야 한다는 전제가 있는 한, 재귀 순회는 아무런 문제가 없기 때문이다. 단지 순환 구조를 만들어 낸 실수를 찾아서 바로잡아야 한다.

재귀적 순회가 발생했던 가까운 사례는 표준 라이브러리 List의 hashCode() 메서드 구현에서 찾을 수 있다. 스펙상 List는 자기 자신이 포함되어 있으면 해시코드를 계산할 수 없다. 예를 들어 다음 코드는 StackOverflowError를 일으킨다.

```
List<Object> list = new ArrayList<>();
list.add(list);
```

```
System.out.println(list.hashCode());
```

이 문제는 hashCode() 구현의 버그가 아니며 스펙에 명시된 작동 규칙이다. 이렇듯 컬렉션 목록에 자기 자신을 추가하는 것은 통상적으로 좋지 않은 발상이다.

toString() 메서드의 표준 구현체는 이에 대비한 간단한 보호 장치를 갖추고 있다. 다음 코드는 정상적으로 실행된다.

```
List<Object> list = new ArrayList<>();
list.add(list);
System.out.println(list);   ◁─ [(this Collection)]이 인쇄된다
```

그러나 이 보호 장치는 가장 짧은 순환, 다시 말해 컬렉션이 직접 자신에게 추가될 때만 작동한다. 다음 코드처럼 순환 주기가 더 길어지면 마찬가지로 StackOverflowError가 발생한다.

```
List<Object> list = new ArrayList<>();
list.add(List.of(list));
System.out.println(list);   ◁─ StackOverflowError 발생
```

파일 시스템은 프로그램으로 탐색하는 데이터 구조의 전형이다. 디렉터리 서브트리와 파일들을 탐색하며 처리하는 작업은 매우 흔하다. 여기서 명심할 점은, 파일 시스템에도 순환이 있다는 것이다. 탐색 도중 심볼릭 링크를 따라가다 보면 부모 디렉터리를 가리키는 링크가 자주 등장한다. 그렇지 않아도 리눅스 등의 운영 체제는 파일 시스템을 재귀적으로 마운팅(mount --rbind 명령)할 수 있다. 이러한 마운트 지점이 포함된 디렉터리를 탐색하면 스택 오버플로가 발생하기 쉽다. 가끔은 이 문제를 무시해도 좋은 상황이 있다. 가령 프로그램이 자동으로 생성한 디렉터리를 탐색하고 그곳에 외부의 개입이 전혀 없었을 경우다. 그러나 커스텀 디렉터리, 사용자 디렉터리처럼 임의의 디렉터리를 탐색할 때는 스택 오버플로를 대비하는 것이 좋다.

필자는 자바 IDE 개발자로써 다양한 자바 프로그램의 코드를 분석해왔다. 한 번은 이러한 코드 분석 과정에서 슈퍼클래스의 계층 구조와 맞부딪힌 적이 있다. 올바른 자바 프로그램은 슈퍼클래스가 자신의 서브클래스를 확장할 수 없으므로, 슈퍼클래스 체인을 따라가면 결국 java.lang.Object에 도달하게 된다. 그러나 자바 IDE에서 사용자가 여는 프로그램이 항상 올바르다는 보장은 없다. 컴파일 에러가 있을지도 모르지만 분석은 계속된다. 한 번 방문했던

클래스를 기억하지 못하는 단순한 분석기는 다음과 같은 코드에서 스택 오버플로를 일으키기 쉽다.

```
class A extends B {}
class B extends A {}
```

> **정적 분석**
>
> 단순한 무한 재귀는 정적 분석기로 감지할 수 있다. IntelliJ IDEA의 'Infinite Recursion' 검사, Error Prone의 'InfiniteRecursion' 버그 패턴을 주목하라. 이러한 경고는 드물게 발생하지만, 일단 발생하면 거의 무조건 버그가 맞다.

| 실수 방지 가이드 |

- 트리 데이터 구조를 탐색할 때 순환이 발생할 가능성을 신중히 고려한다. 데이터 구조가 어떻게 생성되는지 검토하고 스펙을 확인한다. 순환은 예외적인 현상이며 드물게 발생한다. 그러나 예방할 수 있다면 예방하는 것이 최선이다.

- 그래프 탐색 코드를 직접 구현하지 말고 라이브러리 메서드를 재사용한다. 간단한 재귀 구조를 즉석에서 만들면 당장은 편하겠지만, 순환 발생 가능성을 나중에 알게 되면 돌이키기 어렵다. 대부분의 기성 라이브러리 메서드는 탐색 중 방문했던 요소를 기억하므로 스택 오버플로를 자동으로 방어한다.

정리

- `NullPointerException`은 모든 자바 프로그래머가 맞닥뜨리는 심각한 문제다. `null`과 관련된 실수를 최소화하는 여러 기법이 있다. `null`을 완전히 배제하는 개발자가 있고 어노테이션으로 `null`을 제어하는 개발자도 있다.

- API 경계(`public` 메서드)에서 입력값을 방어적으로 검사하라. 입력값이 `null`이 아니고 인덱스가 정상 범주에 있는지 확인한 후 필드에 저장한다. 이러한 원칙을 준수하면 문제 발견 시점을 앞당길 수 있다.

- `instanceof` 검사 없이 다른 타입으로 캐스팅한 변수는 매우 취약하다. 이러한 처리 방식은 정적 타입 시스템의 이점을 포기하는 것이나 마찬가지다. 만약 실제 변수 타입이 선언 타입보다 더 구체적이라고 확신한다면 선언 타입을 변경하고 캐스트를 제거하라.

- 제네릭 타입의 미확인 캐스트는 곧장 `ClassCastException`을 일으키지 않는다. 타입 소거로 인해 해당 캐스트가 가상 머신에서 사라지기 때문이다. 그러나 추후 컴파일러가 제네릭 타입 위치에 묵시적인 캐스트를 삽입하면 훨씬 나중에 `ClassCastException`이 발생한다. 이러한 예외는 디버깅하기 어렵다. 되도록이면 미확인 캐스트를 지양하고 와일드카드 타입이나 읽기 및 쓰기 전용 래퍼를 사용하라.

- 복수의 클래스 로더를 하나의 애플리케이션에서 사용할 때는 신중해야 한다. 서로 다른 클래스 로더가 가져온 클래스는 이름이 같다 해도 실제로는 다른 클래스다.

- 자바 프로그램에서 임의의 깊이로 실행되는 재귀는 지양해야 한다. 자바 스택은 제한적이다. 꼬리 재귀는 루프로 변환하고, 꼬리 재귀가 아닐 경우 `ArrayDeque` 등의 힙 기반 데이터 구조로 재귀를 전환하라.

- 데이터 구조를 순회할 때 순환이 발생하지 않도록 주의하라. 순환이 발생할 가능성이 있다면 방문했던 요소를 기억하는 식으로 무한 재귀를 방지하는 것이 좋다.

CHAPTER

06

문자열

이 장의 내용

- 자바 char 타입과 일치하지 않는 문자
- 시스템의 기본 로케일로 인한 버그
- 포맷 문자열과 후속 포맷 인수의 불일치
- 정규 표현식으로 인한 실수
- 자바 이스케이프 시퀀스의 함정
- indexOf() 메서드로 인한 실수

문자열을 다루다 보면 다양한 버그가 발생한다. 문자열은 극히 단순해 보이지만 올바르게 다루기는 매우 어렵다. 문자열에 대한 일반적인 지식 중 올바르지 않은 가정이 많기 때문이다.

실수 045 char 값을 문자로 간주

개발자들은 종종 자바의 char 타입이 하나의 표현 문자displayed character를 나타낸다고 간주한다. 언제나처럼 String.length() 메서드는 표현 문자의 개수를 반환하며, 이를 한 글자씩 char로 처리할 수 있다고 여긴다. 이러한 단정은 일반적으로 틀리지 않지만 유니코드가 개입하면 이야기가 달라진다. 유니코드 포인트가 0xffff(65,535)를 넘는 문자는 일명 **다국어 기본 평면**Basic Multilingual Plane(BMP)에 속하지 않는다. 이런 문자는 서로게이트 페어surrogate pair 방식으로 표현해야 한다. 즉, 두 개의 자바 char 값이 하나의 문자를 나타낸다. 가령 대부분의 이모지 문자는 BMP 외부에 있으므로 서로게이트 페어로 표현한다.

간혹 긴 텍스트를 고정된 크기로 분할하고 UI 화면에 여러 줄로 출력할 때가 있다. 이를 안일하게 처리하면 다음과 같은 코드가 나온다(지면 관계상 경계 검사는 생략한다).

```
String part = string.substring(rowNumber * rowLength,
                               (rowNumber + 1) * rowLength);
```

이 코드는 서로게이트 페어를 끊거나 별개의 문자를 조합할 위험이 있다. 그렇게 되면 실제 문자가 아닌 깨진 문자가 줄 시작이나 끝에 나타난다. 예를 들어, 각의 변수에 다음과 같은 값이 있다고 가정해보자.

```
String string = "Welcome! 😁";
int rowLength = 10;
int rowNumber = 0;
```

여기에서 등장한 이모지는 코드포인트가 **0x1f601**인 문자다. 이 문자는 서로게이트 페어로 인코딩되므로 **\ud83d**와 **\ude01**라는 두 자바 문자가 짝을 이룬다(그림 6-1). 문제는 이 코드가 **string**을 자르면 첫 번째 문자만 남는다는 것이다. 따라서 'Welcome! ?' 또는 'Welcome! �' 처럼 마지막 문자가 제대로 출력되지 않는다. 정확한 결과는 출력 폰트나 문자 집합에 따라 다를 것이다.

| 프로그래머가 문자열을 보는 방식 |

index	0	1	2	3	4	5	6	7	8	9
symbol	W	e	l	c	o	m	e	!		😁

| 자바가 문자열을 보는 방식 |

index	0	1	2	3	4	5	6	7	8	9	10
char	W	e	l	c	o	m	e	!		\ud83d	\ude01

그림 6-1 이모지는 자바에서 두 개의 문자가 결합된 서로게이트 페어로 인코딩된다

또 다른 문제는 문자를 결합할 때 발생한다. 예를 들어 다음 다음과 같은 문자열이 있다고 가정해보자.

```
String string = "Welcome 👋🏿";
```

여기에 쓰인 이모지는 **waving hand** 심볼에 **dark skin tone** 수정자가 적용된 이모지다. 전자의 코드포인트는 `0x1f44b`, 후자의 코드포인트는 `0x1f3ff`다. 둘 모두 BMP 외부에 있으므로 서로게이트 페어로 표현되며, 결과적으로 이 이모지는 자바에서 총 4개의 `char`로 인코딩된다. 이를 유니코드 이스케이프 시퀀스로 표현하면 다음 문자열과 같다.

```
String string = "Welcome \ud83d\udc4b\ud83c\udfff";
```

| 프로그래머가 문자열을 보는 방식 |

index	0	1	2	3	4	5	6	7	8
symbol	W	e	l	c	o	m	e		👋🏿

| 자바가 문자열을 보는 방식 |

index	0	1	2	3	4	5	6	7	8	9	10	11
char	W	e	l	c	o	m	e		\ud83d	\udc4b	\ud83c	\udfff

그림 6-2 스킨 톤 등의 수정자가 적용된 이모지는 4문자 이상으로 표현된다

`rowLength = 10`, `rowNumber = 0`으로 설정하고 이 코드를 실행하면 다행히 두 개의 서로게이트 페어 사이에서 문자열이 나뉜다. 다만 뒤쪽의 수정자는 사라진다는 것이 문제다. 결과를 출력하면 '`Welcome 👋`'처럼 기본 스킨 톤이 적용된 이모지가 보일 것이다. 이 문자열을 입력한 사용자는 굳이 스킨 톤까지 골라서 이모지를 쓴 보람이 없다고 느낄지도 모른다.

다음과 같이, 너무 긴 텍스트를 `substring()`으로 줄이려 할 때도 비슷한 일이 벌어진다.

```
String abbreviated = longText.substring(0, 100) + "...";
```

마찬가지로 이번에도 말줄임 표기 바로 앞에 깨진 문자가 나타날 가능성이 있다.

java.lang.Character 클래스가 제공하는 isDigit(), isLetter() 등의 메서드를 쓰면 특정 문자가 어느 클래스에 속하는지 확인할 수 있다. 이들은 일반적으로 오버로드 형태로 구현되어 있으며 char 파라미터로 문자를 받거나 int 파라미터로 코드포인트 받는다. char 버전은 BMP 외부의 문자를 처리할 수 없으므로 코드포인트를 다루려면 int 메서드를 사용하는 것이 좋다. 예를 들어 문자열이 숫자로 시작하는지 확인하는 메서드는 보통 다음과 같이 만든다.

```
static boolean startsWithDigit(String str) {
return !str.isEmpty() &&
       Character.isDigit(str.charAt(0));   ◁─┤ isDigit(char) 호출
}
```

isDigit() 메서드는 일반적인 숫자(0~9)뿐만 아니라 다른 문자 체계의 숫자 또는 다양한 그림 형태의 숫자에 모두 true를 반환한다. 그러나 숫자는 BMP 외부에도 있다. 가령 𝟘 문자Mathematical Double-Struck Digit Zero는 자바에서 '\ud835\udfd8' 페어로 인코딩된다. 이 기호로 시작하는 문자열을 방금 메서드에 전달하면 false를 반환할 것이다. 이러한 숫자까지 올바르게 판단하려면 먼저 str.codePointAt() 메서드로 코드포인트를 추출해야 한다. 이 메서드는 int 타입을 반환하므로, 다음 코드는 isDigit()의 int 타입 오버로드를 호출한다.

```
static boolean startsWithDigit(String str) {
  return !str.isEmpty() &&
         Character.isDigit(str.codePointAt(0));   ◁─┤ isDigit(int) 호출
}
```

한자 중에도 BMP를 벗어난 문자들이 있다. 표준 중국어 문자표Table of General Standard Chinese Characters에 존재하는 한자는 8,000개 이상이며, 이 중 200여개는 BMP 범위 밖에 있다. 애플리케이션에 중화권 사용자가 있다면 이러한 문자가 이름으로 입력될 가능성이 있다.

| 실수 방지 가이드 |

- 임의의 문자가 포함된 문자열은 char용 API 대신 코드포인트용 API를 사용한다. String 클래스에는 codePointAt(), codePointBefore(), codePointCount(), codePoints() 등의 메서드가 있다. 문자열을 생성할 때에는 StringBuilder 클래스의 appendCodePoint() 메서드가 유용하다. 이들을 조합하면 다음과 같이 스트림 API로 문자열 일부를 추출할 수 있다.

```
String part = string.codePoints().skip(rowNumber * rowLength)
        .limit(rowLength)
        .collect(StringBuilder::new,
                StringBuilder::appendCodePoint,
                StringBuilder::append)
        .toString();
```

이 코드는 substring()을 사용했던 코드보다 복잡하고 사용하기도 어렵다. 게다가 charAt()과 substring() 등의 char용 메서드는 상수 시간 복잡도로 작동한다. 반면 코드포인트용 메서드는 n번째 코드포인트를 찾기 위해 문자열에서 서로 쌍을 이루는 모든 조합을 처음부터 확인해야 한다. 따라서 코드포인트 방식으로 프로그램을 리팩터링하면 전보다 더 느려질 가능성이 있다. 그렇다면 이 코드는 문자열을 한 번만 탐색할 수 있는 구조로 재조정하는 것도 좋다. 한 번 순회하는 과정에서 분할 문자열을 모두 추출해두면 된다. codePointAt() 메서드는 잘 이해하고 사용해야 한다. 이 메서드는 n번째 코드포인트를 찾는 메서드처럼 보이지만 실제로는 n번째 char 자리에 있는 코드포인트를 반환한다. n번째 코드포인트를 바로 찾을 수 있는 메서드는 자바 표준 라이브러리에 없다.

- char 타입을 입력 받는 isDigit(char) 등의 라이브러리 메서드를 가급적 사용하지 않는다. 이들은 BMP 바깥의 문자를 지원하지 않으므로 int 타입으로 코드포인트를 입력 받는 오버로드 메서드를 사용하는 것이 좋다.

- char 타입은 최대한 멀리한다. 특히 공용 API의 메서드 파라미터나 반환값에 char을 사용하면 위험하다. 이러한 메서드 중 상당수는 서로게이트 페어를 만나면 폭발하는 시한폭탄이나 마찬가지다. 또한 char을 기준으로 API를 설계하면 추후 리팩터링하기 어렵다. 조금 힘들더라도 처음부터 코드포인트를 기준으로 설계하는 것이 더 좋다.

- 사용자에게 보여줄 텍스트는 더욱 전문적인 텍스트 API로 처리한다. 예를 들어 문자열을 나눌 때는 BreakIterator 클래스에 속한 getCharacterInstance() 메서드를 쓰면 좋다. 이 메서드는 서로게이트 페어뿐만 아니라 조합 문자 시퀀스와 합자ligature 클러스터도 인식한다. 다음은 이 메서드로 문자열을 추출하는 예시다.

```
BreakIterator iterator = BreakIterator.getCharacterInstance();
iterator.setText(string);
iterator.first();
int from = iterator.next(rowLength * rowNumber);
int to = iterator.next(rowLength - 1);
```

이 코드로 문자열을 자르면 스킨 톤 등의 수정자가 선행 심볼과 분리되지 않는다. 그러나 코드포인트 순회와 마찬가지로 이 방식도 성능 문제가 있다. iterator.next() 호출 시 문자열의 특정 위치로 즉시 이동하지 못하고 중간의 모든 문자를 거치며 검사해야 한다.

- 텍스트 처리 코드는 각각을 모두 격리시키는 것이 좋다. ICU4J[1] 등의 전용 라이브러리를 쓰거나 자체적으로 유틸리티 메서드를 작성하라. 텍스트는 처리하기 까다롭다. 재사용 코드가 늘어날수록 테스트하고 수정할 코드는 줄어든다.

실수 046 대소문자 변환

자바 표준 라이브러리에는 JVM 기본 로케일default locale에 의존하는 메서드가 일부 있다. JVM은 OS 설정(윈도우 제어판 등)이나 환경 변수(LANG 등)에 지정된 현재 사용자 설정을 기반으로 시스템 로케일을 초기화한다. 또한 로케일은 JVM 시스템 프로퍼티를 통해 재정의할 수 있다. 가령 기본 로케일에 프랑스어를 지정하려면 다음과 같은 파라미터로 JVM을 시작하면 된다.

```
java -Duser.language=fr
```

자바 프로그램은 `Locale.getDefault()` 메서드로 기본 로케일에 접근할 수 있다. 텍스트를 처리하는 일부 메서드는 이 기본 로케일을 묵시적으로 사용한다. 그중 가장 눈여겨볼 메서드는 `toUpperCase()`와 `toLowerCase()` 메서드다. 이들은 `String` 클래스에 속하며 파라미터를 생략할 수 있다. 대소문자 변환 작업은 로케일에 의존하지만 로케일에 따라 실제로 결과가 달라지는 경우는 많지 않다. 가장 문제적인 로케일은 터키어다(`-Duser.language=tr`). 터키어의 ***I*** 문자는 점이 있는 ***İ/i***와 점이 없는 ***I/ı***라는 두 종류로 나뉘기 때문이다. 일반적인 영어 대문자 ***I***의 터키어 소문자는 ***i***가 아닌 ***ı***이며 소문자 ***i***의 대문자는 ***I***가 아닌 ***İ***이다. 이로 인해, 사용자의 언어와 관련이 없는 문자열을 처리할 때 문제가 발생한다. 이를테면 XML 태그, YAML 키, 내부 식별자의 대소문자 정규화 프로그램 등을 터키어 로케일로 실행하면 오작동하는 경우가 생긴다. 다음 코드가 좋은 예다.

```
String type = "point";
boolean isPoint = type.toUpperCase().equals("POINT");
```

isPoint는 대부분의 로케일에서 true이지만 터키 로케일에서는 false다

터키어와 유사한 아제르바이잔어도 이와 비슷한 문제를 일으킨다. 따라서 각국의 고객들이 이 애플리케이션을 실행한다면 그중 일부는 제대로 작동하지 않을 것이다.

1 *https://icu.unicode.org/home*

대소문자 변환 작업이 까다로운 또 하나의 이유는 변환 이후 문자열의 길이가 변경될 수 있기 때문이다. 독일어 문자 **ß**는 이 문제의 대표적 사례로 널리 알려져 있다. 이 문자를 대문자로 변환하면 **SS**로 바뀐다. `"Straße"`는 6자 단어지만 `"Straße".toUpperCase(Locale.GERMAN)`로 변환하면 **STRASSE**라는 7자 단어가 된다. 만일 사용자 입력 문자열의 대소문자를 변환하고 전후의 길이가 같다는 전제로 코드를 만들면, 아무리 많은 테스트를 통과하더라도 프로덕션에서 사고를 낼 수 있다.

> **정적 분석**
>
> 정적 분석 도구는 로케일 인수 없이 호출한 `toLowerCase()`와 `toUpperCase()`를 감지할 수 있다. IntelliJ IDEA에는 'Call to `String.toUpperCase()` or `toLowerCase()` Without a Locale' 검사가 있으며 SonarQube에는 'S1449: String Operations Should Not Rely on the Default System Locale' 규칙이 있다(기본 비활성화).

| 실수 방지 가이드 |

- 로케일 인수 없이 `toLowerCase()` 및 `toUpperCase()` 메서드를 사용하지 않는다. 특정 국가의 언어에 얽매이지 않으려면 `type.toUpperCase(Locale.ROOT)`처럼 루트 로케일을 지정하는 것이 좋다. 루트 로케일은 언어나 국가에 대해 중립적인 코드에 사용하는 특수 로케일이다. 운영 체제 설정이나 환경 변수에 지정된 기본 사용자 로케일이 실제로 필요할 때는 `type.toUpperCase(Locale.getDefault())`처럼 명시적으로 지정하는 것이 좋다. 실수가 아니라 의도적으로 기본 로케일을 적용한 코드라는 점을 분명히 드러낼 수 있다.

- 애플리케이션을 다양한 로케일 환경에서 테스트한다. 특히 터키어 로케일은 꼭 테스트하는 것이 좋다. 지속적 통합 도구가 제공하는 매트릭스 작업 또는 매트릭스 빌드 기능을 통해 다양한 환경에서 동일한 테스트를 진행할 수 있다. `-Duser.language=tr`처럼 옵션을 바꿔가며 테스트를 실행하는 것도 좋은 방법이다.

실수 047 기본 로케일에서 String.format 사용

`String.format` 메서드는 기본 언어 로케일 상태로 실행할 때가 많다. 그러나 기본 로케일을 따라 부동소수점 숫자를 가공하면 가끔 문제가 생긴다. 미국과 한국 등의 로케일은 소수점 구분자가 `.`이지만 독일등의 몇몇 나라는 `,`이다. 다음 코드를 살펴보자.

```
double d = 1.234;
String formattedNumber = String.format("%.2f", d);
System.out.println(formattedNumber);   ← 미국과 한국 로케일에서는 1.23을 출력하지만 독일 로케일에서는 1,23을 출력한다
```

자바 15부터 `formatted()`라는 신형 메서드로 `String.format("%.2f", d)` 대신 `"%.2f".formatted(d)`를 사용할 수 있다. 그러나 이 메서드도 기본 로케일을 사용하므로 결과는 동일하다.

사용자에게 출력할 숫자는 구분자가 약간 달라도 별 문제가 없다. 그러나 프로그램이 이 숫자를 다시 파싱하려할 때는 문제가 된다. 다음은 숫자를 입력 받아 제곱근을 계산하는 간단한 스윙Swing 프로그램이다.

```
import javax.swing.*;

class CalculateSquareRoot {
  public static void main(String[] args) {
    String def = String.format("%.2f", Math.PI);   ← π를 기본값으로 사용한다
    String result = JOptionPane.showInputDialog(
                "Enter the number", def);
    String message;
    try {
      message = String.format("Square root is %.2f",
         Math.sqrt(Double.parseDouble(result)));
    } catch (NumberFormatException e) {
      message = "Incorrect number!";
    }
    JOptionPane.showMessageDialog(null, message);
  }
}
```

이 프로그램은 사용자 입력창에 기본값을 표시한다. 미국 로케일에서 실행할 때는 잘 작동하지만 독일 로케일에서 실행하면 입력창이 [그림 6-3]처럼 보인다.

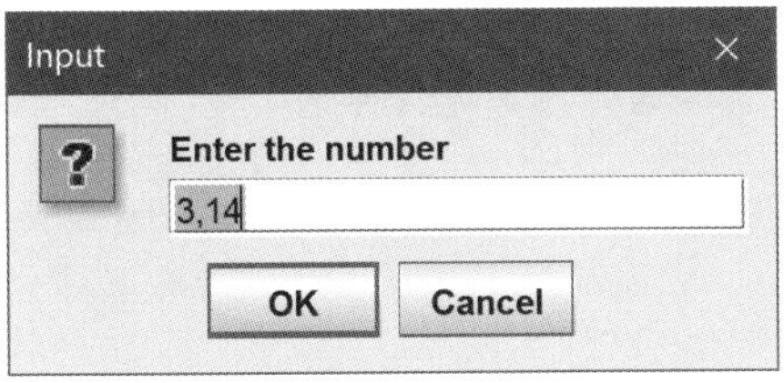

그림 6-3 간단한 애플리케이션의 숫자 입력창

[그림 6-3]에서 보이듯 소수점 구분자로 쉼표가 나온다. 사용자가 이 기본값을 그대로 수락하고 Enter를 누르면, 직접 제안한 기본값임에도 불구하고 프로그램은 입력된 숫자가 유효하지 않다고 경고한다. 그 이유는 `Double.parseDouble()` 메서드가 로케일과 상관 없이 `.` 문자를 소수점 구분자로 사용하기 때문이다.

숫자 포맷에 그룹 구분자가 있으면 상황이 더욱 복잡해진다. 천단위 등을 나누어 표시하는 그룹 구분자는 로케일에 따라 쉼표, 마침표, 공백 등의 다양한 문자가 쓰인다. `DecimalFormat` 클래스는 기본적으로 그룹 구분자를 적용한다. 다음 예시를 살펴보자.

```
var english = NumberFormat.getInstance(Locale.ENGLISH);
System.out.println(english.format(12345));   <- 출력은 12,345이다(쉼표가 그룹 구분 기호로 사용됨)
var german = NumberFormat.getInstance(Locale.GERMAN);
System.out.println(german.format(12345));    <- 출력은 12.345이다(마침표가 그룹 구분 기호로 사용됨)
```

가령 로케일 인수 없이 `getNumberInstance()`로 숫자를 포매팅하고, 이후에 이 문자열을 분석하며 `.` 문자를 소수점 구분자로 인식했다고 가정해보자. 이 과정에서 예외는 발생하지 않겠지만 분석 결과는 원래 숫자와 세 자리 단위로 달라질 수 있다.

| 실수 방지 가이드 |

- `parseDouble()`처럼 로케일과 무관한locale-independent 메서드와 `String.format()`처럼 로케일을 인식하는locale-aware 메서드를 함께 사용하지 않는다. 만일 여러 로케일에 공통적으로 쓰일 숫자를 다루려면 다음과 같이 포매팅과 파싱을 하나의 `NumberFormat` 객체로 통일하는 것이 좋다.

```
NumberFormat format = NumberFormat.getInstance(locale);
double input = 12345.67;
String str = format.format(input);
double output = format.parse(str).doubleValue();   <- 모든 로케일에서 입출력이 동일하다
```

- String.format()이나 NumberFormat.getInstance() 등의 메서드는 결과 문자열이 쓰일 상황을 감안해서 사용해야 한다. 필요할 경우, 첫 번째 인수에 특정 로케일을 명시적으로 지정할 수 있다.
- 기본 로케일은 최선의 선택이 아님을 명심하라. 특히 백엔드 애플리케이션을 개발할 때는 서버의 기본 로케일과 사용자의 로케일이 다를 수 있다.

실수 048 포맷 인수 불일치

String.format()과 PrintStream.printf() 등의 메서드는 포맷 문자열과 추가 인수를 입력 받는다. 추가 인수는 포맷 문자열에 포함된 지정자spcifier가 참조하는데, 여기서 이 둘의 관계를 일치시키지 않는 실수가 자주 생긴다. 개발자가 포맷 문자열을 바꾸면 인수도 그에 맞게 조정해야 한다. 그러나 인수 추가, 제거, 순서 변경 등의 작업을 잊고 넘어가는 경우가 많다. 물론 자바 컴파일러는 이러한 문제를 경고하지 않으며, 결과적으로 문자열이 제대로 포맷되지 않거나 런타임 예외가 발생한다. 다음 코드를 살펴보자.

```
System.out.printf("Length is %d", "123");  <- IllegalFormatConversionException:
                                               d != java.lang.String
System.out.printf("Hello, %s");  <- MissingFormatArgumentException:
                                    Format specifier '%s'
```

포맷 인수가 일치하지 않는다 하여 반드시 런타임 예외가 발생하는 것은 아니다. 특히, 미사용 인수는 그저 간단히 무시해버린다. 다음 예시 코드를 살펴보자.

```
int x = 10;
int y = 20;
System.out.printf("Point is: %d\n", x, y);
```

이 코드는 원래 Point is: 10, 20을 출력하려고 했을 가능성이 크다. 다만 작성자가 잠시 다른 생각을 했는지 포맷 문자열을 틀리고 말았다. 그러나 예외는 발생하지 않으며 그저 Point is: 10이라는 잘못된 문자열이 출력된다.

예외가 발생하지 않는 또 다른 경우는 %b 지정자를 사용할 때다. %b는 불리언값을 대입하면 true 또는 false로 출력된다. 그러나 %b는 불리언 이외의 객체도 대응한다. 따라서 비-널값은 true, null 값은 false로 대체된다. 한편 %s 지정자는 모든 타입에 대응하며 해당 값에 대한 String.valueOf() 호출 결과로 대체된다. 다음 코드는 %s와 %b 지정자를 함께 사용하다가 실수를 냈지만 예외는 발생하지 않으며 출력 결과만 어긋난다.

```
DayOfWeek dw = DayOfWeek.FRIDAY;
boolean isWeekend = dw == DayOfWeek.SATURDAY || dw == DayOfWeek.SUNDAY;
System.out.printf("Day: %s; isWeekend = %b\n",
                  isWeekend, dw);  <-- 출력 결과 - Day: false; isWeekend = true
```

[그림 6-4]는 이 코드에서 포맷 문자열이 처리되는 과정을 나타낸다.

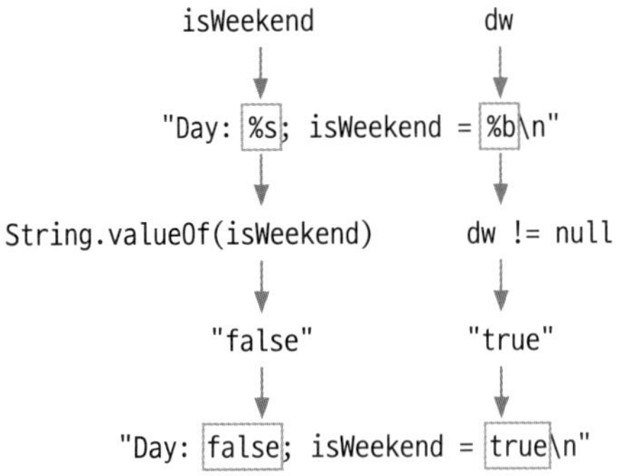

그림 6-4 포맷 문자열과 인수 불일치

다음과 같이 인수 순서를 고치면 [그림 6-5]처럼 결과가 올바르게 출력된다.

```
System.out.printf("Day: %s; isWeekend = %b\n",
                  dw, isWeekend);  <-- 출력 결과: Day: FRIDAY; isWeekend = false
```

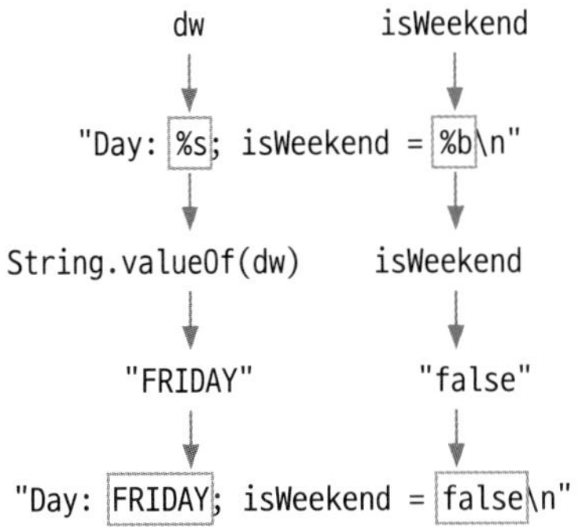

그림 6-5 포맷 문자열과 인수 일치

정적 분석

정적 분석기는 일반적으로 포맷 문자열과 인수가 일치하지 않으면 경고를 보낸다. IntelliJ IDEA의 'Malformed Format String' 검사는 이러한 문제를 점검하며 미확인 인수 또는 포맷 문자열 예외를 보고할 수 있다. 다만 %b에 불리언 이외의 값이 오는 경우는 경고하지 않는다. SonarQube는 'S2275: Printf-Style Format Strings Should Not Lead to Unexpected Behavior at Runtime'과 'S3457: Printf-Style Format Strings Should Be Used Correctly' 규칙이 이러한 문제를 보고한다. 특히 후자는 %b 문제를 감지할 수 있다. Error Prone 분석기 또한 'FormatString' 버그 패턴을 감지한다.

정적 분석기는 포맷 문자열이 명시적으로 정해져 있을 때만 이를 검사할 수 있다. 일부 분석기는 static final 필드 등의 컴파일타임 상수를 검사할 수 있지만 여기에 복잡한 포맷 문자열이 오면 제대로 경고를 보내지 못한다. 따라서 정적 분석기의 도움을 받으려면 가능한 한 포맷 문자열을 단순하게 구성하는 것이 좋다.

프로젝트 내부 클래스에 커스텀 메서드를 두고 그 안에서 String.format()에 문자열 포매팅을 위임하고 있다면, 정적 분석기가 이를 인식하지 못할 가능성이 크다. 이 경우 정적 분석기에 커스텀 메서드를 인식시킬 방법이 있는지 확인해보기 바란다. 예를 들어 Error Prone 분석기는 다음과 같이 @FormatString 또는 @FormatMethod 등의 어노테이션을 통해 커스텀 포맷 메서드를 인식한다.

```
@FormatMethod void log(@FormatString String format,
                       Object... args) { … }
```

마찬가지로 IntelliJ IDEA는 젯브레인 어노테이션 패키지의 @PrintFormat 어노테이션을 인식한다(부록 A 참고).

| 실수 방지 가이드 |

- 문자열 생성과 실제 출력 로직을 분리하면 출력 문자열을 유닛 테스트로 쉽게 검증할 수 있다. 가령 다음과 같이 환영 인사를 출력하는 명령줄 애플리케이션 메서드가 있다고 가정해보자.

```
void greetUser(String userName) {
  System.out.printf("Hello, %s!%n", userName);
}
```

- 여기서 문자열 생성 코드는 다음과 같이 String.format() 메서드로 추출하는 것이 더 낫다.

```
void greetUser(String userName) {
  System.out.print(getGreeting(userName));
```

```
}

String getGreeting(String userName) {
  return String.format("Hello, %s!%n", userName);
}
```

이제 getGreeting() 메서드는 매우 쉽게 유닛 테스트를 만들 수 있다. 문자열 포매팅 과정에 실수가 있으면 유닛 테스트도 실패할 것이다.

- 포맷 지정자가 참조할 인수를 명시적으로 지정할 수 있다. 다음 코드를 살펴보자.

```
System.out.printf("Hello, %2$s! Today is %1$tD.",
                  LocalDate.now(), "John");
```

%2$s는 **두 번째 추가 인수를 사용하라**는 뜻이다. 가급적이면 이 방식으로 인수를 참조하기 바란다. 간단한 구문이지만 코드는 이전보다 훨씬 견고해졌다. 이제 포맷 문자열을 고치고 지정자를 마음대로 재배치해도 추가 인수를 다시 정렬할 필요가 없다. 포맷 문자열을 동적으로 생성하거나 지역화에 대비해 외부에 두려는 경우, 이러한 기능이 특히 중요한 역할을 한다.

실수 049 정규 표현식 대신 일반 문자열 사용

String 클래스에서 matches(), replaceFirst(), replaceAll(), split() 등의 일부 메서드는 정규 표현식 문자열을 인수로 받는다. 그러나 가끔 이들이 리터럴 문자열을 인수로 받는다고 착각하는 경우가 있다. 이러한 실수는 주로 split()과 replaceAll() 메서드에서 자주 발생한다. split() 메서드를 사용하는 다음 예시를 살펴보자.

```
String javaPackage = "java.util.concurrent";
String[] parts = javaPackage.split(".");
```

이 코드의 원래 의도는 "java.util.concurrent" 문자열을 셋으로 나누어 ["java", "util", "concurrent"] 배열을 얻는 것이었다. 하지만 구분자로 전달한 마침표는 정규 표현식에서 **모든 문자**를 의미하므로, 입력 문자열의 모든 문자가 구분자로 인식될 것이다.

javaPackage 문자열은 20자이며 결국 split()의 결과는 빈 문자열이 21개 담긴 배열이 되어야 한다.

그러나 split() 메서드의 독특한 작동 방식 덕에 실제로 이런 일은 벌어지지 않는다. 기본적으로 split() 메서드는 결과 배열의 마지막에 있는 빈 문자열을 제거한다. split()에는 int limit 파라미터를 추가로 받는 오버로드 메서드가 있다. limit 파라미터의 역할은 좀 혼란스러운데, limit에 양수를 넣으면 최대 분할 개수가 지정되므로 특정 지점에서 분할을 멈출 수 있다. 그러나 limit 값이 0이면 기본값으로 간주되며 생략할 때와 똑같이 작동한다. 바로 이 경우, 분할은 끝까지 하지만 마지막에 있는 빈 문자열을 제거한다. 따라서 다음 코드는 a, b, c가 담긴 배열을 생성하며 이후의 빈 문자열은 제거된다.

```
String[] strings = "a,b,c,,,".split(",", 0);
```

만약 마지막 빈 문자열까지 결과에 포함시키려면 limit에 0 대신 −1을 명시적으로 전달해야 한다.

처음 예시로 돌아가, split(".")을 호출하면 결과의 모든 빈 문자열이 제거되므로 입력값이 무엇이든 빈 배열을 반환한다. 마침표 문자열 자체를 구분자로 쓰려면 백슬래시로 이스케이프해야 한다. 그러나 백슬래시는 자바 자신도 이스케이프 문자로 인식하므로, 결국 split() 메서드에 마침표를 그대로 전달하려면 다음과 같이 백슬래시를 두 번 입력해야 한다.

```
String[] parts = javaPackage.split("\\.");
```

또는 다음과 같이 Pattern.quote() 정적 메서드를 사용하는 방법도 있다.

```
String[] parts = javaPackage.split(Pattern.quote("."));
```

이 메서드는 입력 받은 문자열에 있는 모든 심볼을 리터럴로 인식하도록 감싼다. 따라서 정규 표현식에서 특수하게 해석되는 문자에 대해 걱정할 필요가 없다.

마침표 외에 파이프 문자(|)도 이스케이프하지 않고 split()에 그대로 전달하는 경우가 많다. 정규 표현식에서 파이프는 '또는'을 의미하는 메타 문자다. 따라서 입력 문자열를 빈 문자열로 분할하는 셈이 된다. 결과적으로 모든 문자가 한 글자씩 배열에 담긴다.

split()에 전달된 File.separator 상수는 또 다른 잠재적 위험 요인이다. 가령 파일 경로 문자열을 나누기 위해 다음과 같이 코드를 작성했다고 가정해보자.

```
String path = new File(".").getAbsolutePath();
String[] parts = path.split(File.separator);
```

유닉스Unix와 맥Mac의 File.separator는 /이므로 정규 표현식에 들어가도 특별히 처리할 필요가 없다. 그러나 이 프로그램을 윈도우에서 실행하면 File.separator는 백슬래시가 되며 정규 표현식에서 메타 문자로 인식된다. 백슬래시가 나오면 뒤에 한 문자가 더 있어야 하므로 정규 표현식 컴파일러는 PatternSyntaxException을 일으키며 실패할 것이다.

정적 분석

정적 분석 도구는 의심스러운 정규 표현식을 발견하면 경고를 보낸다. IntelliJ IDEA는 'Suspicious Regex Expression Argument' 검사가 이러한 문제를 보고하며, Error Prone의 'BareDotMetacharacter' 패턴은 하나의 마침표로 이루어진 정규 표현식을 보고한다. SpotBugs에는 '. or | Used for Regular Expression'과 'File.separator Used for Regular Expression' 패턴이 있다. 그러나 정적 분석 도구는 메서드 파라미터처럼 상수가 아닌 값을 구분자로 쓰면 잘 작동하지 않는다. 또한 구분자가 복잡할수록 분석 도구가 의심스러운 패턴을 인식할 가능성은 낮아진다.

| 실수 방지 가이드 |

- String.split()은 정규 표현식으로 문자열을 나눌 때 이외에는 쓰지 않는다. 또한 자바 표준 라이브러리만으로 구현한다면 다음과 같이 사용해야 안전하다.

```
String[] parts = Pattern.compile(delimiter, Pattern.LITERAL)
  .split(stringToSplit);
```

이 코드는 delimiter로 전달한 문자열이 단순한 리터럴임을 명시적으로 알린다. 또한 유틸리티 메서드로 추출하기도 쉽다. 서드파티 라이브러리가 허용된다면 문자열을 분할하는 대체재는 많다. 다음은 구아바 라이브러리의 Splitter API로 문자열을 나누는 방법이다.

```
List<String> parts = Splitter.on(delimiter)
                             .splitToList(stringToSplit);
```

아파치 커먼즈 랭Apache Commons Lang 또한 널리 쓰인다. 이 라이브러리에 있는 `StringUtils` 클래스는 다양한 방식으로 문자열을 분할할 수 있다. 다음은 이 클래스로 구현한 문자열 분할 예시다.

```
String[] parts = StringUtils.splitByWholeSeparator(
                     stringToSplit, delimiter);
```

- `split()` 등의 문자열 조작 메서드로 파일 경로를 처리하지 않는다. OS에 독립적인 방식으로 파일 경로를 안전하게 처리하는 모든 메서드는 `Path` 클래스 안에 있다. 특히 `Path` 변수를 직접 순회하면 다음과 같이 경로 컴포넌트를 차례로 얻을 수 있다.

```
Path absolutePath = Path.of(".").toAbsolutePath();
for (Path path : absolutePath) {
    System.out.println(path);
}
```

실수050 replaceAll 오용

`replace()` 대신 실수로 `replaceAll()`을 사용하는 경우가 종종 있다. `String` 클래스 API 사용법이 다소 헷갈리는 것은 사실이다. 두 메서드 모두 두 개의 파라미터를 받고 각각의 이름이 `replace()`와 `replaceAll()`인 이상, 전자는 문자열을 한 번만 대체하고 후자는 모두 대체하는 메서드라 짐작할 법하다. 그러나 그 이 둘의 유일한 차이는 `replace()`가 단순한 리터럴을 받고 `replaceAll()`은 정규 표현식 패턴을 받는다는 것이다. 문자열을 검색하고 일치하는 부분을 모두 대체하는 기능은 동일하다. 만일 검색 문자열을 단 한 번만 대체해야 한다면 별도로 `replaceFirst()`라는 메서드를 써야 한다. 이 메서드 또한 정규 표현식을 입력 받는다.

`replace()` 대신 실수로 `replaceAll()`를 썼을 때 아무 문제도 없으려면 검색 문자열과 대체 문자열이 상수이고 정규식 특수 문자를 포함하지 않아야 한다. 이 경우 두 메서드의 차이는 성능뿐이다. 최신 자바 버전에서 `replace()`는 `replaceAll()`보다 훨씬 빠르기 때문이다. 그러나 검색 문자열이 언제나 상수일 수는 없으며 때로는 사용자 입력값처럼 외부에서 유입되기도 한다. 따라서 간단한 테스트만으로 이를 검증하면 안심할 수 없다. 실제 프로덕션에서 쓰일 복잡한 검색 문자열을 테스트하면 실패할지도 모르기 때문이다.

또한 replaceAll()에서 대체 문자열은 단순히 텍스트 역할만 하지 않는다는 점을 명심해야 한다. 대체 문자열에 **$0**, **$1** 등의 특수 문자 시퀀스가 있으면 정규 표현식 내부 그룹으로 대체된다. 다음 예시 메서드를 살펴보자.

```
static void greetUser(String user) {
    String template = "Hello USER_NAME!";
    String greeting = template.replaceAll("USER_NAME", user);
    System.out.println(greeting);
}
```

이 기법은 흔히 '저가형 템플릿poor man's template'이라 불리는데, 단순히 문자열 안에서 특정 시퀀스를 찾고 이를 특정 변수의 값으로 교체하는 기법이다. 이 방식 자체는 문제될 것이 없으나, 여기서는 replace() 대신 실수로 replaceAll()을 사용했다는 점이 문제다. 정규 표현식 문자가 없는 평범한 상수 리터럴을 검색 텍스트로 쓰고 있어서 우선은 안전해 보인다. 그러나 사용자가 이름을 입력할 때 **$** 기호를 사용한다면 결과는 예상과 달라질 것이다. 예를 들어 user가 ***$0ccerman***이면 출력 결과는 Hello USER_NAMEccerman!이 된다. 대체 문자열에서 $0이 패턴 일치 문자열 전체로 대체되기 때문이다. 더 심각한 경우는 user가 ***$1lverG1rl***일 때다. 검색 패턴에 *$1* 그룹이 없기 때문에 IndexOutOfBoundsException이 발생할 것이다.

> **정적 분석**
>
> SonarQube 정적 분석기는 replaceAll()에 특수 문자가 없는 상수 정규 표현식이 사용되면 이를 감지하고 보고할 수 있다. 이 규칙의 이름은 'S5361: String#replace Should Be Preferred to String#replaceAll'이다. SonarQube는 이 문제가 성능과 관련이 있다고 설명한다. 불필요한 정규 표현식을 컴파일하기 때문이다. 그러나 이번 절의 예시가 보여주듯 이 문제는 정확성과도 관련이 있으므로 성능이 중요치 않은 프로그램이라 해도 이 경고는 무시하면 안 된다.

| 실수 방지 가이드 |

- 정규 표현식이 필요하지 않을 때는 replace() 메서드를 쓴다.
- 최신 IDE는 파라미터 힌트를 제공하며 정규 표현식을 강조해서 표시할 수 있다. 이러한 힌트와 강조 표시에 주목하라. [그림 6-6]은 일부 IDE에서 기본 설정 상태로 예시 코드를 입력한 화면이다.

```
// IntelliJ IDEA
String template = "Hello USER_NAME!";
String greeting = template.replaceAll( regex: "USER_NAME", replacement: user);

// Eclipse
String template = "Hello USER_NAME!";
String greeting = template.replaceAll(regex: "USER_NAME", replacement: user);
```

그림 6-6 IntelliJ IDEA와 이클립스에서 regex, replacement에 적용된 파라미터 힌트

regex와 replacement에 적용된 파라미터 힌트를 주의 깊게 살펴보자. regex 힌트는 이 코드가 메서드를 잘못 선택했음을 나타내는 신호다. 또한, IntelliJ IDEA는 "USER_NAME" 리터럴에 배경색을 넣음으로써 이 부분에 다른 언어(정규 표현식)가 삽입되었음을 나타낸다. 이 기능 역시 실수를 예방하는 데 도움이 된다.

실수 051 이스케이프 시퀀스 오용

자바 리터럴 이스케이프 시퀀스는 모두 백슬래시로 시작한다. '\n'(줄바꿈), '\t'(탭 문자), '\''(작은 따옴표), '\"'(큰 따옴표) 등은 대부분 익숙할 것이다. 이들보다 조금 덜 쓰이는 '\r'(캐리지 리턴), '\b'(백스페이스), '\f'(폼 피드) 등의 시퀀스도 있다. 자바 15에서 도입된 텍스트 블록 안에서 '\s'는 단일 공백을 나타낸다. 백슬래시 문자 자체를 문자열에 넣으려면 '\\'처럼 이스케이프해야 한다.

간혹 개발자는 백슬래시 문자 자체의 이스케이프를 잊어버리곤 한다. 대부분의 경우 이러한 실수는 컴파일 에러로 이어진다. 백슬래시 뒤에 붙어 이스케이프 시퀀스를 이루는 심볼은 몇 가지로 정해져 있기 때문이다. 그러나 우연히 컴파일러가 백슬래시 다음 심볼을 받아들이고 개발자의 의도와 전혀 다른 문자열을 만들어낼 가능성도 있다.

이러한 문제는 윈도우 파일 경로를 다룰 때 종종 발생한다. 윈도우에서 백슬래시는 구분자로 사용된다. 다음 예시를 살펴보자.

```
String archiverPath = installationPath + "\bin\tar.exe";
```

이 코드는 컴파일 에러 없이 완료된다. 그러나 결과 문자열에서는 디렉터리 구분자와 'b', 't' 문자가 결합해 각각 백스페이스와 탭 기호로 바뀐다.

다행스럽게도, 윈도우 파일 경로를 있는 그대로 자바 프로그램에서 쓰는 경우는 별로 없다. 또한 백슬래시 뒤에 오는 심볼이 유효한 이스케이프 문자일 가능성도 매우 낮다. 그러나 이 문자열이 정규 표현식이라면 문제가 달라진다.

정규 표현식은 백슬래시 뒤에 오는 기호를 자체적으로 해석한다. 대부분의 자바 이스케이프 시퀀스(\n, \t, \r, \f 등)는 정규 표현식에서 동일한 의미로 쓰이며 백슬래시 문자를 이스케이프하든 안하든 잘 작동한다. 예를 들어 자바 정규 표현식에서 "\t"와 "\\t"는 모두 단일 탭 문자를 나타낸다. 전자는 자바 컴파일러가 탭 문자로 처리하고 후자는 자바 컴파일러가 이중 백슬래시를 단일 백슬래시로 변환한 뒤 정규 표현식 엔진이 "\t"를 탭 문자로 해석한다.

그러나 '\b'는 예외다. 자바는 이 문자를 백스페이스로, 정규 표현식 엔진은 단어 경계로 해석한다. 이 차이는 종종 혼동을 유발한다. 예를 들어 **and**라는 접속사를 **or**로 바꾸면서 **hand**나 **android** 등의 단어는 그대로 두려 한다고 가정해보자. 이럴 경우 간단히 단어 경계 매처word-boundary macher로 문자열을 검색하고 교체하면 된다. 그러나 이 때 다음과 같은 실수가 발생하기 쉽다.

```
String result = s.replaceAll("\band\b", "or");
```

이 코드는 정상적으로 컴파일되지만 정규 표현식 엔진은 두 개의 백스페이스 문자로 둘러싸인 **and**를 검색한다. 이런 문자열이 존재할 가능성은 거의 없다. 코드가 제대로 작동하려면 다음과 같이 고쳐야 한다.

```
String result = s.replaceAll("\\band\\b", "or");
```

자바 15에서 새로 추가된 '\s' 이스케이프 시퀀스는 또 다른 실수의 근원이다. 단일 공백 문자열을 나타내는 이 시퀀스는 원래 텍스트 블록 줄 끝에서 공백 트리밍을 방지하는 용도로 도입됐다. 그러나 이 시퀀스는 일반적인 문자열 리터럴에서 이미 사용되고 있었다. 정규 표현식에서 \s는 탭, 줄 바꿈 등을 포함한 모든 공백 문자를 의미한다. 이러한 용도의 차이가 미묘한 실수를 유발한다. 가령 공백 문자를 기준으로 문자열을 나눌 때는 정규 표현식을 쓰면 쉽다. 이 때 다음과 같은 사소한 오타가 생기기 쉽다.

```
String[] parts = str.split("\s+");   // 원래 \\s+를 써야 한다
```

이 코드에서 정규 표현식은 " +"와 똑같이 하나 이상의 공백 문자와 일치한다. 문제는 이 코드가 정상적으로 컴파일될 뿐만 아니라 입력 문자열 안에 다른 공백 문자(탭 등)가 없으면 정상적으로 작동한다는 것이다. 따라서 실수가 발각되지 않고 프로덕션까지 적용될 가능성이 높다.

정적 분석

IntelliJ IDEA는 '\s'가 비정상적으로 사용된 곳을 'Non-terminal Use of \s Escape Sequence' 검사로 보고한다. "\band\b" 사례는 IntelliJ IDEA가 발견하지 못하는 반면 SonarQube는 성능 경고를 일으킨다. 또한 "\band\b"에 정규식 특수 문자가 없으므로 replaceAll() 대신 replace()를 사용하라고 제안한다. 이 경고는 '\b' 이외의 다른 정규 표현식 메타 문자는 감지하지 못한다. 그럼에도, 또 다른 실수의 힌트로 활용할 만한 가치가 있다.

| 실수 방지 가이드 |

- 자바 문자열 리터럴에서 백슬래시는 신중하게 사용해야 한다. 백슬래시는 항상 이스케이프되어야 한다는 점을 명심하라. IDE가 시각적으로 강조하는 부분을 눈여겨보라. 이스케이프 시퀀스는 일반 텍스트와 다르게 강조되는 경우가 많다. 가령 IntelliJ IDEA는 [그림 6-7]처럼 이스케이프 시퀀스의 두께와 색상을 다른 문자열과 다르게 표시한다. 이러한 강조 효과는 편집기 테마 설정에 따라 달라진다.

```
String archiverPath = installationPath + "\bin\tar.exe";
```

그림 6-7 IntelliJ IDEA에서 이스케이프 시퀀스 '\b'와 '\t'를 강조하는 모습

- 윈도우 파일 경로를 문자열에 담아 자바 코드로 가공하지 않는다. 되도록이면 Path.of처럼 이러한 용도에 특화된 API 메서드를 쓴다. 예를 들면 다음과 같이 처리할 수 있다.

```
Path archiverPath =
          Path.of(installationPath, "bin", "tar.exe");
```

- 이 코드는 백슬래시 문제가 발생하지 않을 뿐만 아니라 프로그램의 이식성을 높이고 후처리 기능까지 덤으로 얻게 된다. 이를테면, installationPath 문자열의 마지막에 백슬래시가 있든 없든 동일한 결과를 얻을 수 있다.

- 정규 표현식에 '\b'와 '\s'를 사용할 때 특히 주의한다. 정규 표현식이 정확히 작동하는지 항상 테스트한다. 특히 '\s' 패턴을 쓸 때는 단순 공백만이 아니라 탭 등의 다른 공백 문자와 제대로 일치하는지 확인하라.

실수 052 문자열의 대소문자 비교

대소문자와 무관하게 문자열을 비교할 때에는 보통 `toLowerCase()` 또는 `toUpperCase()` 메서드로 문자열을 정규화한다. 그러나 처음에는 없다가 나중에 추가된 대소문자 변환 코드는 버그로 이어질 수 있다. XMage 게임 엔진에서 발견했던 버그를 예로 들면, 원래의 코드는 다음과 같았다.

```
if (filterMessage.startsWith("Each ")) {
  …
}
```

추후 대소문자 정규화 코드가 추가되면서 조건문은 다음과 같이 변경되었다.

```
if (filterMessage.toLowerCase(Locale.ENGLISH)
                 .startsWith("Each ")) {
  …
}
```

문제는 정규화 뒷부분의 상수에 대소문자 변환이 적용되지 않았다는 것이다. 소문자만 있는 문자열은 E로 시작할 수 없으므로 이 조건은 절대 참이 되지 않는다. PVS-Studio 정적 분석기에 의해 발각되기까지, 이 버그는 5년 동안 아무도 눈치채지 못했다.

> **정적 분석**
>
> 이번 절의 예시처럼 간단한 실수는 정적 분석 도구가 감지할 수 있다. IntelliJ IDEA의 'Mismatched Case in String Operation' 검사가 이번 사례에 유용하다. PVS-Studio는 이 실수를 'V6007: Expression Is Always True/False' 경고로 보고한다. 그러나 검사 조건이 더 복잡하면(예: 접두사를 다른 메서드에서 얻을 때) 검사 도구도 버그를 놓칠 수 있다.

| 실수 방지 가이드 |

- 조건 비교 이전에 대소문자를 정규화해야 한다면 신중하게 처리한다. 이러한 작업은 에러의 원인이 될 가능성이 있다. 조건이 실제로 작동하는지 확인하는 유닛 테스트를 추가하라.
- 검색하려는 문자열이 상수가 아닐 경우, 어설션이나 사전 조건을 추가하는 식으로 예방 조치를 취한다. 가령

입력 문자열이 특정 접두사 중 하나로 시작하는지 확인하는 메서드는 다음과 같이 구현할 수 있다.

```
boolean hasOneOfPrefixes(String str, Set<String> prefixes) {
  String lowercased = str.toLowerCase(Locale.ROOT);
  for (String prefix : prefixes) {
    assert prefix.equals(prefix.toLowerCase(Locale.ROOT));
    if (lowercased.startsWith(prefix)) {
      return true;
    }
  }
  return false;
}
```

이 코드가 작동하려면 접두사가 이미 소문자여야 한다. 이러한 전제가 없는 한 접두사는 아무 역할도 하지 못할 것이다. assert 문은 이러한 상황을 감지하는 신호 역할을 할 수 있다.

- String 클래스에는 regionMatches() 메서드가 있다. 이 메서드는 대소문자 구분 없이 문자열에서 접두사 또는 접미사를 비교할 때 사용할 수 있다. 예를 들어 이번 절의 filterMessage 예시는 다음과 같이 고칠 수 있다.

```
String prefix = "Each ";
int len = prefix.length();
if (filterMessage.length() >= len &&
    filterMessage.regionMatches(true, 0, prefix, 0, len)) {
  …
}
```

보다시피, 직접 쓰기에 썩 편리한 메서드는 아니다. 그러나 프로젝트 여러 곳에서 대소문자 구분 없이 접두사를 비교해야 한다면, 다음과 같은 유틸리티 메서드를 만들어 활용하면 좋다.

```
public static boolean startsWithIgnoreCase
       (String str, String prefix) {
  int strLen = str.length();
  int prefixLen = prefix.length();
  return strLen >= prefixLen &&
         str.regionMatches(true, 0, prefix, 0, prefixLen);
}
```

toLowerCase().startsWith()를 연이어 쓰는 대신 이 메서드를 쓰면 코드가 더 견고해질 뿐만 아니라 성능도 향상된다. toLowerCase()와 달리 regionMatches()는 새로운 문자열을 할당하지 않기 때문이다.

실수 053 indexOf 메서드 결과 미확인

String 클래스에는 indexOf()와 lastIndexOf() 등의 검색 메서드가 있다. 이들은 검색 결과가 있으면 인덱스를 반환하고, 없으면 -1을 반환한다. 필자는 이러한 메서드를 사용한 뒤 결과 부재 상황을 처리하지 않는 실수를 자주 목격했다.

검색 메서드가 반환한 인덱스는 주로 substring() 등의 작업에 쓰인다. 그러나 substring()은 음수를 허용하지 않으므로 -1이 전달되면 즉시 예외를 일으킨다. 예를 들어, key = value 형태의 구문을 분석하는 다음 코드를 살펴보자.

```
static Entry<String, String> parseEntry(String entry) {
  int pos = entry.indexOf('=');
  return Map.entry(
    entry.substring(0, pos).trim(),
    entry.substring(pos + 1).trim());
}
```

entry에 등호가 포함되어 있지 않다면 pos = -1이 substring()의 인수로 전달되어 StringIndexOutOfBoundsException이 발생한다. 테스트가 충분치 못하면 이러한 코드가 프로덕션까지 살아남기도 한다. 그러나 이렇듯 예외가 발생하면 에러가 즉시 드러나므로 차라리 다행이다. 예외 발생과 처리 과정이 의도에 맞게 설계되어 있다면, 여기서 유일한 문제는 예외 메시지가 명확하지 않다는 것이다. 따라서 다음과 같이 적절한 예외와 메시지를 던지도록 조치하면 된다.

```
if (pos == -1) {
  throw new IllegalArgumentException(
    "Entry  must have key and value, separate by '='");
}
```

그러나 가끔 문제가 있어도 코드가 조용히 계속 실행되기도 한다. 예를 들어 다음 메서드는 입력 문자열에서 마침표를 검색하고 이후의 문자열을 반환하려 했다.

```
static String getExtension(String fileName) {
  return fileName.substring(fileName.lastIndexOf('.') + 1);
}
```

이 메서드는 파일명에 실제로 마침표가 있다면 잘 작동한다. 그러나 마침표가 하나도 없으면 `lastIndexOf()`가 −1을 반환하고 `fileName.substring(0)`이 실행된다. 결과는 처음 입력된 파일명 전체와 같다. 이러한 결과가 작성자의 의도에 부합하는지 확실치 않지만, 아마도 그렇지 않을 가능성이 크다. 적어도, 확장자 없이 이름만 png인 파일을 이미지 파일로 간주하려 했을 리는 없다.

검색 문자열이 한 글자 이상이면 문제가 더 커진다. 예를 들어 다음 메서드는 코드 본문을 한 줄씩 입력 받고 줄 끝에서 `//`로 시작하는 자바 스타일 주석을 추출하려 했다.

```
static String getCommentContent(String lineWithComment) {
  int pos = lineWithComment.indexOf("//") + 2;
  return lineWithComment.substring(pos).trim();
}
```

이전 예시와 비슷하게 이 메서드도 문자열 안에 주석이 있는 한 잘 작동한다. 그러나 주석이 없을 때는 `lineWithComment`의 첫 글자를 제외한 전체 문자열이 추출된다. 이 문자열을 주석으로 취급하면 어떤 일이 벌어질지는 독자의 상상에 맡기겠다. 또한 이 메서드는 입력 문자열이 비어 있을 때 예외를 일으키며 중단될 것이다.

검색 결과 오프셋을 가공한 뒤 −1과 비교하는 경우도 많다. 예를 들어 방금 예시 메서드에 개발자가 다음과 같이 검사 조건을 추가했다고 가정해보자.

```
static String getCommentContent(String lineWithComment) {
  int pos = lineWithComment.indexOf("//") + 2;
  if (pos == -1) {
    throw new IllegalArgumentException("줄에 주석이 없다");
  }
  return lineWithComment.substring(pos).trim();
}
```

이제 문제가 개선된 것처럼 보이지만 실은 그렇지 않다. `indexOf()`가 −1을 반환하면 곧장 2를 더하므로 `pos`에 +1이 저장된다. 결국 검사 조건은 절대 참이 되지 않는다.

정적 분석

이번 절에서 정적 분석 도구는 가끔 도움이 된다. IntelliJ IDEA의 'Constant Values' 검사는 방금 예시에서 pos == -1 조건이 항상 거짓임을 추론할 수 있다. 그러나 그 외의 예시는 분석하지 못한다.

indexOf() 결과를 0과 비교하는 사람들도 종종 있다. 이들은 검색결과가 -1과 일치하는지 확인하는 대신, indexOf(subString) >= 0 또는 indexOf(subString) < 0 방식으로 비교한다. 이러한 비교 방식 자체는 문제가 전혀 없다. 그러나 필자는 indexOf(subString) > 0과 같은 오타를 본 적이 있다. 이렇게 되면, 검색 결과가 없는 상황과 0 오프셋에서 문자열이 발견된 상황을 구분할 길이 없다. SonarQube의 'indexOf Checks Should Not Be for Positive Numbers' 규칙은 이렇듯 잘못된 비교 조건을 감지하고 보고한다.

| 실수 방지 가이드 |

- indexOf()와 lastIndexOf()의 결과는 연산에 쓰거나 다른 곳에 전달하기 전에 즉시 -1과 비교한다.
- 문자열을 검색하기에 앞서, 검색 결과가 없을 때 어떻게 할지 결정한다. 또한 그 시나리오를 유닛 테스트로 추가한다.
- 문자열을 처리할 때에는 고수준higher-level 메서드 라이브러리를 먼저 고려한다. 가령 아파치 커먼즈 랭 라이브러리에는 StringUtils.substringAfter()가 있다. 이 메서드는 입력 받은 구분자를 검색하고 그 이후의 문자열을 반환하는 방식으로 substring()과 indexOf()를 결합하는 효과를 낸다. 그러나 구분자를 찾지 못했을 때 어떻게 작동하는지 설명서를 통해 명확히 파악하고 사용해야 한다. substringAfter() 메서드는 검색 결과가 없으면 빈 문자열을 반환한다. 간혹 이러한 작동 방식이 상황에 맞지 않을 때도 있을 것이다.
- API를 직접 설계할 때는 -1 등의 특수한 값을 부재의 표현으로 사용하지 않는다. 대신 OptionalInt 등의 특수 데이터 타입을 사용할 수 있다. 이렇게 하면 API 사용자는 결과 부재 상황을 반드시 처리해야 한다. -1 등으로 부재를 처리하면 이를 검사하기 전에 연산에 사용하는 실수가 생길 수 있다.

실수 054 indexOf 인수 오용

문자열 검색을 중간부터 시작해야 할 때가 종종 있다. String.indexOf() 메서드의 첫 번째 인수는 검색할 문자, 두 번째 인수는 검색을 시작할 인덱스다. 문제는 이 메서드가 유니코드의 코드포인트 int를 첫 번째 인수로 허용한다는 점이다. 따라서 두 인수가 모두 int 인수인 경우가 있으며 둘을 혼동할 가능성이 생긴다. 예를 들어 대괄호 [로 시작하고]로 끝나는 문자열을 추출하는 메서드를 가정해보자. 코드는 다음과 비슷할 것이다.

```
static String getBracketedSubstring(String s) {
  int start = s.indexOf('[');
  if (start == -1) return null;
  int end = s.indexOf(start, ']');  ◁─┤ 닫는 괄호와 검색 시작 위치 뒤바뀜
  if (end == -1) return null;
  return s.substring(start, end + 1);
}
```

이 코드는 두 번째 `indexOf()` 호출에서 인수 순서가 바뀌었다. 컴파일러는 이 코드를 거부하지 않으며 런타임 예외도 발생하지 않는다. 그러나 이 코드는 제대로 작동하지 않는다. 대부분의 문자열은 `null`을 반환하겠지만 틀린 문자열이 반환되는 경우도 가끔 있다. 연습 삼아, null이 아닌 값을 반환하는 입력값을 찾아보자.

정적 분석

Error Prone 정적 분석기는 이 문제를 `IndexOfChar` 버그 패턴으로 보고한다.

| 실수 방지 가이드 |

- `indexOf`는 인수 순서가 바뀌어도 예외는 발생하지 않지만 프로그램은 명백히 오작동한다. 따라서 간단한 유닛 테스트만으로 문제를 발견할 수 있다. 문자열 처리 코드를 검사하는 테스트를 작성하라. 문자열 처리 함수는 매우 쉽게 테스트할 수 있으며 그럴만한 가치도 충분히 있다.

- IDE가 제공하는 파라미터 힌트를 주의 깊게 확인한다. '실수 050'에서 설명했듯이 파라미터 힌트는 메서드가 틀리지 않았을 경우에도 도움이 되며 인수에서 일어나는 사고를 예방한다. [그림 6-8]은 이번 절의 예시를 IntelliJ IDEA와 이클립스에서 열었을 때 파라미터 힌트가 작동하는 모습이다.

```
// IntelliJ IDEA
int end = s.indexOf( ch: start,  fromIndex: ']');

// Eclipse
int end = s.indexOf(ch: start, fromIndex: ']');
```

그림 6-8 IntelliJ IDEA와 이클립스의 `indexOf()` 메서드 파라미터 힌트

보다시피, 파라미터 힌트로 fromIndex가 표시되며 인덱스 위치에 문자가 왔으므로 어색하다고 느끼게 된다.

정리

- 자바의 char 타입은 꼭 문자를 나타내지 않는다. 두 개의 char 값으로 표현되는 문자는 서로게이트 페어라 한다. 이모지 등의 특수 문자를 지원하려면 이를 올바르게 처리할 수 있는 코드를 작성해야 한다.
- 기본 시스템 로케일은 의외의 결과를 만들어낸다. 터키어 로케일은 대소문자 변환 규칙이 특이하다. 소수점 구분자로 점 대신 쉼표를 사용하는 로케일도 많다. toUpperCase()나 format()처럼 기본 시스템 로케일을 사용하는 메서드는 신중하게 사용해야 한다.
- 문자열 포매팅 메서드는 각종 포맷 인수가 담긴 포맷 문자열을 인수로 받는다. 자바 컴파일러는 포맷 문자열의 형식이 틀려도 경고하지 않는다. 정적 분석은 포맷 문자열이 상수일 때만 도움이 된다.
- replaceAll()이나 split() 등의 문자열 처리 라이브러리 메서드는 정규 표현식을 인수로 입력 받는다. 그러나 여기에 단순 리터럴을 전달하는 실수가 많다. replace() 메서드는 단순 문자열을 대체하고 replaceAll()은 정규 표현식을 대체한다는 점을 명심하라.
- 자바 문자열 리터럴은 \b, \t 등의 각종 이스케이프 시퀀스를 지원한다. 가끔 이를 잘못 사용하면 리터럴이 완전히 달라질 수 있다. 특히 백슬래시 문자가 특수한 의미를 띠는 정규 표현식에서 이러한 문자열 리터럴을 신중하게 사용해야 한다.
- indexOf() 메서드는 검색 문자열을 찾지 못하면 -1을 반환한다. 반환값을 사용하기 전에 이 결과를 먼저 처리해야 한다.
- 메서드를 잘못 선택하거나 메서드 파라미터 순서를 틀리기 쉽다. 이러한 문제를 방지하려면 IDE가 제공하는 파라미터 힌트에 주의를 기울여야 한다.

CHAPTER

07 객체 비교

이 장의 내용

- 박싱된 타입에 참조 동등성을 적용하지 않는 이유
- equals() 메서드가 정의되지 않았거나 다르게 작동하는 표준 클래스
- equals(), hashCode(), compare(), compareTo()를 올바르게 구현하는 방법
- 비교 메서드를 잘못 사용하면 벌어지는 일

자바에서 객체 비교는 매우 중요한 사안이다. equals(), hashCode(), Comparable.compareTo(), Comparator.compare() 등은 모두 객체 비교와 관련된 메서드다. 이들은 Arrays.sort() 등의 여러 알고리즘과 HashMap 등의 다양한 데이터 구조에서 묵시적으로 사용된다. 이들을 올바르게 구현하지 않으면 해결하기 까다로운 문제가 생기며 디버깅하기도 어렵다.

이러한 메서드를 직접 구현하려는 독자들에게 좋은 소식과 나쁜 소식이 있다. 좋은 소식은 자바 문서에 이들의 계약 사항이 완벽히 명시되어 있다는 것이다. 계약을 엄격히 따르기만 하면 알고리즘은 제대로 작동한다. 나쁜 소식은 계약을 구현하는 과정이 다소 까다롭고 곳곳에 함정이 도사리고 있다는 것이다.

이들은 직접 구현할 때뿐만 아니라 사용할 때도 주의를 기울여야 한다. 일부 클래스는 equals()가 특이하게 작동한다. 이럴 때 참조 동등성 연산자 ==를 쓰면 혼란이 가중된다. equals()를 써야할 곳에서 ==를 쓰거나 혹은 그 반대의 실수를 범하는 경우도 많다.

실수 055 equals 메서드 대신 참조 동등성 비교

자바에서 객체를 비교하는 방법은 일반적으로 두 가지다. 하나는 == 연산자로, 객체의 참조를 비교하며 양쪽의 참조가 서로 같은 객체를 가리키면 true를 반환한다. 다른 하나는 equals() 메서드이며 한 쪽의 객체에서 호출한다. equals()는 자유롭게 구현할 수 있지만 일반적으로 객체의 내용을 비교한다는 암묵적인 합의가 있다. 따라서 두 객체가 동등하고 한 쪽을 다른 것 대신 사용할 수 있다면 true를 반환한다. 이 계약에 따르면 a.equals(b)는 a == b일 때 equals()는 true를 반환해야 한다. 그러나 이는 필요조건이 아니며 그 외의 경우도 true를 반환할 수 있다.

프로그래머들은 종종 equals() 대신 ==를 사용하곤 한다. 그 이유는 아마도 그저 간단히 처리하고 싶었거나, 두 비교 방식의 차이를 망각했기 때문일 것이다. 이러한 실수는 다소 애매한 에러를 유발한다. 실수가 있음에도 불구하고 프로그램은 여전히 잘 작동하는 경우가 있다.

가장 흔한 사례는 Boolean, Integer, Long 등의 원시 래퍼 클래스를 비교할 때 ==를 쓰는 것이다. 이 클래스들은 자동 박싱 과정에서 캐싱 기능을 활용하기 때문에 ==를 써도 참조 동등성 reference equality 비교가 작동한다.

```
Integer i1 = 100;
Integer i2 = 100;
System.out.println(i1 == i2);   <-- true 출력
```

자바 스펙에 따르면 −128~127 사이의 Integer 값은 언제나 캐싱된다. 가상 머신을 시작할 때 자바는 −128~127에 해당하는 Integer 객체를 각각 생성하고 IntegerCache라는 private 클래스 내부 배열에 저장한다. 예를 들어 100이라는 원시 숫자를 Integer 객체에 할당하면 묵시적으로 Integer.valueOf() 메서드가 호출되며, 이 숫자가 충분히 작으면 [그림 7-1]처럼 캐시에서 값을 가져오게 된다.

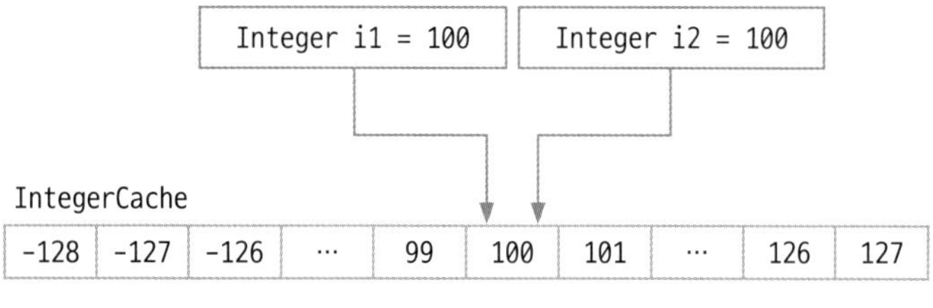

그림 7-1 Integer 객체를 캐시에서 가져오므로 i1과 i2는 같은 객체를 가리킨다

따라서 ==를 사용하더라도 숫자가 작고 자동 박싱 기능이 작동하면 올바르게 비교할 수 있다. 그러나 비교하는 값이 커지면 캐시에서 객체를 찾을 수 없다. 이 경우, 원시 숫자를 Integer 변수에 할당할 때마다 [그림 7-2]처럼 새로운 객체가 생성된다.

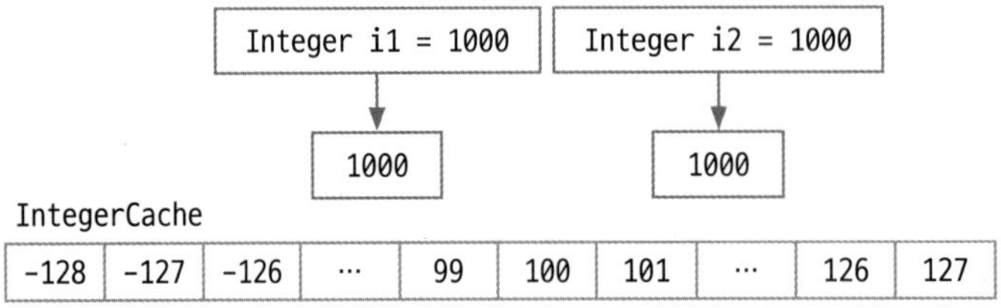

그림 7-2 큰 숫자는 Integer 객체 캐시에 없으므로 매번 새로운 객체가 생성된다

결국 다음 코드는 두 숫자를 제대로 비교할 수 없다.

```
Integer i1 = 1000;
Integer i2 = 1000;
System.out.println(i1 == i2);   <-- 일반적으로 false가 출력됨
```

사실 이 코드의 작동 결과는 정해져 있지 않다. 핫스팟HotSpot JVM에서 이 코드를 실행하면서 -XX:AutoBoxCacheMax=1000이라는 비공식 옵션을 주면 true가 출력된다. 이렇게 하면 자바는 더 많은 숫자를 캐싱한다. 한편, Boolean과 Byte 값은 항상 캐싱되며 자동으로 박싱된다. 그러나 다음과 같이 new Boolean(true)을 호출하면 true와는 다른 새로운 객체 인스턴스가 생성된다.

```
Boolean b1 = true;
Boolean b2 = true;
Boolean b3 = new Boolean(true);
System.out.println(b1 == b2);   <-- true 출력
System.out.println(b1 == b3);   <-- false 출력
```

향후 자바는 원시 래퍼의 public 생성자가 제거될 예정이므로 이러한 문제도 언젠가는 사라질 것이다. 그러나 자바 21 버전은 아직 Boolean과 Byte 래퍼의 새로운 인스턴스를 만들 수 있다. 특히 Boolean 타입은 생성자를 명시적으로 호출하지 않아도 문제를 일으킬 때가 있다. 특히 리플렉션 방식으로 호출한 메서드 반환값의 사례는 참고할만 하다. 다음 코드를 살펴보자.

```
import java.lang.reflect.Method;

public class Test {
  public static void main(String[] args) throws Exception {
    Method test = Test.class.getMethod("test");
    System.out.println(test.invoke(null) == Boolean.TRUE);   <- 자바 버전과 호출 횟수에 따라 false를 출력함
  }

  public static boolean test() {
    return true;
  }
}
```

이 코드는 리플렉션 API로 `test()`를 호출한다. `test()`는 원시 타입인 `true` 값을 무조건 반환하는 간단한 메서드다. 리플렉션의 `invoke()`는 `Object`를 반환하므로 내부적으로 `test()`의 반환값을 `Boolean` 객체로 래핑해야 한다. 이 과정은 자바 버전에 따라 다르게 구현된다. 자바 17 버전으로 이 코드를 실행하면 `test()`를 실행할 때 새로운 `Boolean` 객체가 생성되며 `false`가 출력된다. 같은 방식으로 이 메서드를 16번 이상 호출하면 리플렉션의 최적화 구현이 실행되기 시작한다. 만일 `main()` 메서드를 루프로 여러 번 실행하면 어느 순간부터 `true`가 출력될 것이다. 자바 18에서 리플렉션 API는 신규 `Boolean` 인스턴스를 생성하는 대신 메서드 핸들을 사용하도록 현대적인 방식으로 개선되었다. 따라서 항상 `true`가 출력된다. 이처럼, 원시 값을 반환하는 리플렉션 메서드가 `Boolean` 객체 인스턴스를 새로 생성하는 현상은 자바 17에서 직접 확인할 수 있다.

`String` 객체를 `==`로 비교하는 실수도 흔하게 발생한다. 소스 코드의 `String` 객체가 컴파일 타임 상수로 작동하면 가상 머신에 의해 자동으로 중복제거deduplicated되거나 인터닝iinterned된다. 따라서 `==` 비교가 제대로 작동하는 경우도 있다. 하지만 복잡하게 생성된 문자열은 별도의 `String` 객체를 생성하므로 `==`로 비교할 수 없다. 이 차이는 다음 코드에서 확인할 수 있다.

```
String greeting = "Hello";
System.out.println(greeting == "Hello");   <- true 출력
String greeting2 = greeting + "!";
System.out.println(greeting2 == "Hello!");   <- false 출력
```

첫 번째 비교는 `"Hello"`의 두 인스턴스가 동일한 객체를 참조하므로 `true`를 출력한다. 반면

greeting2 문자열은 컴파일타임 상수가 아니라 런타임에 평가되므로 새로운 "Hello!" 문자열 인스턴스로 생성된다. 이 인스턴스는 단순한 "Hello!" 문자열과 동일하지 않다. 물론 == 대신 equals() 메서드를 사용하면 두 비교 모두 true를 출력한다.

> **정적 분석**
>
> IntelliJ IDEA의 'Number Comparison Using ==, Instead of equals()' 검사는 숫자를 ==로 비교하는 곳을 보고한다. 마찬가지로, 문자열을 ==로 비교하면 'String Comparison Using ==, Instead of equals()' 검사가 경고를 보낸다. SonarQube에는 'S4973: Strings and Boxed Types Should Be Compared Using equals()' 규칙이 있다. 아쉽지만 둘 모두 Boolean 객체 비교 사례는 감지하지 못한다.

| 실수 방지 가이드 |

- 원시 래퍼 타입은 절대로 참조 동등성으로 비교하면 안 된다. 문자열도 마찬가지다. 성능상의 이유로 어쩔 수 없이 참조 동등성을 사용하는 경우가 아주 가끔 있지만, 이럴 때도 신중한 프로파일링을 통해 결과를 검증해야 한다. 문자열에 참조 동등성을 적용하는 일은 위험한 줄타기와 같다. 연결 표현식을 추가하는 것처럼 아무런 문제도 없어 보이는 변화조차 코드를 중단시킬 수 있음을 명심하라.

- 원시 래퍼 타입은 가능한 한 사용하지 않는다. 불가피하게 사용할 때는 최대한 빨리 언박싱해야 한다.

실수 056 equals()가 내용을 비교한다고 간주함

통상적으로, 참조가 아니라 내용으로 객체를 비교할 때는 == 연산자 대신 equals() 메서드를 쓴다. 그러나 이 원칙이 항상 옳은 것은 아니다. equals() 메서드가 정의되지 않은 클래스도 있기 때문이다. 이들은 자바의 기본 구현인 java.lang.Object의 equals() 메서드를 사용하며, 묵시적으로 ==(**동일성 비교**identity equal) 방식으로 작동한다. equals()가 별도로 구현되지 않은 가장 유명한 타입은 아마도 자바의 배열일 것이다. 자바 배열 객체를 내용으로 비교하려면 Arrays.equals() 또는 Arrays.deepEquals()라는 정적 메서드를 사용해야 한다. 의외로 JDK에는 equals()가 정의되지 않은 클래스가 제법 많다.

- StringBuilder와 StringBuffer: StringBuilder.equals() 메서드가 두 StringBuilder 인스

턴스의 내용을 비교한다고 생각하기 쉽지만, 실제로는 그렇지 않다. 자바 11부터 builder1.compareTo(builder2) == 0으로 두 빌더의 내용을 비교할 수 있다. builder1.toString().contentEquals(builder2)도 가능하지만 빌더의 내용을 문자열로 변환하는 메모리가 추가로 든다. StringBuilder.charAt()을 호출하면서 한 글자씩 비교하는 방법도 있다.

- AtomicInteger, AtomicReference 등의 **원자적 변수**atomic variable: 두 AtomicInteger 변수의 페이로드를 equals() 내부에서 비교할 수 있을 것 같지만, 실제로는 그렇게 작동하지 않는다. 다음과 같이 get()을 통해 내용을 명시적으로 읽은 다음 비교해야 한다.

```
var v1 = new AtomicInteger(1);
var v2 = new AtomicInteger(1);
System.out.println(v1.equals(v2));  <-- false 출력
System.out.println(v1.get() == v2.get());  <-- true 출력
```

  원자적 변수를 비교하는 일이 과연 어떤 의미가 있는지 자문하기 바란다. 원자적 변수는 동시 업데이트concurrent update를 목적으로 만들어졌다. 언제든 업데이트될 가능성이 있는 한, 처음에는 동일했던 두 변수도 비교 직후 달라질 수 있다. 대체로 원자적 변수의 비교는 모든 업데이트가 끝난 이후 수행해야 유효하다.

- WeakReference와 SoftReference: 이 클래스들은 equals()가 구현되어 있지 않다. 따라서 동일한 객체를 가리키고 있어도 참조 변수가 다르면 equals() 비교 결과도 다르다.

- **암호화 키**(java.security.Key): 간혹 두 암호키를 비교해야 할 때가 있다. 그러나 Key 인터페이스 구현체 중 equals() 메서드를 제공하지 않는 클래스가 많다. 따라서 equals() 메서드는 임의의 키를 엄밀하게 비교할 수 없다.

- Stream: 자바의 스트림은 한 번만 소비된다. 내용을 비교하기 위해 equals()를 구현하면 그 안에서 스트림이 소비되기 때문에 다시 equals()를 호출할 수 없다. 이러한 제한은 equals() 메서드가 요구하는 일관성 규칙에 위배된다. 또한 Stream.equals()를 정의하고 한 번이라도 사용하면 스트림이 이미 소비되어 다른 어떠한 작업도 처리할 수 없다. 따라서 두 스트림의 내용을 비교하려면 먼저 리스트로 수집한 다음에 이를 비교하는 것이 좋다. 스트림이 길고 서로 다를 가능성이 높다면 Stream.iterator()로 양쪽의 요소를 하나씩 비교해도 된다.

- ArrayDeque, PriorityQueue **등의 컬렉션**: 일반적으로 컬렉션은 equals() 메서드로 내용을 비교할 수 있다. 그러나 스펙에 따르면 equals()를 의무로 구현하는 컬렉션은 List와 Set뿐이다. 그 외의 컬렉션(특히 큐queue)을 비교할 때는 주의해야 한다.

- Collections.unmodifiableCollection()**의 반환 결과**(List와 Set 포함): 원본 컬렉션의 equals()에 비교 기능을 위임할 것이라고 예상하기 쉽지만 실제로는 그렇지 않다.

unmodifiableCollection()이 이렇게 구현된 이유는 equals()의 대칭성symmetricity을 유지

하기 위해서다. 이를 직접 확인하기 위해 다음과 같이 두 개의 컬렉션을 만들어보자.

```
List<Integer> list1 = Arrays.asList(1, 2, 3);
List<Integer> list2 = Arrays.asList(1, 2, 3);
System.out.println(list1.equals(list2));   <— true 출력
```

이제 list1.equals(unmodifiableCollection(list2))를 실행하면 어떻게 될까? List.equals()의 정의에 따르면 상대 객체도 List를 구현하고 동일한 원소를 동일한 순서로 보유하면 true를 반환한다. 그러나 unmodifiableCollection 래퍼는 (List를 래핑한다 해도) List의 구현체가 아니므로 false를 반환한다. 또한 equals()는 대칭성을 유지해야 하므로 unmodifiableCollection(list2).equals(list1)도 false를 반환할 수밖에 없다. 참고로, unmodifiableList()와 unmodifiableSet() 메서드가 반환하는 컬렉션은 equals() 메서드로 내용을 비교할 수 있다.

List와 Set을 비교하는 실수도 종종 벌어진다. 이 둘을 비교하면 두 컬렉션의 원소가 같아도 스펙에 의해 항상 false가 반환된다.

정적 분석

이번 절의 일부 예시는 정적 분석 도구가 감지한다. IntelliJ IDEA에는 'equals() Called on String Builder' 검사가 있으며, SonarQube에는 'S2204: .equals() Should Not Be Used to Test the Values of Atomic Classes' 규칙이 있다. 또한, IntelliJ IDEA에서 List와 Set을 equals()로 비교하면 'equals() Between Objects of Inconvertible Types' 경고가 발생한다. 아쉽지만 이번 절에서 언급한 실수를 모두 보고하는 정적 분석기는 아직까지 없다.

| 실수 방지 가이드 |

- 이번 절에서 나열한 클래스들을 숙지한다. 이들은 표준 라이브러리에서 가장 혼동하기 쉬운 클래스들이다.
- 처음 사용하는 API에서 객체를 equals()로 비교할 때는 API 문서와 구현 코드 검토를 통해 equals()가 예상대로 작동하는지 다각도로 검증하는 것이 좋다.
- 컬렉션 타입은 신중하게 사용하라. 새로운 메서드를 만들 때 리스트만의 기능이 필요치 않으면 파라미터로 컬렉션을 받아도 좋다고 판단하기 쉽다. 그 시점에서 equals()의 필요성을 재고해야 한다. equals()는 모든 객체에 존재하지만 내용 비교는 리스트에 특화된 기능이다.

- 가급적이면 unmodifiableCollection()보다 unmodifiableList()나 unmodifiableSet()을 사용한다.

실수 057 URL.equals() 사용

equals() 메서드가 객체의 내용을 비교한다 해도, 그 내용이 무엇인지 정확히 드러나지 않는 경우가 있다. 이로 인해 equals() 메서드는 가끔 예상과 크게 다른 방식으로 작동한다.

자바에서 URL을 표현하는 java.net.URL 클래스는 이 방면에 악명이 높다. URL은 기본적으로 문자열이므로, 두 URL이 같은지 확인할 때는 자연히 문자열을 비교한다고 생각하기 마련이다. 그러나 이 클래스의 equals() 메서드는 다소 특이하게 작동한다. 먼저 네트워크 요청을 보내 URL의 호스트 IP 주소를 확인하고, IP 주소가 같을 때 URL이 동일하다고 판단한다. 심지어 네트워크 요청은 상황에 따라 매우 오랜 시간이 걸리기도 한다. 마찬가지로, hashCode() 메서드도 equals()와 일관성을 맞추기 위해 호스트를 IP 주소로 해석한다. 따라서 HashSet 처럼 equals()나 hashCode()에 크게 의존하는 컬렉션은 URL을 담을 곳으로 적합하지 않다. URL 객체 비교 방식의 또 다른 문제는, 가상 호스팅이 보편화된 현대 인터넷 환경을 전혀 고려하지 않는다는 점이다. 가상 호스팅 환경은 서로 관련이 없는 수많은 웹사이트가 동일한 IP 주소를 공유할 수 있다.

정적 분석

정적 분석 도구는 URL 클래스가 의심스럽게 사용된 곳을 일부 감지할 수 있다. IntelliJ IDEA는 이러한 용도로 'equals() or hashCode() Called on java.net.URL Object'와 'Map or Set May Contain URL Objects' 검사를 제공한다. 이 두 검사의 활성화 여부를 확인하라. SonarQube는 'S2112: URL.hashCode and URL.equals Should Be Avoided' 규칙으로 이 문제를 보고한다. Error Prone 분석기의 'URLEqualsHashCode' 버그 패턴과, SpotBugs의 'equals and hashCode Methods of URL Are Blocking and Maps and Sets of URLs Can Be Performance Hogs' 규칙도 이 문제를 보고한다.

equals()나 hashCode()가 간접적으로 사용된 곳은 간혹 정적 분석 도구도 문제를 감지하지 못하므로 주의해야 한다. 예를 들면 다음과 같다.

```
List<URL> urlList = List.of(…);
URL urlToFind = new URL("https://example.com");
if (urlList.contains(urlToFind)) {
  System.out.println("Found");
}
```

이 코드에서 생성한 리스트는 equals()나 hashCode()와 아무런 관련도 없어 보인다. 그러나 추후 contains() 메서드를 호출할 때 내부적으로 equals()가 호출된다. 현재 IntelliJ IDEA와 SonarQube는 이러한 contains() 호출을 문제 삼지 않는다.

| 실수 방지 가이드 |

- URL 객체를 맵의 키로 사용하거나 세트의 원소로 담지 않는다. 또한 URL 객체의 equals()나 hashCode()를 직접 호출하지 않는다. 리스트나 배열에 URL을 저장할 때 신중을 기한다. 연산 과정에서 equals()가 간접적으로 호출될 수 있다.

- java.net.URL은 최대한 지양한다. 라이브러리 메서드에 불가피하게 URL 객체를 전달하는 경우를 제외하면, 대체로 java.net.URI를 쓰는 편이 낫다. URI는 URL과 달리 equals()와 hashCode()에서 네트워크 요청을 보내지 않는다. 그러나 문자열로 단순 비교하지 않는 것은 마찬가지다. URI는 스키마schema, 호스트host 등을 비교할 때 대소문자를 구별하지 않는다. 예를 들어 *HTTPS://EXAMPLE.COM*과 *https://example.com*은 동일한 URI로 간주된다. 항상 클래스 설명서를 읽고 동등성이 어떻게 정의되어 있는지 확인하는 습관을 들이자.

실수 058 스케일이 다른 BigDecimal 비교

BigDecimal 클래스도 equals()가 특이하게 구현되어 있다. 이 클래스는 임의의 정밀도를 지닌 부동소수점 숫자를 표현할 때 사용한다. URL 클래스의 네트워크 요청만큼은 아니지만 BigDecimal의 equals() 메서드도 꽤나 뜻밖의 행동을 보인다. BigDecimal 인스턴스는 언스케일 값(BigInteger)과 스케일 값(int)을 담고 있다. 후자는 지수 역할을 한다. 가령 BigDecimal 타입 0.1234에서 언스케일 값은 1,234이며 스케일 값은 4다. 이들을 조합하면 $0.1234 = 1234 \times 10^{-4}$가 된다. 그러나 이 수는 다른 방식으로도 표현할 수 있다. 가령 언스케일 값이 12,340이고 스케일 값이 5일 때도 결과는 $0.1234 = 12{,}340 \times 10^{-5}$로 동일하다. 문제는 이러한 최종 숫자와 무관하게 **equals()** 메서드가 언스케일과 스케일 값을 각각 비교한다는 점이다. 결과적으로, 같은 수를 **equals()**로 비교할 때 **false**가 반환되는 경우가 있다. 내부적으로 이 숫자가 구성되는 방식에 따라 스케일이 다르기 때문이다. 간단한 예시를 살펴보자.

```
BigDecimal zero1 = new BigDecimal("0");
BigDecimal zero2 = new BigDecimal("0.0");
System.out.println(zero1.scale());   // 0 출력
System.out.println(zero2.scale());   // 1 출력
System.out.println(zero1.equals(zero2));   // false 출력
```

0과 **0.0** 문자열을 이용해 두 개의 **BigDecimal** 값을 생성했지만 둘은 서로 스케일이 다르다. 따라서 실제로는 같은 수지만 **equals()**는 두 수가 다르다고 판단한다.

> **정적 분석**
>
> IntelliJ IDEA의 'equals() Called on java.math.BigDecimal' 검사(기본 비활성화)는 BigDecimal의 equals() 메서드를 직접 호출한 곳을 감지한다. 그러나 equals()는 '실수 057'의 List.contains() 처럼 내부에서 간접적으로 호출되기도 한다. 따라서 이 검사도 모든 문제를 찾아낼 수는 없을 것이다.

| 실수 방지 가이드 |

- BigDecimal 값을 비교하려면 compareTo() 메서드를 사용하는 것이 좋다. 이 메서드는 스케일과 상관없이 수치 자체를 비교하며 둘이 동일하면 0을 반환한다.

- equals()를 꼭 써야 한다면 stripTrailingZeros() 메서드로 수치를 정규화시켜야 한다. 이 메서드는 소수점 뒤에 붙은 불필요한 0을 제거한다. 따라서 정밀도를 유지하는 동시에 스케일은 최소한으로 축소한다. 다음은 이를 잘 나타내는 예시 코드다.

```
BigDecimal zero1 = new BigDecimal("0").stripTrailingZeros();
BigDecimal zero2 = new BigDecimal("0.0").stripTrailingZeros();
System.out.println(zero1.scale());   // 0 출력
System.out.println(zero2.scale());   // 0 출력
System.out.println(zero1.equals(zero2));   // true 출력
```

실수 059 관련 없는 타입에 equals() 사용

Integer와 String처럼 서로 전혀 다른 타입을 == 연산자로 비교하면 자바 컴파일러가 에러를 일으킨다. 그러나 equals()를 사용하면 컴파일러가 도움을 줄 수 없다. equals() 메서드는 모든 타입의 객체를 파라미터로 받는다. equals()에 전달한 객체가 원래 객체와 관련이 없으면 계약에 따라 false가 반환된다. 만일 이러한 상황이 실수로 발생해도 컴파일 에러나 예외는 일어나지 않는다. 따라서 equals()의 문제는 감지할 수 없으며 한동안 알아채지 못할 것이다.

다음은 필자가 실제로 프로덕션 코드에서 목격했던 사례다. 이 코드는 컬렉션과 특정 아이템을 equals()로 비교하고 있다.

```
interface Item {}

Collection<Item> find(String name) {…}

void process(String name, Item specialItem) {
  if (find(name).equals(specialItem)) {
    … // 특이 사례
  }
}
```

이 코드의 실수는 쉽게 눈에 띄지 않는다. find()라는 이름만 봐서는 이 메서드가 Collection을 반환한다는 사실을 즉시 알기 어렵기 때문이다. 간혹 비즈니스 요건의 변화에 따라, 하나의 항목만 반환하던 메서드가 컬렉션을 반환하도록 리팩터링하는 경우가 있다. 이 예시의 find() 메서드 또한 원래는 단일 항목을 반환했지만 나중에 여러 항목을 반환하도록 리팩터링됐을 가능성이 있다. 리팩터링 과정에서 반환 타입을 바꿀 경우, 그에 따른 컴파일 에러를 모두 수정하는 것이 일반적인 대응이다. 그러나 이번 예시는 컴파일 에러를 일으키지 않으므로 문제가 된다. find() 메서드가 void 또는 원시 타입을 반환하지 않는 한, .equals() 메서드는 아무 제한 없이 호출할 수 있다. 따라서 이러한 비교는 코드를 조용히 망가뜨린다.

또 다른 예시 코드를 살펴보자. 이 코드는 원래 다음과 같은 모습이었다.

```
void fetchNameAndProcess(User user) {
  String name;
```

```
  if (user == null) {
    name = generateName();
  } else {
    name = user.fetchName();
  }
  if ("anonymous".equals(name)) {
    return;
  }
  process(name);
}
```

시간이 흐른 뒤, 모종의 락lock 상태에서 name을 가져오도록 코드를 고쳐야 했다. 락 상태를 다루는 헬퍼 API 메서드는 void withLock(Runnable r)로 선언되어 있었으며, 이를 다음과 같이 활용했다.

```
String name;
withLock(() -> {
  if (user == null) {
    name = generateName();
  } else {
    name = user.fetchName();
  }
});
```

그러나 이 코드는 컴파일되지 않는다. 람다 내부에서 로컬 변수를 수정할 수 없기 때문이다. 개발자는 이를 재빨리 해결하기 위해 다음과 같이 name을 단원소 배열one-element array로 바꾸고 그 안에 문자열을 담았다.

```
String[] name = new String[1];
withLock(() -> {
  if (user == null) {
    name[0] = generateName();
  } else {
    name[0] = user.fetchName();
  }
});
if ("anonymous".equals(name)) {
  return;
}
```

```
process(name[0]);
```

그러나 개발자는 여기서 마지막 `if` 문을 간과하고 말았다. 문자열과 배열 간 동등성 비교는 컴파일러가 보기에 완벽히 유효한 연산이므로 아무런 문제도 없다. 그러나 이 조건은 절대 참이 될 수 없으며 프로그램은 예상대로 작동하지 않는다.

정적 분석

정적 분석 도구는 이번 절의 문제를 보고할 수 있다. IntelliJ IDEA에는 'equals() Between Objects of Inconvertible Types' 검사가 있다. SonarQube는 'S2159: Silly Equality Checks Should Not Be Made' 경고가 이러한 문제를 보고한다. 이 검사들이 항상 완벽히 작동하지는 않는다. 두 번째 예시의 조건문은 문자열과 배열이 전혀 다르므로 명백히 잘못된 코드다. 그러나 첫 번째 예시는 조금 더 모호하다. `Item` 은 인터페이스이므로 `Item`을 구현할 때 이론적으로 `Collection` 인터페이스 일부를 구현했을 가능성도 있다. 이 경우 `equals()` 메서드는 사실상 같은 클래스 객체를 비교하는 셈이다. 방금 언급했던 IntelliJ IDEA의 검사는 클래스 계층 구조를 분석하고 `equals()`의 양쪽 타입에 모두 속하는 하위 클래스가 없을 때 경고를 표시한다. 그러나 실시간으로 하위 클래스를 검색하면 속도가 저하되므로, 때에 따라서는 검색이 중단되기도 한다.

| 실수 방지 가이드 |

- 메서드 반환 타입을 변경할 때는 'Call Hierarchy' 등의 IDE 기능을 통해 모든 호출 지점을 검사한다. 컴파일 에러가 발생한 호출 지점만 확인하면 코드에 발생한 의미의 변화를 놓칠 위험이 있다. 많은 개발자는 변경된 파일에 새롭게 등장한 정적 분석 경고에만 주목한다. 그러나 첫 번째 예시를 돌이켜보자. 이 사례에서 개발자는 `find()`의 반환 타입을 `Item`에서 `Collection<Item>`으로 변경하고 컴파일 에러를 모두 수정했을 것이다. 이때 `process()` 메서드를 호출하는 파일에 변경 사항이 없다면, `equals()` 호출로 인해 새로이 등장한 정적 분석 경고를 놓치기 쉽다. 모든 호출 지점을 명시적으로 검사해야만 이러한 문제를 방지할 수 있다. 이러한 맥락에서, 전체 프로젝트에 대한 정적 분석을 지속적 통합 서버에서 실행할 필요성도 더욱 강조된다. 변경되지 않은 소스 파일에 새로운 경고가 등장하면 지속적 통합 과정에서 자동으로 감지할 수 있다.

- 코드 커버리지에 주목하면 여러 면에서 도움이 된다. 문제의 `equals()` 조건을 테스트하는 케이스가 있고 해당 조건이 항상 `false`로 평가된다면, 테스트가 실패하지는 않더라도 코드 커버리지는 감소한다. 지속적 통합 서버에서 커버리지 감소 경고를 보내도록 설정하면 이 지점에서 무언가 망가졌다는 사실을 알아차릴 수 있다.

실수 060 잘못된 equals() 구현

자바에서 equals() 메서드를 직접 구현하는 것은 에러를 초래하는 지름길이다. 모든 필드를 비교하는 작업은 그다지 어렵지 않지만 반복적인 코드 패턴을 작성하다 보면 실수하기 쉽다. 필자가 여러 번 목격했던 사례는, 입력 파라미터의 객체 필드를 확인할 때 이를 자기 자신의 필드와 비교하는 실수다. 가령 다음 코드는 엘라스틱서치Elasticsearch 프로젝트에서 발생하고 수정됐던 버그를 재현하고 있다.

```
class MyEntity {
  private String name;
  private List<String> attributes;
  private Object data;
  private long timeStamp;

  public boolean equals(Object o) {
    if (this == o) return true;
    if (o == null || getClass() != o.getClass()) return false;
    MyEntity other = (MyEntity) o;
    return timeStamp == other.timeStamp &&
           name.equals(other.name) &&
           attributes.equals(attributes) &&
           data.equals(other.data);
  }
}
```

이 코드의 실수는 IDE나 정적 분석기의 보조 없이는 발견하기 어려울 것이다. equals() 코드를 보면 attributes 필드를 other.attributes와 비교하지 않고 자기 자신과 비교하고 있다. 일반적으로 IDE는 equals() 메서드 구현 코드를 자동으로 생성한다. 그러나 나중에 새로 추가한 필드에 대한 비교 코드를 직접 작성하면 이러한 실수를 저지르기 쉽다.

또 다른 흔한 실수는 여러 필드를 추가할 때 발생한다. 이 경우 equals() 호출 코드를 그대로 복사하고 그 안의 한정자나 인수를 고치곤 한다. 다음 코드는 이 과정에서 생긴 실수를 나타낸다.

```
class User {
  String firstName, middleName, lastName;
  Gender gender;
```

```
    int age;

    public boolean equals(Object o) {
      if (this == o) return true;
      if (o == null || getClass() != o.getClass()) return false;
      User user = (User) o;
      return Objects.equals(firstName, user.firstName) &&
              Objects.equals(middleName, user.firstName) &&
              Objects.equals(lastName, user.lastName) &&
              gender == user.gender &&
              age == user.age;
    }
  }
```

이전 실수와 마찬가지로, middleName과 user.firstName이 비교되고 있다는 사실은 단번에 알아차리기 어렵다. 이 경우 equals()는 두 객체에 동일한 필드가 있고 middleName과 firstName이 같아야만 제대로 작동한다.

equals() 메서드에서 가장 흔하게 발생하는 문제는 필드가 누락되는 것이다. 새로운 필드를 객체에 추가한 다음 equals() 메서드를 고치지 않고 그대로 두는 경우가 많다.

이러한 실수는 명백한 오작동을 유발하지 않으므로 테스트 과정에서 발견하기 매우 어렵다. 가령 특정 필드를 잘못 비교하고 있다면 두 객체 사이에서 그 필드만 다를 때 문제가 부각된다. 이 실수가 얼마나 자주 문제를 일으킬지는 해당 필드가 객체에서 어떤 의미를 가지고 있는가에 달려있다. 처음에는 프로그램이 올바르게 작동하는 것처럼 보이고 심지어 테스트도 통과할 것이다. 프로그램 사용자 또한 equals() 메서드가 실제로 두 객체를 잘못 비교하고 있음을 알아채지 못한다. 이로 인해 예외가 발생하면 다행이지만, 대개는 리스트에서 항목이 누락되거나 HashMap에서 중복 항목이 잘못 제거되는 등, 조용히 데이터가 손실되고 만다.

이런 실수는 디버깅하기도 어렵다. equals()를 잘못 구현하면 ArrayList나 HashSet 등의 표준 컬렉션 클래스까지 이상하게 작동한다. 문제를 해결하기 위해 단계별step-by-step 디버깅을 하다 보면 라이브러리 클래스의 복잡한 내부 구현 코드까지 타고 들어가기도 한다.

또한 필드에 null이 들어갈 수 있다면 특별히 관리해야 한다. 이를 잘못 처리하는 사례를 실제로 많이 보았다. 이 실수는 여러 형태로 드러나지만 간단하게 예를 들면 다음과 같다.

```
class Box {
```

```
  final Object data;

  Box(Object data) { this.data = data; }

  @Override
  public boolean equals(Object obj) {
    if (this == obj) return true;
    if (obj == null || obj.getClass() != Box.class) return false;
    Box that = (Box) obj;
    return data != null && data.equals(that.data);
  }
}
```

이 코드에서 equals()는 data와 that.data가 모두 null일 경우 객체가 같지 않다고 판단하는데, 이는 실수일 가능성이 크다. 가령 new Box(null).equals(new Box(null))는 false가 될 것이다. 이 문제는 Objects.equals() 라이브러리 메서드를 쓰면 간단히 해결할 수 있다. 이렇듯 null 동등성을 올바르게 처리하는 메서드가 있을 때에는, 이를 정확하고 효과적으로 처리하는 요령을 따로 부릴 필요가 없다.

equals()를 구현할 때 instanceof 검사에서 파라미터 대신 this를 사용하는 오타도 자주 발생한다. 다음 코드를 살펴보자.

```
class MyClass {
  …

  @Override
  public boolean equals(Object obj) {
    if (obj == this) return true;
    if (!(this instanceof MyClass)) return false;
    MyClass that = (MyClass) obj;
    … // 필드 비교
  }
}
```

이 문제는 정적 분석기 등의 조력자가 없으면 발견하기 어렵다. 올바른 조건 표현은 다음과 같다.

```
if (!(obj instanceof MyClass)) return false;
```

SquirrelJME 프로젝트의 `Date` 클래스에서 꽤 오랫동안 살아남았던 이 버그는 정적 분석 경고 덕분에 고칠 수 있었다. 명백한 오타가 있었지만 `obj` 가 `MyClass`의 인스턴스가 아닐 때만 런타임 예외가 발생했기 때문에 오랫동안 발견되지 않았다. 게다가 일부 프로그램은 이 오타가 지장을 주지 않았다. 전혀 다른 객체를 이 클래스와 비교할 일이 없었기 때문이다. 그러나 이 코드는 매우 취약한 상태이며, 향후 수정 사항이 생기면 쉽게 망가질 것이다.

정적 분석

정적 분석기는 이번 절의 일부 에러를 발견할 수 있다. 예를 들어 IntelliJ IDEA는 'equals() Called on Itself' 검사가 있으며 `equals()`가 자기 자신을 호출하는 경우를 감지한다. 앞서 예시로 보인 `attributes.equals(attributes)` 문제가 여기에 해당한다. SonarQube에는 'S1764: Identical Expressions Should Not Be Used on Both Sides of a Binary Operator'라는 더 일반적인 규칙이 있다. 이 규칙은 `equals()` 메서드의 인수가 한정자와 동일한 경우도 감지할 수 있다.

예시의 `this instanceof MyClass` 조건식은 항상 참을 반환하므로 IntelliJ IDEA의 'Constant Values' 검사로 감지할 수 있다. SonarQube는 이 문제 자체를 감지하지는 않지만 대신 'S2097: equals(Object obj) Should Test Argument Type' 경고를 보낸다. `equals()`를 구현하며 분명 `instanceof` 조건을 넣었기 때문에 개발자는 SonarQube가 틀렸다 여기고 경고를 무시할지도 모른다. 이러한 안일함은 경계해야 한다. 만일 정적 분석이 엉뚱한 경고를 보낸다면 코드를 더욱 철저히 확인해야 한다. 그래도 문제를 찾지 못하면 동료에게 재검토를 부탁하라.

| 실수 방지 가이드 |

- 가급적이면 `equals()`와 `hashCode()` 메서드를 직접 구현하지 말고 IDE를 이용해 생성한다. 필드를 새로 추가할 때도 마찬가지다. 기존 구현을 손수 고치려다가 에러를 추가하게 될 위험이 있다. 아예 기존 `equals()`와 `hashCode()`를 제거하고 처음부터 다시 생성하는 편이 더 안전하다. IntelliJ IDEA는 Code 〉 Generate 〉 `equals()` and `hashCode()`, 이클립스는 Source 〉 Generate `hashCode()` and `equals()` 메뉴를 선택하면 [그림 7-3]처럼 동등성 계약을 맺을 필드를 선택하고 기타 옵션을 지정한 다음 메서드를 생성할 수 있다.

- 자바 16부터 레코드record 클래스에 데이터를 저장할 수 있다. 이 클래스는 `equals()`와 `hashCode()`를 컴파일러가 자동으로 생성한다. 가능하면 레코드 클래스를 사용하라.

- 널 가능 필드의 동등성을 검사할 때는 `null`을 직접 다루지 말고 `Objects.equals()` 정적 메서드를 사용하라. 이 방법이 더 간결하고 가독성도 높으며 에러 가능성은 낮다.

- equals() 메서드를 구현하고 테스트할 때는 EqualsVerifier[1] 등의 전문 라이브러리를 사용한다. equals()의 다양한 오작동을 수작업으로 일일이 테스트하기는 어렵다. EqualsVerifier 라이브러리는 equals() 메서드를 최대한 완벽히 테스트하기 위해 존재한다. 물론 이번 절에서 나열했던 문제들도 감지할 수 있다.

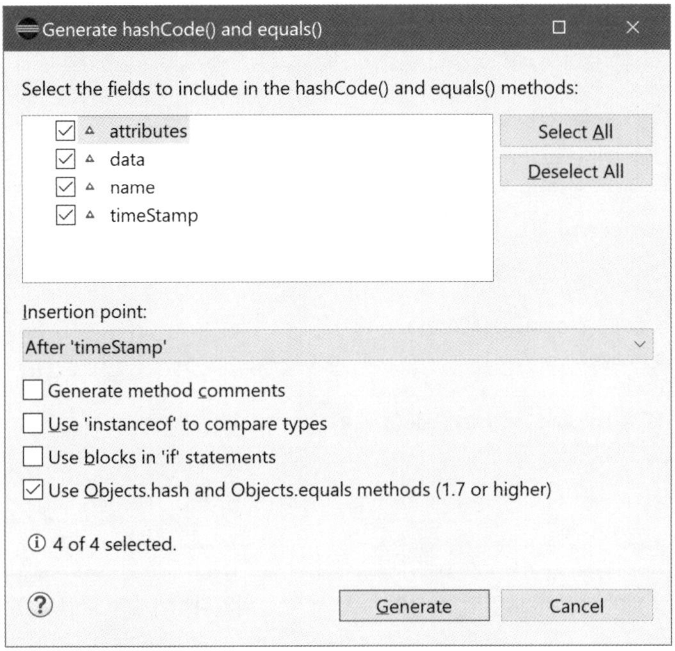

그림 7-3 이클립스 IDE의 hashCode() 및 equals() 생성 대화 상자

실수 061 배열 필드 hashCode()

hashCode() 메서드를 구현할 때는 계약을 이행하는 데 집중해야 한다. 특히 equals()를 실행했을 때 동일하다고 나오는 두 객체는 해시코드도 같아야 한다. 이 계약을 지키지 않은 객체를 HashSet과 HashMap 등에 넣으면 버그에 준하는 오작동이 발생한다. 이들은 모두 해시코드에 의존하는 컬렉션이기 때문이다. 가령 hashCode()가 잘못되면 동일한 두 객체를 HashSet에 따로 넣는 것도 가능하다.

---

1 *https://jqno.nl/equalsverifier/*

자바 7 이전에는 hashCode() 메서드를 수동으로 구현하기 어려웠고 에러도 자주 발생했다. 당시 이 메서드는 개별 필드의 해시코드를 구한 다음 곱셈(통상적으로 31배)과 덧셈을 연이어 조합하는 방식으로 구현됐다. 또한 널 가능nullable 필드를 다룰 때는 특별히 주의를 기울여야 했다. 다음은 세 개의 필드가 있는 클래스의 hashCode() 구현이다.

```
class Person {
  String name;
  int age;
  Occupation occupation;

  public boolean equals(Object o) { … }

  public int hashCode() {
    int result = name != null ? name.hashCode() : 0;
    result = 31 * result + age;
    result = 31 * result +
      (occupation != null ? occupation.hashCode() : 0);
    return result;
  }
}
```

자바 7부터 Objects.hash() 메서드가 도입되고 상황은 크게 개선되었다. 이제는 다음과 같이 동등성 계약에 참여하는 모든 필드를 전달하기만 하면 된다.

```
public int hashCode() {
  return Objects.hash(name, age, occupation);
}
```

이 방법은 박싱 기능 덕분에 원시 필드와 객체 필드에 모두 통용된다. JVM이 박싱을 최적화하지 못하면 성능 손실이 발생할 수 있지만 대체로 감수할 만하다. 그러나 가끔은 Objects.hash()의 이러한 단순함이 문제를 일으킨다. 이 메서드는 해당 필드의 hashCode() 메서드에 일정 역할을 위임한다. 따라서 각각의 필드 타입에 hashCode()가 구현되지 않았다면 Objects.hash()의 결과도 그르칠 수 있다. 배열은 이 대목에서 특히 더 중요하다. 배열의 hashCode()는 배열의 내용을 고려하지 않으므로, 같은 내용을 지닌 배열도 해시코드가 다를 수 있기 때문이다.

가령 두 개의 배열 필드가 있는 클래스를 가정해보자. hashCode()를 가능한 한 간편하게 구현하고 싶었던 개발자는 다음과 같이 Objects.hash()를 사용했다.

```
class DataHolder {
  final int[] intData;
  final String[] stringData;

  DataHolder(int[] intData, String[] stringData) {
    this.intData = intData;
    this.stringData = stringData;
  }

  public boolean equals(Object o) {
    if (this == o) return true;
    if (o == null || getClass() != o.getClass()) return false;
    DataHolder dh = (DataHolder) o;
    return Arrays.equals(intData, dh.intData) &&
           Arrays.equals(stringData, dh.stringData);
  }

  public int hashCode() {
    return Objects.hash(intData, stringData);
  }
}
```

그러나 이 구현은 동일한 객체에 대해 서로 다른 해시코드를 반환한다. 다음 코드를 실행하면 이를 직접 확인할 수 있다.

```
var h1 = new DataHolder(new int[0], new String[0]);
var h2 = new DataHolder(new int[0], new String[0]);
System.out.println(h1.equals(h2));  <-- true 출력

var set = new HashSet<>();
set.add(h1);
set.add(h2);
System.out.println(set.size());  <-- 2 출력
```

이 코드는 동일한 객체를 두 개 만들고 특정한 HashSet에 추가한다. 그러나 중복이 제거되지 않고 모두 추가된다. 이러한 작동 결과는 혼란스럽고 디버깅하기 어려운 문제로 발전한다.

굳이 Objects.hash()를 사용하고 싶다면 다음과 같이 배열을 Arrays.hashCode() 호출로 래핑하면 된다.

```
public int hashCode() {
  return Objects.hash(
          Arrays.hashCode(intData),
          Arrays.hashCode(stringData));
}
```

이렇게 하면 배열은 물론 배열이 아닌 필드도 함께 Objects.hash()에 넣을 수 있다. 또한 수학적 연산 코드를 직접 코딩할 필요도 없다. 다차원 배열일 경우에는 Arrays.deepHashCode()와 Arrays.deepEquals()를 사용하면 된다.

자바 레코드도 주의할 점이 있다. 레코드의 hashCode()와 equals() 메서드는 자동으로 구현되지만 그곳에서 배열을 별도로 처리하지는 않는다. 따라서 배열 레코드 컴포넌트는 내용이 아닌 참조 방식으로 비교된다. 배열의 내용을 비교하려면 hashCode()와 equals()를 수동으로 구현해야 한다.

정적 분석

IntelliJ IDEA는 Objects.hash() 메서드에 배열을 전달할 때 경고를 표시한다. 이 검사의 이름은 'hashCode() Called on Array'다.

| 실수 방지 가이드 |

- equals()와 마찬가지로, hashCode()는 수동으로 구현하지 않는다. IDE를 통해 이 메서드를 구현하라. IDE는 배열을 특별하게 처리해야 한다는 것을 알고 있으므로, 단순히 Objects.hash()로 래핑하고 끝내지 않는다.
- 자바 레코드에서 배열 컴포넌트는 신중하게 사용한다. 가능하면 List를 사용하는 것이 좋다. List 구현체는 리스트의 내용을 기반으로 해시코드를 계산한다. 아쉽지만 자바에서는 아직 List<int>를 사용할 수 없으며, List<Integer>를 사용하면 성능과 메모리 면에서 상당한 오버헤드가 생긴다. 레코드 컴포넌트로 '원시 배열'을 사용해야 할 때는 equals()와 hashCode()를 명시적으로 구현하는 것이 합리적인 선택이다.

실수 062 equals()와 hashCode() 불일치

이미 언급한 바와 같이 equals()와 hashCode()는 IDE에서 자동으로 생성하는 것이 좋다. 그러나 드물게는, equals() 안에서 IDE의 기본 구현 외에 다른 기능을 처리해야 할 때가 있다. 이렇게 되면 hashCode()도 그에 맞게 구현해야 한다. 이러한 작업에서 가끔 문제가 발생하곤 한다.

예를 들어 다음과 같이 두 필드가 순서에 관계없이 같을 때 객체도 동등하다고 간주하는 equals()가 있다고 해보자.

```
class TwoFields {
  int f1, f2;

  public boolean equals(Object o) {
    if (this == o) return true;
    if (o == null || getClass() != o.getClass()) return false;
    TwoFields twoFields = (TwoFields) o;
    return f1 == twoFields.f1 && f2 == twoFields.f2 ||
           f1 == twoFields.f2 && f2 == twoFields.f1;
  }
}
```

equals()와 hashCode()를 자동으로 생성하면 이렇듯 특수한 조건을 만들어내지는 못한다. 이 경우 hashCode()를 Objects.hash(f1, f2)로 구현하면 제대로 작동하지 않을 것이다. 올바른 결과를 얻으려면 f1과 f2를 서로 바꿔도 동일한 결과를 반환하는 대칭 함수가 필요하다. 그러나 Objects.hash()는 대칭적이지 않다. 가령 Objects.hash(1, 2)는 994를, Objects.hash(2, 1)은 1,024를 반환한다. 이 경우 가장 간단한 해결책은 다음과 같이 둘을 합산하는 것이다.

```
public int hashCode() {
  return f1 + f2;
}
```

java.util.Set의 구현 코드도 비슷한 접근 방식을 채택했다. 세트의 동등성은 원소의 순서와 무관하기 때문이다.

또 다른 해결책은 객체 생성 및 수정 시 매번 정규화하는 것이다. 불변 객체는 이를 매우 간단하게 구현할 수 있다. 가령 다음은 항상 `f1 <= f2`를 유지하는 클래스다.

```
class TwoFields {
  final int f1, f2;

  TwoFields(int f1, int f2) {
    if (f1 <= f2) {
      this.f1 = f1;
      this.f2 = f2;
    } else {
      this.f2 = f1;
      this.f1 = f2;
    }
  }
}
```

이런 클래스는 `equals()` 및 `hashCode()`에 커스텀 로직을 구현할 필요가 없다. 따라서 자동 생성 코드도 잘 작동한다. 자바 레코드도 이러한 기법을 적용할 수 있다.

문자열 필드를 `equalsIgnoreCase()`로 비교하는 비표준 `equals()`도 가끔 필요하다. 편의상, 다음과 같이 단 하나의 문자열 필드가 있고 이 문자열의 대소문자를 보존해야 한다고 가정해보자. 다시 말해 클래스 생성자에서 해당 문자열을 정규화시킬 수 없다는 뜻이다.

```
final class CaseInsensitiveString {
  private final String string;

  CaseInsensitiveString(String string) {
    this.string = Objects.requireNonNull(string);
  }

  public boolean equals(Object o) {
    if (this == o) return true;
    if (!(o instanceof CaseInsensitiveString)) return false;
    CaseInsensitiveString that = (CaseInsensitiveString) o;
    return string.equalsIgnoreCase(that.string);
  }
}
```

이 클래스에서 hashCode()를 올바르게 구현하려면 어떻게 해야 할까? 보통 이럴 경우 개발자들은 다음과 같이 toLowerCase()나 toUpperCase()로 대소문자를 정규화한다(잊지 말고 로케일을 명시해야 한다).

```
public int hashCode() {
  return string.toLowerCase(Locale.ROOT).hashCode();
}
```

아쉽게도 이 hashCode() 구현은 계약을 위반하고 있다. equalsIgnoreCase()로 비교하면 동일하지만 toLowerCase() 변환 결과는 서로 다른 문자열도 있다. equalsIgnoreCase()는 문자 단위로 비교하며 toUpperCase() 또는 toLowerCase() 중 하나만 일치해도 동일한 문자라고 간주하기 때문이다. 개중에는 toUpperCase()가 같아도 toLowerCase()가 다르거나 또는 그 반대의 효과를 내는 문자가 있다. 예를 들어 그리스어 Σ(시그마) 문자의 소문자는 σ와 ς(단어 끝에 사용됨)라는 두 가지로 나뉜다. 다음 코드로 이 문자를 테스트해보자.

```
System.out.println("σ".toLowerCase(Locale.ROOT));   ◁— σ
System.out.println("ς".toLowerCase(Locale.ROOT));   ◁— ς
System.out.println("σ".toUpperCase(Locale.ROOT));   ◁— Σ
System.out.println("ς".toUpperCase(Locale.ROOT));   ◁— Σ
System.out.println("σ".equalsIgnoreCase("ς"));   ◁— true
```

toLowerCase()는 원래 문자의 소문자인 σ 또는 ς를 반환하지만 toUpperCase()는 Σ라는 동일한 문자를 반환함을 알 수 있다. 결국 마지막의 equalsIgnoreCase()는 true를 반환한다. 따라서 이러한 문자가 포함되면 동일한 객체라도 각기 다른 해시코드를 반환하고, 세트나 맵에 넣었을 때 정상적으로 작동하지 않게 된다. 이러한 문제는 어떠한 파급 효과를 일으킬까? 다음과 같이 CaseInsensitiveString 객체를 포함하는 불변 세트를 만들어보자.

```
var s1 = new CaseInsensitiveString("ς");
var s2 = new CaseInsensitiveString("σ");
System.out.println(s1.equals(s2));   ◁— true 출력
System.out.println(Set.of(s1).contains(s2));   ◁— true 출력
System.out.println(Set.of(s1, "a").contains(s2));   ◁— true 출력
System.out.println(Set.of(s1, "a", "b").contains(s2));   ◁— false 출력
```

원소가 1개 또는 2개일 때 세트를 검사하면 s2를 포함하고 있다고 올바르게 판단한다. 그러나 세 번째 원소가 추가되면 갑자기 false를 반환하는 것을 볼 수 있다. 그 이유는 Set.of()에 세 개 이상의 원소가 추가되면 hashCode()에 의존하도록 구현됐기 때문이다. 이는 명시적인 스펙에 따른 작동 결과가 아니며 향후 자바 버전에서 변경될 가능성이 있다. 중요한 점은, 동일한 객체에 대해 서로 다른 hashCode() 값을 반환하면 온갖 이상한 일이 벌어질 수 있다는 것이다.

그리스어 시그마 문제를 해결하려면 hashCode() 구현에서 toLowerCase()를 toUpperCase()로 바꾸면 된다. 그러나 이렇게 하면 CaseInsensitiveString는 또 다른 기호에서 다시 문제를 일으킬 것이다.

| 실수 방지 가이드 |

- equals()와 hashCode()를 구현할 때 해당 객체를 동일한 키 시퀀스로 표현하면 둘 사이에 일관성을 유지할 수 있다. 만일 hashCode() 구현에서 string.toLowerCase(Locale.ROOT)의 해시코드를 사용한다면, toLowerCase()라는 하나의 키를 사용하는 셈이다. 구현의 일관성을 지키려면 equals()에서도 다음과 같이 동일한 키로 값을 비교해야 한다.

```
public boolean equals(Object o) {
  if (this == o) return true;
  if (!(o instanceof CaseInsensitiveString)) return false;
  CaseInsensitiveString that = (CaseInsensitiveString) o;
  return string.toLowerCase(Locale.ROOT)
      .equals(that.string.toLowerCase(Locale.ROOT));
}
```

  이 코드는 다소 장황할 뿐만 아니라 성능 면에서도 이득이 없다. 새로운 문자열을 생성하기 때문이다. 대신 이런 식으로 처리하면 항상 일관된 결과를 얻을 수 있다. 키 시퀀스에 대한 자세한 설명은 '실수 067'을 참고하기 바란다. 이 코드는 예시와 다르게 작동한다. 특히 CaseInsensitiveString 객체에서 σ와 ς 문자가 서로 동등하지 않다고 판단한다.

- equals() 메서드가 equalsIgnoreCase()의 기능적 의미semantic를 충실히 따르게 하려면 다음과 같이 hashCode() 구현에서 toUpperCase()와 toLowerCase()를 모두 실행(순서 무관)하면 된다.

```
public int hashCode() {
  return string.toUpperCase(Locale.ROOT)
      .toLowerCase(Locale.ROOT).hashCode();
}
```

실수 063 특정 반환값에 의존하는 compare()

자바 객체의 순서를 정의하는 표준 방식은 두 가지다. Comparable 인터페이스를 구현(일명 **자연순** 방식)하거나 커스텀 Comparator를 이용하는 것이다. Comparator.compare()와 Comparable.compareTo() 메서드는 계약이 유사한 만큼 이들과 관련된 버그 패턴도 비슷하다. 이번 절에서는 이 두 메서드를 **비교 메서드**comparison method라 통칭할 것이다. 다음 코드는 비교 메서드의 결과를 0이 아닌 특정 상수와 비교하는 실수를 나타낸다.

```
if (comparator.compare(a, b) == 1) {
  …
}
```

compare 메서드 중 상당수가 실제로 -1, 0, 1만 반환한다. 그러나 계약에 의하면 이들은 1과 -1뿐만 아니라 모든 양수와 음수를 반환할 수 있다. 따라서 이 코드는 오랫동안 잘 작동하다가 비교자comparator 구현이 변경되는 순간 갑자기 오작동할 위험이 있다. 비교 메서드가 -1, 0, 1 이외의 값을 반환하는 경우는 그리 드물지 않다. 특히, 표준 JDK의 String.compareTo() 메서드는 다양한 값을 반환하는 것으로 알려져 있다. 그러므로 커스텀 비교자가 특정 상황에서 String.compareTo()에 기능을 위임한다면 비교자의 반환 결과도 바뀔 것이다. 다음과 같이 두 필드를 포함하는 비교 가능 레코드를 살펴보자.

```
record User(String name, int age) implements Comparable<User> {
  @Override
  public int compareTo(User o) {
    int res = name.compareTo(o.name);
    return res != 0 ? res : Integer.compare(age, o.age);
  }
}
```

이 코드에서 비교 메서드는 먼저 이름으로 사용자를 정렬하고, 이름이 같으면 나이 순서로 정렬한다. 이 레코드로 다음과 같이 세 명의 사용자를 생성해보자.

```
User u1 = new User("Mary", 30);
User u2 = new User("Mary", 20);
User u3 = new User("Joe", 30);
```

u1.compareTo(u2)의 결과는 1이다. 이름이 동일하므로 비교 기능이 Integer.compare()로 위임되었기 때문이다. Integer.compare()는 항상 -1, 0, 1만 반환한다. 하지만 u1과 u3을 비교하면 결과는 3이 된다. 이번에는 String.compareTo()의 결과를 반환하기 때문이다.

이 코드에서 compareTo() 구현은 계약을 완벽히 따르고 있으며 아무런 문제도 없다. 진짜 문제는 compareTo()의 결과를 특정한 양수와 비교하는 사용 방식이다.

이러한 문제는 예외를 거의 발생시키지 않으므로 디버깅하기 매우 어렵다. 그러나 데이터 처리 순서는 조용히 뒤바뀌고 계산 결과는 어긋날 것이다. 이를테면 엉뚱한 원소가 최댓값으로 결정되는 식이다. 이렇듯 잘못된 결과가 처음 등장하는 지점을 찾고 원인을 파악하기란 쉽지 않다.

주장컨데, 표준 라이브러리에 다음과 같은 열거형이 있었다면 좋았을 것이다.

```
enum ComparisonResult {
  LESS, EQUAL, GREATER
}
```

필요한 값은 결국 세 가지뿐이므로, 비교 메서드가 이러한 열거형을 반환하면 충분히 제 역할을 할 수 있다. 그러나 역사를 돌이켜 보면 이는 불가능한 일이었다. 열거형은 비교 메서드에 비해 훨씬 늦게 도입되었기 때문이다. 또한 당시에는 성능이 더 중요한 고려 사항이었을 것이다. 양수나 음수를 반환하면 비교 메서드 구현에서 조건 분기 수를 줄이는 효과도 있다.

정적 분석

정적 분석기는 비교 메서드 결과를 특정 상수와 직접 비교하는 곳을 경고로 알려준다. IntelliJ IDEA에는 'Suspicious Usage of Compare Method' 검사가 있고, SonarQube에는 S2200: compareTo Results Should Not Be Checked for Specific Values 규칙이 있다. 또한 SpotBugs는 'Code Checks for Specific Values Returned by compareTo' 경고를 보낸다. 그러나 대부분의 정적 분석기는 다음과 같이 compareTo의 반환 결과를 특정한 계산 결과와 비교하는 곳은 경고하지 못한다.

```
void check(User u1, User u2, boolean reverse) {
  int expected = reverse ? 1 : -1;
  if (u1.compareTo(u2) != expected) {
    throw new IllegalArgumentException("Order is correct");
  }
```

```
    }
```

이렇듯 정적 분석기의 능력에는 한계가 있으므로, 특정 유형의 모든 문제를 찾아낼 것이라 기대하면 안 된다.

| 실수 방지 가이드 |

- 직접적이든 간접적이든, compare()와 compareTo()의 호출 결과는 1, -1처럼 0이 아닌 상수와 비교하지 않는다.
- 비교자용 알고리즘을 직접 만들지 않는다. 쓸만한 알고리즘은 대부분 표준 JDK 라이브러리나 유명 서드파티 라이브러리에 이미 있다. 컬렉션에서 최댓값이나 최솟값을 찾는 알고리즘을 직접 작성하는 경우가 많지만, 표준 JDK 라이브러리에는 이미 Collections.max/min과 Stream.max/min 메서드가 있다. 표준 메서드는 테스트를 충실히 거쳤고, 버그가 있을 가능성은 매우 낮다.

실수 064 동일한 객체를 비교할 때 0을 반환하지 않음

객체를 비교할 수 있게 하려면 compareTo() 메서드를 구현해야 한다. 그러나 이 과정에서 인터페이스 계약을 위반하는 Comparable 객체들이 많다. 이 시점에서 계약 규칙을 다시 정리해 보자.

- **반대칭성**antisymmetry: x.compareTo(y)와 y.compareTo(x)의 부호는 반대여야 한다. 또한 x.compareTo(x)는 반드시 0이어야 한다.
- **전이성**transitivity: x.compareTo(y) > 0이고 y.compareTo(z) > 0이라면 x.compareTo(z)의 결과도 0보다 커야 한다.
- x.compareTo(y) == 0일 경우, 임의의 z에 대해 x.compareTo(z)와 y.compareTo(z)의 부호는 같아야 한다.

원본 클래스를 건드리지 않고 객체를 정렬하고 싶거나 compareTo() 메서드의 자연순 정렬이 불충분할 경우, Comparator를 직접 정의해야 한다. Comparator의 compare() 메서드는 compareTo()와 계약 조건이 매우 비슷하다. 예를 들어, cmp라는 Comparator로 객체 x와 y를 비교할 경우 다음과 같은 규칙을 충족시켜야 한다.

- **반대칭성**: cmp.compare(x, y)와 cmp.compare(y, x)의 부호는 반대여야 한다. 또한 cmp.compare(x, x)는 반드시 0이어야 한다.

- **전이성**: cmp.compare(x, y) > 0이고 cmp.compare(y, z) > 0이라면 cmp.compare(x, z)의 결과도 0보다 커야 한다.

- cmp.compare(x, y) == 0일 경우, 임의의 z에 대해 cmp.compare(x, z)와 cmp.compare(y, z)의 부호는 같아야 한다.

compare()와 compareTo()의 중요한 차이점은, null에는 자연 순서가 없지만 Comparator는 null과 비-널non-null 객체를 비교할 수 있다는 것이다(필수는 아니다). Comparator 클래스에는 nullsFirst()와 nullsLast() 등의 정적 유틸리티 메서드가 있으며, 이를 이용해 null을 다른 객체들의 앞이나 뒤에 배치한다. 따라서 모든 비교자는 null을 다룰 수 있다.

모든 기능을 직접 구현하겠다는 시도는 너무나 쉽게 계약 위반으로 이어진다. 특히 개발자는 동일한 객체를 비교하면 0을 반환해야 한다는 규칙을 종종 잊는다. 예를 들어, 비교 가능한 객체에 하나의 boolean 필드만 있고, true를 래핑한 객체가 false를 래핑한 객체보다 순서에서 앞서야 한다고 가정해보자. 우선 다음과 같은 코드가 떠오를 것이다.

```
class BoolObj implements Comparable<BoolObj> {
  final boolean b;

  BoolObj(boolean b) { this.b = b; }

  @Override
  public int compareTo(BoolObj o) {
    return b && !o.b ? 1 : -1;
  }
}
```

이 비교는 다음과 같은 간단한 테스트로 검증할 수 있다.

```
BoolObj b1 = new BoolObj(true);
BoolObj b2 = new BoolObj(false);
System.out.println(b1.compareTo(b2));   <-| 1 출력
System.out.println(b2.compareTo(b1));   <-| -1 출력
```

그러나 동일한 boolean 값을 래핑한 두 객체를 비교하면 -1이 반환된다. [그림 7-2]에 보이

듯 이러한 비교 결과는 틀린 값이다. 따라서 다음과 같이 객체의 동일성 여부도 함께 확인해야 한다.

```
return b == o.b ? 0 : b ? 1 : -1;
```

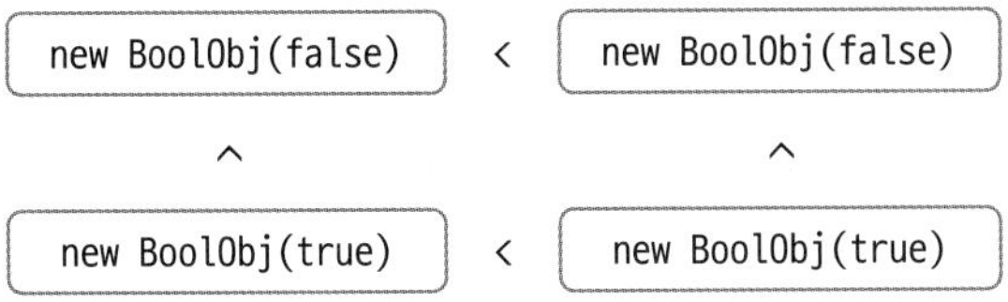

그림 7-4 객체가 자기 자신보다 작다고 판단하는 compareTo()

이런 경우에는 라이브러리 메서드인 `Boolean.compare()`를 사용하는 편이 훨씬 안정적이다. 다음 코드는 방금 예시와 똑같은 일을 한다.

```
return Boolean.compare(b, o.b);
```

필자는 다음과 같은 파일 비교자 코드를 본 적이 있다. 이 비교자는 디렉터리를 우선적으로 정렬하고 그 다음으로 파일명을 정렬하려 한다.

```
Comparator<File> comparator = (file1, file2) -> {
  if (file1.isDirectory()) {
    return -1;
  } else if (file2.isDirectory()) {
    return 1;
  }
  return file1.getName().compareTo(file2.getName());
};
```

연습 삼아 이 비교자에서 잘못된 점은 무엇인지 파악하고 이를 올바르게 고쳐보자.

정적 분석

비교 메서드가 동일한 요소를 비교한 뒤 0을 반환하지 않는 간단한 사례는 IntelliJ IDEA의 'Suspicious Comparator.compare() Implementation' 검사가 보고한다.

| 실수 방지 가이드 |

- 비교 메서드를 구현할 때는 비교 대상이 서로 동일할 경우를 항상 고려한다. 당장은 아니더라도 (예: 중복 없는 객체 리스트를 정렬하는 경우) 해당 비교 메서드가 추후 다른 콘텍스트에서 재사용될 가능성이 있다. 동일한 대상의 비교 결괏값을 잘못 반환하면 특정 데이터셋에 문제가 생긴다. 이러한 버그는 재현하기 어렵다.
- 객체를 자기 자신 또는 동일한 객체와 비교하는 유닛 테스트를 추가한다. 또한 그 결과가 0인지 검증한다.
- 비교 메서드에서 boolean 필드를 비교할 때 Boolean.compare()를 사용한다. 더 크다고 판단할 쪽이 어디인지에 따라 true 또는 false 값을 인수로 교체할 수 있다.

실수 065 뺄셈을 이용한 숫자 비교

숫자를 비교할 때 가끔 뺄셈을 쓰면 편리하다. 다음 코드는 하나의 int 필드를 지닌 객체를 비교한다.

```
class IntObj implements Comparable<IntObj> {
  final int i;

  IntObj(int i) { this.i = i; }

  @Override
  public int compareTo(IntObj o) {
    return i - o.i;
  }
}
```

compareTo()는 계약에 따라 1 또는 -1뿐만 아니라 모든 양수나 음수를 반환할 수 있다. 따라서 이 코드는 짧으면서도 올바른 구현으로 보인다. 하지만 큰 숫자를 다룰 때 이 뺄셈은 오버플로를 일으킬 수 있다. 예를 들어 new IntObj(2_000_000_000)와 new IntObj

(-2_000_000_000)라는 두 객체를 생성하고 비교하면 [그림 7-5]처럼 후자가 더 크다는 결과가 나온다. 이는 전이성 규칙에 위배된다.

```
IntObj x = new IntObj(2_000_000_000);
IntObj y = new IntObj(0);
IntObj z = new IntObj(-2_000_000_000);
System.out.println(x.compareTo(y) > 0);    true 출력
System.out.println(y.compareTo(z) > 0);    true 출력
System.out.println(x.compareTo(z) > 0);    false 출력
```

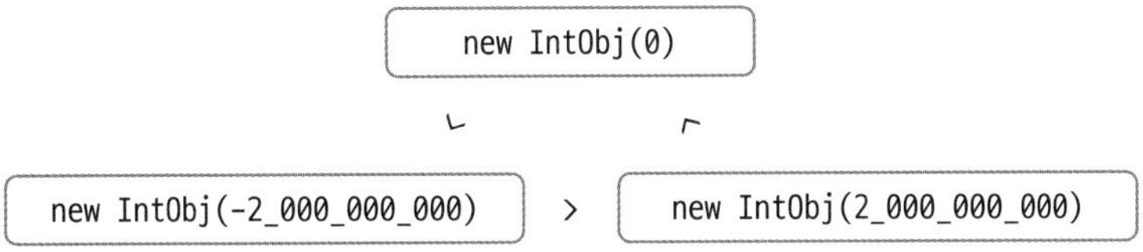

그림 7-5 compareTo() **내부에서 뺄셈을 사용하면 부호가 반대인 큰 수를 비교할 때 잘못된 결과가 나온다**

이 경우 compareTo()를 올바르게 구현하려면 다음과 같이 뺄셈 대신 단순 비교로 판단해야 한다.

```
return i == o.i ? 0 : i < o.i ? -1 : 1;
```

boolean 필드와 마찬가지로 이 작업도 다음과 같이 전용 라이브러리 메서드를 쓰는 편이 훨씬 낫다.

```
return Integer.compare(i, o.i);
```

이번 문제는 매우 드문 사례처럼 보일 것이다. 비교 대상 숫자가 문자열 길이처럼 절대 음수가 되지 않으면 이런 문제는 발생하지 않는다. 또한 숫자의 절댓값이 대략 10억을 넘지 않는 한, 음수도 마찬가지로 안전하다. 그러나 드물게 발생하는 문제가 늘 그렇듯, 이 버그도 아무렇지 않게 테스트를 통과해 프로덕션 코드까지 살아남았던 적이 있다. 2021년 11월, 안드로이드폰이 특정 상황에서 911 긴급 전화를 걸지 못하는 사태가 벌어졌다. 당시의 긴박한 상황은 미샬 라만Mishaal Rahman의 블로그 포스트 〈How a Bug in Android and Microsoft Teams

Could Have Caused This User's 911 Call to Fail〉에 자세히 나와 있다. 사소한 버그가 얼마나 심각한 결과를 초래하는지, 이 사례를 통해 조금이나마 상상해보기 바란다. 후속 조사 결과, 문제의 근본 원인은 바로 이번 절의 주제와 정확히 같았다. 긴급 전화를 연결하기에 앞서 `PhoneAccount` 객체들이 비교자를 통해 정렬되었고, 통화로 연결할 선호 객체가 최종적으로 결정됐다. 일련의 비교 과정이 끝난 후 마지막 단계에 있던 코드는 다음과 같았다.

```
// 해시코드를 기준으로 비교
return account1.hashCode() - account2.hashCode();
```

이 코드는 모든 `int` 값을 해시코드로 사용했고, 값이 커지자 실제로 오버플로가 발생하며 정렬 절차가 실패했다. 뺄셈을 `Integer.compare()` 호출로 교체하자 문제는 사라졌다.

비교 메서드의 계약 준수가 그토록 중요한 이유에 대해 혹자는 의문을 제기할 수 있다. 사실, 정렬이 약간 틀려도 무방한 경우가 있을 수 있다. 심지어 잘못된 비교자도 간단한 테스트를 통과하고 적당한 결과를 낼 수 있다. 그러나 입력값이 커질 수록 결과의 파급력도 커진다는 것이 문제다.

`TimSort` 알고리즘은 이러한 의문에 답하는 하나의 사례가 될 수 있다. 이 알고리즘은 자바 7 버전부터 OpenJDK의 기본 정렬 알고리즘으로 쓰였다. `TimSort`는 특정 상황에서 비교자 불변조건을 확인하며 이를 준수하지 못할 경우 예외를 던진다.

앞서 예시로 들었던 `IntObj` 객체를 무작위 초기화 방식으로 32개 만들어 배열에 채운 후 정렬해보자. 코드는 다음과 같다.

```
Random random = new Random(209);
IntObj[] objects = new IntObj[32];
Arrays.setAll(objects, i -> new IntObj(random.nextInt()));
Arrays.sort(objects);
```

이 프로그램은 다음과 같은 예외를 일으키며 실패한다.

```
java.lang.IllegalArgumentException: Comparison method defeats its general
    contract!
```

필자는 이 예제를 준비하던 중에 0~208 사이의 시드seed 값을 Random 클래스에 전달하면 예외가 발생하지 않는다는 것을 알게 됐다. 이러한 차이가 발생하는 이유는 비교 메서드의 불변성을 항상 검사하지 않기 때문이다. 예외를 일으키는 첫 번째 양수 시드는 209다. 물론 자바가 버전을 높이며 정렬 알고리즘이 더욱 최적화되면 이 수치는 달라질 수 있다. 그렇다 해도 비교자를 잘못 구현하면 간단한 테스트를 통과해 실제 프로덕션 환경에서 문제를 일으킬 가능성이 충분히 있다.

불변성 검사에 숨어 있는 또 다른 덫Gotcha은 정렬 대상 배열 또는 컬렉션의 크기다. 원소가 32개 미만일 때 TimSort는 불변성을 전혀 검사하지 않는 더 간단한 알고리즘으로 전환된다. 따라서 소형 컬렉션으로는 아무리 테스트해도 이 예외를 볼 수 없다.

비교 메서드는 배열과 리스트 정렬에만 쓰이지 않는다. TreeSet 등의 정렬된 컬렉션sorted collection도 비교 메서드를 자주 활용한다. 이곳에서 계약 위반은 단순한 예외를 넘어 훨씬 더 극적인 결과를 초래한다. 예를 들어 다음과 같이 IntObj 객체를 포함하는 TreeSet을 생성해보자.

```
IntObj o1 = new IntObj(-2_000_000_000);
IntObj o2 = new IntObj(2_000_000_000);
IntObj o3 = new IntObj(0);
Set<IntObj> set = new TreeSet<>(Arrays.asList(o1, o2, o3));
System.out.println(set.contains(o2));  ◁─┤ true 출력
```

지금까지는 아무 문제 없다. 세 개의 객체를 만들었고, set는 그중 두 번째 객체를 포함하고 있음을 확인할 수 있다. 이 상태에서 o1을 제거해보자.

```
set.remove(o1);
System.out.println(set.contains(o2));  ◁─┤ false 출력
```

o1을 제거하면 TreeSet은 마치 언제 그랬냐는 듯이 o2가 있었다는 사실을 잊어버린다. 이 세트를 루프로 순회하면 여전히 o2의 존재를 확인할 수 있다. 그러나 contains() 메서드는 false를 반환하고 remove() 메서드는 o2를 제거하지 못한다. 이러한 현상은 TreeSet이 내부적으로 레드-블랙 트리red-black tree[2]를 구축할 때 비교자의 불변성에 의존하기 때문이다. 오버

2 옮긴이_ 각 노드를 빨강, 검정으로 표현하는 방식으로 이루어진 트리. 트리 높이의 균형을 유지한다는 특징이 있으며 조작 시 로그 시간 복잡도(O(log n))를 보장한다.

플로로 인해 트리가 망가졌고, 트리 순회 중 특정 원소를 찾지 못하게 된 것이다.

이러한 문제는 HashSet이나 HashMap에서도 발생할 수 있다. 자바 8부터 이러한 클래스들은 버킷bucket 내부에 충돌이 잦아지면 레드-블랙 트리를 생성하고 사용자가 작성한user-provided compareTo() 메서드에 의존하기 시작한다. 무작위 데이터에서 이러한 문제가 발생할 가능성은 적지만, 악의적인 사용자가 입력을 제어하면 해시 충돌을 유발하는 데이터 집합을 만들어 강제 트리화treeification를 유도할 수 있다. 이제부터 예시를 통해 이러한 위험성을 시연해보자.

```
record Point(int x, int y) implements Comparable<Point> {
  @Override
  public int compareTo(Point o) {
    if (x != o.x) {
      return x - o.x;
    }
    return y - o.y;
  }
}
```

자바 컴파일러는 레코드의 필드, 생성자, equals(), hashCode(), toString()을 자동으로 생성한다. hashCode()가 어떤 방식으로 행동하는지 규정하는 스펙은 없지만, 아직까지 이 메서드는 일정하고 예상 가능한 방식으로 작동하고 있어서 그다지 어렵지 않게 해시 충돌을 일으킬 수 있다. 이 코드는 x 좌표를 비교하고 그 다음으로 y 좌표를 비교한다. 앞서 설명한 바와 같이 compareTo()에서 뺄셈을 사용하는 것은 바람직하지 않다. 다음 코드를 이어서 살펴보자.

```
Point[] points = new Point[20];
Arrays.setAll(points, idx -> {
    int x = idx * 500_000_000;
    int y = -new Point(x, 0).hashCode();
    return new Point(x, y);
});
Set<Point> set = new HashSet<>(Arrays.asList(points));
set.remove(points[1]);
System.out.println(set.contains(points[14]));   ◁—┤ false 출력
```

이 코드는 hashCode() 값이 0인 20개의 Point를 생성한다. 구현 정보에 따르면 해시코드

는 내부적으로 일종의 함수를 두고 이를 통해 해시를 계산한다. 이 함수를 f라 하고 계산식을 f(x) + y라 해보자. x가 정확히 어떻게 사용되는지는 몰라도 y는 단순히 결과에 더해지는 값이므로 각 Point에서 y를 -f(x)로 설정했다. 이제 해시 충돌이 늘어나고 HashSet은 레드-블랙 트리로 전환된다. 또한 x 값을 충분히 크게 설정했으므로 compareTo() 메서드 내부의 뺄셈은 가끔 오버플로를 일으키기 시작한다. 결과적으로 하나의 Point를 제거하면 HashSet은 그와 완전히 무관한 다른 Point를 잊어버리게 된다. 그러나 해당 Point는 여전히 세트 안에 남아 있고 찾을 수도 있다. 예를 들어 다음 표현식은 true를 반환한다.

```
set.stream().anyMatch(points[14]::equals)
```

이 코드는 레코드의 hashCode()과 HashSet에 의존하고 있다. 이들의 구현 정보는 명시적으로 규정되지 않았으므로 지금의 실행 결과는 향후 자바 버전에서 달라질 수도 있다. 그러나 근본적인 문제는 계속 남는다. compareTo()를 잘못 구현하면 세트와 맵이 망가진다는 것이다.

정적 분석

IntelliJ IDEA는 compareTo() 메서드에서 뺄셈이 사용된 곳을 'Subtraction in compareTo()' 검사로 보고한다. 이 검사는 오버플로로부터 안전한 뺄셈은 경고하지 않는다. 가령 두 문자열의 길이는 음수가 될 수 없으므로 이러한 값으로 뺄셈을 하면 오버플로가 발생하지 않는다.

| 실수 방지 가이드 |

- 덧셈 또는 뺄셈 등의 수학적 연산은 오버플로를 일으킬 수 있음을 명심한다('실수 027' 참고).
- int 필드를 비교할 때는 Integer.compare() 라이브러리 메서드를 사용한다. Comparator를 직접 구현할 때는 Comparator.comparingInt() 메서드가 유용하다.
- 최댓값에 가까운 매우 큰 수 또는 음수를 입력값으로 허용해야 한다면, 해당 사례를 검증하는 유닛 테스트를 반드시 작성하라.
- 정렬에 관련된 코드를 테스트할 때는 최소 32개 이상의 원소가 담긴 테스트 데이터를 준비한다. 원소를 더 많이 추가할수록 TimSort의 불변성 위반을 포착할 가능성은 높아진다.

실수 066 비교 메서드가 반환하는 NaN 값 무시

비교 메서드를 직접 만들면 부동소수점 숫자를 제대로 처리하지 못할 위험이 있다. 가령 다음과 같은 클래스를 살펴보자.

```
class DoubleObj implements Comparable<DoubleObj> {
  final double d;

  DoubleObj(double d) { this.d = d; }

  @Override
  public int compareTo(DoubleObj o) {
    return d == o.d ? 0 : d < o.d ? -1 : 1;
  }
}
```

이 클래스는 d가 NaN일 때 다음과 같이 계약을 위반하게 된다.

```
DoubleObj x = new DoubleObj(Double.NaN);
DoubleObj y = new DoubleObj(0);
System.out.println(x.compareTo(y) > 0);   <-- true 출력
System.out.println(y.compareTo(x) > 0);   <-- true 출력
System.out.println(x.compareTo(x) > 0);   <-- true 출력
```

이 문제를 해결하는 방법은 이미 알고 있을 것이다. 직접 만들지 말고 라이브러리 메서드를 사용하면 된다.

```
return Double.compare(d, o.d);
```

이 코드는 다른 모든 값보다 NaN 값이 크다고 일관되게 판단한다. 또한 이 구현은 `0.0`과 `-0.0`을 정렬함으로써 `0.0`을 더 큰 쪽에 둔다.

정적 분석

IntelliJ IDEA는 수동 구현 대신 `Double.compare()`를 사용하라고 제안하며 'compare() Method Can Be Used to Compare Numbers' 검사를 통해 경고를 표시한다. 이 경고는 NaN 비교가 틀릴 수

있다는 점을 자세히 설명해주지 않으므로 그저 코드 스타일 경고로 치부하기 쉽다. 그러나 이 경고의 수정안을 적용하면 어떤 식으로든 코드가 더 올바르게 작동할 가능성이 높아진다.

| 실수 방지 가이드 |

- 부동소수점 숫자를 비교할 때 NaN 값을 처리해야 한다는 사실을 잊으면 안 된다. NaN과 관련된 문제는 '실수 040'에서 자세히 설명한 바 있다.

- NaN 값이 필드에 저장될 가능성이 있다면 이를 제대로 처리하고 있는지 확인하는 유닛 테스트를 작성해야 한다. 그럴 가능성조차 없어야 한다면 필드 할당 조건을 설정하면 된다. 예를 들면 DoubleObj 클래스 예시에서 생성자는 다음과 같이 만들 수 있다.

```
DoubleObj(double d) {
  if (Double.isNaN(d))
    throw new IllegalArgumentException();
  this.d = d;
}
```

  이렇게 하면 문제 발생 시 즉시 감지할 수 있다.

- Double.compare()는 -0.0이나 NaN과 등의 특수한 숫자를 처리한다. 이러한 기능은 직접 구현하기보다 라이브러리 메서드를 사용하는 것이 좋다. 라이브러리 메서드는 충분히 테스트되었으며 다양한 코너 케이스를 아우른다.

- Comparator를 구현할 때 comparingDouble() 정적 메서드를 활용한다.

실수 067 비교 메서드에서 객체를 키 시퀀스로 표현하지 못함

여러 필드를 비교하는 일반적인 방법은 각각을 차례로 비교하다가 차이를 확인하면 중단하는 것이다. 이를 구현한 코드는 다음과 비슷할 것이다.

```
class Person implements Comparable<Person> {
  String name;
  int age;
```

```
  @Override
  public int compareTo(Person o) {
    int res = name.compareTo(o.name);
    if (res != 0) return res;
    return Integer.compare(age, o.age);
  }
}
```

이 코드는 구아바Guava 라이브러리의 `ComparisonChain` 유틸리티 이용해 다음과 같이 플루언트 스타일로 작성할 수 있다.

```
public int compareTo(Person o) {
  return ComparisonChain.start()
      .compare(name, o.name)
      .compare(age, o.age)
      .result();
}
```

`Comparable` 인터페이스 구현체 대신 커스텀 `Comparator`를 만들어야 한다면, 다음과 같이 JDK가 제공하는 조합combinator 메서드로 코드를 간소화시킬 수 있다.

```
Comparator<Person> PERSON_COMPARATOR =
    Comparator.comparing((Person p) -> p.name)
              .thenComparing(p -> p.age);
```

이러한 조합 메서드는 비교 과정에서 약간의 성능 오버헤드를 유발하지만 실수의 여지도 크게 줄여준다. 다만 `compareTo()` 메서드 안에서 조합 메서드를 사용하는 것은 다소 어색하다. 그럴 때는 다음과 같은 방식으로 비교자에게 위임하면 된다.

```
class Person implements Comparable<Person> {
  private static final Comparator<Person> MY_COMPARATOR =
      Comparator.comparing((Person p) -> p.name)
          .thenComparing(p -> p.age);

  String name;
  int age;
```

```
  @Override
  public int compareTo(Person o) {
    return MY_COMPARATOR.compare(this, o);
  }
}
```

구아바 등의 라이브러리를 사용할 수 없거나, 성능에 크게 민감하지 않은 코드일 경우 이러한 기법을 활용하면 좋다.

객체를 비교할 때에는 순서대로 나열된 키 시퀀스 형태로 하나씩 비교하는 것이 최선이다. 이번 절의 예시는 이 시퀀스를 name과 age 필드라는 두 개의 키로 구성했다. compareTo() 메서드 안에서 불필요한 작업을 수행하면 에러가 발생하기 매우 쉽다. 필자는 이곳에서 비교 이전에 특수한 작업을 처리하다가 문제가 생긴 경우를 여러 번 목격했다. 다음 예시는 그중 한 가지 사례다.

```
class Connection implements Comparable<Connection> {
  final String url;

  Connection(String url) { this.url = url; }

  @Override
  public int compareTo(Connection that) {
    if (this instanceof SecureConnection) return -1;
    if (that instanceof SecureConnection) return 1;
    return this.url.compareTo(that.url);
  }
}
class SecureConnection extends Connection {
  SecureConnection(String url) { super(url); }
}
```

이 코드는 URL로 컬렉션을 비교하고 보안 연결을 우선 순위에 두는 역할을 한다. 의도는 이처럼 명확했으나, this와 that이 모두 보안 연결일 경우에는 어떻게 될까? 우선 이 코드는 −1을 반환하는 곳부터 이미 비교 메서드 계약 위반이다. this와 that을 바꾸면 반환값이 양수로 바뀌어야 하지만 그렇지 않은 경우가 생기기 때문이다. 이 객체를 키 시퀀스 관점에서 바라본다면 두 개의 원소로 구성되어 있음을 알 수 있다. 첫 번째는 this instanceof SecureConnection로 계산하고 반전시킨 boolean 값이다. 두 번째는 url 필드의 문자열 값이다. 따라서 이 코드의 compareTo 구현은 다음과 같이 일반적인 형식으로 고칠 수 있다.

```
public int compareTo(Connection that) {
  int res = Boolean.compare(
      that instanceof SecureConnection,
      this instanceof SecureConnection);
  if (res != 0) return res;
  return this.url.compareTo(that.url);
}
```

또는 구아바로 다음과 같이 구현할 수 있다.

```
public int compareTo(Connection that) {
  return ComparisonChain.start()
      .compareTrueFirst(this instanceof SecureConnection,
                        that instanceof SecureConnection)
      .compare(this.url, that.url)
      .result();
}
```

비슷한 실수 중, null을 제대로 처리하지 못하는 사례도 꽤 많다. 다음 예시는 IntelliJ IDEA 프로젝트에서 필자가 실제로 목격했던 코드다. 이 코드는 하나의 널 가능 필드를 지닌 객체를 비교하는 역할을 한다. 실제로는 필드가 더 많았지만 편의상 하나라고 가정해보자.

```
record User(String name) implements Comparable<User> {
  public int compareTo(User o) {
    if (name != null && o.name != null) {
      return name.compareTo(o.name);
    }
    return 0;
  }
}
```

이 비교 메서드는 두 name 중 한 쪽만 null일 경우 0을 반환하는 오류를 범하고 있다. 또한 언뜻 보면 아무 문제도 없어 보이지만 비교 메서드 계약의 세 번째 규칙('실수 064' 참고)을 위반하고 있다. 다음과 같이 세 개의 객체를 생성하면 이를 쉽게 확인할 수 있다.

```
User u1 = new User(null);
User u2 = new User("Mary");
User u3 = new User("Bill");
```

이렇게 객체를 생성한 뒤 `u1`을 `u2` 또는 `u3`와 비교하면 0이 반환된다. `u1.name`이 `null`이기 때문이다. 그러나 [그림 7-6]에 보이듯 `u2`와 `u3`는 분명히 다르다.

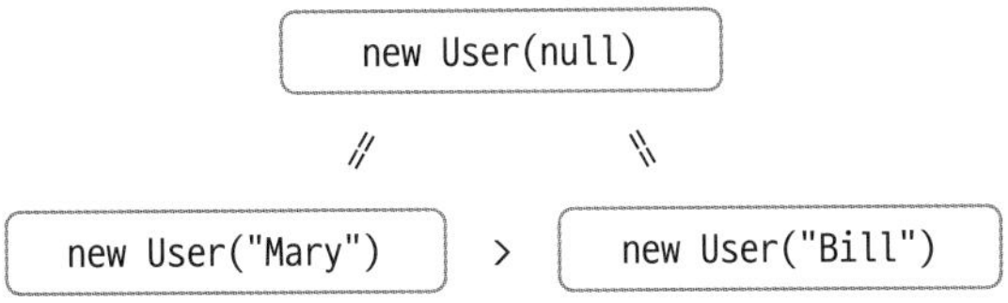

그림 7-6 동일하지 않은 객체를 동일하다고 비교하는 잘못된 비교자 구현

이 셋을 올바르게 비교하려면 객체를 표현하고 있는 두 값의 시퀀스를 만들어야 한다. 첫 번째 값은 `name`의 `null` 여부(불리언), 두 번째 값은 `name` 자신이다. 또한 `name == null`인 객체를 다른 객체보다 앞에 둘지 아니면 뒤에 둘지 결정해야 한다. 후자의 경우, 구현 코드는 다음과 비슷할 것이다.

```
public int compareTo(User o) {
  int res = Boolean.compare(name == null, o.name == null);
  if (res != 0) return res;
  return name != null ? name.compareTo(o.name) : 0;
}
```

여기에 `nullsFirst()` 또는 `nullsLast()` 조합기combinator를 활용해도 된다. 조합기를 쓰면 성능적 이득은 없지만 가독성은 더 높아진다. 다음 코드를 참고하자.

```
import static java.util.Comparator.*;

record User(String name) implements Comparable<User> {
  static final Comparator<User> USER_ORDER =
          comparing(User::name, nullsLast(naturalOrder()));

  public int compareTo(User o) {
    return USER_ORDER.compare(this, o);
```

```
    }
  }
```

이와 비슷한 비정규noncanonical 비교 코드를 BioJava 프로젝트에서 발견한 적이 있다. 원래의 의도는 x가 다르면 그대로, x가 같으면 필드 y를 기준으로 정렬하는 것이었다. 따라서 비교자는 다음과 같이 구현되었다.

```
record MyObject(String x, String y) {}

Comparator<MyObject> cmp = (obj1, obj2) -> {
  if (obj1.x().equals(obj2.x())) {
    return obj1.y().compareTo(obj2.y());
  }
  return 0;
};
```

이 비교자는 이전 예시와 동일한 규칙을 위반한다. 다음과 같이 세 객체를 선언했다고 가정해 보자.

```
var obj1 = new MyObject("a", "1");
var obj2 = new MyObject("b", "2");
var obj3 = new MyObject("a", "3");
```

이제 `cmp.compare(obj1, obj2)`는 0이므로 `cmp.compare(obj1, obj3)`와 `cmp.compare(obj2, obj3)`는 부호가 같아야 한다. 그러나 실제로 해보면 전자는 음수, 후자는 0이 나온다. 이 문제를 해결하는 한 가지 방법은 다음과 같이 x 필드에 순서를 주는 것이다.

```
Comparator<MyObject> cmp = (obj1, obj2) -> {
  if (obj1.x().equals(obj2.x())) {
    return obj1.y().compareTo(obj2.y());
  }
  return obj1.x().compareTo(obj2.x());
};
```

BioJava의 문제는 이런 방식으로 해결되었다. `x` 필드의 순서는 임의적이지만 `equals()`와의 일관성은 유지된다. 이번 사례는 다음과 같이 키 `x`와 `y`의 시퀀스를 만드는 방식으로 해결해도 된다.

```
Comparator<MyObject> cmp =
  Comparator.comparing(MyObject::x).thenComparing(MyObject::y);
```

또 다른 방법은 x를 아예 비교하지 않는 것이다. x가 다를 때는 순서를 보지 않고 x가 같을 때만 y로 정렬해야 한다면, 무조건 y로 정렬해도 원하는 조건에 부합할 것이다.

```
Comparator<MyObject> cmp = Comparator.comparing(MyObject::y);
```

| 실수 방지 가이드 |

- 비교 메서드를 구현할 때는 객체를 키 시퀀스로 표현하고 하나씩 비교해본다.
- 가급적이면 `Comparator.comparing()` 등의 비교자 조합 메서드 또는 구아바의 `ComparisonChain`을 사용한다. 꼭 구아바를 쓰지 않더라도 후자와 비슷한 API는 어렵지 않게 직접 구현할 수 있다.
- 임의의 입력 객체를 생성하는 무작위 프로퍼티 테스트를 만들고 비교자 계약 준수 여부를 검증한다. `TimSort` 알고리즘이 계약 위반을 보고하도록, 충분히 큰 데이터셋(최소 32개 원소)를 만들어 테스트한다.
- '이럴 때는 순서가 상관없다'는 생각은 비교자 계약 위반을 유발하는 위험한 발상이다. 서로 다른 두 원소가 어떻게 정렬되든 상관없다 해도, 단순히 0을 반환하는 대신 어떤 식으로든 둘 사이의 순서를 정의해야 한다.

실수 068 비교자의 난수 반환

자바 스트림 API는 스트림 내용을 뒤섞는 메서드를 제공하지 않는다. 그러나 `sorted()` 메서드로 정렬할 수는 있다. `sorted()`로 스트림을 섞는 방식이 마음에 들지 않는다면, 다음과 같이 비교자에서 간단하게 무작위 값을 반환하면 된다.

```
List<Integer> input = IntStream.range(0, 20)
    .boxed().collect(Collectors.toList());
List<Integer> shuffled = input.stream()
    .sorted((a, b) -> Math.random() > 0.5 ? 1 : -1)
    .collect(Collectors.toList());
```

이 코드는 일단 잘 작동한다. input 리스트는 0부터 19까지의 숫자를 오름차순으로 담고 있으며 shuffled 리스트는 같은 숫자를 뒤섞은 상태로 담게 된다. 하지만 이 코드에서 20을 32 이상으로 변경하면 가끔 IllegalArgumentException이 발생할 것이다. 당연히, 정렬 메서드를 잘못 사용했기 때문이다.

어떻게든 계약 위반 없이 스트림을 무작위로 정렬하고 싶다면, 다음과 같이 입력 객체에 무작위 순서를 할당하고 이를 맵에 기억시켜두면 된다.

```
Map<Object, Double> ranks = new HashMap<>();
List<Integer> shuffled = input.stream()
    .sorted(Comparator.comparingDouble(
        val -> ranks.computeIfAbsent(val, v -> Math.random())))
    .collect(Collectors.toList());
```

그러나 이 방법은 명백히 비효율적이다. 차라리 스트림을 리스트로 수집한 다음 Collections.shuffle() 메서드로 섞는 것이 낫다.

| 실수 방지 가이드 |

- 정렬을 이용해 객체를 무작위 순서로 섞지 않는다. 정렬과 셔플은 서로 다른 알고리즘이며 한 쪽이 다른 쪽을 표현할 수 없다. Collections.shuffle() 등의 전용 메서드를 사용하라.

- 원래의 용도와 다른 방식으로 정렬 연산을 오용하지 않는다. 예를 들어, (a, b) -> -1 비교자로 역순 정렬을 구현한 코드를 본 적이 있다. 이 코드는 현재 자바 버전에서는 작동하지만 향후 버전에서도 그럴지 장담할 수 없다. 정렬 구현 방식이 변경될 가능성이 있기 때문이다. 만일 자바 버전 업데이트에서 비교자 호출 인수가 뒤바뀌면 이 코드는 작동하지 않을 것이다.

정리

- Integer나 Double 등의 기본형 래퍼를 ==로 비교하면 안 된다. 이 비교가 true를 반환하는 경우가 있지만 결과는 신뢰할 수 없다. 대신 equals() 메서드를 사용하라.

- 일부 클래스의 equals() 메서드는 관행대로 구현되지 않았다. equals()를 아예 구현하지 않는 AtomicInteger이나 StringBuilder 등은 equals()가 ==처럼 작동한다. 객체의 내용을 비교할 때는 특정 메서드를 사용해야 한다.

- java.net.URL 클래스는 equals()와 hashCode()가 상식과 다르게 구현되어 있다. 이 클래스는 실제로 네트워크 요청을 보내고 호스트명의 IP 주소를 확인한 다음 이를 비교한다. 이런 과정을 기대하고 URL을 비교하는 경우는 거의 없다. 비교 메서드의 작동 결과를 확실히 알 수 없을 때는 java.net.URI 클래스를 사용하라.

- BigDecimal.equals() 메서드는 숫자와 스케일을 모두 비교하므로 같은 값도 false를 반환할 수 있다. 스케일을 비교할 필요가 없을 때는 BigDecimal.compareTo()를 사용하라.

- equals()를 호출할 때 원본 객체와 무관한 타입의 인수를 전달할 수 있다. 이런 코드는 정상적으로 컴파일되고 예외 없이 실행되지만 단순히 false를 반환한다.

- equals()와 hashCode() 메서드를 직접 구현하면 다양한 형태로 문제가 생긴다. 가능하면 IDE가 제공하는 자동 생성 기능을 신뢰하라. 또는 레코드를 사용함으로써 자바가 equals()와 hashCode()를 제공하도록 하라.

- compareTo() 등의 많은 비교 메서드 인스턴스가 1, 0, -1을 반환하지만, 스펙에 따르면 이들은 어떠한 양수나 음수도 반환할 수 있다. 이러한 메서드의 반환 결과를 0이 아닌 특정 값과 비교하면 안 된다.

- 비교 메서드는 구현하기 까다롭다. 원시 타입을 비교할 때는 Integer.compare()나 Boolean.compare()처럼 사전 정의된 메서드를 사용하라. 또한 comparing(), thenComparing(), nullFirst() 등의 비교자 메서드를 사용하라. 이들을 통해 더 견고하고 이해하기 쉬운 비교자를 만들 수 있다.

- 원소를 섞거나 리스트를 역순으로 정렬하는 용도로 정렬을 오용하면 안 된다. 계약을 위반하는 특수한 비교자를 쓰면 데이터가 늘어나거나 JDK 버전이 업데이트됐을 때 오작동할 위험이 있다. Collections.shuffle() 등의 전용 메서드를 쓰면 원하는 결과를 얻을 수 있다.

CHAPTER

08

컬렉션과 맵

이 장의 내용

- 컬렉션 타입과 무관한 타입의 원소를 넣거나 가져오는 일반적 실수
- 컬렉션 맵의 `null` 처리
- 가변 컬렉션과 수정 불가 컬렉션
- 컬렉션 동시 수정
- `List.remove()` 메서드의 문제점
- 이터레이터를 올바르게 구현하는 방법

자바 컬렉션 API는 자바 1.2에서 처음 등장했다. 그 당시 자바의 세계는 지금과 상당히 달랐다. 파라미터화된 타입(제네릭)이 없었고 가변 객체mutable object를 주로 사용했으며 `null`은 대부분 허용되었다. 시간이 지남에 따라 언어는 발전하고 프로그램을 작성하는 방식도 크게 달라졌다. 그러나 이러한 변화에도 불구하고 과거의 컬렉션 API는 현대의 프로그램에서 여전히 널리 사용되고 있다. 이러한 낡은 설계는 오늘날의 프로그래밍 스타일에 부정적인 영향을 미치며 버그를 유발하는 원인이 된다.

실수 069 관련 없는 객체 타입 검색

파라미터화된 타입이 자바에 도입되기 전까지, 컬렉션과 맵에 객체를 추가할 때 `Object` 이상으로 구체적인 타입을 지정할 수 없었다. 쉽게 말해 숫자 리스트에 문자열 객체를 추가하는 것

도 가능했다. 제네릭이 도입된 이후로는 컬렉션에 원소를 추가하는 모든 메서드가 해당 컬렉션의 타입만 허용하도록 제한되었다. 하지만 원소를 검색하거나 제거하는 메서드는 대부분 이러한 제한이 적용되지 않았다. 여기에는 다음과 같이 개별 원소를 다루는 메서드들이 포함된다.

- `Collection` **인터페이스**: `contains(Object)`, `remove(Object)`
- `List` **인터페이스**: `indexOf(Object)`, `lastIndexOf(Object)`
- `Map` **인터페이스**: `containsKey(Object)`, `containsValue(Object)`, `get(Object)`, `getOrDefault(Object, V)`, `remove(Object)`, `remove(Object, Object)`

또한 `Collection` 인터페이스의 `containsAll()`, `removeAll()`, `retainAll()` 메서드는 모두 컬렉션 객체를 인수로 받는다. 이러한 컬렉션의 원소 타입에는 아무런 제한도 없다.

따라서 컬렉션의 타입이 지정되어 있다 해도, 위와 같은 메서드를 호출하면 해당 컬렉션과 무관한 타입의 객체 또는 그러한 객체가 담긴 컬렉션을 인수로 전달할 수 있다. 더 큰 문제는, 자주 쓰이는 컬렉션이나 맵 타입에 이런 일이 벌어져도 즉각적인 런타임 에러가 발생하지 않는다는 점이다. 검색 메서드는 그저 빈 결과(`contains()`의 `false`, `indexOf()`의 -1 등)를 반환하고, 제거 메서드는 아무것도 제거하지 않으며, `retainAll()` 메서드는 아무것도 유지하지 않는다. 이러한 오류는 시간이 지나야만 감지되며 별다른 장애물 없이 프로덕션 환경에 유입된다. '실수 059(7장)'에서, 리팩터링 이후 원래의 객체와 무관한 타입으로 `equals()`를 호출하는 문제를 설명한 바 있다. 그와 비슷한 문제가 컬렉션 메서드에서도 발생한다. 이런 문제는 특히 데이터 타입의 의미가 서로 비슷할 때 더욱 발생하기 쉽다. 다음 예시를 살펴보자.

```
Set<File> allowedFiles = new HashSet<>();

boolean isAllowed(Path filePath) {
  return allowedFiles.contains(filePath);
}
```

이 코드는 파일 경로를 나타내는 클래스를 `java.nio.file.Path`로 마이그레이션했다. 그러나 `allowedFiles` 컬렉션은 여전히 구형 `java.io.File` 객체를 담고 있으므로 `contains()`은 무조건 `false`를 반환할 수밖에 없다. 마찬가지로, 파일 객체와 파일 경로 문자열 객체를 혼용하는 일도 흔하다.

숫자를 담는 컬렉션도 비슷한 문제를 일으킨다. 박싱된 숫자를 담는 컬렉션에 원시 타입 숫자를 전달하면 묵시적으로 타입이 변환된다. 이 경우, 변환된 숫자 타입이 컬렉션 타입과 불일치할 수 있으므로 주의해야 한다. 다음 예시를 살펴보자.

```
void processList(List<Short> values, short pivot) {
  if (values.contains(pivot)) {   ◁─┤ 판단 가능
    …
  } else if (values.contains(pivot + 1)) {   ◁─┤ 판단 불가능
    …
  }
}
```

이 코드는 Short 타입 리스트에 pivot 또는 pivot + 1이 담겨 있는지 있는지 검사한다. pivot + 1은 컴파일할 때 확장 변환되어 int 타입이 된다. contains() 메서드 인수는 Object이므로 pivot + 1은 Integer로 자동 박싱된다. Short 타입 컬렉션에는 Integer 값을 넣을 수 없으므로 두 번째 조건은 절대 true가 될 수 없다.

contains() 등의 검색 메서드가 아직도 컬렉션이 아닌 Object 타입을 입력 받는 주된 이유는 Set.equals()의 타입 안전성type-safe manner을 보장하기 위해서다. equals()에 인수로 전달된 세트의 타입 파라미터는 런타임 단계가 되면 더이상 확인할 수 없다. 타입 소거erasure라는 자바의 특성 때문이다. 따라서 equals()를 구현하려면 인수를 Set<?> 또는 Collection<?>으로 캐스팅해야 한다. 이 상태로 원본 세트와 인수로 받은 세트의 모든 원소를 비교하려면 타입이 불명확한 객체를 contains()에 전달할 수밖에 없다. 만일 contains()의 인수가 해당 컬렉션의 원소 타입으로 제한되어 있다면 미확인 캐스트로 타입을 변경해야 할 것이다. 이렇게 되면 '실수 043'에서 배웠던 ClassCastException이 발생할 위험이 있다.

정적 분석

많은 정적 분석 도구는 특정 컬렉션과 명백히 관련이 없는 타입을 검색하려는 시도를 감지하고 경고를 보낸다. SonarQube에는 'S2175: Inappropriate Collection Calls Should Not Be Made' 경고가 있고, Error Prone에는 CollectionIncompatibleType 버그 패턴이 있으며, IntelliJ IDEA에는 'Suspicious Collections Method Calls 검사가 있다. 그러나 이러한 분석들은 오탐지 내지 부정확한 경고를 보낼 가능성이 있다. 예를 들어, List<CharSequence> 리스트와 Number 변수가 있는 다음 코드를 살펴보자.

```
void check(List<CharSequence> list, Number num) {
  if (list.contains(num)) {
    System.out.println("contains");
  }
}
```

이 조건은 참이 될 수 있을까? 이론적으로는 가능하다. Number 추상 클래스를 확장하는 동시에 CharSequence 인터페이스를 구현한 클래스가 있을지도 모르기 때문이다. 이러한 클래스의 객체가 list에 포함되고, 동시에 num 변수에 저장될 수 있다. 따라서 무조건 틀린 코드라 단정할 수는 없다. 그럼에도 불구하고 미심쩍은 것은 사실이다. SonarQube와 IntelliJ IDEA는 이러한 사례를 보고할 수 있다. 단 IntelliJ IDEA는 'Report Suspicious but Possibly Correct Method Calls' 옵션을 설정해야 작동한다.

| 실수 방지 가이드 |

- 컬렉션과 맵의 검색 메서드와 제거 메서드가 무언가를 찾거나 제거할 때 각각의 실행 경로를 유닛 테스트로 검증한다.
- 박싱된 원시 타입 컬렉션을 지양하고, FastUtil[1] 등의 라이브러리를 원시 타입의 대용품으로 사용한다. 이들은 훨씬 빠르고 메모리도 덜 쓰며 원시 값을 그대로 처리하는 메서드를 제공한다. 이들을 쓰면 Integer와 Short를 비교하는 문제 상황에 처할 일이 없다. 서드파티 라이브러리가 없다 해도 Byte와 Short 타입 컬렉션은 무조건 사용하지 않는 것이 좋다. Integer 컬렉션과 비교할 때 메모리 또는 성능 면에서 이득을 볼 가능성은 낮다.

실수 070 단일 객체와 컬렉션 혼합

컬렉션 API 메서드 중 일부는 단일 객체를, 또 다른 일부는 전체 컬렉션을 입력받는다. 이들은 이름이 비슷해서 헷갈리기 쉽다. 가령 리스트에 단일 객체를 추가할 때는 list.add()를 사용하지만 컬렉션의 모든 원소를 한 번에 추가할 때는 list.addAll()을 사용해야 한다. 비슷하게, contains/containsAll과 remove/removeAll 등의 메서드 쌍도 혼동하기 쉽다. 컬렉션의 팩토리 메서드 또한 이름을 유심히 봐야 한다. List.of() 메서드는 단일 원소 또는 배열

1 *https://fastutil.di.unimi.it/*

원소로부터 새로운 불변 컬렉션을 생성하고 List.copyOf()는 다른 컬렉션으로부터 불변 복사본을 생성한다. 마지막으로, 단일 원소 또는 배열로 스트림을 생성하려면 Stream.of() 정적 메서드를, 컬렉션으로부터 스트림을 생성하려면 collection.stream()을 호출해야 한다. [표 8-1]은 이렇듯 혼동하기 쉬운 메서드쌍을 나열하고 있다.

표 8-1 단일 객체와 컬렉션에서 작동하는 메서드

단일 객체 메서드	컬렉션 메서드
list.add(object)	list.addAll(collection)
list.contains(object)	list.containsAll(collection)
list.remove(object)	list.removeAll(collection)
List.of(object)	List.copyOf(collection)
Stream.of(object)	collection.stream()

단일 객체용 메서드를 써야 할 곳에 컬렉션용 메서드를 쓰면 타입이 호환되지 않으므로 컴파일러가 허용하지 않는다. 하지만 이와 반대의 실수는 그렇지 않다. 표에서 보이듯 contains()와 remove() 메서드의 인수는 Object 타입이다. 따라서 이들에게 컬렉션을 전달해도 컴파일러는 그대로 허용한다. 나머지 메서드도 List<Object> 또는 로raw 타입 List에서 호출하면 문제를 일으키기 쉽다.

가끔 프로그래머들은 상위 타입이 다른 원소들을 같은 리스트에 저장하곤 한다. 가령 Integer와 String 객체를 한 리스트에 넣는다고 가정해보자. 물론 이 두 클래스도 Comparable 또는 Serializable처럼 공통으로 구현한 인터페이스가 있긴 하다. 그러나 객체를 비교하거나 직렬화하는 용도가 아닌 한, List<Comparable<?>> 또는 List<Serializable>로 리스트를 선언하기는 어쩐지 어색하다. 그래서 많은 개발자는 List<Object> 형태로 리스트를 쓴다. 이러한 컬렉션은 서로 관련 없는 객체들을 무방비 상태로 받아들이므로 상당히 위험하다. 특히 컬렉션 자체를 하나의 원소로 추가하는 것도 가능하다. 다음 예시 코드를 보자.

```
List<Object> createList() {
  List<Object> result = new ArrayList<>();
  result.add(getInitialValue());
  result.add(getPredefinedValues());      <-- addAll을 썼어야 함
  result.add(getUserSpecifiedValues());   <-- addAll을 썼어야 함
```

```
    return result;
  }

  private Object getInitialValue() { … }
  private List<Object> getPredefinedValues() { … }
  private List<Object> getUserSpecifiedValues() { … }
```

result 컬렉션은 세 곳에서 온 값으로 채워진다. 하나의 초기 값, 사전 정의된 리스트, 그 외 특정 값들이다. 그러나 addAll을 써야 할 곳에서 add() 메서드를 사용하는 실수를 저질렀다. 컴파일러는 이 실수에 대해 아무런 이의를 제기하지 않는다. 전적으로 합법적인 코드이기 때문이다. 그 결과, [그림 8-1]처럼 하나의 객체와 두 개의 리스트를 지닌 컬렉션이 생성된다.

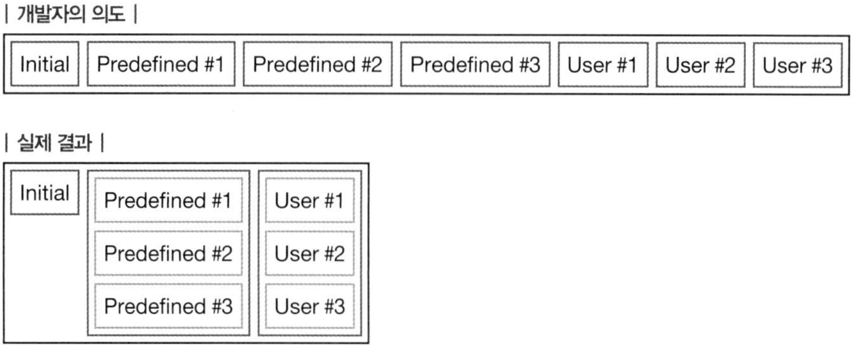

그림 8-1 addAll()이 아닌 add()를 사용했으므로 리스트가 일렬로 평탄화되지 않음

불변 복사본을 만들 때도 이와 비슷한 문제가 생기기 쉽다. 다음 코드는 List.copyOf()를 써야할 곳에서 실수로 List.of()를 호출했다.

```
List<Object> createList(boolean userSpecifiedOnly) {
  if (userSpecifiedOnly) {
    return List.of(getUserSpecifiedValues());
  }
  …
}
```

List.copyOf()로 방어적 복사본을 만들려 했음

이러한 실수 이후 무슨 일이 벌어질지는 해당 컬렉션을 어떻게 조회하는가에 달려있다. 가령 다음과 같이 컬렉션 원소 타입을 확인하면 실수로 잘못 들어간 원소들은 완전히 무시된다.

```java
void processList(List<Object> list) {
  for (Object element : list) {
    if (element instanceof Integer number) {
      processNumber(number);
    }
    if (element instanceof String string) {
      processString(string);
    }
  }
}
```

컬렉션 내부의 원소 타입이 제한적이어야 할 때는, 잘못된 타입이 발견될 경우를 대비해 다음과 같이 예외를 던지면 좋다.

```java
void processList(List<Object> list) {
  for (Object element : list) {
    if (element instanceof Integer number) {
      processNumber(number);
    } else if (element instanceof String string) {
      processString(string);
    } else {
      throw new IllegalArgumentException(
        "Unexpected element: " + element);
    }
  }
}
```

이렇게 예외가 발생하도록 조치해두면 테스트 기간 중 문제를 발견할 가능성도 높아진다.

올바르게 생성된 리스트도 스트림 API를 잘못 쓰면 문제가 생길 수 있다. 예를 들어 리스트를 스트리밍할 때 `list.stream()` 대신 `Stream.of(list)`를 사용하면 다음과 같은 실수가 벌어진다.

```java
void processNumbersOnly(List<Object> list) {
  Stream.of(list)  <-| list.stream()를 써야 할 곳
        .filter(e -> e instanceof Number)
        .forEach(num -> processNumber((Number) num));
}
```

이 코드의 작성자는 리스트에서 숫자만 골라 processNumber() 메서드에 전달하려 했다. 그러나 결과적으로 리스트의 모든 원소 대신 리스트 자체를 하나의 원소로 스트리밍하고 있다. e 파라미터의 추론 타입은 Object가 아닌 List<Object>다. List 구현체가 Number 클래스를 확장했을 가능성은 거의 없으므로 이 코드는 아무런 일도 하지 않는다. 사실상 다음 코드와 동일하다.

```
if (list instanceof Number number) {
  processNumber(number);
}
```

| 실수 방지 가이드 |

- 원시 타입을 사용하지 않는다. 타입 인수 없이 List를 선언하면 강한 타입형 언어가 지닌 모든 장점을 포기하는 것이나 다름없다. 또한 코드는 훨씬 더 에러에 취약해진다.

- Object 타입은 가급적 사용하지 않는다. 특히 컬렉션에 Object를 담으면 여러 모로 좋지 않다. 서로 다른 타입을 함께 저장해야 한다면 이들을 래핑하는 방법을 찾아보는 것이 좋다. 가령 정수와 문자열이 함께 담긴 구조를 자바 16의 record로 간단히 표현하면 다음과 같다.

  ```
  interface Entry {}
  record IntEntry(int value) implements Entry {}
  record StringEntry(String value) implements Entry {}
  ```

  이제 List<Entry>를 안전하게 사용할 수 있으며 해당 타입 구조와 관련 없는 데이터는 컴파일러가 차단할 것이다. 자바 17부터 인터페이스를 sealed로 선언하고 외부 구현을 금지할 수 있어 코드가 더욱 견고해진다.

- 프로젝트에 정의된 다양한 타입을 균일하게 처리하려면 공통 인터페이스를 선언하고 구현하라. 이렇게 하면 Object 타입을 쓸 필요가 없고 코드가 전반적 개선되는 효과가 있다. 처음에는 공통 인터페이스 안에 아무것도 없겠지만 나중에 구현 클래스 메서드 일부를 인터페이스로 손쉽게 끌어올릴 수 있다. 또한 instanceof로 타입을 검사하는 곳이 줄어들어 코드가 간결해지고 가독성이 향상된다.

- 타입에 따른 처리 조건을 instanceof로 연이어 검사할 때는 명시적인 else 분기를 두고 예외를 던지도록 한다. 원래와 무관한 객체가 갑자기 변수로 등장했을 때 이러한 예외가 많은 도움을 줄 것이다. 자바 21에 도입된 sealed 타입 구조와 철저한exhaustive switch 구문을 쓰면 이 과정을 컴파일러가 자동으로 수행한다. 여기에 레코드 분해 패턴deconstruction pattern까지 더하면 다음과 같이 리스트를 한층 깔끔한 방식으로 다룰 수 있다.

  ```
  sealed interface Entry {}
  ```

```
record IntEntry(int value) implements Entry {}
record StringEntry(String value) implements Entry {}

void processList(List<Entry> list) {
  for (Entry element : list) {
    switch (element) {
      case IntEntry(int number) -> processNumber(number);
      case StringEntry(String string) -> processString(string);
    }
  }
}
```

이 코드에서 컴파일러는 switch 문이 Entry 인터페이스 상속자를 모두 검사하는지 자동으로 확인한다. 나중에 또 다른 상속자가 추가되면 switch 문에서 컴파일 에러가 발생하므로 새로운 case를 추가할 수밖에 없다.

실수 071 null을 허용하지 않는 컬렉션에서 null을 검색함

이전에 설명한 바와 같이 자바 프로그래머는 NullPointerException 버그를 매우 자주 겪는다. 이들 중 상당수는 컬렉션 프레임워크와 관련이 있다. 다음은 표준 컬렉션과 맵이 null을 처리하는 세 가지 기본 원칙이다.

- **컬렉션 내 null 원소를 허용함**: ArrayList, HashSet, Collections.singleton() 등
- **null 원소는 불허하지만 contains() 등의 검색 메서드는 null 인수를 허용하며 검색 결과 부재를 반환함**: ConcurrentLinkedQueue, EnumSet, ArrayDeque 등
- **null 원소를 불허하고 검색 메서드도 null을 허용하지 않음**: List.of(), Set.of(), Map.of() 등의 팩토리 메서 반환 컬렉션과 ConcurrentHashMap, ConcurrentHashMap.newKeySet()

대부분의 스타일 가이드는 컬렉션을 선언할 때 ArrayList나 HashSet 등의 구체적 클래스 대신 Set, Map, List, Collection 등의 인터페이스를 권장한다. List.of()나 Collections.singletonList() 등의 팩토리 메서드가 반환하는 타입은 구현 클래스를 전혀 알 수 없으므로 인터페이스로 받을 수밖에 없기 때문이다. 결국 이렇게 선언된 변수 타입은 contains(null)을 호출해도 안전한지 확인할 만한 단서가 없다.

이러한 문제는 이론상으로만 존재할 것 같지만, 기존의 자바 8 코드를 최신 버전으로 마이그레

이션할 때 현실화된다. 자바 9에서 도입된 새로운 컬렉션 팩토리를 마음껏 쓰고 싶겠지만 다음과 같이 구식으로 제작된 수정 불가unmodifiable 컬렉션을 조심해야 한다.

```
Set<String> PLATFORMS = Collections.unmodifiableSet(
new HashSet<>(Arrays.asList("PC", "Mac", "Mobile")));
```

이런 코드를 보면 다음과 같이 신형 API로 고치고 싶기 마련이다.

```
Set<String> PLATFORMS = Set.of("PC", "Mac", "Mobile");
```

모든 원소가 null이 아닌 문자열 리터럴이므로 이렇게 고쳐도 안전할 것이라 예상하기 쉽다. 그러나 `PLATFORMS.contains(str)`을 호출하는 곳이 있고 `str`이 `null`이라면, 이전과 달리 `false`를 반환하는 대신 `NullPointerException` 예외가 발생하며 실패할 것이다.

| 실수 방지 가이드 |

- 구형의 수정 불가 컬렉션을 신형 컬렉션 팩토리로 무분별하게 교체하지 않는다. 특히 코드베이스의 테스트 커버리지가 높지 않다면 더욱 주의해야 한다.
- `obj`가 `null`일 가능성이 있다면 `collection.contains(obj)`를 그대로 사용하지 않는다. 코드를 조금 더 보태는 한이 있더라도 `obj != null && collection.contains(obj)`처럼 안전한 조건을 만들어야 한다.

실수 072 맵에서 null 값 사용

이전 절에서 설명했듯이 컬렉션과 맵은 저마다 `null`을 대하는 성향이 다르다. 그러나 `null`을 온전히 지원하는 `HashMap` 등의 구현체를 쓴다 해도 `null` 값은 주의해서 다루어야 한다. 맵 인터페이스 메서드 중 일부는 `null` 값의 매핑(`null` **매핑**이라 부르자)과 매핑값의 부재 자체를 동일하게 표현한다. 반대로 `null` 값의 존재를 올바르게 처리하는 메서드가 있고, 두 방식을 섞어 놓은 듯한 메서드도 있다. 전체적으로 보면 다음과 같이 다섯 가지 범주로 나눌 수 있다.

- `containsKey()`, `getOrDefault()`, `put()` 메서드는 `null` 값을 지원한다. 다음 코드를 살펴보자.

```
var map = new HashMap<String, String>();
```

```
map.put("x", null);
assert map.containsKey("x");
assert map.getOrDefault("x", "default") == null;
```

put() 메서드는 null 값을 올바르게 저장하며 containsKey()는 true를 반환하고 getOrDefault()는 null 값을 발견하고 기본값 대신 이를 그대로 반환한다. 그러나 put()의 반환값만으로는 이전에 null 매핑이 있었는지 또는 매핑이 전혀 없었는지 분간할 수 없다.

- computeIfPresent(), compute()와 등의 메서드는 null 매핑과 값 부재를 구분하지 않는다. 가령 computeIfPresent()는 리매핑 함수가 null을 반환하면 기존 매핑을 제거하고, 기존에 null 매핑이 있었다면 리매핑 함수를 아예 호출하지 않는다. get() 메서드도 이런 식으로 작동한다. null을 반환했을 때 그것이 null 매핑인지 값의 부재를 나타내는지 알 수 없다.

- merge() 메서드는 맵에 새 값을 넣거나, 리매핑 함수를 통해 기존 값과 새 값을 가공해서 넣을 수 있다. 메서드 시그니처는 다음과 같다.

```
V merge(K key, V value,
        BiFunction<? super V, ? super V, ? extends V> remappingFunction)
```

이 메서드는 compute()와 마찬가지로 null 매핑과 값의 부재를 구분하지 않으며 리매핑 함수가 null을 반환하면 기존 매핑을 제거한다. 그러나 이 메서드는 value 인수가 null을 허용하지 않으므로 별도의 범주로 분류할 수 있다. 다음 예시 코드를 살펴보자.

```
var map = new HashMap<String, String>();
map.put("x", null);
map.merge("x", "1", (x, y) -> null);   ⊲── null 매핑은 1로 대체, 병합 함수 미호출
System.out.println(map);   ⊲── {x=1} 출력
map.merge("x", "1", (x, y) -> null);   ⊲── 병합 함수 호출, 기존 매핑 제거
System.out.println(map);   ⊲── {} 출력
map.merge("x", null, (x, y) -> null);   ⊲── NullPointerException 발생
```

첫 번째 merge() 호출에서 null 매핑은 "1"로 대체되고 병합 함수는 호출되지 않는다. 두 번째 merge() 호출에서는 병합 함수를 실행하고 null을 반환 받으므로 기존 매핑이 삭제된다. 세 번째 호출에서는 null을 인수로 전달한다. 이 경우 merge() 메서드는 새로운 null 매핑을 추가하거나 null을 단순히 '부재'로 간주하고 아무 일도 하지 않을 것이라 예상하기 쉽다. 그러나 실제로는 NullPointerException 예외가 발생한다.

- putIfAbsent() 메서드는 기존 null 매핑을 새로운 값으로 대체한다. 따라서 null 매핑을 값의 부재와 동일하다고 간주하는 것처럼 보인다. 그러나 이 메서드는 null을 입력하면 새로운 null 매핑을 생성한다. 동일

한 키로 두 번 putIfAbsent()를 호출했을 때 두 번째는 아무 변화도 없을 것이라 예상하기 쉽지만, 실제로는 맵이 변경되는 경우가 있다. 다음 코드를 살펴보자.

```
var map = new HashMap<String, String>();
map.putIfAbsent("x", null);    <-- 매핑 추가
System.out.println(map);    <-- {x=null} 출력
map.putIfAbsent("x", "1");    <-- 1로 대체
System.out.println(map);    <-- {x=1} 출력
```

- 마지막으로, computeIfAbsent() 메서드는 기존에 담겨 있던 null 매핑을 교체한다. 그러나 compute()와 달리 리매핑 함수가 null을 반환해도 기존의 null 매핑을 삭제하지 않는다. 다음과 같이 그저 아무 일도 하지 않을 뿐이다.

```
var map = new HashMap<String, String>();
map.put("x", null);
map.computeIfAbsent("x", k -> null);    <-- null 매핑 제거되지 않음
System.out.println(map);    <-- {x=null} 출력
map.compute("x", (k, v) -> null);    <-- null 매핑 제거
System.out.println(map);    <-- {} 출력
```

보다시피, compute() 호출과 달리 computeIfAbsent() 호출은 기존의 null 매핑을 제거하지 않는다. 그러나 람다 함수가 호출되긴 한다.

java.util.Map 인터페이스의 각 메서드가 각각 null을 어떻게 처리하는지 [표 8-2]에 정리해두었다. 이러한 규칙들은 초심자뿐만 아니라 노련한 개발자가 보기에도 상당히 복잡하다.

표 8-2 null에 대한 java.util.Map 인터페이스 메서드의 동작

java.util.Map 인터페이스 메서드	'널 매핑'과 '값의 부재'를 구분하는가?	null 파라미터 입력 시 널 매핑을 허용하는가?	람다가 null을 반환할 때 기존 매핑을 삭제하는가?
containsKey	네	–	–
getOrDefault	네	–	–
get	아니요	–	–
put	아니요	네	–
putIfAbsent	아니요	네	–
compute	아니요	–	네

java.util.Map 인터페이스 메서드	'널 매핑'과 '값의 부재'를 구분하는가?	null 파라미터 입력 시 널 매핑을 허용하는가?	람다가 null을 반환할 때 기존 매핑을 삭제하는가?
computeIfPresent	아니요	–	네
computeIfAbsent	아니요	–	아니요
merge	아니요	아니요	네

자바 15가 개발되던 기간에 필자는 TreeMap의 computeIfAbsent() 최적화로 OpenJDK 프로젝트에 기여한 적이 있다. 하지만 이 최적화 코드에는 실수가 있었고, TreeMap.computeIfAbsent()가 기존의 null 매핑을 덮어쓰지 못하게 되었다. 이 실수는 코드 리뷰와 테스트를 통과했으며 약 1년이 지나서야 외부 사용자에 의해 발견되었다. 결국 이 문제는 자바 17에 가서야 수정되었다. 따라서 자바 15와 자바 16의 TreeMap.computeIfAbsent()는 미묘하게 오작동하는 경우가 있다. 이처럼 Map 인터페이스를 구현하거나 사용하면서 null 값을 다루다 보면 실수하기 쉽다.

| 실수 방지 가이드 |

- 가장 좋은 방법은 모든 맵에서 null 값을 사용하지 않는 것이다. 꼭 필요하면 Optional 등으로 래핑하라. 예를 들면 Map<String, Optional<String>>으로 null 값 대신 Optional.empty()를 저장하면 된다.
- 어쩔 수 없이 null 값을 사용해야 한다면(레거시 코드를 고칠 수 없을 때), containsKey(), getOrDefault(), put()처럼 null 값을 제대로 지원하는 가장 간단한 메서드만 사용한다. 코드는 다소 길어지겠지만 더 명확하고 견고해질 것이다.
- 맵을 직접 구현할 때는 null 값을 전면적으로 불허하라.

실수 073 수정 불가 컬렉션의 수정 시도

자바에는 변경할 수 있는 컬렉션과 그렇지 않은 컬렉션이 있다. 또한 다음과 같이 특정 변경 작업만 허용하는 컬렉션도 있다.

- Arrays.asList()로 생성한 컬렉션은 List.set() 메서드 등으로 기존 원소를 수정할 수 있다. 그러나 원소를 추가하거나 제거할 수 없다.

- Map.keySet()으로 생성한 세트는 원소를 제거할 수 있지만 새로 추가할 수는 없다.

- Collections.emptyList()는 빈 리스트를, Collections.singletonList()는 원소가 1개인 리스트를 반환한다. 이들은 수정 불가 메서드지만 sort() 메서드를 호출하면 아무 일도 일어나지 않고 예외도 발생하지 않는다. 0개 또는 1개의 원소를 정렬할 필요가 없기 때문이다. 그러나 List.of()로 생성한 리스트에서 sort() 메서드를 호출하면 원소가 0개 또는 1개라 해도 UnsupportedOperationException이 발생한다.

[그림 8-2]는 표준 라이브러리의 컬렉션 메서드 중 일부를 가변과 불변으로 나누고 각각의 하위 특성을 분류하고 있다.

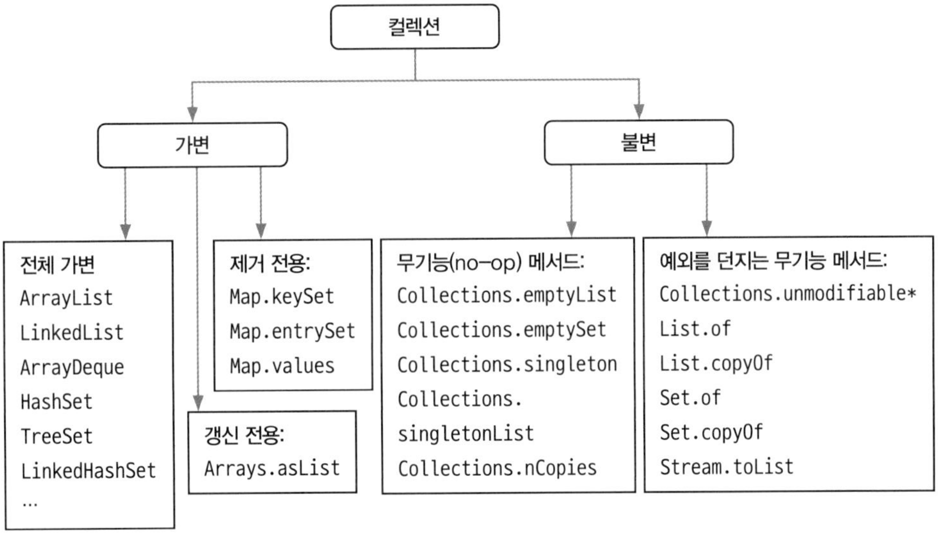

그림 8-2 가변성으로 분류된 표준 자바 컬렉션

가변성mutability은 자바 타입 시스템에 명시된 특성이 아니므로 컬렉션 타입만 보고 가변성을 판단할 수는 없다. 따라서 의도치 않게 수정 불가 컬렉션을 고치고 런타임 예외를 겪는 일이 종종 있다. 특정 코드에 있는 컬렉션이 항상 변경 불가 상태라면 그나마 나은 편이다. 테스트로 버그를 발견할 가능성이 높기 때문이다. 진짜 문제는, 변경 가능할 때도 있고 그렇지 않을 때도 있는 컬렉션이다. 예를 들어, 문자열을 트리밍하고 입력 배열에서 빈 문자열을 제거하는 다음 메서드를 살펴보자.

```
static List<String> sanitize(String[] input) {
  if (input.length == 0) {
```

```
    return Collections.emptyList();
  }
  List<String> list = new ArrayList<>();
  for (String s : input) {
    s = s.trim();
    if (!s.isEmpty()) list.add(s);
  }
  return list;
}
```

이 메서드는 input 배열이 빈 배열이 아니면 가변 ArrayList를 반환한다. 그렇지 않을 때는 새로운 리스트를 할당하지 않고 공유 가능한 emptyList() 인스턴스를 반환하도록 최적화되어 있다. 그러나 이 메서드를 호출하는 코드가 다음과 같다고 가정해보자.

```
List<String> strings = sanitize(input);
strings.add("Custom...");
```

이 코드는 input 배열이 비어 있지 않는 한 정상적으로 작동한다. 아마도 이 문제는 프로덕션까지 올라가고 나서야 발견될지도 모른다.

정적 분석

정적 분석 도구는 이번 절의 문제를 일부분 감지할 수 있다. 그러나 특정 컬렉션의 생성 과정을 깊이 파악하려면 복잡한 절차 간 분석이 필요하다. IntelliJ IDEA의 'Nullability and Data Flow Problems' 검사는 비교적 간단한 사례에 한해 'Immutable Collection Is Modified' 경고를 보낸다. 젯브레인 어노테이션 패키지를 이용하면 필드나 메서드의 반환 타입을 @Unmodifiable, @UnmodifiableView 등으로 지정할 수 있다. @UnmodifiableView는 수정 메서드가 구현되지 않은, 그러나 누군가 원본을 수정할 수 있는 컬렉션을 의미한다. 정적 분석기는 이러한 컬렉션에 수정 메서드를 호출하려 하면 경고를 보낸다. 또한 가끔은 이러한 어노테이션을 자동으로 추론하기도 한다.

| 실수 방지 가이드 |

- 메서드가 반환한 컬렉션은 기본적으로 수정할 수 없다고 간주하고, 수정하려는 시도도 하지 않는다. 필요한 경우 복사본을 만들어 수정한다. 메서드에서 반환된 컬렉션을 가변 객체라고 간주하려면, 이 점이 API 문서에 명시적으로 드러나 있어야 한다.

- 메서드를 통해 반환할 컬렉션은 `Collections.unmodifiableXYZ()` 또는 `List.of()`, `List.copyOf()` 등의 컬렉션 팩토리로 래핑해 수정 불가 상태로 만드는 것이 좋다. 또한 코드 경로에 따라 수정 가능, 불가 컬렉션을 다르게 반환하지 않도록 주의한다. 스트림 API 사용 시, 수정 불가 컬렉션을 생성하는 컬렉터(자바 10에서 추가됨)를 가급적 사용한다. `Stream.collect(Collectors.toList())`는 사실상 수정 가능 컬렉션을 생성하지만 스펙에 명시된 작동 결과는 아니다. 수정 불가 리스트를 명시적으로 생성하려면 `toUnmodifiableList()` 메서드를 써야 한다. 또한 자바 16부터는 스트림 인터페이스에 `toList()` 메서드가 직접 추가되었으며 이를 통해 수정 불가 리스트를 생성할 수 있다.

- 메서드에 파라미터로 전달된 모든 컬렉션은 수정 불가 객체로 간주한다. 수정 가능한 컬렉션이 필요하다면 입력 인수 조건을 명시적으로 나타내야 한다. 공용 API에서는 전달받은 파라미터를 수정하지 않는 것이 일반적인 관례다. 컬렉션 수정이 자연스럽게 인정되는 경우는 `Collections.shuffle()` 등의 컬렉션 유틸리티 메서드뿐이다. 가끔 비공개 메서드에서 성능을 최적화시키기 위한 컬렉션을 수정할 때가 있다. 그러나 이러한 사례는 프로파일링을 통해 성능 개선 결과가 입증되어야 한다. 가령 컬렉션을 다음과 같이 채운다고 가정해보자.

```
public List<String> getData() {
    List<String> data = new ArrayList<>();
    fillPredefinedData(data);
    fillDataFromPlugins(data);
    fillUserSpecificData(data);
    return data;
}

private void fillPredefinedData(List<String> target) { … }
private void fillDataFromPlugins(List<String> target) { … }
private void fillUserSpecificData(List<String> target) { … }
```

이렇게 파라미터를 전달하고 수정하는 대신, 다음과 같이 헬퍼 메서드를 통해 결과를 받는 것이 좋다.

```
private List<String> getPredefinedData() { … }
private List<String> getDataFromPlugins() { … }
private List<String> getUserSpecificData() { … }
```

이렇게 하면 `getData()` 메서드에서는 다음과 같이 `addAll()`을 사용할 수 있다.

```
List<String> data = new ArrayList<>();
data.addAll(getPredefinedData());
data.addAll(getDataFromPlugins());
data.addAll(getUserSpecificData());
return List.copyOf(data);    // 수정 불가 복사본 생성
```

또는 다음과 같이 스트림 API를 사용하는 방법도 있다.

```
return Stream.of(getPredefinedData(),
                 getDataFromPlugins(),
                 getUserSpecificData())
             .flatMap(List::stream)
             .collect(Collectors.toUnmodifiableList());
```

처음보다 중간 객체들이 더 많이 생성되므로 성능적 비용은 늘어난다. 그러나 이 비용은 프로파일링 결과에서 거의 눈에 띄지 않을 정도로 미미할 것이다. 따라서 성급하게 최적화를 걱정할 필요가 없다. 반면 이제 헬퍼 메서드는 아무것도 수정하지 않으므로 재사용하고 테스트하기 훨씬 쉽다.

- 자신이 직접 만든 컬렉션만 수정한다. 일반적으로 이러한 컬렉션은 로컬 변수 또는 클래스의 private 필드에 저장된다.

- 구아바 라이브러리는 불변 컬렉션 타입 계층을 추가하는 방식으로 이 문제를 해결한다. 이를테면 `Collection`, `Set`, `List` 인터페이스를 구현한 `ImmutableCollection`, `ImmutableSet`, `ImmutableList` 등의 추상 클래스가 있다. 이들의 구현체는 절대로 수정할 수 없으며 이들을 변경하는 메서드는 `deprecated`로 선언되어 컴파일 경고와 IDE의 강조 표시를 이끌어낸다. 이러한 타입으로 필드나 메서드를 선언할 것을 권장한다. 하지만 이러한 조치만으로 문제를 완전히 해결할 수는 없다. 구아바에 의존하지 않고 여전히 표준 JDK 컬렉션 타입을 사용하는 라이브러리가 아직 많다. 또한 구아바 컬렉션을 쓰지 않는 레거시 컴포넌트가 프로젝트에 있거나, 개발자가 서드파티 라이브러리를 꺼리는 경우도 있다. 이러한 모든 예외 상황에도 불구하고 구아바 컬렉션은 사용할 만한 가치가 있다. 수정 불가 컬렉션을 수정하려 하는 버그를 줄일 수 있기 때문이다.

실수 074 가변 객체를 키로 사용

맵 키 또는 세트 원소에 저장했던 객체를 변경하면 컬렉션이 손상된다. 특히 이전에 추가했던 객체를 찾지 못하거나 제거하지 못하게 된다는 점이 위험하다. 다음 코드를 살펴보자.

```
Set<List<String>> set = new HashSet<>();
List<String> list = new ArrayList<>();
set.add(list);
list.add("Value");
System.out.println(set.contains(list));   <-| false 출력
```

리스트를 세트에 추가한 뒤 리스트 내용을 변경하면 리스트의 해시코드도 변경된다. 그러나 객

체가 저장되는 버킷 인덱스는 객체가 해시 테이블에 추가되던 시점의 해시코드를 바탕으로 결정된다. 이후 set.contains(list)를 실행하면 바뀐 해시코드로 버킷을 검색하며, 그곳에는 해당 객체가 존재하지 않는다.

필자는 IntelliJ IDEA의 정적 분석기 내부 깊숙한 곳에서 아주 까다로운 버그를 발견한 적이 있다. 이 버그의 원인은 특정 맵의 키로 사용된 BitSet 객체였다. 이 맵의 키는 복잡한 코드를 통해 새로운 키로 변환되고 있었으며, 키를 변경하기 전에 먼저 BitSet 객체의 복사본을 만들고 있었다. 그러나 딱 한 가지, 복사본이 만들어지지 않는 경우가 있었다. 이 경우 맵의 일부 항목이 신기하게 사라지는 현상이 생겼고 결과적으로 사용자는 특정 상황에서 잘못된 정적 분석 경고를 받게 되었다. 이 버그를 발견하기까지 몇 시간이나 디버깅을 해야 했다. 불행히도 표준 라이브러리에는 불변 BitSet이 없다.

날짜와 시간을 처리하는 java.util.Date, Calendar 등의 레거시 클래스도 각종 문제의 근원으로 잘 알려져 있다. 이들은 가변 클래스이므로 맵 키나 세트 원소로 사용한 다음 변경될 가능성이 크다. LocalDateTime처럼 신형 불변 대체재가 있지만 레거시 코드에는 여전히 과거의 클래스가 남아 있다.

내용 기반content-based 비교 메서드인 compareTo()가 있음에도 불구하고 동일성 기반인 equals()와 hashCode() 메서드를 사용하는 객체도 있다. 가령 StringBuilder는 자바 11에 와서야 Comparable 인터페이스를 구현하도록 개선되었다. 다시 말해 equals()와 compareTo() 구현이 일관적이지 않다는 뜻이다. equals()는 서로 다른 객체를 비교할 때 무조건 false를 반환하지만 compareTo()는 객체의 내용을 비교한다. 그렇다면 StringBuilder 객체를 HashMap 키나 HashSet 원소로 사용한 이후에 수정하면 어떻게 될까? 이러한 시도는 매우 위험한 상황을 자초하는 행동이다. 자바 8부터 HashMap과 HashSet 구현은 특정 버킷에서 레드-블랙 트리로 전환될 수 있으며 해시 충돌이 늘어나면 compareTo()에 의존한다.[2] 핫스팟HotSpot JVM의 기본 hashCode()는 분포가 고르고 충돌 발생 가능성은 매우 낮다. 또한 JVM은 특정 종류의 동일성 기반identity-based 해시코드 분포를 스펙으로 보장하고 있지 않다. HashSet과 HashMap이 compareTo()에 의존하게 만들려면 정확히 충돌하는 해시가 하나, 유사한 (그러나 동일하지 않은) 해시코드가 여러 개 있어야 한다. 다음 코드는 그러한 상황을 재현하고 있다.

2 https://openjdk.org/jeps/180

```java
public static void main(String[] args) {
  Set<StringBuilder> set = new HashSet<>();

  for (int count = 0; count < 40; count++) {   // HashSet이 레드-블랙 트리를 사용하도록,
    set.add(firstBucketStringBuilder());      // hashCode가 비슷한 40개의
  }                                           // StringBuilder 객체를 만든다
  int[] hashCodes = set.stream()
        .mapToInt(Object::hashCode)
        .sorted().toArray();
  StringBuilder sb =                          // hashCode가 정확히 일치하는
    Stream.generate(StringBuilder::new)       // StringBuilder를 하나 더 만든다
        .filter(b -> Arrays.binarySearch(
              hashCodes, b.hashCode()) >= 0)
        .findFirst().get();
  set.add(sb);  // HashSet이 hashCode()가 아닌 compareTo()의 결과에 따라 객체를 배치하게 된다
  System.out.println(set.contains(sb));  // true 출력
  sb.append("b");  // StringBuilder를 수정하면 compareTo() 결과가 달라진다
  System.out.println(set.contains(sb));  // false 출력
}

static StringBuilder firstBucketStringBuilder() {
  while (true) {
    StringBuilder sb = new StringBuilder("a");
    int hc = sb.hashCode();                       // HashSet이 StringBuilder를
    if (((hc ^ (hc >>> 16)) & 0x3F) == 0) {       // 버킷 #0에 넣도록 유도함
      return sb;                                  // 이 코드는 OpenJDK의 HashSet 구현에
    }                                             // 크게 의존한다
  }
}
```

firstBucketStringBuilder()는 OpenJDK의 HashMap 구현(HashSet 내부 코드)을 역이용한다. 이러한 방식으로, 해시 테이블이 작을 때 첫 번째 버킷으로 저장되도록 StringBuilder 객체를 생성하고 있다. 이렇게 생성한 40개의 StringBuilder 객체를 HashSet에 추가하면 레드-블랙 트리 구현으로 HashSet를 강제 전환할 수 있다. 다음으로, 기존과 동일한 해시코드를 지닌 StringBuilder 객체를 생성(해시코드 정렬 배열과 이진 탐색 알고리즘으로 생성 속도를 높임)하고 이를 sb 변수로 저장한다. 이제 sb를 HashSet에 추가한 다음 값을 변경하면 HashSet은 더이상 해당 객체를 찾지 못하게 된다. 따라서 contains 메서드는 false를 반환한다.

물론 이 예시는 수작업으로 만들었다. 이 정도로 구체적인 해시 충돌 상황은 의도적으로 만들지 않는 한 발생하기 어려울 것이다. 그러나 일단 실제로 발생한다면 도저히 재현할 수 없는 버그가 될 가능성이 높다.

| 실수 방지 가이드 |

- 가변 객체를 맵의 키나 세트 원소로 사용하지 않는다. 어쩔 수 없이 사용했다면 해당 맵 또는 세트의 수명이 유지되는 동안 객체를 변경하지 않는다.
- 자바의 `java.util.Date` 같은 레거시 가변 객체를 코드베이스에서 제거하고, 가능하면 신형 불변 객체로 대체한다.
- 가변 객체를 맵의 키나 세트 원소로 사용해야 한다면 `java.util.IdentityHashMap` 구현이 해당 용도에 더 적합하다. 이 맵은 `equals()` 및 `hashCode()` 구현에 관계없이 객체를 참조로 비교하므로 객체 내용을 바꿔도 맵은 기존과 똑같이 작동한다. 세트의 경우는 `Collections.newSetFromMap(new IdentityHashMap<>())`을 쓰면 된다.
- 가변 객체의 `equals()`, `hashCode()`, `compareTo()` 메서드가 객체 내용에 의존하지 않도록 정의하면 `HashSet` 및 `HashMap`에서 안전하게 사용할 수 있다.
- `HashMap`의 키나 `HashSet`의 원소로 객체를 사용할 때, 객체의 `compareTo()` 구현과 `equals()` 구현이 일관성을 유지하는지 확인한다. 이를 준수하지 못하면 해시코드가 충돌할 때만 매우 드물게 문제를 일으키는 버그가 생길지도 모른다.
- 핫스팟 JVM은 기본 해시코드 알고리즘을 재정의할 수 있다. 공개적으로 알려지지는 않았지만, 다음과 같이 커맨드라인 옵션을 주면 항상 해시코드가 1로 계산되도록 강제할 수 있다.

```
java -XX:+UnlockExperimentalVMOptions -XX:hashCode=2
```

- 식별 해시코드를 모두 같게 만들어도 JVM 스펙을 위반하는 것은 아니다. 그러나 성능은 영향을 받는다. 따라서 이러한 조건으로 애플리케이션을 테스트하는 것은 나름의 의미가 있다. 식별 해시코드 분포에 의존하는 코드를 파악할 수 있기 때문이다.

실수 075 HashMap 및 HashSet의 등장 순서 의존

컬렉션은 `for-each` 루프, `stream()` 메서드, 배열 변환, 심지어 `toString()` 등의 다양한 방

식으로 전체 내용을 가져올 수 있다. 이 때 대부분의 컬렉션은 원소의 순서를 정한다. TreeSet은 자연순 또는 비교자가 순서를 결정하며 LinkedHashSet은 삽입순 접근 순서를 따른다. 그러나 HashSet이나 HashMap 등의 일부 컬렉션은 의도적으로 순서를 명시적으로 지정하지 않는다. 이렇게 된 이유는 자바 표준 라이브러리 개발자가 컬렉션을 더 효율적으로 구현하기 위해서였다.

가끔 개발자들은 이러한 전제를 잊거나 간과한다. HashSet의 원소를 사용자 인터페이스에 표시하면 완전한 임의의 순서를 따라 나타나므로 사용자가 특정 대상을 찾기 어렵다. 만일 이러한 프로그램을 매우 적은 데이터로 테스트하고, 그중 3~4개의 원소가 논리적으로 나열되어 있다면 문제를 눈치채기 어려울 것이다. 또한 소수의 Integer로 구성된 HashSet은 마치 정렬된 것처럼 보인다는 점도 흥미롭다. 예를 들면 0부터 99까지의 숫자가 담긴 세트를 생성하고 다음과 같이 출력할 수 있다.

```
HashSet<Integer> set = IntStream.range(0, 100).boxed()
        .collect(Collectors.toCollection(HashSet::new));
System.out.println(set);   <-- [0, 1, 2, 3, 4, 5, 6, 7, 8, …] 출력
```

표준 OpenJDK의 HashSet 구현에서 이 숫자들은 순서대로 나타나고 계속 증가한다. 개발자는 이 데이터를 보고 이미 정렬되어 있으며 따로 조치할 필요가 없다고 생각할 수 있다. 하지만 이러한 현상은 상세 구현에서 비롯된 우연일 뿐이다. 이 데이터는 조금만 변경되어도 정렬이 흐트러진다. 가령 다음과 같이 각 숫자에 10을 곱해서 출력하면 더 이상 순서대로 나타나지 않는다.

```
HashSet<Integer> set = IntStream.range(0, 100).mapToObj(x -> x * 10)
.collect(Collectors.toCollection(HashSet::new));
System.out.println(set);   <-- [0, 770, 260, 520, 10, ...] 출력
```

가끔 개발자들은 테스트에서 HashSet의 순서에 의존한다. 예를 들어 Set<String>을 반환하는 getSeasons() 메서드가 있다고 가정해보자. 어떤 개발자는 다음과 같이 메서드 반환 결과를 문자열로 변환하고, 예상 결과 문자열과 단순 비교하는 식으로 테스트할 것이다.

```
@Test
public void testGetSeasons() {
```

```
    String result = getSeasons().toString();
    assertEquals("[Winter, Autumn, Summer, Spring]", result);
}
```

만약 getSeasons()가 HashSet을 반환한다면 이 테스트는 HashSet의 구현에 따라 결과가 달라지므로 매우 불안정하다. 컬렉션 객체의 순서가 바뀌는 경우는 드물지만 실제로 변경될 가능성은 존재한다. 자바 버전이 8로 올라갔을 때 이미 그러한 전례가 있었다. 당시 자바 버전을 업그레이드했던 많은 개발자가 테스트를 다시 작성해야 했다.

getSeasons() 메서드가 Set.of() 등의 불변 컬렉션 팩토리 메서드를 사용하면 상황은 더욱 흥미롭게 변한다. 불변 컬렉션 또한 순서를 보장하지 않지만, 한술 더 떠서 가상머신을 재시작할 때마다 무작위로 순서를 섞는다. 개발자들이 행여 이러한 순서에 의존하지 않게 하기 위해서다. 따라서 한 번 실행한 결과를 기록하면 다음 번 실행에서 순서가 달라지므로 테스트가 실패할 가능성이 크다. Map.of() 메서드가 반환한 컬렉션도 같은 원리로 순서가 뒤바뀐다.

| 실수 방지 가이드 |

- 컬렉션을 순회할 때는 해당 컬렉션이 순서를 유지하는지, 또한 그 순서에 의미가 있는지 검토한다. 사용자 인터페이스에 표시할 데이터라면 순서가 명백히 중요하다. 이런 경우는 필요에 맞게 컬렉션을 정렬하라.
- 테스트에서 세트나 맵의 동등성을 검증할 때는 순서와 무관하게 내용을 직접 비교한다. 방금 예시로 들었던 테스트는 다음과 같이 고칠 수 있다.

```
@Test
public void testGetSeasons() {
  assertEquals(Set.of("Winter", "Spring", "Summer", "Autumn"),
               getSeasons());
}
```

실수076 순회 도중 수정하기

원칙적으로, 동시성이 없는 자바 컬렉션은 이터레이터를 사용하지 않는 이상 순회 도중에 변경할 수 없다. 이러한 원칙에 위배되는 변경 시도가 감지되면 통상적으로 런타임 시 Concurrent

ModificationException 예외가 일어나며 실행이 중단된다. 가령 다음 코드를 실행하면 예외가 발생한다.

```
List<String> list = new ArrayList<>(List.of("a", "b", "c"));
for (String s : list) {
  System.out.println(s);
  if (s.equals("b")) {
    list.add("x");
  }
}
```

이 코드는 어떤 식으로 작동할까? 우선, 현재 자바의 **for-each** 루프 문법은 이터레이터 루프의 문법적 단축 표현syntactic sugar이라는 점을 알아야 한다. 방금 코드는 다음 코드와 동일하다.

```
List<String> list = new ArrayList<>(List.of("a", "b", "c"));
Iterator<String> iterator = list.iterator();
while (iterator.hasNext()) {
  String s = iterator.next();
  System.out.println(s);
  if (s.equals("b")) {
    list.add("x");
  }
}
```

자바의 표준 컬렉션은 동시 수정concurrent modification을 감지하는 용도로 **modCount**라는 정수 필드를 둔다. 이 필드의 값은 컬렉션이 수정될 때마다 증가한다. 이터레이터가 생성되면 현재 **modCount** 값이 이터레이터 인스턴스에 복사되며, 이후 **next()** 메서드가 호출될 때마다 인스턴스의 modCount 복사본과 원본 컬렉션의 modCount 값을 비교하고, 차이가 있을 경우 예외를 던진다. 방금 예시에서 "a"와 "b"까지는 문제없이 진행되지만 "x"가 새로 리스트에 추가될 때 **modCount**가 변경되면서 이터레이터의 **modCount**와 달라진다. 이 차이로 인해 다음 번 **iterator.next()** 호출 시 예외가 발생한다(그림 8-3).

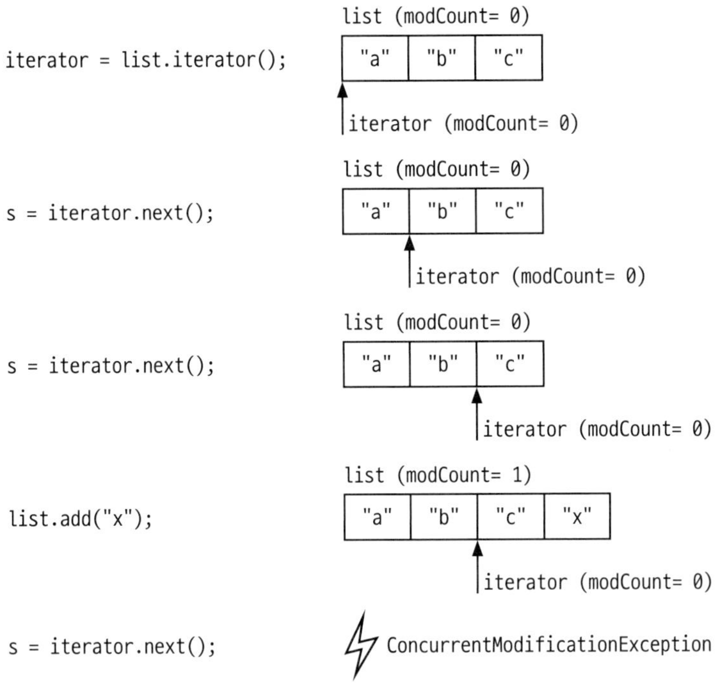

그림 8-3 이터레이터가 modCount를 비교하고 ConcurrentModificationException을 발생시키는 과정

이러한 작동 방식을 **fail-fast behavior**라 부른다. 이 명칭은 이터레이터가 동시 수정을 감지하자마자 순회가 중단된다는 의미를 담고 있다. 변경 사항을 제대로 처리할 수 있을지 알 수 없는 상황에서 순회를 이어갈 수 없기 때문이다.

반면, 인덱스를 사용한 반복문은 이터레이터가 없으므로 예외가 발생하지 않는다. 예를 들어 다음 반복문은 정상적으로 실행되며 "a", "b", "c", "x"를 출력한다.

```
List<String> list = new ArrayList<>(List.of("a", "b", "c"));
for (int i = 0; i < list.size(); i++) {
  String s = list.get(i);
  System.out.println(s);
  if (s.equals("b")) {
    list.add("x");
  }
}
```

3장의 '실수 018'에서 설명했다시피, 종래의 for 루프는 매우 취약하며 다양한 방식으로 문제를 일으킨다. 따라서 보통은 for-each 루프를 권장하는 편이다. 그러나 이번 경우는 인덱스 루프가 정상적으로 완료되고 for-each 루프는 예외를 던진다. 이번 절의 예시 코드는 동시 수정되는 부분이 뚜렷하게 드러나지만 현실의 코드는 이보다 더 복잡할 것이다. 이를테면 컬렉션 루프 안에서 호출한 메소드가 컬렉션을 수정하는 경우도 있다. 따라서 인덱스 루프를 무작정 for-each 루프로 대체하면 프로그램이 잘못 작동하게 될 위험이 있다.

또한 이터레이터를 썼지만 ConcurrentModificationException 예외가 발생하지 않는 경우도 있다. 일례로 다음 코드를 살펴보자.

```
List<String> list = new ArrayList<>(List.of("a", "b", "c"));
for (String s : list) {
  System.out.println(s);
  if (s.equals("b")) {
    list.remove("a");
  }
}
```

이 코드는 "a"와 "b"를 출력한 다음 "c"를 인쇄하지 않고 끝난다. 그 이유는 디슈거된desugared 루프를 살펴보면 더 명확히 알 수 있다.

```
List<String> list = new ArrayList<>(List.of("a", "b", "c"));
Iterator<String> iterator = list.iterator();
while (iterator.hasNext()) {
  String s = iterator.next();
  System.out.println(s);
  if (s.equals("b")) {
   list.remove("a");
  }
}
```

이 코드는 hasNext()가 false를 반환하면 next()를 호출하지 않고 루프를 중단한다. 여기에서 modCount를 비교하는 곳은 next() 메서드뿐이다. hasNext() 메서드는 그저 지금까지 처리한 원소 개수가 리스트 크기에 도달했는지만 확인한다. 두 번째 반복 이후 원소를 제거하면 리스트 크기가 2로 줄어들고 지금까지의 반복 횟수와 같아지므로 루프는 문제없이 종료된다(그림 8-4). 이러한 작동 과정은 정확한 스펙으로 규정되어 있지 않으므로 앞으로의 자바 버전이나 다른 컬렉션 구현에서 예외를 일으킬 가능성도 있다. 확실한 것은, ConcurrentModificationException 예외가 무조건 발생하는 것은 아니라는 점이다.

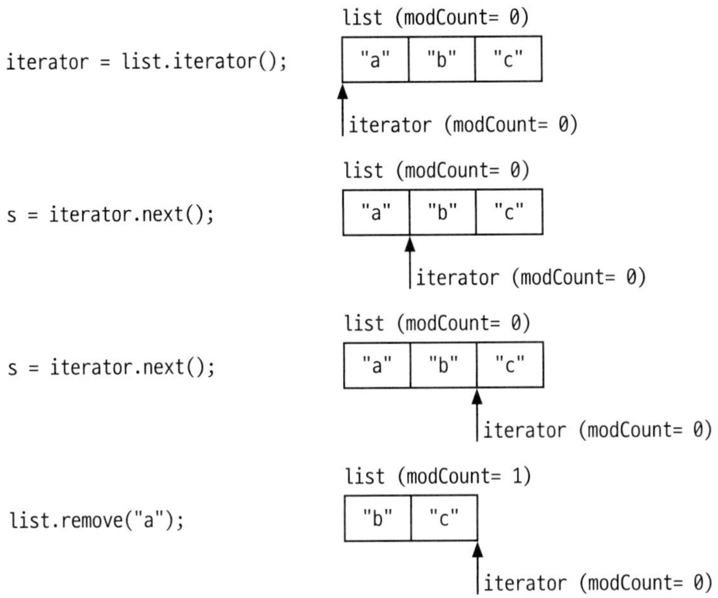

그림 8-4 이터레이터가 ArrayList의 끝을 가리키면 동시 수정을 감지하지 못한다

| 실수 방지 가이드 |

- ConcurrentModificationException을 적이 아닌 친구로 대한다. 이 예외는 프로그램에 버그가 있다는 신호이며, 경고를 보는 즉시 문제를 해결해야 한다. ConcurrentModificationException 예외를 포착하고 특정한 방식으로 처리하려 하면 안 된다. 이 예외를 합리적으로 감수할 방법은 없으며, 발생 사실을 알리고 해당 작업을 종료하는 것이 유일한 길이다.
- forEach() 메서드 또는 스트림 API의 컬렉션 탐색은 모두 일종의 반복문이다. 따라서 forEach() 람다 함수와 스트림 작업 도중에 컬렉션을 수정하면 안 된다.
- IDE가 인덱스 기반 루프를 for-each 루프로 대체하라고 권장해도 무조건 수용하지 말고 신중하게 검토해야 한다. 루프 과정에서 컬렉션이 수정되고 있다면 루프 교체로 인해 프로그램이 중단되는 경우가 생길 수 있다.
- 순회 도중 컬렉션을 변경해야 한다면, 그러한 변화가 순회 과정에 반드시 영향을 주어야 하는지 검토해야 한다. 그렇지 않은 한 다음과 같이 원본 컬렉션을 복사해서 순회하는 것이 좋다.

```
for (String element : new ArrayList<>(collection)) {
  … // 컬렉션 원소 사용, 컬렉션 수정 등
}
```

- 순회 도중 컬렉션이 드물게 수정된다면 CopyOnWriteArrayList를 사용할 수 있다. 이 컬렉션은 주로 스레드 안전을 확보하기 위해 쓰지만, 단일 스레드 환경에서도 쓸모가 있다. 루프 안에서 컬렉션을 변경해도 이터레이터 생성 당시의 컬렉션 상태를 항상 확인할 수 있기 때문이다. 정확히 말하자면, 이터레이터는 원본 컬렉션을 참조하며 컬렉션을 수정할 때마다 내부 배열이 새로 복사된다. 따라서 원본 컬렉션 전체를 복사하는 것보다 이 방법이 빠른 경우가 있다. 그러나 그 속도 차이를 정확히 비교하려면 루프의 처리량을 벤치마킹해야 한다.

실수 077 List.remove() 오버로드 오용

표준 라이브러리의 `Collection.remove(Object)` 메서드는 컬렉션에서 특정 원소를 제거하는 역할을 한다. 또한 `List` 인터페이스는 인덱스 번호로 원소를 제거할 수 있도록 `List.remove(int)` 메서드를 오버로드 형태로 제공한다. 그러나 `List<Integer>` 타입을 다룰 때 이러한 오버로드 메서드의 기능을 혼동하고 잘못 사용하는 경우가 있다. 다음 예시를 살펴보자.

```
List<Integer> offsets = getOffsets();
offsets.remove(0);
```

이 코드는 0번 인덱스의 원소를 조건 없이 제거한다. 그러나 코드 작성자는 리스트 내부에 존재하는 0 값을 제거하려고 했을지도 모른다. 불행히도 이러한 실수는 정적 분석으로 감지하기 어렵다. 원래의 의도가 인덱스 제거였는지 값 제거였는지 판단할 수 없기 때문이다.

| 실수 방지 가이드 |

- 요즘 IDE는 파라미터명에 힌트를 줄 수 있다. 이러한 힌트를 주의 깊게 확인해야 한다. 예시 코드의 인수는 [그림 8-5]와 같이 인덱스로 해석된다는 힌트가 나타날 것이다.

```
List<Integer> offsets = getOffsets();
offsets.remove( index: 0);
```

그림 8-5 IntelliJ IDEA에서 `List.remove()` 메서드에 보여주는 파라미터 힌트

- '실수 069'에서 언급했듯이, 박싱된 기본 타입 컬렉션을 멀리하고 FastUtil 등의 서드파티 라이브러리를 사용하는 것이 좋다. 이러한 라이브러리는 더 빠르게 작동하고 적은 메모리를 사용하며 값 제거와 인덱스 제거 기능을 별도의 메서드로 제공한다.

- `remove(Object)` 메서드는 제거 성공 여부를 나타내는 `boolean` 값을 반환한다. 이를 확인하면 메서드를 잘못 호출했음을 즉시 알 수 있다. 예를 들어, 이번 절의 예시 코드가 리스트의 0 값을 제거하려는 의도였다면 다음과 같이 검증하면 된다.

```
boolean success = offsets.remove(0);   <-- 컴파일 에러 발생
assert success : "Element 0 was not found";
```

이러한 조치로 코드가 더욱 견고해질 뿐만 아니라 어설션 실패 시 컴파일 에러가 발생하므로 메서드를 잘못 사용했음을 즉시 알 수 있다.

```
boolean success = offsets.remove((Integer) 0);   <-- 올바른 코드
assert success : "Element 0 was not found";
```

실수 078 List.remove() 직후 원소 생략

`List.remove(index)` 메서드로 인한 또 다른 버그 패턴은 리스트 인덱스를 순회하는 과정에서 등장한다. 다음과 같이 리스트의 특정 위치에서 마지막까지 원소를 제거하려는 시도가 좋은 예다.

```
void trimHistory(List<?> history, int maxElements) {
  for (int i = maxElements; i < history.size(); i++) {
    history.remove(i);
  }
}
```

이 메서드는 `history` 리스트가 `maxElements`보다 클 때 리스트 끝 쪽의 초과분을 제거하려 시도한다. 그러나 하나의 원소를 제거하면 그 다음 원소가 앞당겨진다는 점을 고려하지 않았고, 결과적으로 다음 번 제거 시 한 칸을 건너뛰게 되었다. 예를 들어 `maxElements`가 5이고 `history` 리스트에는 0부터 9번 인덱스가 매겨진 10개의 원소가 있다고 가정해보자. 이 상태

에서 메서드를 실행하면 5, 7, 9번 인덱스만 제거되고 6, 8번 인덱스의 원소는 그대로 남게 된다. [그림 8-6]은 이 과정을 차례로 보여준다.

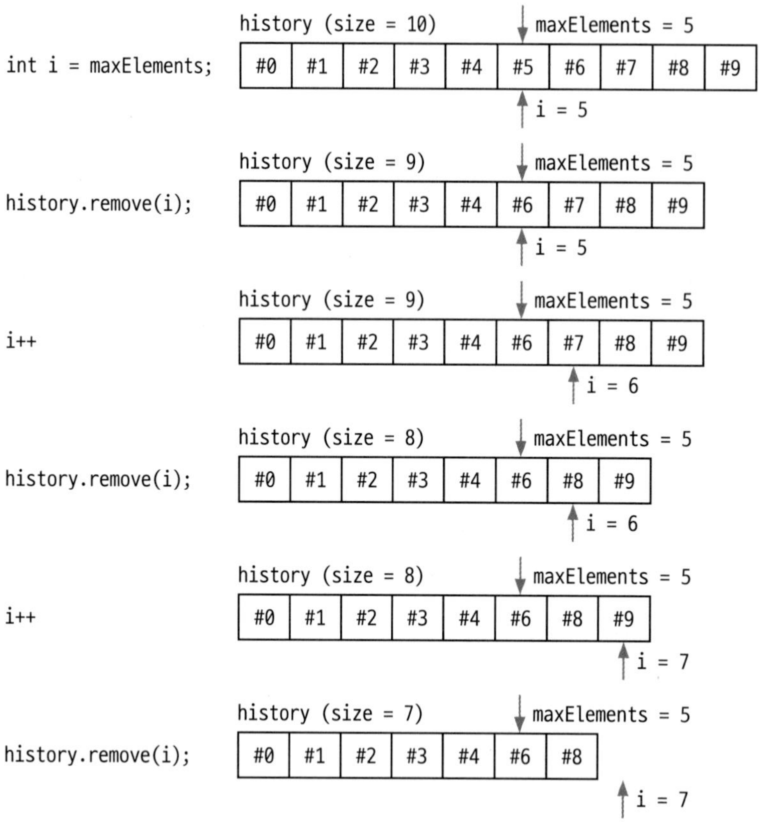

그림 8-6 오름차순 루프에서 인덱스로 원소를 제거하면 일부를 건너뛰게 된다

다음과 같이 특정 조건에 따라 원소를 제거하면 이 문제는 더욱 눈에 띄지 않을 것이다.

```
for (int i = 0; i < data.size(); i++) {
  if (condition(data.get(i), i)) {
    data.remove(i);
  }
}
```

이 코드에서 특정 원소가 조건을 만족시키면 바로 다음 원소는 조건을 판단하지 않고 건너뛴다. 만일 이 조건이 드물게 참을 이룬다면 연속된 두 원소가 참을 이루는 경우는 더욱 드물 것이다. 이렇게 되면 이 문제는 테스트 중에 발견되지 않고 실제 환경에서 발생할 가능성이 높아진다.

실제로 IntelliJ IDEA 디버거에 이러한 버그가 발생한 적이 있었다. 이를 발견하고 제보한 것은 외부 사용자였다. IntelliJ IDEA 디버거에는 JVM 스레드 덤프를 미리 확인하고 스택 트레이스가 동일한 스레드끼리 병합하는 기능이 있었다. 이 기능은 방금 예시와 비슷한 `for` 루프로 구현되었으며, 동일한 스택 트레이스를 발견하면 해당 스레드의 인덱스를 기준으로 리스트에서 제거했다. 그러나 예시와 마찬가지로 바로 다음 스레드를 확인하지 않는 버그가 있었고, 결국 동일한 스택 트레이스를 지닌 일부 스레드가 실제로 병합되지 않았다.

이 문제를 해결하려면 다음과 같이 `remove()` 호출 직후에 루프 변수를 감소시켜야 한다.

```
for (int i = 0; i < data.size(); i++) {
  if (condition(data.get(i), i)) {
    data.remove(i);
    i--;
  }
}
```

또는 다음과 같이 `remove()`를 호출하지 않았을 때만 루프 변수를 증가시키는 방법도 있다.

```
for (int i = 0; i < data.size();) {
  if (condition(data.get(i), i)) {
    data.remove(i);
  } else {
    ++i;
  }
}
```

정적 분석

일부 정적 분석 도구는 간단한 사례에 한해 이 패턴을 감지할 수 있다. 이번 절의 예시는 IntelliJ IDEA에서 'Suspicious List.remove() in the Loop' 검사가 경고를 보낸다. SonarQube는 이 문제를 'S5413: List.remove() Should Not Be Used in Ascending for Loops' 규칙을 통해 보고한다. 그러나 루프가 더 복잡해지면 이러한 검사 기능이 제대로 작동하지 않을 것이다.

| 실수 방지 가이드 |

- 루프 안에서 인덱스로 리스트 원소를 제거하는 작업은 신중하게 처리해야 한다. 이후의 원소가 앞당겨지므로 다음 번 원소를 건너뛸 위험이 있다.

- 컬렉션의 일부를 조건 없이 제거하려면 다음과 같이 subList()와 clear()를 활용하는 방법을 고려한다.

```
if (history.size() > maxElements) {
  history.subList(maxElements, history.size()).clear();
}
```

subList()를 호출할 때는 IndexOutOfBoundsException을 방지하기 위해 인수 범위를 먼저 검사해야 한다. ArrayList 등의 컬렉션은 루프를 통해 원소를 제거하는 것보다 이 방식이 더 빠르다. 대상 원소를 모두 한 번에 제거하기 때문이다.

- 코드의 의미를 변화시키지 않는 선에서, 다음과 같이 루프를 역방향으로 바꿔도 좋다.

```
for (int i = data.size() - 1; i >= 0; i--) {
  if (condition(data.get(i), i)) {
    data.remove(i);
  }
}
```

역방향 루프는 원소를 건너뛰는 문제가 발생하지 않는다. 다음 번 탐색 원소가 이동하지 않고 유지되기 때문이다.

- 굳이 인덱스를 쓸 필요가 없는 상황이라면 다음과 같이 removeIf() 메서드를 사용하라.

```
data.removeIf(this::condition);
```

- 단순한 원소 제거 이상의 작업을 루프에서 처리한다면, 인덱스 기반 루프 대신 이터레이터를 사용하라. 다음과 같이 이터레이터를 통해 원소를 제거하면 인덱스를 건너뛸 일이 없다.

```
Iterator<Object> it = data.iterator();
while (it.hasNext()) {
  Object next = it.next();
  … // 다음 원소를 처리한다
  if (condition(next)) {
    it.remove();
```

```
  }
}
```

- ListIterator를 사용하면 다음과 같이 인덱스를 내부적으로 유지하고 적절히 갱신할 수 있다. 또한 원소를 추가하거나 교체하는 등의 다른 작업도 처리할 수 있다.

```
ListIterator<Object> iterator = list.listIterator();
while (iterator.hasNext()) {
  int index = iterator.nextIndex();
  Object next = iterator.next();
  … // index와 next를 사용한다
  if (condition(next, index)) {
    iterator.remove();
  }
}
```

그러나 이렇게 하면 코드가 더 장황해지고 이해하기 어렵게 된다. 일반적으로 개발자들은 ListIterator를 기피하는 경향이 있다.

실수079 Collection.removeIf() 내부의 컬렉션 조회

removeIf() 메서드는 자바 8에서 java.util.Collection 클래스에 추가되었다. 이 메서드는 프레디케이트predicate를 통해 일부 컬렉션 원소를 제거한다. 당연한 말이지만, 프레디케이트 내부에서 원본 컬렉션을 직접 변경하려는 시도는 바람직하지 않다. 일반적으로 removeIf() 구현은 이러한 변경 시도를 감지하고 ConcurrentModificationException 예외를 일으킨다.

이 메서드에 숨은 또 다른 함정은 프레디케이트 내부에서 원본 컬렉션을 조회하려는 시도에 있다. 언뜻 보면 이러한 시도는 전혀 위험해 보이지 않는다. 그러나 프레디케이트 호출과 리스트 수정이 어떤 순서로 진행되는지 명시적으로 규정하는 스펙은 없다. 어떤 컬렉션은 먼저 수정되기도 하고, 어떤 컬렉션은 나중에 수정된다.

순서와 무관한 숫자 컬렉션이 있다고 가정해보자. 이 컬렉션에 존재하는 일련의 인접 숫자들 중 가장 작은 숫자만 남기려 한다. 예를 들어 1, 2, 3, 8, 9, 10, 13, 14가 담긴 컬렉션은 (1,

2, 3), (8, 9, 10), (13, 14)라는 세 종류의 인접 숫자 집합으로 나눌 수 있다. 이들 중 1, 8, 13만 남기고 나머지는 모두 제거해야 한다. 이는 다음과 같이 removeIf()를 활용하기 좋은 시나리오처럼 보인다.

```
static void process(Collection<Integer> c) {
  c.removeIf(x -> c.contains(x - 1));
  System.out.println(c);
}
```

이 코드는 특정 숫자의 바로 앞에 있는 숫자를 컬렉션에서 검색하고 제거한다. 아직까지는 아무 문제 없어 보인다. 이제 이 메서드를 다음과 같이 테스트해보자.

```
List<Integer> numbers =
    Arrays.asList(1, 2, 3, 8, 9, 10, 13, 14);
process(new ArrayList<>(numbers));
```

실행 결과, 정확하게 [1, 8, 13]이 출력된다. 이제 여기에 다른 컬렉션 타입을 적용해보자. 다음은 TreeSet 타입으로 호출하는 코드다.

```
process(new TreeSet<>(numbers));
```

이 코드를 실행하면 이전과 달리 [1, 3, 8, 10, 13]이 출력된다. 두 호출 결과가 달라진 이유는 ArrayList와 TreeSet에 구현된 각각의 removeIf()를 통해 설명할 수 있다. ArrayList의 removeIf()는 컬렉션의 모든 원소에 대해 프레디케이트를 확인하고 그 결과를 취합해서 한 번에 적용한다. 이러한 작동 방식은 많은 원소를 삭제할 때 성능을 최적화시키는 효과를 낸다. 변경될 원소들이 원래의 배열을 기준으로 한 번만 움직이기 때문이다.

반대로, TreeSet은 이러한 최적화로 얻을 이득이 없기에 기본 구현 그대로 removeIf()를 실행한다. 따라서 프레디케이트가 true를 반환할 때마다 iterator.remove()를 호출하게 된다. 결과적으로 ArrayList는 원래의 컬렉션 상태에서 프레디케이트를 적용하는 반면 TreeSet은 반복 실행 과정에서 삭제된 원소에 프레디케이트를 적용하지 못한다.

이 결과는 컬렉션의 종류뿐만 아니라 자바 버전에 따라 달라진다. 예를 들어 다음은 ArrayDeque를 적용한 코드다.

```
process(new ArrayDeque<>(numbers));
```

이 코드는 자바 8에서 [1, 3, 8, 10, 13]을 출력하지만, 자바 9 이상에서는 [1, 8, 13]을 출력한다. 자바 9부터 ArrayDeque 클래스도 ArrayList처럼 최적화 구현이 적용되었기 때문이다. 순회 과정에서 생기는 컬렉션의 변화가 프레디케이트에 반영되어야 하는지는 명시적인 스펙으로 규정되어 있지 않다. 따라서 이러한 구현에 의존하지 않는 것이 좋다.

| 실수 방지 가이드 |

- removeIf() 프레디케이트 내부에서 원본 컬렉션을 조회하지 않는 것이 좋다. 컬렉션 순회에 따른 변화와 프레디케이트의 반영 여부는 명시적으로 결정되어 있지 않기 때문이다. 또한 ConcurrentModificationException을 탐지하는 것도 도움이 되지 않는다. 동시 수정에 관한 문제가 아니기 때문이다.

- 가급적이면 원래 컬렉션을 수정하는 대신 새로운 컬렉션을 생성한다. 가령 예시의 process() 메서드는 다음과 같이 새로운 컬렉션을 반환할 수 있다.

```
static List<Integer> process(Collection<Integer> c) {
  return c.stream().filter(x -> !c.contains(x - 1)).toList();
}
```

이 코드는 항상 컬렉션의 원본 상태를 관찰하게 된다. 원본 컬렉션을 전혀 변경하지 않기 때문이다.

실수 080 Map.computeIfAbsent()의 동시 수정

자바 8은 Map 인터페이스에 computeIfAbsent(), computeIfPresent(), compute(), merge() 등의 여러 새로운 메서드를 도입했다. 이들을 이용하면 맵에서 기존 값의 존재 여부에 따라 매핑을 갱신할 수 있다. 갱신될 값은 사용자 제공 함수를 통해 계산된다.

가령 자바 8 이전에는 다음과 같은 방식으로 다중맵에 새로운 원소를 추가했다.

```
static void addToMultiMap(Map<String, List<String>> map,
                          String key,
                          String value) {
  List<String> list = map.get(key);
```

```
    if (list == null) {
      list = new ArrayList<>();
      map.put(key, list);
    }
    list.add(value);
  }
```

이제는 ComputeIfAbsent() 덕에 다음과 같이 한 줄의 코드로 처리할 수 있다.

```
static void addToMultiMap(Map<String, List<String>> map,
                          String key,
                          String value) {
  map.computeIfAbsent(key, k -> new ArrayList<>()).add(value);
}
```

이 API 메서드는 코드를 단축하는 역할뿐만 아니라 성능도 최적화하도록 설계되었다. get()과 put()을 따로 호출하면 해시 테이블이나 이진 트리 등의 맵 데이터 구조에서 키를 두 번 찾게 된다. 그러나 computeIfAbsent()를 호출하면 검색을 한 번만 수행하며, 해당 키가 존재하지 않을 경우 새로 추가될 위치까지 알아낸다. 이렇듯 신규 메서드는 구현이 최적화되었으므로 성능을 높이는 효과를 낸다. HashMap은 자바 8부터, TreeMap은 자바 15부터 최적화된 구현을 제공한다.

그러나 이러한 최적화에는 대가가 따른다. 사용자 제공 함수는 키 검색과 삽입의 중간 단계에서 호출된다. 만약 이 함수가 맵 자체를 수정하게 되면 키가 삽입될 위치 또한 어긋난다. 이 문제는 자바 8이 출시되고 나서야 발견되었다. 따라서 자바 8에서는 이러한 동시 수정이 HashMap을 손상시킬 수 있다. 자바 9부터는 HashMap에서 동시 수정을 감지하며 computeIfAbsent() 등의 메서드에서 ConcurrentModificationException 예외를 던진다.

간혹 맵을 이용해 특정 계산 결과를 캐싱하고, 이 계산에 사용되는 또 다른 값이 동일한 캐시 안에 있다면 동시 수정이 발생할 가능성이 있다. 만일 이러한 문제가 항상 발생한다면 테스트로 쉽게 감지할 수 있을 것이다. 그러나 그러한 캐싱 값을 사용해 계산하는 경우가 매우 드물다면, 이 문제는 코드가 배포되고 나서야 발견될지도 모른다.

예를 들어 "b + c" 또는 "d * 2" 등의 표현식을 처리하는 엔진을 만들고 싶다고 가정해보자. 여기서 b, c, d는 변수 참조를 나타낸다. 먼저 이 엔진은 표현식에 사용된 참조를 모두 찾아야 한다. 예시를 간소화하고자, 전체 파서 대신 다음과 같이 홀수번째 $의 와 짝수번째 $ 사이의 문자열을 추출하는 코드만 살펴보자.

```
static Set<String> immediateRefs(String expression) {
  String[] parts = expression.split("\\$");
  return IntStream.range(0, parts.length / 2)
                .mapToObj(pos -> parts[pos * 2 + 1])
                .collect(Collectors.toSet());
}
```

이 코드에 "b + c" 인수를 전달하면 parts 배열에 "", "b", " + ", "c"처럼 4가지 문자열이 저장된다. 뒤를 이은 스트림은 이 중에서 홀수 인덱스에 해당하는 "b"와 "c"를 골라 세트에 저장한다.

여기서 b, c 등의 변수가 각각 다른 표현식을 참조한다고 가정해보자. 예를 들면 다음과 같은 표현식 집합이 있다.

```
Map<String, String> map = Map.of("a", "$b$ + $c$",
                                 "b", "1",
                                 "c", "$d$ * 2",
                                 "d", "3");
```

[그림 8-7]은 이러한 표현식 사이의 의존 관계를 나타낸다.

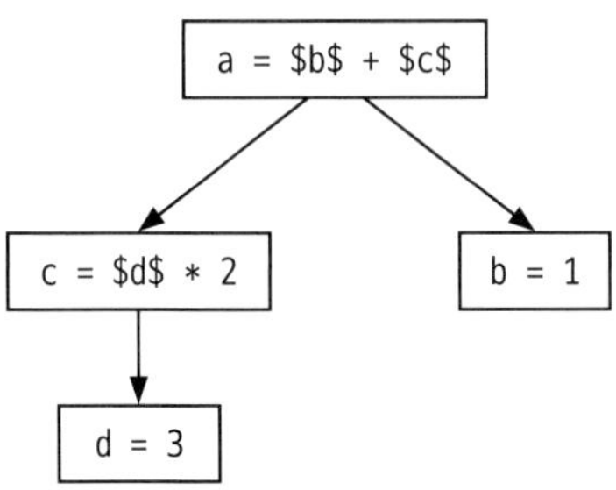

그림 8-7 각 표현식 사이의 의존성

이제 각 변수가 직접 또는 간접적으로 의존하는 모든 변수를 찾아야 한다. 예를 들어 변수 a는 직접적으로 b와 c에 의존하며 c는 d에 의존하므로 변수 a의 의존 변수 목록을 검색하면 b, c, d를 반환해야 한다. 다음은 이를 구현한 코드다.

```
Set<String> transitiveRefs(String variable) {
  Set<String> result = new HashSet<>();
  String expression = map.getOrDefault(variable, "");
  for (String ref : immediateRefs(expression)) {
    result.add(ref);
    result.addAll(transitiveRefs(ref));
  }
  return result;
}
```

다시 한번 예시를 간소화하고자, 순환 의존성은 생기지 않는다고 간주할 것이다. 5장에서 설명했던 스택 오버플로는 고려할 필요가 없다. 다만 표현식 변수가 늘어나고 표현식이 길어지면 이 메서드는 쓰기 힘들 정도로 속도가 느려질 것이다. 따라서 다음과 같이 캐시를 도입하는 방안을 고려해야 한다.

```
final Map<String, Set<String>> refCache = new HashMap<>();

Set<String> transitiveRefs(String variable) {
  return refCache.computeIfAbsent(variable, this::calc);
}

private Set<String> calc(String variable) {
  Set<String> result = new HashSet<>();
  String expression = map.getOrDefault(variable, "");
  for (String ref : immediateRefs(expression)) {
    result.add(ref);
    result.addAll(transitiveRefs(ref));
  }
  return result;
}
```

이제 캐시에서 변수를 검색한 다음 결과가 없으면 `calc()`를 호출한다. 기존 계산 코드는 헬퍼 메서드인 `calc()`로 옮겨 두었다. 이 코드는 제법 똑똑한 척하고 있지만 작동하지 않는다. 그 이유는 `calc()` 메서드 내부에서 `transitiveRefs()`를 통해 `refCache` 맵을 재수정하기 때문이다. `transitiveRefs("a")`를 호출하면 `ConcurrentModificationException`이 발생한다. 반면 `transitiveRefs("b")`와 `transitiveRefs("d")`는 문제없이 호출된다. 심지어 그 다음부터는 transitiveRefs("c")와 transitiveRefs("a")도 정상적으로 호출될 것이다. 테스트 코드로 직접 확인해보자.

```
@Test
public void bottomUp() {  ◁─┤ 테스트 통과
    assertEquals(Set.of(), transitiveRefs("d"));
    assertEquals(Set.of("d"), transitiveRefs("c"));
    assertEquals(Set.of(), transitiveRefs("b"));
    assertEquals(Set.of("b", "c", "d"), transitiveRefs("a"));
}

@Test
public void topDown() {  ◁─┤ ConcurrentModificationException 발생, 테스트 실패
    assertEquals(Set.of("b", "c", "d"), transitiveRefs("a"));
    assertEquals(Set.of(), transitiveRefs("b"));
    assertEquals(Set.of("d"), transitiveRefs("c"));
    assertEquals(Set.of(), transitiveRefs("d"));
}
```

bottomUp()의 transitiveRefs("a") 호출은 이미 다른 값들이 캐시에 담겨 있으므로 문제없이 완료된다. 또한 이 과정에서 동시 수정이 발생하지 않는다. 결국 작동 결과는 호출 순서에 따라 달라진다. 이와 동일한 순서로 유닛 테스트를 진행하면 버그는 발견되지 않을 것이다.

이 문제를 해결하려면 computeIfAbsent() 대신, 낡았지만 안전한 get/put 시퀀스를 되살려야 한다.

```
Set<String> transitiveReferences(String variable) {
    Set<String> result = refCache.get(variable);
    if (result == null) {
        result = calc(variable);
        refCache.put(variable, result);
    }
    return result;
}
```

| 실수 방지 가이드 |

- computeIfAbsent() 또는 유사 메서드를 사용할 때는 인수로 사용한 함수가 대상 맵을 직접 또는 간접적으로 수정하고 있는지 항상 확인해야 한다. 확실치 않으면 get/put 시퀀스를 활용하는 것이 좋다.

- 자바를 최신 버전으로 높일 때는 computeIfAbsent() 호출 코드를 재확인한다. 자바 15부터 TreeMap.computeIfAbsent() 메서드는 ConcurrentModificationException 예외를 던지기 시작한다. 따라서 기존에 잘 작동하던 코드가 갑자기 작동하지 않는 경우도 있다. 설령 Map 구현체가 동시 수정을 감지하지 않는다 해도 computeIfAbsent()에서 동시 수정이 일어나는 것 자체가 잘못이다. 메서드 설명서에서 이를 명백히 금지하고 있기 때문이다.

- 한 번에 여러 가지를 검증하는 테스트는 신중하게 만들어야 한다. 통상적으로, 좋은 테스트는 배치[arrange], 실행[act], 검증[assert] 패턴을 따르며, 검증 단계에서는 아무것도 수정하지 않는 것을 원칙으로 한다. 이번 절의 예시 테스트는 이 규칙을 위반하고 있다. transitiveRefs() 메서드가 캐시 상태를 변경하며 이후의 검증에 영향을 미치기 때문이다. 배치, 실행, 검증 패턴은 10장에서 더 자세히 다룰 것이다.

실수 081 이터레이터 계약 위반

Collection, Map, Iterable을 직접 구현할 때 커스텀 Iterator를 함께 구현하는 경우가 있다. 이터레이터의 문제는 매우 엄격한 계약에 비해 매우 특정한 방식으로만 사용된다는 것이다. 99%의 이터레이터가 하나의 방식으로 올바르게 작동하는 한, 잘못 구현된 곳이 있다 해도 쉽게 알아차릴 수 없다. 그러다 누군가 99% 이외의 방식으로 이터레이터를 사용하는 순간 프로그램은 망가질 것이다.

여기서 말하는 매우 특정한 방식이란 향상된 for 문 또는 for-each 문에 사용되는 이터레이터를 가리킨다. 향상된 for 문은 Iterable 인스턴스에서 iterator()를 호출하고 새로운 Iterator를 얻는다. 이후의 과정은 다음과 같다.

1. iterator.hasNext()가 false를 반환하면 반복을 마친다.
2. iterator.next()로 다음 원소를 가져온 다음 반복문의 변수에 할당한다.
3. 루프 본문을 실행한다.
4. 1단계로 돌아간다.

이것이 전부다. 이 시나리오를 지원하는 이터레이터는 향상된 for 문에서 잘 작동한다. 특히 이러한 반복문은 다음과 같은 일을 절대 하지 않는다는 특징이 있다.

- iterator.next() 사이[in-between]에서 iterator.hasNext()를 두 번 연속 호출함

- iterator.hasNext() 사이에서 iterator.next()를 두 번 연속으로 호출함
- iterator.hasNext() 호출 이전에 iterator.next()를 호출함
- 남은 원소가 없을 때 iterator.next()가 던지는 NoSuchElementException을 catch하고 처리함

이러한 일들은 향상된 for 루프에서 벌어지지 않지만, 모두 이터레이터가 실제로 할 수 있는 유효한 작업들이다. Collections.min(), Collections.max() 등의 일부 컬렉션 유틸리티 메서드는 실제로 이러한 작업을 수행한다. 이들은 컬렉션에서 최소 또는 최대 원소를 찾을 때 hasNext() 호출 이전에 iterator.next()를 시작하며, 입력 컬렉션이 비어 있을 때는 이터레이터에서 직접 NoSuchElementException을 던진다.

일부 이터레이터는 hasNext()가 next()보다 먼저 호출될 것이라는 예상에 근거해 hasNext() 안에서 다음 값을 준비하기도 한다. 예를 들어, 0부터 max 미만의 숫자를 생성하는 Collection이 있다고 가정해보자. 이러한 컬렉션은 다음과 같이 AbstractCollection을 상속하고 이터레이터를 제공하는 식으로 구현할 수 있다.

```
static Collection<Integer> range(int max) {
  if (max < 0) throw new IllegalArgumentException();
  return new AbstractCollection<>() {
    public int size() { return max; }

    public Iterator<Integer> iterator() {
      return new Iterator<>() {
        int cur = -1;

        public boolean hasNext() {
          return ++cur < max;
        }

        public Integer next() { return cur; }
      };
    }
  };
}
```

이 구현은 분명히 여러 면에서 Iterator 계약을 위반한다. 가령 hasNext()는 상태를 변경하고 next()는 NoSuchElementException을 던지지 않는다. 그럼에 불구하고 향상된 for 루

프에서 사용하면 다음과 같이 잘 작동한다.

```
for (int value : range(10)) {
  System.out.println(value);
}
```

이 루프는 예상대로 0에서 9까지의 숫자를 출력한다. 이렇듯 표준화된 사용 양식에서 잘 작동하면 이터레이터가 잘못 구현된 부분을 간과하게 된다. 비슷한 방식으로 취약한 이터레이터가 프로덕션 코드에서 자주 발견되는 이유는 이 때문이다. 이제 다음과 같이 `Collections.min()`을 호출하면 문제가 바로 드러난다.

```
System.out.println(Collections.min(range(10)));   <-- -1 출력
```

이번 예시의 문제는 매우 명확하며 다음과 같이 다소 간단한 방식으로 해결할 수 있다.

```
public Iterator<Integer> iterator() {
  return new Iterator<>() {
    int cur = 0;

    public boolean hasNext() {
      return cur < max;
    }

    public Integer next() {
      if (!hasNext()) {
        throw new NoSuchElementException();
      }
      return cur++;
    }
  };
}
```

그러나 이보다 더 복잡한 이터레이터도 있으며 다음 원소의 존재를 판단하기 위해 추가 작업을 수행하기도 한다. 예를 들어 `BufferedReader`가 다음 줄도 이어서 읽도록 개조한다고 가정해 보자. 다음 줄의 존재 여부는 다음 줄을 읽어봐야만 알 수 있다. 이러한 조건을 안일하게 구현하면 다음과 같은 코드가 등장한다.

```
static Iterator<String> asIterator(BufferedReader reader) {
  return new Iterator<>() {
    String next;

    public boolean hasNext() {
      try {
        next = reader.readLine();
      } catch (IOException e) {
        throw new UncheckedIOException(e);
      }
      return next != null;
    }

    public String next() { return next; }
  };
}
```

`hasNext()`의 실행 과정은 `readLine()` 메서드에 위임하였으며 더 이상 줄이 없으면 `null`을 반환한다. 미리 언급한 바와 같이, 이 구현은 틀렸다. `hasNext()`를 연속으로 두 번 호출하거나 `hasNext()`를 한 번도 실행하지 않고 `next()`를 호출하면 정확한 결과가 나오지 않는다. `hasNext()` 안에서는 어쩔 수 없이 다음 줄을 읽어야 하므로 반복 호출될 경우를 대비해야 한다. 따라서 `hasNext()`가 두 줄을 연속으로 읽지 않고, `next()`가 반드시 다음 줄을 읽도록 보장할 필요가 있다. 다음 코드에서 `hasNext()` 메서드는 `next()` 메서드가 마지막에 도달했는지 검사한다.

```
return new Iterator<>() {
  String next;

  public boolean hasNext() {
    if (next != null) return true;
    try {
      next = reader.readLine();
    } catch (IOException e) {
      throw new UncheckedIOException(e);
    }
    return next != null;
  }

  public String next() {
```

```
      if (!hasNext()) {
        throw new NoSuchElementException();
      }
      String cur = next;
      next = null;
      return cur;
    }
  };
```

이 코드에서 next 필드에 null 값이 있으면 다음 줄을 아직 읽지 않았거나 입력값의 끝에 도달했다는 뜻이다. 또한 후자의 경우에도 다행히 null을 반환하지 않고 마지막 줄에서 readLine()을 반복적으로 호출한다. 추후 이러한 상황을 판단하기 위해 2가지 boolean 필드가 필요할 수도 있다. 하나는 다음 줄 조회 여부, 다른 하나는 이터레이션 종료 여부를 저장하는 용도로 쓰게 될 것이다.

정적 분석

정적 분석 도구들은 이터레이터의 기본적인 기능을 검사한다. IntelliJ IDEA에는 'Iterator.hasNext(), Iterator.next(), Which Calls next()' 검사와 'Iterator.next(), Which Can't Throw NoSuchElementException' 검사가 있다 SonarQube에는 'S2272: Iterator.next() Methods Should Throw NoSuchElementException' 규칙이 있다. 그러나 이들은 이터레이터 구현 문제 중 일부만 감지할 수 있으며 위양성 탐지 가능성도 있다.

| 실수 방지 가이드 |

- 커스텀 이터레이터는 철저히 테스트한다. 이터레이터 계약을 테스트하는 평범한 유틸리티는 그리 어렵지 않게 만들 수 있다. 이 유틸리티는 이터레이터(또는 이터레이터를 생성하는 공급자)와 예상 결과를 비교하며 반복 실행 결과를 검증한다. 또한 이 과정에서 next()를 호출하지 않은 채 hasNext()를 여러 번 호출하고, 반대로도 테스트할 수 있어야 한다. 반복이 올바르게 종료되는지도 테스트 대상이다. hasNext()가 false를 반환하면 이후의 모든 hasNext() 호출은 계속해서 false를 반환해야 하고, 이후의 next() 호출은 NoSuchElementException을 던져야 한다.

- 꼭 그래야 할 이유가 없는 한, hasNext() 메서드 안에서 이터레이터의 내부 상태를 변경하지 않는다. 구현이 복잡해지고 버그가 발생하기 쉽다.

- 가급적이면 이터레이터를 직접 구현하지 않는다. 개발자에게 필요한 이터레이터는 대부분 JDK와 유명 라이

브러리 어딘가에 구현되어 있다. 약간의 성능 오버헤드만 감수한다면 자바 Stream도 Iterator를 생성할 수 있다. 다음은 정수 이터레이터를 생성하는 예시다.

```
return IntStream.range(0, max).iterator();
```

마찬가지로, BufferedReader로 한 줄씩 읽는 이터레이터도 직접 구현할 필요가 없다. 다음 코드면 충분하다.

```
return reader.lines().iterator();
```

일반적으로 이러한 코드 재사용 기법은 프로그램에서 잠재적인 버그를 줄이기 위한 최우선 조치다.

정리

- 컬렉션에서 특정 원소를 찾을 때 타입을 잘못 지정하는 실수가 생길 수 있다. 이 경우 에러 없이 단순히 결과가 달라지므로 프로그램이 조용히 오작동할 위험이 있다.
- List<Object> 타입은 되도록이면 사용하지 않는다. 이러한 컬렉션은 어떠한 타입을 저장하든 컴파일러가 보호할 수 없다.
- 컬렉션이 null 원소를 다루는 규칙은 일관적이지 않다. 가급적 null은 컬렉션에 저장하지 말고 조회도 하지 않는 것이 좋다.
- 자바 컬렉션은 가변, 불변이 섞여 있다. 가변 컬렉션 중에서도 특정 변경 작업만 지원하는 부류가 있다. 표준 자바 라이브러리는 컬렉션의 가변 여부를 타입을 통해 명시적으로 드러내지 못한다. 따라서 불변 컬렉션에 가변 메서드를 호출함으로써 런타임 예외가 발생할 수 있다.
- 세트와 맵의 hashCode()와 compareTo() 메서드는 비교 대상의 키와 매핑된 값을 안정적으로 얻을 수 있다는 전제로 작동하곤 한다. 그러나 컬렉션에 저장된 키가 수정되면 다시 되찾지 못하는 경우도 있다.
- 일부 세트와 맵은 원소가 나열되는 순서를 보장하지 않는다. 이 순서가 사용자 인터페이스에 적용되지 않도록 주의하고, 테스트 또한 이 순서에 의존하지 말아야 한다.
- List.remove() 메서드는 특정 원소를 제거하거나 인덱스를 통해 제거하는 두 가지 오버로드가 있다. List<Integer>를 사용하면 두 오버로드를 혼동할 가능성이 있다. 또한 루프를 진행하며 여러 인덱스의 원소를 제거할 때는 일부 원소를 건너뛰지 않도록 주의해야 한다.

- 가변 컬렉션을 순회하거나 컬렉션 메서드에 람다 함수를 전달하는 경우가 있다. 이러한 순회 처리 도중에, 또는 람다 함수 안에서 컬렉션을 수정하려는 시도는 일반적으로 허용되지 않는다. 억지로 시도하면 `ConcurrentModificationException`이 발생할 수 있다.

- 커스텀 이터레이터를 구현할 때는 계약을 반드시 준수해야 한다. 표준 `for-each` 루프는 이터레이터 사용 시나리오 중 하나에 불과하며, 이터레이터가 손상되어 있어도 올바르게 작동할 수 있다. 그러나 다른 시나리오에서 사용하면 금세 에러가 드러날 것이다.

CHAPTER

09

라이브러리 메서드

이 장의 내용

- StringBuilder 생성자 호출 관련 문제
- 스트림 API 오용 패턴
- getClass() 메서드의 함정
- 문자열과 불리언 사이의 변환 문제
- 날짜와 시간 포매팅에 관련된 흔한 실수
- 비원자적 호출 시퀀스

8장에서는 숫자, 문자열, 컬렉션, 맵에 관련된 라이브러리 메서드와 이들에게 일어나는 실수를 논의했다. 이들은 대부분 표준 라이브러리의 핵심 요소였지만 잘못 쓰기 쉬운 라이브러리 메서드는 그 외에도 많다. 이렇듯 지금까지 다루지 못한 다양한 실수들을 이번 장에서 집중적으로 다룬다.

실수 082 StringBuilder 생성자에 char 전달

StringBuilder는 생성 시 내용을 지정하거나 처음에는 비워 두고 나중에 지정할 수 있다. 따라서 다음 코드는,

```
StringBuilder sb = new StringBuilder("Hello");
```

다음 코드와 동일하다.

```
StringBuilder sb = new StringBuilder();
sb.append("Hello");
```

사실 두 코드가 완전히 동일하지는 않다. 생성자 파라미터는 최초의 내부 버퍼 크기에 영향을 미치므로 성능 면에서 약간 차이가 있다. 그럼에도, 작동 결과가 동일하기에 사람들은 append() 호출을 생성자로 합쳐도 괜찮다고 여긴다. 덤으로 키보드 타이핑 횟수도 줄일 수 있다. 그러나 다음과 같이 append에 char을 입력하면 상황이 달라진다.

```
StringBuilder sb = new StringBuilder('[');   <-- '['가 묵시적으로 int로 변환됨
sb.append(value);
sb.append(']');
```

이 코드를 실행했을 때 StringBuilder의 값은 대괄호 문자([)로 시작하지 않는다. 생성자 오버로드 중 하나인 StringBuilder(int capacity)가 호출되고 '['는 int 값 91로 확장되며 초기 용량으로 반영된다(그림 9-1). 이 버그는 실제로 GraalVM 컴파일러의 프로파일링 코드에 몇 년간 숨어 있었으며, 2018년에 와서야 Error Prone 분석기 덕분에 수정될 수 있었다.

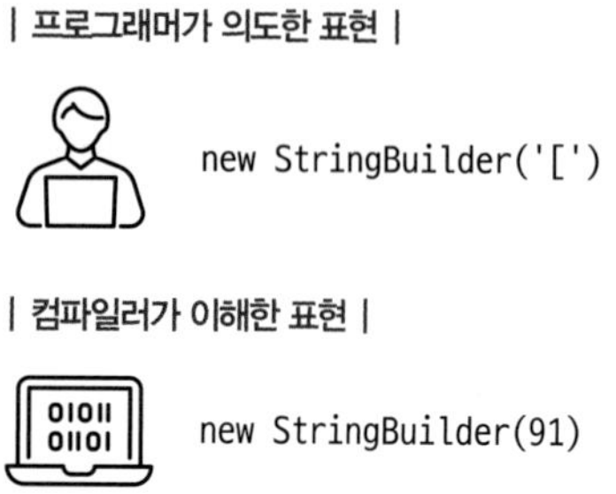

그림 9-1 StringBuilder 생성자의 char 인수가 int로 확장됨

> **정적 분석**
>
> 정적 분석 도구는 이 패턴을 쉽게 감지한다. IntelliJ IDEA에는 'StringBuilder Constructor Call with char Argument' 경고가 있으며 SonarQube에는 'S1317: StringBuilder and StringBuffer Should Not Be Instantiated with a Character'이 있다. Error Prone에는 'StringBuilderInit WithChar'라는 버그 패턴이 있다.

| 실수 방지 가이드 |

- 문자열 리터럴을 사용해야 할 곳에서 문자 리터럴을 사용하지 않는다. 이번 절의 예시는 '[' 대신 "["를 사용했어야 한다. 문자열 리터럴은 어떠한 일이 있어도 묵시적 변환을 거쳐 숫자가 되지 않으므로 이러한 문제가 발생할 일이 없다. 또한 대부분의 경우 성능 손실도 미미한 수준이다.

- UI 메시지를 유닛 테스트로 검사하면 이러한 문제를 신속하게 감지할 수 있다.

실수 083 스트림 API 체인에서 부수 효과를 일으킴

자바 8에서 도입된 **스트림 API**Stream API는 플루언트 스타일로 데이터 시퀀스를 처리하는 도구다. 이들은 대부분 직관적이며 정확성 면에서 버그를 내는 경우는 거의 없다. 그러나 원치 않는 사고를 방지하기 위해 개발자가 알아야 할 사항은 몇 가지 있다.

스트림 API는 원천으로부터 스트림을 생성하고 여러 차례의 중간 연산intermediate operation을 거쳐 하나의 단말 연산terminal operation을 처리한다. 스트림을 생성하는 방법은 많지만 아마도 `collection.stream()`처럼 컬렉션으로부터 만들어내는 경우가 가장 흔할 것이다. `map()`이나 `filter()` 등의 중간 작업은 스트림의 내용을 갱신하고 새로운 스트림을 생성한다. 최종적으로 단말 연산은 이 스트림이 반환할 결과를 만들어낸다. `count()`, `toArray()`, `collect()` 등이 단말 연산에 속한다. 명심할 점은, 단말 연산을 호출하기 전까지 스트림은 아무것도 처리하지 않는다는 것이다. 중간 연산은 그저 레시피처럼 기억하고 있을 뿐 단말 연산을 호출해야 실제로 조리를 시작한다.

중간 연산이 함수를 입력 받는 경우, 스트림은 이 함수가 부수 효과side effect를 일으키지 않는다고 간주한다. 즉 함수의 유일한 결과는 반환값이며 이 함수가 몇 번 호출되든, 혹은 호출되지 않든 프로그램의 상태는 변하지 않아야 한다. 다음은 부수 효과를 일으키는 `filter()` 연산의 예시다.

```
List<String> containNoNeedle = new ArrayList<>();
List<String> containNoNeedle = list.stream()
  .filter(str -> {
    if (str.contains("needle")) {
      return true;
    }
```

```
      containNoNeedle.add(str);
      return false;
    })
    .toList();
```

이 예시에서 filter() 연산에 전달된 함수형 파라미터는 문자열 내용에 따라 true나 false를 반환한다. 그러나 여기에 그치지 않고 다른 컬렉션을 수정하는 부수 효과도 일으킨다. 이로 인해 이 함수는 입력 원소마다 정확히 한 번만 호출되어야 한다는 조건이 생긴다. 그렇지 않으면 containNoNeedle의 내용이 계획대로 만들어지지 않는다. 게다가 호출 순서도 중요하다. 이 함수의 호출 순서가 바뀌면 결과도 달라질 것이다. 만일 stream() 대신 parallelStream()로 여러 스레드에서 이 함수를 동시에 호출한다면 예외가 발생하거나 데이터가 손실될 위험이 있다. 이러한 상황은 스트림 API의 관용적 사용 행태에 위배된다. 실제로, 조건에 따라 입력 스트림을 분할할 때는 다음과 같이 partitioningBy() 수집기를 쓰는 것이 표준 방식이다.

```
Map<Boolean, List<String>> partitions = list.stream()
  .collect(Collectors.partitioningBy(str -> str.contains("needle")));
List<String> containNoNeedle = partitions.get(false);
List<String> containNoNeedle = partitions.get(true);
```

이렇듯, 중간 연산 과정에 부수 효과를 두는 것은 지양해야 한다. 단 Stream.peek()은 예외다. 이 메서드의 유일한 용도는 부수 효과를 처리하는 것이며 파라미터 함수는 void를 반환한다. 그러나 공식 문서에 따르면 이 메서드의 주된 용도는 디버깅이다. 또한 전달받은 함수의 무조건적인 실행을 보장하지 않는다고 명시되어 있다. 스트림 구현의 최적화에 따라 일부 또는 전체 원소가 걸러지면 이 메서드도 함께 생략되기 때문이다.

가끔 이러한 원칙이 과도하게 엄격하다 여기고 당장의 편의를 위해 부수 효과를 도입하는 개발자가 있다. 예를 들어 스트림을 통해 문자열 리스트를 트리밍하고 10자가 넘는 것들만 선택한다고 가정해보자. 일부 개발자는 이 두 작업을 다음과 같이 단일 스트림으로 처리하려 할 것이다.

```
void trimAndFilter(List<String> strings) {
List<String> trimmed = new ArrayList<>();
List<String> trimmedLong = strings.stream()
```

```
    .map(String::trim)
    .peek(trimmed::add)
    .filter(s -> s.length() > 10)
    .toList();
  … // trimmed와 trimmedLong을 사용
}
```

이 코드에서 peek()는 trimmed 컬렉션을 채우는 역할을 맡았다. 하지만 이 코드는 취약점이 있다. 연산에 따라 trimmed의 내용이 달라질 수 있기 때문이다. 가령 10자를 넘는 문자열을 최대 5개만 추출한다는 요건이 나중에 추가됐다고 해보자. 이 경우 다음과 같이 스트림 마지막에 limit() 연산을 추가하는 것이 자연스럽다.

```
List<String> trimmed = new ArrayList<>();
List<String> trimmedLong = strings.stream()
  .map(String::trim)
  .peek(trimmed::add)
  .filter(s -> s.length() > 10)
  .limit(5)    <── 최대 5개의 문자열이 필요하다
  .toList();
```

이제 trimmedLong에는 계획대로 5개 이하의 문자열이 저장된다. 그러나 스트림 API는 영리하게도 trimmedLong에 다섯 번째 원소가 추가되는 순간 나머지 연산을 취소한다. 그 결과 trimmed 또한 5개까지만 원소가 저장되며, 의도했던 기능을 수행하지 못하게 된다. 게다가 limit()가 이렇게 작동하는 상황이 드물게 발생한다면 프로그램은 대부분의 경우 올바르게 작동하므로 특히 더 위험하다. 따라서 다음과 같이 컬렉션마다 별도의 스트림을 만드는 것이 좋다.

```
List<String> trimmed = strings.stream()
  .map(String::trim).toList();
List<String> trimmedLong = trimmed.stream()
  .filter(s -> s.length() > 10).limit(5).toList();
```

이렇게 하면 trimmedLong의 생성 과정이 trimmed의 내용에 영향을 미치지 않는다.

또 한 가지 기억해둘 점은 스트림 API가 항상 동일하게 작동하지 않는다는 것이다. 스트림 API는 내부적으로 구현을 최적화하고 가능한 한 연산을 줄이려 한다. 가령 자바 8에서는 count()

연산이 스트림 원소를 일일이 소비했지만 자바 9부터는 그렇게 하지 않는다. 만일 원소 개수가 변경되지 않는다면 반복 처리 과정이 아예 생략될 것이다. 따라서 다음 코드를 자바 8에서 실행하면 trimmed 컬렉션에 원소가 추가되고, 자바 9 이상에서 실행하면 빈 컬렉션으로 남는다.

```
List<String> trimmed = new ArrayList<>();
long count = strings.stream()
  .map(String::trim)
  .peek(trimmed::add)
  .count();
… // trimmed와 count를 사용한다
```

자바 9에서 count() 연산은 스트림 원천이 List임을 인지하고 map()과 peek() 연산으로 원소 개수가 바뀌지 않는다는 사실을 파악한다. 그러므로 스트림 원소를 일일이 확인하지 않고 단순히 strings.size() 값을 반환한다.

이제 이 코드에서 첫 번째 문자열만 건너뛰어야 한다고 가정해보자. 이럴 경우 다음과 같이 skip(1) 연산을 추가하면 된다.

```
List<String> trimmed = new ArrayList<>();
long count = strings.stream()
  .skip(1)   <-- 첫 번째 입력 문자열 건너뜀
  .map(String::trim)
  .peek(trimmed::add)
  .count();
```

이 코드를 자바 16 이하에서 실행하면 trimmed가 전부 잘 채워진다. 그러나 자바 17은 스트림을 또 한 번 최적화시켰고, 원소를 일일이 처리하는 대신 전체 원소 수를 strings.size() - 1로 계산할 수 있다. 따라서 자바 최신 버전에서 trimmed는 다시 빈 컬렉션이 된다.

정적 분석

일부 정적 분석 도구는 Stream.peek() 메서드를 완전히 금지한다. 특히 SonarQube는 'S3864: Stream.peek Should Be Used with Caution' 경고를 보고한다. 안타깝게도 개발자들은 이러한 경고를 해제하기 위해 더욱 안 좋은 방식으로 peek()를 대체하곤 한다. 이를테면 다음과 같이 peek()를 map()으로 바꾸는 식이다.

```
List<String> trimmed = new ArrayList<>();
long count = strings.stream()
        .map(String::trim)
        .map(str -> {
            trimmed.add(str);
            return str;
        })
        .count();
```

필자가 보기에 이 코드는 이전보다 더 나쁘다. map() 연산에 부수 효과가 추가되었기 때문이다. 사실 이 코드는 SonarQube를 만족시키지만 IntelliJ IDEA는 반대로 peek()를 사용할 것을 제안한다. peek()이 올바른 해결책은 아니지만 적어도 peek()를 쓴 부분은 부수 효과를 의도했음을 명확히 드러낼 수 있다. 꼭 부수 효과가 필요하면 스트림을 루프로 고치는 편이 낫다.

| 실수 방지 가이드 |

- 자바 버전마다 스트림 API의 최적화 원리를 기억할 필요는 없다. 차라리 스트림 API 중간 연산에서 부수 효과를 완전히 배제하는 것이 낫다.
- 코드에서 원하는 바를 스트림 API 연산으로 충분히 표현할 수 없다면 for 루프를 고려해도 좋다. 스트림 API가 주는 신선하고 매력적인 인상 덕에 많은 개발자가 이를 우선적으로 쓰려고 하는 경향을 보인다. 그러나 어울리지 않는 작업을 스트림 API 체인에 억지로 끼워 맞추는 것보다는 루프를 사용하는 편이 낫다.
- 스트림 API를 확장한 서드파티 라이브러리도 좋은 대안이다. 필자가 제작한 StreamEx[1]도 자바 스트림을 확장했으며 부수 효과 없이 다양한 연산을 편리하게 처리할 수 있다. StreamEx는 오픈 소스이며 무료다.

실수 084 스트림을 두 번 소비

스트림 API를 사용하다 보면 종종 스트림을 두 번 소비하는 상황이 벌어진다. 스트림 객체를 호출 체인 방식으로 사용할 때에는 이 문제에서 자유롭다. 그러나 스트림을 변수에 저장하려 한다면 이 문제에 주의를 기울일 필요가 있다. 대표적인 사례는 스트림 객체 변수에 조건부로 연산 단계를 추가하는 경우다. 가령 다음과 같이 첫 번째 스트림 원소를 조건에 따라 건너뛴다

1 *https://github.com/amaembo/streamex*

고 가정해보자.

```
void process(List<String> strings, boolean skipHeader) {
  Stream<String> stream = strings.stream();
  if (skipHeader) {
    stream.skip(1);  ⊲── 이 호출 이후 스트림을 사용할 수 없다
  }
  List<String> trimmed = stream.map(String::trim).toList();
  … // trimmed 사용
}
```

이 코드는 `if` 조건에 따라 중간 연산 `skip(1)`을 `stream` 객체에 적용한다. 중간 연산이 기존 객체를 수정하고 다시 반환하는 일은 거의 없다. 대신 새로운 객체를 생성하고 원래 객체를 '소비됨consumed'으로 표시하는 경우가 많다. 따라서 `skipHeader`가 `true`일 경우 스트림을 두 번 소비하게 되고 런타임에서 `IllegalStateException` 예외가 발생한다. 이 문제를 해결하려면 `if` 문 안에서 다음과 같이 스트림 변수를 재할당해야 한다.

```
Stream<String> stream = strings.stream();
if (skipHeader) {
  stream = stream.skip(1);  ⊲── 올바른 예: 새 스트림이 변수에 할당된다
}
List<String> trimmed = stream.map(String::trim).toList();
```

또 다른 방법은 다음과 같이 0번 건너뛰는 조건을 함께 설정하는 것이다.

```
List<String> trimmed = strings.stream()
  .skip(skipHeader ? 1 : 0)
  .map(String::trim)
  .toList();
```

한편, 다음과 같이 스트림을 재사용하는 코드도 간혹 발견된다.

```
Stream<String> stream = …;
if (stream.count() == 0 || stream.anyMatch(String::isEmpty)) {
  …
  // 스트림이 비어 있거나 빈 문자열이 담겨 있을 때 수행할 코드
}
```

아쉽지만 이 코드는 원하는 대로 작동하지 않는다. anyMatch()를 실행하기 전에 count()라는 단말 연산을 실행하며 스트림을 소비하기 때문이다. 이러한 과제는 일반적인 스트림 API로 쉽게 해결할 수 없다. 중간 컬렉션을 두고 스트림 원소를 수집하거나, 루프를 사용하거나, 서드파티 라이브러리 등의 대안을 찾아야 한다.

StreamEx 라이브러리 활용

StreamEx 라이브러리를 쓰면 이 문제를 상당히 우아한 방식으로 해결할 수 있다. StreamEx.of(input).ifEmpty("").anyMatch(String::isEmpty)라는 한 줄의 코드만 있으면 된다. ifEmpty() 중간 연산은 스트림이 비어 있을 경우 내용을 바꾸며, 그렇지 않을 경우 그대로 둔다.

루프 안에서 스트림을 재사용하는 시나리오도 매우 위험하다. 예를 들어 두 개의 문자열 리스트인 list와 substrings가 있다고 가정해보자. substrings에 담긴 각 문자열이 list의 문자열에 포함된 경우, list의 문자열에서 공백을 제거한 다음 이어 붙여서 출력하려 한다. 이를 구현하면 다음과 같은 코드가 나오기 쉽다.

```
static void print(List<String> list, List<String> substrings) {
  Stream<String> strings = list.stream().map(String::trim);
  for (String substring : substrings) {
    String text = "Strings that contain '" + substring + "': "
          + strings.filter(s -> s.contains(substring))
          .collect(Collectors.joining(", "));
    System.out.println(text);
  }
}
```

이 코드에서 작성자는 하나의 스트림을 루프 안팎에서 재사용하려 했다. 아마도 루프 안에서 반복적으로 수행되는 연산을 루프 밖으로 옮기려 했을 것이다. 그러나 이 코드는 제대로 작동하지 않는다. 첫 번째 반복에서 스트림이 소비되고 더 이상 사용할 수 없기 때문이다. substrings 리스트에 하나의 항목만 있다면 이 문제는 발견하기 어렵다. 가령 이 코드는 다음 테스트를 통과한다.

```
print(List.of("Java", " Stream", " API"), List.of("a"));
```

출력 결과:

```
Strings that contain
'a':  Java, Stream
```

그러나 이 테스트에서 `substrings` 파라미터에 `List.of("a", "b")`를 전달하면 `IllegalStateException`이 발생할 것이다.

> **정적 분석**
>
> SonarQube에는 이번 예시의 버그를 보고하는 'S3959: Consumed Stream Pipelines Should Not Be Reused' 규칙이 있다. IntelliJ IDEA에서는 'Nullability and Data Flow Problems reports a Stream Has Already Been Linked or Consumed' 검사가 두 가지 예시에서 모두 경고를 보낸다.

| 실수 방지 가이드 |

- 스트림을 변수에 저장하지 않는다. 가능하면 전체 스트림 작업을 하나의 호출 체인으로 표현한다.
- 스트림을 변수에 저장하고 서로 다른 코드 분기에서 각각 사용할 때, 스트림을 두 번 소비할 수 없다는 점을 명심해야 한다. 유닛 테스트로 모든 분기를 검사하고 루프가 있을 경우 최소 두 번 이상 반복되는지 확인해야 한다.

실수 085 null 사용 불가 스트림에서 null 값 사용

스트림 내부의 `null` 값은 주의 깊게 다뤄야 한다. 일반적으로 스트림은 `null`을 허용하지만 단말 연산은 `null`을 허용하지 않는 경우가 있다. 가령 `findFirst()`는 첫 번째 원소가 `null`일 때 `NullPointerException`을 던진다. `findFirst()`는 `Optional`을 반환하며 `Optional`은 `null` 값을 담을 수 없기 때문이다. 비어 있는 `Optional`은 스트림이 비어 있음을 나타낸다. `max()`, `min()`, `reduce(accumulator)` 등의 단말 연산도 이와 비슷한 방식으로 `Optional`을 활용한다. 스트림에 포함된 `null`을 중간 연산에서 기꺼이 처리하지만 최종 결과가 `null`이면 예외를 던진다.

흥미로운 점은, `maxBy()`와 `minBy()` 등의 표준 수집기는 `max()` 및 `min()` 등의 단말 연산과 다르게 작동하는 것이다. 최종 결과가 `null`일 때 이들은 예외를 던지지 않고 다음 코드처럼 빈 `Optional`을 반환한다.

```
List<Integer> list = Arrays.asList(null, 1, 2);
var comparator =
     Comparator.<Integer>nullsLast(Comparator.naturalOrder());
System.out.println(list.stream()
     .collect(Collectors.maxBy(comparator)));   ◁── Optional.empty가 인쇄된다
System.out.println(list.stream().max(comparator));   ◁── NullPointerException이 throw된다
```

그러나 모든 수집기가 null을 허용하는 것은 아니다. toList()와 toSet()은 스트림에 포함된 null을 허용하며 toMap()은 허용하지 않는다(null 키는 가능함). 따라서 toMap()에 전달하는 매핑 함수는 null을 반환하면 안 된다. 한편 groupingBy() 수집기는 null 값을 허용하며 null 키는 허용하지 않는다. 이처럼 스트림과 null 값의 관계에는 다양한 함정이 숨어 있다.

| 실수 방지 가이드 |

- 가능한 한 스트림에 null을 담지 않는다. 특히 스트림 단말 연산 직전에 null이 등장하지 않도록 주의한다. 스트림에 null이 등장할 때 이를 즉시 제거할 수 있는 가장 일반적인 패턴은 filter(Objects::nonNull)이다.

- 불가피한 이유로 단말 연산에 null을 전달해야 한다면 해당 연산이나 수집기의 공식 문서를 자세히 검토한다. 그래도 확신이 서지 않으면 별도의 소형 프로그램이나 JShell 콘솔을 통해 해당 단말 연산이 null에 어떻게 반응하는지 테스트한다. 예를 들어, 첫 번째 스트림 원소가 null일 때 findFirst()가 어떻게 작동하는지 확인하려면 JShell 콘솔에 다음을 입력해보면 된다.

```
Stream.of((Object)null).findFirst()
```

비어 있는 Optional이 반환되는 대신 NullPointerException이 즉시 발생할 것이다.

실수 086 스트림 API 연산 계약 위반

스트림 API는 스트림 연산 인수를 매우 엄격하게 제한한다. 대표적으로 Stream.reduce(identity, accumulator) 메서드를 살펴보자. 첫 번째 **항등원**identity 인수는 스트림 원소와 같은 타입의 값이며, 두 번째 **누적**accumulator 인수는 두 개의 원소를 받아 하나의 결과를 만들어

내는 함수다. 메서드 스펙에 따르면 누적 연산은 결합 법칙을 따라야 하며 한쪽 피연자가 항등원일 때 다른 쪽 피연산자를 그대로 반환해야 한다. 즉 모든 **x**, **y**, **z**에 대해 다음과 같은 명제가 성립한다.

- $x \oplus i = x$
- $i \oplus x = x$
- $x \oplus (y \oplus z) = (x \oplus y) \oplus z$

여기서 **i**는 항등원을, **x** ⊕ **y**는 `accumulator.apply(x, y)`를 의미한다.

그러나 막상 스트림 API를 사용하면 이러한 원칙을 무시해도 어쨌든 작동한다는 사실을 금세 알 수 있다. 예를 들어 `List`의 `hashCode()` 계산을 재구현한다고 가정해보자. 스펙에 따르면 `List.hashCode()`는 다음 알고리즘을 따라야 한다.

```
int hashCode = 1;
for (E e : list)
    hashCode = 31*hashCode + (e==null ? 0 : e.hashCode());
```

이 코드를 `Stream.reduce()`로 다음과 같이 구현하면 실제로 작동한다.

```
List<String> list = List.of("a", "b", "c", "d");
System.out.println(list.hashCode());  <-- 3910595를 출력한다
System.out.println(list.stream()
  .mapToInt(Objects::hashCode)
  .reduce(1, (x, y) -> x * 31 + y));  <-- 또한 3910595를 출력한다
```

그러나 이 누적 연산은 명백히 결합 법칙을 지키지 않으며 항등원도 제 구실을 못한다. 메서드 계약에 따르면 누적 연산에 (1, 10)을 적용하면 1이 항등원이므로 결과는 10이 되어야 한다. 그러나 실제 반환 결과는 41이다. 그럼에도 불구하고 코드는 올바른 계산 결과를 낸다.

실질적으로 스트림 API 인수의 요구 사항은 대부분 병렬 스트림 작동 시 필요한 것으로 보인다. 앞의 예시에서 `stream()`을 `parallelStream()`으로 바꾸면 완전히 틀린 계산 결과를 얻는다. 계산 순서가 달라지기 때문이다. [그림 9-2]는 순차 스트림일 때의 계산 순서를, [그림 9-3]은 병렬 스트림일 때의 일반적인 계산 과정을 나타낸다. 만일 이번 예시가 결합 법칙을 지

키고 항등원 조건을 충족시켰다면 두 계산의 결과는 동일했을 것이다. 이는 간단한 대수 원리로 증명할 수 있다.

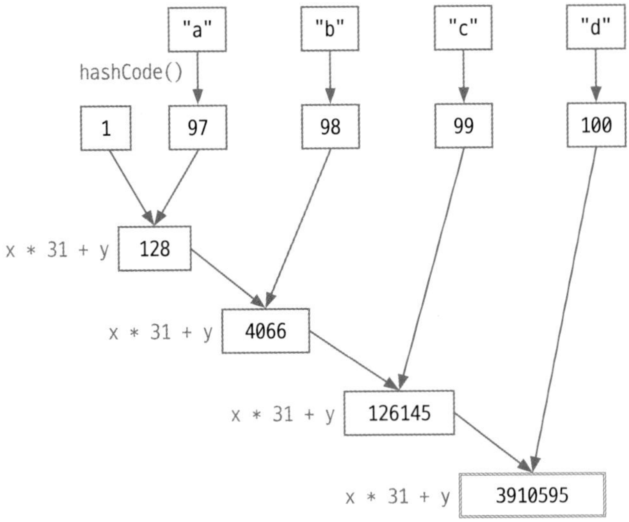

그림 9-2 순차 스트림의 계산 순서

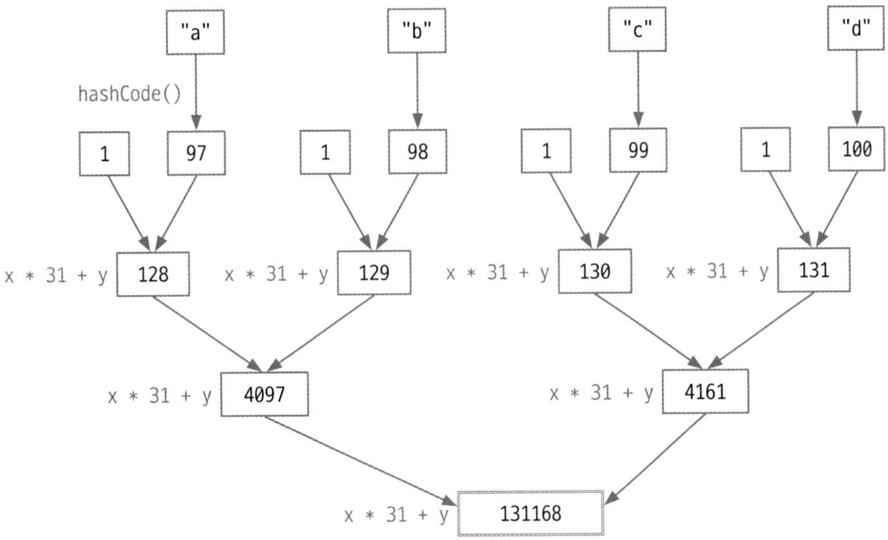

그림 9-3 병렬 스트림의 계산 순서

이러한 불일치는 흥미로운 상황을 만든다. 현실에서 스트림 API 호출 현황을 조사하면 이렇듯 스펙을 위반하는 API가 상당수 발견될 것이다. 그럼에도 불구하고 이들은 병렬로 실행되지 않아서 정상적으로 작동한다.

이러한 스트림 체인이 여러 메서드 호출에 걸쳐 있다면 더욱 위험하다. 메서드에서 스트림을 반환하거나 파라미터로 받는다고 가정해보자. 다음은 임의의 스트림에서 해시코드를 계산하는 메서드다.

```
static int hashCodeOf(Stream<?> stream) {
  return stream.mapToInt(Objects::hashCode)
              .reduce(1, (x, y) -> x * 31 + y);
}
```

이 메서드는 병렬 스트림을 입력 받으면 반환값이 달라진다. 그 결과는 심지어 프로세서 코어 수에 따라 달라지기도 한다. JVM 실행 시 `Djava.util.concurrent.ForkJoinPool.common.parallelism=X` 옵션을 주고 실행하면 하드웨어를 바꾸지 않아도 직접 확인할 수 있다(X는 병렬 스레드 수를 나타낸다). 여기에 `IntStream.range(0, 1000).boxed().parallel()`처럼 덩치가 큰 스트림을 입력하면 `ForkJoinPool`이 작동하며 병렬 처리 청크 수를 조절한다. 그 결과, 누적 함수 적용 순서가 바뀔 수 있다.

이 문제를 굳이 스트림 API로 해결하기 원한다면 스트림 원소를 정확히 왼쪽에서 오른쪽으로 순차적으로 처리해야 한다. 다음과 같이 `forEachOrdered()` 연산을 적용하면 그렇게 할 수 있지만, 썩 보기 좋은 모습은 아니다.

```
static int hashCodeOf(Stream<?> stream) {
  var op = new IntConsumer() {
    int acc = 1;
    public void accept(int value) {
      acc = acc * 31 + value;
    }
  };
  stream.mapToInt(Objects::hashCode).forEachOrdered(op);
  return op.acc;
}
```

이제 이 코드는 병렬 스트림과 순차 스트림에서 모두 잘 작동할 것이다. 물론 `forEach`

Ordered()를 쓰면 대부분의 스트림이 병렬화의 이점을 누리지 못하게 된다. 그러나 업스트림 연산량이 매우 많다면 병렬 스트림 쪽이 더 빠를 가능성은 있다.

간혹 개발자들은 스트림 API 계약 위반을 감수하며 중간 연산의 기능을 향상시키려 한다. 인접한 스트림 원소의 중첩쌍을 처리하는 기능도 그러한 사례에 속한다. 예를 들면 "a", "b", "c", "d" 스트림을 이용해 "a->b", "b->c", "c->d"라는 스트림을 만든다고 가정해보자. 스트림을 입력 받고, 인접한 원소를 묶어 결과 원소로 매핑하고, 새로운 스트림을 만들어 반환하는 유틸리티 메서드가 필요하다. 이를 적당히 구현하면 다음과 같은 코드가 나온다.

```
static <T, R> Stream<R> pairMap(   <-- T는 입력 스트림 타입, R은 결과 스트림 타입
    Stream<T> input, BiFunction<T, T, R> mapper) {
  var op = new Function<T, R>() {
    boolean started = false;
    T prev = null;

    public R apply(T t) {
      R result = started ? mapper.apply(prev, t) : null;   <-- 첫 번째 원소이면 null을 반환하고 그렇지 않으면 매핑 결과를 반환함
      started = true;
      prev = t;   <-- 현재 원소를 prev 변수에 저장하고 다음 반복 때 매퍼 함수로 전달함
      return result;
    }
  };
  return input.map(op).skip(1);
}
```

이 코드는 일종의 상태형stateful 매핑 연산이다. 직전 스트림 원소를 저장했다가 현재 원소와 함께 매퍼 함수에 적용한다. 매퍼 함수는 BiFunction 타입의 사용자 제공user-provided 함수다. 또한 결과 스트림에서 첫 번째 원소를 건너뛰기 위해 skip(1)을 사용한다. 이 유틸리티 메서드는 다음과 같은 방식으로 사용한다.

```
Stream<String> input = Stream.of("a", "b", "c", "d");
pairMap(input, (left, right) -> left + "->" + right)
        .forEach(System.out::println);
```

안타깝지만 이 유틸리티 메서드 역시 스트림 API 계약을 위반하고 있다. map()에 전달하는 함수는 무상태stateless로 작동해야 한다. 그러나 이 함수는 스트림 원소가 왼쪽에서 오른쪽으로 하

나씩 처리된다는 가정에 의존하고 있다. 그 결과, 순차 스트림에서는 잘 작동할지 몰라도(이마저도 명세로 보장되지 않는다) 병렬 스트림을 만나면 완전히 망가진다. 설령 pairMap() 안에서 sequential()을 호출한다 해도 클라이언트가 결과 스트림에서 parallel()을 호출할 수 있으므로 병렬화를 완전히 막을 수 없다. 사실, 병렬과 순차 스트림을 모두 제대로 처리하는 pairMap()은 그렇게 간단히 구현할 수 없다. 다만 일부 서드파티 라이브러리, 이를테면 필자가 제작한 StreamEx 라이브러리에는 이 기능이 구비되어 있다. 따라서 프로젝트가 허용하는 선에서 이러한 대안을 고려하는 것이 우선이며, 그럴 수 없다면 스트림 API로 이 기능을 처리하면 안 된다. 어쨌거나 pairMap() 메서드에 병렬 스트림을 절대 쓰지 않으면 그만이라고 생각하는 개발자도 있을 것이다. 이러한 유틸리티 메서드를 프로젝트에 두는 리스크는 각자 냉정하게 평가해야 할 것이다.

| 실수 방지 가이드 |

- 스트림 API 계약을 신중하게 따른다. 특히 스트림의 모든 작업을 통제할 수 없다면 더욱 철저히 준수해야 한다.
- 스트림 소비, 생성 유틸리티 메서드를 만들 때는 parallel() 테스트를 잊지 말아야 한다.
- 스트림 API로 모든 문제를 해결하려 하지 않는다. 스트림 API는 다양한 데이터 작업을 처리할 수 있는 유용한 도구다. 그러나 이번 절의 리스트 해시코드 예시처럼 정형화된 방식으로 해결할 수 없는 문제도 많다. 이런 경우는 서드파티 라이브러리를 검토하거나 전통적인 for 루프를 사용하는 편이 낫다.

실수 087 instanceof 대신 getClass()를 사용

getClass() 메서드는 모든 자바 객체에서 사용할 수 있으며 java.lang.Class 형태의 런타임 클래스 미러를 반환한다. 런타임 객체 클래스는 각종 진단, 리플렉션, equals() 메서드 구현 등의 다양한 용도로 활용할 수 있다. getClass()의 반환 결과를 클래스 리터럴과 비교하면 instanceof 연산자로 객체를 비교하는 것과 비슷한 효과가 있다. 그러나 instanceof는 서브클래스까지 비교하고 true를 반환하는 반면, getClass()는 정확히 클래스만 비교한다는 점을 잊지 말아야 한다. 다음 코드를 살펴보자.

```
if (object.getClass() == ArrayList.class) {  <-- object가 정확히 ArrayList이면 true
```

```
    …
}
if (object instanceof ArrayList) {    <-- object가 ArrayList 또는 서브클래스에 속하면 true
    …
}
```

비교 대상 클래스가 `final` 클래스라면 두 조건문 모두 결과는 같다(`null` 처리 제외). 그러나 그렇지 않을 경우 둘을 잘 가려서 써야 한다. 다음은 필자가 실제로 경험했던 코드다.

```
static Object convert(Object date) {
  Class<?> cls = date.getClass();
  if (cls == java.util.Date.class) {
    return new java.sql.Date(
           ((java.util.Date) date).getTime());
  }
  if (cls == java.util.Calendar.class) {
    return new java.sql.Date(
           ((java.util.Calendar) date).getTime().getTime());
  }
  return date;
}
```

이 메서드는 날짜를 나타내는 다양한 객체를 `java.sql.Date`로 변환한다. `java.sql.Date`는 `java.util.Date`의 서브클래스인 점을 감안해, 첫 번째 조건문은 `instanceof java.util.Date` 대신 `getClass()`로 비교했다. 입력값이 이미 `java.sql.Date`라면 있는 그대로 반환하려 했기 때문이다. 그러나 첫 번째와 같은 방식으로 두 번째 `if` 문에서 클래스를 비교한 부분은 실수다. 작성자는 아마도 두 조건문을 일관적인 형태로 유지하려 했을 것이다. 두 번째 `if` 문은 객체 클래스가 정확히 `java.util.Calendar`인 경우에만 실행된다. 그러나 `Calendar`는 추상 클래스이므로 이러한 조건을 만족시키는 경우는 없다. 모든 `Calendar` 인스턴스는 일종의 서브클래스이며, 특히 다음과 같이 `GregorianCalendar`가 할당되는 경우가 많다.

```
Calendar obj = Calendar.getInstance();
System.out.println(obj.getClass());    <-- java.util.GregorianCalendar 출력
```

따라서 두 번째 `if` 문은 절대로 실행되지 않으며 `Calendar` 인스턴스는 의도와 달리 `java.`

sql.Date로 변환되지 않는다.

> **정적 분석**
>
> 이번 절의 실수는 단순한 사례에 한해 정적 분석으로 감지할 수 있다. 방금 예시에서 IntelliJ IDEA는 cls 변수에 할당된 getClass()의 반환값을 추적할 수 있으며 두 번째 조건이 항상 false라고 경고한다. 이러한 경고에도 불구하고 여전히 자신의 코드가 옳다고 믿는 개발자도 있을 것이다. 조건이 항상 true 또는 false라는 경고가 발생하고 이를 오탐지 경고라 판단한다면, 그 반대의 비교 결과를 평가하는 유닛 테스트를 통해 자신의 가설을 검증해야 한다.

| 실수 방지 가이드 |

- getClass()를 신중하게 사용한다. '이곳에 서브클래스가 올 가능성이 있는가? 그럴 때는 어떻게 작동해야 하는가?' 등의 의문을 반드시 해소해야 한다. instanceof 대신 getClass()를 사용할 때마다 주석으로 설명하는 것이 좋다.
- cls 인스턴스의 클래스를 특정할 수 없고 컴파일타임 클래스를 확인해야 할 때는 cls.equals(object.getClass())보다 cls.isInstance(object)를 먼저 고려한다.
- 클래스는 일단 final로 선언하고 상속될 것이 확실할 때만 명시적으로 허용한다. 이렇게 하면 서브클래스 인스턴스가 코드에 언제 등장할지, 어떻게 작동할지 고민할 필요가 없다.

실수 088 열거형, 어노테이션, 클래스에서 getClass()를 사용

열거형 상수와 어노테이션 객체는 통상적으로 getClass()가 아닌 다른 방식으로 클래스 정보를 얻는다. 다른 클래스와 달리 예상 밖의 결과가 나올 수 있기 때문이다. 열거형 클래스는 확장할 수 없으므로 개발자는 이를 final 클래스처럼 인식하는 경우가 많고, getClass()를 호출하면 자연히 열거형 클래스 자신이 반환될 것이라 기대한다. 이러한 예상은 대체로 들어 맞는다. 다음과 같은 간단한 열거형을 살펴보자.

```
enum MyEnum {
  A, B
}
```

MyEnum.A.getClass()를 호출하면 예상대로 MyEnum 클래스가 반환된다. 그러나 열거형의 각 상수는 다음과 같이 클래스 본문 형태로 선언할 수 있다. 이때 컴파일러는 묵시적으로 A의 익명 클래스를 따로 생성한다.

```
enum MyEnum {
  A {
    public String toString() {
      return "Customized";
    }
  }, B
}
```

이제 MyEnum은 더 이상 final이 아니다. 묵시적인 익명 클래스가 본체를 확장하기 때문이다. 결과적으로 MyEnum.A.getClass()는 MyEnum$1처럼 생긴 익명 클래스명을 반환한다. 이러한 익명 클래스는 맵 키 또는 비교 대상으로 사용할 수 없다. 열거형은 이러한 문제에 대처할 수 있도록 getDeclaringClass() 메서드를 제공한다. 이 메서드는 특정 상수에 클래스 본문이 있어도 항상 열거형 클래스를 본체를 반환한다.

어노테이션 객체에서 getClass()를 호출하는 사례는 다소 특수하지만, 알아두어서 나쁠 것은 없다. 먼저 다음과 같이 간단한 어노테이션을 선언해보자.

```
import java.lang.annotation.*;

@Retention(RetentionPolicy.RUNTIME)
@interface MyAnno {}
```

이제 다음과 같이 리플렉션으로 이 어노테이션을 가져올 것이다.

```
@MyAnno
public class Test {
  public static void main(String[] args) {
    MyAnno annotation =
      Test.class.getAnnotation(MyAnno.class);
    System.out.println(annotation.getClass());
  }
}
```

이 코드에서 어노테이션 클래스를 출력하면 $Proxy1과 비슷한 값이 나타난다. 이 클래스는 리플렉션 메커니즘이 어노테이션을 표현하기 위해 내부적으로 사용하는 프록시 클래스다. 보통은 이러한 정보가 필요할 일이 없다. 어노테이션 객체의 인터페이스 타입을 알고 싶을 때는 annotationType() 메서드를 쓰면 된다. 이 메서드는 모든 어노테이션에서 호출할 수 있다.

java.lang.Class도 자바 객체이므로 getClass()를 호출할 수 있으며, java.lang.Class 클래스를 나타내는 java.lang.Class 객체가 항상 반환된다. java.lang.Class 객체에서 getClass()를 호출하는 코드는 대개 실수일 가능성이 높지만 컴파일러는 이를 딱히 경고하지 않는다. 이러한 실수는 다음과 같은 에러 정보를 가공하는 코드에서 수차례 목격한 바 있다.

```
<T> T getData(String key, Class<T> expectedClass) {
  Object data = storage.get(key);
  Class<?> actual = data.getClass();
  if (actual != expectedClass) {
    throw new IllegalStateException(
        "Wrong type of data for key='" + key + "': " +
        actual.getClass());  <-- 실수로 getClass() 메서드를 호출함
  }
  return expectedClass.cast(data);
}
```

이 코드는 예외가 발생했을 때 에러 메시지에 항상 class java.lang.Class를 출력하게 된다. 이는 실제 data 객체의 클래스 정보가 아니며 문제를 파악하는 데 전혀 도움이 되지 않았다. actual만 써야 할 곳에서 actual.getClass()를 사용했던, 명백한 실수였다.

> **정적 분석**
>
> Error Prone은 이번 절의 실수들을 GetClassOnEnum, GetClassOnAnnotation, GetClassOnClass 등의 버그 패턴으로 보고한다. 이번 절의 마지막 예시는 IntelliJ IDEA에서 'Suspicious Class.getClass() Call' 검사로 감지할 수 있다.

| 실수 방지 가이드 |

- Cls 클래스 인스턴스에서 getClass()를 호출했을 때 항상 Cls.class가 반환되지 않는다는 점을 명심하라. 해당 인스턴스는 Cls의 서브클래스일지도 모른다. 게다가 Cls가 열거형일 경우 전혀 예상치 못한 값이 반

환될 수 있다.

- 가급적이면 getClass() 대신 instanceof 연산자를 사용한다.
- 에러 보고 코드의 실행 경로를 유닛 테스트로 검증하고, 예외 타입은 물론 에러 메시지까지 확인한다.

실수 089 문자열을 불리언으로 잘못 변환

문자열의 내용을 int나 boolean등의 기본 타입으로 변환하는 일이 종종 있다. 자바에서는 이런 일을 기본 타입 래퍼 클래스 내부의 정적 메서드로 처리한다. 이들은 Integer.parseInt(), Double.parseDouble(), Boolean.parseBoolean()처럼 **parse**로 시작하는 규칙적인 이름을 지니고 있다. 숫자를 반환하는 메서드들은 매우 엄격하게 작동한다. 입력된 문자열이 제대로 된 숫자 형식이 아니면 NumberFormatException 예외를 일으킨다.

그에 비해 Boolean.parseBoolean() 메서드는 다소 관대한 편이다. 이 메서드는 입력된 문자열을 대소문자 구분 없이 "true"와 비교하고 일치하지 않으면 false를 반환한다. 예를 들면 다음 코드는 false를 다섯 번 출력한다.

```
System.out.println(Boolean.parseBoolean(" true "));
System.out.println(Boolean.parseBoolean("Yes"));
System.out.println(Boolean.parseBoolean("Y"));
System.out.println(Boolean.parseBoolean("T"));
System.out.println(Boolean.parseBoolean(null));
```

이 메서드를 사용할 때는 주의할 점이 있다. 잘못된 값(공백 등이 추가된)이 입력됐을 때 아무 에러 없이 false만 반환하므로 실수가 있어도 알아채기 어렵다는 점이다. 텍스트 입력값을 불리언으로 전환하는 파싱 메서드는 직접 만들어 쓰는 편이 더 안전하다. 원하는 대로 예외를 발생시킬 수 있기 때문이다.

Boolean.getBoolean() 메서드의 시그니처도 parseBoolean()과 매우 비슷하다. 이 메서드 역시 문자열을 받고 boolean 값을 반환하므로 실수로 parseBoolean() 대신 쓰는 경우가 종종 있다. 그러나 이 메서드가 하는 약간 일은 다른데, 입력 받은 이름으로 시스템 프로퍼티를 찾고 해당 프로퍼티의 값을 parseBoolean()으로 파싱한다. 실수로 Boolean.

parseBoolean() 대신 Boolean.getBoolean()을 호출하면 false를 얻게 될 가능성이 높다. 입력 문자열이 실제로 존재하는 프로퍼티의 이름인 동시에 그 값이 "true"일 때만 true를 반환하기 때문이다. 그러나 이 메서드는 예외를 일으키지 않으므로 이러한 상황이 잘못되었음을 눈치채기 어렵다. 프로그램은 그저 입력 문자열을 무심하게 흘려버릴 것이다.

Boolean.getBoolean()과 비슷하게 Integer.getInteger()와 Long.getLong() 메서드도 문자열 인수를 통해 시스템 프로퍼티를 조회한다. 그러나 이들은 Integer, Long처럼 박싱된 숫자 타입을 반환한다. 또한 시스템 프로퍼티를 못 찾으면 null을 반환하므로 문제를 쉽게 발견할 수 있다.

| 실수 방지 가이드 |

- 문자열을 불리언값으로 변환할 때는 true로 해석할 값, false로 변환할 값, 틀린 값, 예외 발생 여부 등을 미리 결정한다. parseBoolean() 메서드를 사용하기는 쉽지만 상황에 맞게 잘 써야 한다. 유틸리티 메서드를 직접 만들어 쓰는 것이 더 나은 경우도 있다.

- getBoolean()과 parseBoolean()을 혼동하지 않는다. 이들의 시그니처는 매우 비슷하지만 하는 일은 서로 다르다.

실수 090 잘못된 날짜 포맷

자바에서 날짜와 시간 포맷은 특수한 패턴 언어로 나타낸다. 이 언어는 java.text.SimpleDateFormat 생성자 또는 신형 API인 java.time.format.DateTimeFormatter.ofPattern() 메서드 등에서 사용한다. 가령 현재 시간을 '시:분:초'로 나타내는 패턴은 다음과 같다.

```
String time = DateTimeFormatter.ofPattern("HH:mm:ss")
    .format(LocalDateTime.now());
```

이 패턴의 문제는 같은 글자도 소문자와 대문자의 의미가 달라 일일이 기억하기 어렵다는 것이다. 다음은 용법을 혼동하기 쉬운 일부 패턴 문자들이다.

- 대문자 M은 **월**을, 소문자 m은 **분**을 나타낸다.

- 대문자 D는 **연도의 일차**를, 소문자 d는 **월의 일차**를 나타낸다.

- 대문자 S는 **초의 소수점 이후**를 나타내고, 소문자 s는 **초**를 나타낸다.
- 대문자 Y는 **주 단위 연도**를 나타내고, 소문자 y는 **일반 연도**를 나타낸다.

이들을 잘못 썼을 경우, 실수를 바로 알아차리기 어렵다. 예를 들어 방금 코드에서 실수로 `HH:mm:SS`를 쓰면 초 대신 초의 소수점 이하 두 자리가 들어간다. 결과물만 언뜻 보면 괜찮은 것 같지만 실제로는 `18:26:93`처럼 60초가 넘는 값이 나타날 수 있다. 간혹 `HH:MM:ss` 또는 `HH:MM:SS`처럼 분을 대문자로 통일해버리는 실수도 발생한다. 전부 대문자를 쓰면 가지런해 보이기는 하겠지만, 분 대신 월이 잘못 들어가게 된다. 이러한 실수도 겉으로는 알아차리기 어렵다.

가장 거슬리는 실수는 소문자 `y` 대신 대문자 Y를 쓰는 것이다. 주 단위 연도(또는 **ISO 연도**)는 대체로 일반 연도와 동일하지만 연도가 바뀌기 전후 며칠 동안은 달라질 수 있다. 주 단위 연도는 52주 또는 53주로 구성되며 월요일을 한 주의 시작으로 본다. 따라서 새해가 월요일에 시작되지 않으면 주 단위 연도는 며칠 일찍 또는 늦게 시작된다. 가령 2021년의 주 단위 연도는 1월 4일에 시작되었다. 결과적으로 다음 코드는 뜻밖의 결과를 낸다.

```
String date = DateTimeFormatter.ofPattern("YYYY-MM-dd")
    .format(LocalDate.of(2021, 1, 3));
System.out.println(date);  ◁ 2020-01-03 출력
```

일년 중 단 며칠을 제외하면 대부분의 날짜에서 YYYY와 yyyy 포맷은 동일하게 변환된다. 그래서 이 문제는 테스트로 발견하지 못하는 경우가 종종 있다.

정적 분석

정적 분석 도구는 이번 절의 실수를 어느 정도 감지할 수 있다. IntelliJ IDEA에는 이와 관련된 'Suspicious Date Format Pattern' 검사가 있으며 SonarQube는 'S3986: Week Year (YYYY) Should Not Be Used for Date Formatting' 경고를 보낸다. 그러나 이 경고는 패턴 리터럴을 `ofPattern()` 등의 포매팅 메서드에 직접 전달했을 때만 발생한다. 변수나 상수로 패턴을 전달했을 경우 아직까지는 문제를 감지하지 못한다.

| 실수 방지 가이드 |

- 날짜와 시간 포매팅 패턴은 항상 특수한 입력값을 기준으로 테스트하고 예상 결과와 비교한다. 또한 ISO 연도가 실제 연도와 다르게 변환되는 입력값을 추가한다.

- 날짜와 시간 포매팅 패턴은 종류를 줄이고 이를 상수로 추출한 다음 모든 곳에서 재사용한다. 패턴 리터럴이 적을수록 실수할 기회도 줄어든다.

실수 091 약한 참조, 부드러운 참조의 우발적 무효화

자바에서 객체를 변수에 저장하면 실제로는 객체에 대한 참조가 저장된다. 이러한 참조를 **강한 참조**strong reference라 부른다. 특정 객체를 가리키는 참조가 하나라도 있는 한 해당 객체는 가비지 수집기로부터 살아남는다. 강한 참조 외에 자바 가상 머신은 **약한 참조**weak reference와 **부드러운 참조**soft reference를 지원한다. 이 두 참조는 객체에 강한 참조가 없는 한 파괴해도 괜찮다는 의사를 명시적으로 드러낸다. 가상 머신은 힙 메모리가 부족해지면 이들을 가비지로 수집한다. 이러한 객체는 참조 상태에 따라 **약한 도달**weakly reachable 객체 또는 **부드러운 도달**softly reachable 객체라 부른다. 약한 참조 또는 부드러운 참조를 활용하는 대표적인 사례는 캐싱 객체다. 캐싱 객체는 메모리에 있으면 그대로 쓰고, 없으면 언제든 재계산하거나 디스크로부터 역직렬화할 수 있는 객체다. 이들을 잘 쓰면 가상 머신이 힙 메모리를 더 효율적으로 관리할 수 있다.

부드러운 도달 객체와 약한 도달 객체

약한 참조만 있는 객체는 약한 도달 상태가 된다. 최소 하나의 부드러운 참조가 객체를 가리키면 부드러운 도달 상태가 된다. 마찬가지로 최소 하나의 강한 참조가 객체를 가리키면 강한 도달 상태가 된다. 약한 도달 객체는 가비지 수집기가 발견하는 즉시 제거하므로, 보통은 다음 번 수집 주기 때 사라진다. 그러나 이러한 과정은 가비지 수집기의 구현 방식 또는 객체가 위치한 힙 세대heap generation에 따라 달라진다. 자바 표준 클래스인 `WeakHashMap`은 맵의 키에 약한 참조를 지정한다. 따라서 이 클래스의 매핑은 다른 코드에서 해당 객체를 참조하지 않으면 자동으로 사라진다.

부드러운 도달 객체는 가비지 수집 주기가 반복되어도 살아남을 가능성이 있다. 이 객체를 수집하는 알고리즘은 명확하게 정의되어 있지 않다. 그러나 대체로 객체 생성 또는 마지막 접근 이후 경과한 시간을 기준으로 작동한다. 확실한 것은, 가상 머신이 `OutOfMemoryError`를 던질 지경이 되면 부드러운 도달 객체는 모두 수집된다는 사실이다.

이러한 참조 방식의 문제는 프로그램 실행 중 언제든지 가비지 수집이 발생할 수 있다는 점이다. 약한 도달 또는 부드러운 도달 상태의 객체는 지금 당장 살아있다 해도 단 몇 분 후에는 수집되고 사라질지도 모른다. 심지어 다음과 같은 간단한 코드조차 NullPointerException을 일으킬 수 있다.

```
Object obj = new Object();
WeakReference<Object> ref = new WeakReference<>(obj);
  ◁─┤ obj가 더 이상 직접적으로 사용되지 않음
System.out.println(ref.get().hashCode());
```

obj라는 로컬 변수를 약한 참조로 생성하고 더 이상 사용하지 않으면 약한 도달 상태가 된다. 만일 ref 생성과 ref.get() 호출 사이에서 obj 객체가 수집되면 ref.get()은 null을 반환한다. 실제로 OpenJDK의 ResourceBundle 클래스에서 이러한 현상이 발견된 적이 있다. 이 버그는 매우 특정한 시점에 GC가 발생할 경우에만 에러를 일으키므로 몇 년이 지나도록 아무도 알아차리지 못한 채 살아남을 수 있었다. 게다가 JVM이 코드를 실행하는 방식도 이 문제에 영향을 미친다. 가령 핫스팟 JVM 인터프리터는 로컬 변수의 최종 사용 여부를 GC에 활용하지 않을 때도 있다. 이 경우 인터프리터에서 예시 코드를 실행하면 ref.get()이 null을 반환하는 일은 없을 것이다. 그러나 영리한 JIT 컴파일러는 마지막으로 사용된 로컬 변수를 찾아서 배제해버린다. 따라서 특정 스코프 안에 남아 있는 로컬 변수라 해도 GC가 수집할 수 있게 된다.

| 실수 방지 가이드 |

- WeakReference 또는 SoftReference 객체를 사용할 때, 이들을 가리키는 강한 참조가 없는 한 get() 메서드가 비-널값을 반환한다고 단정하지 않는다. 바로 윗줄에서 참조를 생성했거나 get()을 호출했다 해도 마찬가지다. get()의 결과가 null인지 매번 확인하고 반복적으로 호출하지 않도록 조심해야 한다. get()의 반환값은 로컬 변수에 저장하는 것이 좋다.

- 변수의 수명이 변수의 스코프 안에서 지속된다고 단정하지 않는다. 실제로 컴파일러는 마지막으로 사용됐음이 확인된 변수를 더 이상 기억하지 못할 수도 있다. 변수의 객체에 강한 참조가 있었다면 마지막 사용 직후 수집될 가능성도 있다. 객체를 꼭 유지해야 한다면 다음과 같이 reachabilityFence()메서드(자바 9 이상)를 통해 변수의 수명을 명시적으로 연장할 수 있다.

```
Object obj = new Object();
WeakReference<Object> ref = new WeakReference<>(obj);
```

```
System.out.println(ref.get().hashCode());   ← reachabilityFence()를 사용하는 한
Reference.reachabilityFence(obj);              ref.get()이 obj를 반환하게 됨
```

`reachabilityFence()`의 유일한 기능은 파라미터로 전달받은 객체를 강한 참조로 유지시키는 것이다. 따라서 해당 객체는 최소한 이 메서드가 호출될 때까지는 수명이 보장된다.

실수 092 세상이 안정적이라는 가정

자바에는 매우 편리한 특성이 있다. 로컬 변수와 메서드 파라미터는 해당 메서드의 코드만이 전적으로 제어할 수 있다. 그 안에서 할당, 증가, 감소 표현식 등을 이용해 값을 명시적으로 변경하지 않는 한, 다른 경로를 통해 변경될 수 없다. 로컬 변수를 읽었을 때 값이 5였다면 명시적 변경 전까지 그 값은 무슨 일이 있어도 5로 유지된다. 시간이 얼마나 흐르든, 프로그램 어딘가에서 무엇이 바뀌든 마찬가지다.

대체로 자신이 직접 제어하는 객체 필드는 비교적 안정적이라 확신해도 좋다. 필드가 private이고 수정 지점을 자신이 모두 통제한다면 아무도 이를 마음대로 수정할 수 없다. 물론 필드의 안정성은 로컬 변수와 파라미터와는 달리 100% 보장되지 않는다. 가끔은 프로그램의 다른 곳에서 `Field.setAccessible(true)` 등의 리플렉션 메서드로 굳이 캡슐화를 깨고 들어와 필드를 수정하는 경우가 있다. 그러나 이러한 행위는 나쁜 관행으로 간주된다. 이런 일로 인해 프로그램이 망가진다면 그것은 캡슐화를 깨뜨린 개발자의 책임이다. 참고로, module-info.java 파일을 만들어 자바 모듈을 선언하면 이러한 해킹으로부터 코드를 한 단계 더 보호할 수 있다.

그러나 로컬 변수나 객체 필드 바깥의 넓은 세상은 언제든지 변할 수 있다는 사실을 명심해야 한다. 프로그램 외부의 세계와 관련된 프로퍼티를 다룰 때는 그 프로퍼티가 얼마나 오랫동안 동일하게 유지될지 확신할 수 없다. 예를 들면 다음과 같은 사례들이 있다.

- 특정 파일의 존재 여부를 확인했다 해도 앞으로 계속 존재한다는 보장은 없다. 그 파일은 다른 프로세스가 언제든지 삭제할 수 있다. 또한 파일이 네트워크 장치에 있다면 네트워크 장애로 인해 접근하지 못할 가능성도 있다.
- 파일 크기 확인 후 그만큼 버퍼를 할당하고 파일 내용을 버퍼로 읽어 들이는 동안, 다른 프로세스가 같은 파일

을 조작하고 있을 가능성이 있다. 따라서 파일 크기가 더 크거나 작아지는 경우를 대비해야 한다.

- 현재 날짜를 구한 뒤 그 날짜가 계속 동일하게 유지된다고 확신하면 안 된다. 컴퓨터의 연산 속도는 매우 빠르기에, 날짜를 사용하는 작업이 자정을 넘길 일은 없다고 여기기 쉽다. 그러나 실제로 이런 일은 벌어진다. 프로그램 실행 중 컴퓨터가 절전 모드로 전환되면 연산은 며칠이고 중단될 수 있다.

- `Runtime.getRuntime().availableProcessors()` 메서드를 호출하면 현재 사용 가능한 프로세서 수가 반환된다. 이 값은 프로그램 실행 도중 변경될 수 있다. 예를 들어 현재 프로세스의 스레드 선호도 마스크thread affinity mask가 변경되면 `availableProcessors()` 호출 결과에 영향을 미친다.

일전에 필자가 속했던 팀은 특정 유닛 테스트가 가끔씩 실패하는 현상을 발견한 적이 있다. 이 테스트는 백업 폴더가 정상적으로 생성됐는지 확인하는 기능을 수행했고, 코드는 다음과 비슷했다.

```
@Test
public void testBackupFolder() throws IOException {
  Path tempDir = Files.createTempDirectory("test");
  Path backupFolder = createBackupFolder(tempDir);  <-- 테스트 대상 메서드
  var nameFormat = DateTimeFormatter.ofPattern(
    "'Backup'-yyyy-MM-dd-HH-mm");
  String expectedName = nameFormat.format(LocalDateTime.now());
  assertEquals(backupFolder.getFileName().toString(),
    expectedName);
}
```

백업 폴더명은 현재 날짜, 시간, 분을 기준으로 결정된다. 테스트 메서드는 폴더명이 예상 패턴과 일치하는지 확인하기 위해 `LocalDateTime.now()`로 현재 시간을 조회하고 예상 폴더명을 조합했다. 물론 `createBackupFolder()` 메서드 내부에서 조회한 시간과 테스트 메서드에서 조회한 시간은 다를 수 있다. 하지만 그 차이는 보통 몇 밀리초에 불과했기에 시간과 분은 그대로였다. 이 테스트는 여러 달이 지나도록 무사히 통과했지만, 분이 다르게 측정되자 처음으로 실패를 알렸다.

이렇듯 드물게 실패하는 테스트를 일명 **괴짜 테스트**flaky test라 부른다. 괴짜 테스트는 일반적으로 프로덕션 코드의 버그만큼 해롭지는 않다. 그러나 이 테스트는 지속적 통합의 원활한 흐름을 방해한다. 또한 자신과 무관한 변경 사항의 자동 병합 과정에 문제를 일으킴으로써 다른 개발자의 시간을 낭비하게 만든다.

파일 시스템을 다룰 때에는 가능한 한 I/O 조회 수를 줄이고 그 사이에서 발생하는 변화의 가능성을 낮추는 것이 좋다. 가령 `java.nio.file.Files` 클래스에는 `isDirectory()`, `isRegularFile()`, `isSymbolicLink()`, `getLastModifiedTime()`, `size()` 등의 다양한 조회 메서드가 있다. 이들이 각각 제공하는 정보가 동시에 필요할 경우 `Files.readAttributes()` 메서드를 호출하는 것이 좋다. 이 메서드는 파일 시스템을 한 번만 조회하며 모든 정보를 하나의 구조로 반환한다. 예를 들어 일반 파일의 크기를 구하고 그 외에는 −1을 반환하는 메서드를 떠올려보자. 이를 다음과 같이 구현하면 대체로 잘 작동할 것이다.

```
static long getFileSize(Path path) throws IOException {
  if (!Files.isRegularFile(path)) return -1;
    <—| 이 순간 파일이 디렉터리로 바뀔 수 있음
  return Files.size(path);
}
```

그러나 이 메서드를 실행하는 도중에 다른 프로세스가 일반 파일을 제거하고 동명의 디렉터리를 생성할 가능성도 있다. 디렉터리 또한 크기를 구할 수 있으며 그 값은 시스템에 따라 다르다. 이를테면 8,192등의 숫자일 것이다. 따라서 이 메서드는 드물지만 엉뚱한 숫자를 반환할 수 있다. 반면 다음 코드는 파일 시스템에 대해 한 번의 원자적 조회를 수행하므로 이전보다 더 견고하다.

```
static long getFileSize(Path path) throws IOException {
  BasicFileAttributes attributes = Files.readAttributes(     | 파일 프로퍼티를 원자적으로
        path, BasicFileAttributes.class);                    | 읽어 들이므로
  if (!attributes.isRegularFile()) return -1;                | isRegularFile()과 size()
  return attributes.size();                                  | 사이에 변화가 없음
}
```

이 문제는 일종의 코너 케이스이며 대부분의 애플리케이션은 이를 무시해도 괜찮을 것이다. 그러나 다음에 설명할 문제는 좀 더 빈번하게 발생한다. 예를 들어 파일을 메모리에 올리는 루틴이 있고, 너무 많은 메모리를 소모하지 않도록 비교적 작은 파일을 선별적으로 처리한다고 가정해보자. 다음은 이러한 루틴을 구현한 코드다.

```
static byte[] readFileIfItsNotTooLarge(Path path) throws IOException {
    long size = Files.size(path);
```

```
    if (size > 1024 * 1024) {
        throw new UnsupportedOperationException("File is too large");
    }
    return Files.readAllBytes(path);
}
```

안타깝게도 이 구현은 1MB 이하의 데이터만 처리한다고 장담할 수 없다. 해당 파일이 이미 다른 프로세스에서 쓰기 모드로 열려 있을지도 모르기 때문이다. 설령 그렇지 않다고 해도 디렉터리 엔트리 정보에서 해당 파일의 크기가 아직 업데이트되지 않았을 가능성도 있다. 이 경우 `Files.size()`는 과거의 파일 크기를 반환하게 된다. `Files.size()`, `File.length()` 유형의 메서드는 반환 결과가 현재 파일의 실제 정보와 일치한다고 가정해서는 안 된다. 이 문제를 해결하는 한 가지 방법은 정해진 바이트 수만큼 최대한 파일을 읽고, 파일의 끝에 도달했는지 확인하는 것이다. 다음 코드를 참고하기 바란다.

```
static byte[] readFileIfItsNotTooLarge(Path path) throws IOException {
  final int maxSize = 1024 * 1024;
  try (InputStream is = Files.newInputStream(path)) {
    byte[] bytes = is.readNBytes(maxSize);
    if (bytes.length == maxSize && is.read() != -1) {
      throw new UnsupportedOperationException("File is too large");
    }
    return bytes;
  }
}
```

| 실수 방지 가이드 |

- 현재 날짜와 시간을 연속으로 요청하면 결과가 달라질 수 있다는 점을 명심한다. 결과의 안정성이 중요하다면 시간과 날짜를 한 번만 조회하고 변수를 통해 재사용하라.
- 파일 시스템이 안정적이라고 간주하지 않는다. 애플리케이션에서 두 번의 조회 요청을 보내면 그 사이에서 언제든지 변화가 생길 수 있다. 가능한 한 원자적 작업으로 처리하라.
- 간혹, 안정적이라고 간주해도 좋은 파일 시스템이 있다. 이러한 시스템은 이번 절에서 설명한 문제를 무시할 수 있다. 가령 애플리케이션이 직접 생성한 데이터 폴더는 외부 사용자가 변경할 가능성이 없다고 간주해도 무방하다. 그러나 사용자 폴더를 다룰 때는 마찬가지로 주의해야 한다.

실수 093 동시 업데이트 데이터 구조에 대한 비원자적 접근

여러 스레드 사이의 공유 데이터를 다룰 때도 앞 절과 비슷한 문제가 발생한다. 이러한 공유 데이터는 `volatile` 변수나 동시성 컬렉션에 저장된다. 필자는 다음과 비슷한 코드가 동시성 큐에서 실행되는 것을 여러 번 봤다.

```
void takeAndProcess(Queue<String> queue) {
  if (!queue.isEmpty()) {
    String element = queue.remove();
    … // element 처리
  }
}
```

이 코드는 사실상 큐를 두 번 검사한다. 첫 번째는 `isEmpty()` 메서드 안에서, 두 번째는 `remove()` 메서드 안에서 이루어진다. 다시 말해 큐와의 상호작용이 원자적이지 않다. 다른 소비자가 동시에 이 큐에서 원소를 꺼내면 두 검사 사이에 큐가 비워질 가능성이 있다. 이 과정을 더 적절히 처리하려면 다음과 같이 `poll()` 등의 메서드를 한 번만 호출해야 한다.

```
void takeAndProcess(Queue<String> queue) {
  String element = queue.poll();
  if (element != null) {
    … // element 처리
  }
}
```

`remove()`와 달리 `poll()` 메서드는 큐가 비었을 때 예외를 던지지 않고 `null`을 반환한다. 따라서 스레드에 영향을 받지 않는 로컬 변수를 통해 `null`을 검사할 수 있다.

동시성 맵에 쓰인 구형 'get-and-put' 시퀀스도 에러를 유발하기 쉽다. 예를 들어 다음 코드는 맵의 키마다 접근 횟수를 저장하는 역할을 한다.

```
void addValue(ConcurrentMap<String, Integer> map, String key) {
  Integer value = map.get(key);
  if (value == null) {
    value = 1;
  } else {
    value++;
```

```
  }
  map.put(key, value);
}
```

이 코드도 원자적이지 않다. 서로 다른 스레드가 하나의 맵 항목을 동시에 업데이트하면 잘못된 값이 저장된다. 다행히 자바 8부터 `putIfAbsent()`, `compute()`, `computeIfAbsent()`, `computeIfPresent()`, `merge()` 등의 유용한 메서드가 `Map` 인터페이스에 추가되었다. 이들을 이용하면 대부분의 get-and-put 시나리오를 원자적으로 구현할 수 있다. 또한 코드는 깔끔해지고 에러는 줄어든다. 방금 예시를 `merge()` 메서드 방식으로 고치면 다음과 같다.

```
void addValue(ConcurrentMap<String, Integer> map, String key) {
  map.merge(key, 1, Integer::sum);
}
```

이제 동시성 맵이 정확하게 구현되었으니 값이 원자적으로 증가된다.

`AtomicInteger`를 다룰 때도 비슷한 문제가 발생할 수 있다. 가령 `AtomicInteger` 내부의 값을 2배로 늘린다고 가정해보자. 다음과 같이 값을 읽고 2를 곱한 뒤 결과를 저장하는 코드를 떠올리기 쉽다.

```
atomic.set(atomic.get() * 2);
```

그러나 이 코드는 원자적 연산 처리가 아니므로 스레드 안전을 보장하지 못한다. 두 개의 스레드가 이 코드를 동시에 실행하면 곱셈이 한 번만 수행될 가능성이 있다. 다음과 같이 `updateAndGet()` 메서드를 사용하면 이를 안전하게 구현할 수 있다.

```
atomic.updateAndGet(value -> value * 2);
```

| 실수 방지 가이드 |

- 동시성 컬렉션 메서드를 연쇄 호출하면 작업을 원자적으로 처리할 수 없다는 점을 이해해야 한다. 호출 사이에서 다른 스레드가 컬렉션을 수정할 가능성이 있다. 컬렉션 설명서를 꼼꼼히 읽고, 처리하고자 하는 작업에 적합한 원자적 연산을 선택해야 한다.

- 동시성 프로그램의 올바른 구현은 복잡하고 어려운 주제다. 실무에 들어가면 이 책에서 언급한 흔한 실수보다

훨씬 다양하고 미묘한 문제들과 마주치게 될 것이다. 이 분야는 무작정 뛰어들기보다 충분히 시간을 들여 기본 개념을 학습하는 것이 좋다. 『자바 병렬 프로그래밍』(에이콘출판사, 2008)은 좋은 출발점이 되어줄 것이다.

정리

- 스트림 API의 중간 연산은 부수 효과가 없다고 전제하며 그와 무관하게 일부 계산을 최적화시킨다. 따라서 스트림 API 파이프라인에서 부수 효과를 처리하면 안 된다.
- 자바 스트림은 두 번 소비할 수 없다. 스트림을 변수에 할당하면서 스트림을 소비하는 경우가 있으니 주의해야 한다.
- 스트림은 `null` 값을 담을 수 있지만 모든 단말 연산이 `null` 값을 처리하지는 않는다. `null` 값을 단말 연산에 전달할 때는 해당 연산이 이를 지원하는지 확인하라.
- `getClass()` 메서드는 신중하게 사용하라. 이 메서드는 객체의 런타임 클래스를 정확히 반환하거나 또는 서브클래스를 반환한다.
- 문자열을 불리언값으로 변환할 때 실수로 `Boolean.getBoolean()` 메서드를 호출하는 경우가 있다. 이 메서드는 예상과 전혀 다른 일을 한다.
- 날짜 포맷 지정자는 매우 헷갈리며 잘못 사용하기 쉽다. 특히, YYYY는 일반 연도가 아닌 주 단위 연도이므로 주의해야 한다.
- 시스템 시간, 파일 메타데이터, 약한 참조, 동시성 컬렉션 등, 두 번의 연속적인 조회 요청 사이에서 변경될 수 있는 값에 주의하라. 가급적이면 원자적 방식으로 조회하라.

CHAPTER 10

유닛 테스트

이 장의 내용

- assert 문과 관련된 실수
- 어설션 메서드 오용
- 예외 발생 테스트와 관련된 문제
- 어설션이 실패해도 테스트는 통과하는 사례
- 전혀 실행되지 않는 잘못된 테스트 메서드

유닛 테스트는 프로그램의 버그를 줄이기 위해 존재한다. 그러나 유닛 테스트 자신도 프로그램이므로 당연히 버그가 있을 수 있다. 유닛 테스트에 버그가 있으면 어차피 테스트가 실패할 테니 문제될 게 없다고 생각하는 개발자도 있다. 그러나 테스트 실패가 아닌 아무것도 테스트하지 않는 방식으로 문제를 일으키는 버그도 많다. 이런 경우에는 테스트가 회귀regression 감지라는 자신의 임무를 수행할 기회조차 없다. 이렇듯 유닛 테스트에서 발생하는 여러 가지 버그를 이번 장에서 살펴볼 것이다.

이 책은 지금까지 주로 자바의 언어적 측면 또는 표준 라이브러리와 관련된 실수를 다루었다. 그러나 이번 장에서는 예외적으로 JUnit이나 TestNG 등의 테스트 프레임워크와 관련된 실수를 논의할 것이다. 이번 장은 그래서 더욱 중요하다. 유닛 테스트는 백엔드 스프링 애플리케이션, 마이크로서비스, 안드로이드 프로젝트, 데스크탑 게임, 범용 라이브러리 등의 모든 자바 프로그램이 필요하기 때문이다. 이 책 전반에 걸쳐 각종 실수를 예방하고 빠르게 식별하기 위한 유닛 테스트를 제안했다. 이러한 테스트는 올바르게 작성되고 실제로 작동해야만 효과가 있다.

실수 094 assert 문의 부수 효과

본격적으로 유닛 테스트를 논하기에 앞서 assert 문을 고찰해보자. 이 구문들은 자바 코드에서 항상 참이어야 하는 불변 조건을 확인할 때 사용한다. 이 기능은 주로 테스트 환경이나 스테이징 환경(JVM의 -ea(**enable assertions**) 옵션)에서 실행하며 프로덕션 환경에서는 무시한다. assert 문에서 문제가 생기는 가장 흔한 사례는 assert 내부에서 표현식이 부수 효과side effect를 일으킬 때다. 예를 들어 다음 assert 문은 실수일 가능성이 크다.

```
assert set.add(value) : "set already contains " + value;
```

이 코드에서 set.add(value) 표현식은 어설션이 꺼져 있는 환경에서 실행되지 않으므로 세트에 원소가 추가되지 않는다. 이 코드는 다음 코드와 본질적으로 동일하다.

```
if (assertionsEnabled) {
  if (!set.add(value)) {
    throw new AssertionError("set already contains " + value);
  }
}
```

이 버그는 다음과 같이 표현식을 별도의 로컬 변수로 추출하면 해결된다.

```
boolean added = set.add(value);
assert added : "set already contains " + value;
```

다음은 프로덕션 코드에서 실제로 발생했던 또 다른 사례다.

```
static int extractNumber(String message) {
  Pattern pattern = Pattern.compile("\\((\\d+)\\)");
  Matcher matcher = pattern.matcher(message);
  assert matcher.find();
  return Integer.parseInt(matcher.group(1));
}
```

이 코드의 작성자는 입력 문자열 안에서 괄호로 묶인 숫자를 찾아내고자 했다. 또한 그러한 숫자가 항상 존재해야 한다고 선언했다. 그러나 matcher.find()는 그룹을 채우는 부수 효과를 동반한다. 만일 이 코드를 `-ea` 옵션 없이 실행하면 다음 줄의 `matcher.group(1)` 호출은 실패할 것이다.

어설션 기능의 부작용은 테스트 환경에서만 작동하는 코드가 생긴다는 점이다. 이러한 버그는 테스트 커버리지를 100% 달성해도 끝까지 발견되지 않는다. 결국 그 프로그램은 프로덕션에 가서야 고장날 것이다.

> **정적 분석**
>
> 정적 분석 도구는 이번 절의 실수를 감지할 수 있다. IntelliJ IDEA에서는 'assert Statement with Side Effects' 검사가 이를 보고한다. 그러나 이러한 검사는 완벽하지 않다. 일반적으로 정적 분석은 특정 메서드의 부수 효과 발생 여부를 정확히 측정하기 어렵다.

| 실수 방지 가이드 |

- 가끔은 지속적 통합continuous integration(CI) 단계에서 어설션 비활성화 상태로 테스트를 실행한다. 활성화 전과 후의 프로그램 작동 결과를 비교하고 둘이 동일한지 확인한다.
- `assert` 문을 남용하지 않는다. 이번 절의 `matcher` 예시에서 숫자가 검색되지 않는다면 그 원인은 불변 조건의 문제가 아닌 사전 조건의 문제일 가능성이 크다. 따라서 다음과 같이 `assert` 대신 `if` 문을 쓰는 것이 더 바람직하다.

```
if (!matcher.find()) {
  throw new IllegalArgumentException(
              message + " must include (number)");
}
```

실수 095 잘못된 assertion 메서드 호출

유닛 테스트를 실행하려면 JUnit이나 TestNG 등의 테스트 프레임워크가 필요하다. 따라서 테스트 클래스와 메서드는 해당 프레임워크의 규칙에 맞게 만들어야 한다. 이러한 규칙은 일반적으로 세 가지 절차로 구성된다.

- **배치**arrange: 테스트 실행 환경을 준비하는 코드. 주로 이곳에서 헬퍼 객체를 생성하고 설정한다. 간단한 테스트에서는 생략되기도 한다.

- **실행**act: 테스트 대상 함수나 메서드를 실행한다.

- **검사**assert: 함수나 메서드가 예상 결과를 반환하는지 확인한다.

일명 **AAA**arrange, act, assert로 불리는 이 패턴은 수많은 함정으로부터 개발자를 보호해 왔다. 이 구조를 따르지 않는 테스트는 가급적 지양하는 것이 좋다.

테스트도 일종의 코드이므로 단계마다 실수가 생기곤 한다. 실수로 인해 테스트가 실패하면 보통은 원인을 바로 찾아낼 수 있으므로 큰 문제가 되지 않는다. 그러나 실수로 인해 테스트가 아무것도 검증하지 않고 항상 성공하면 문제가 훨씬 더 커진다. 심지어 테스트 대상 함수가 실제로 잘못 작동하고 있어도 이를 감지할 수 없다.

이러한 실수는 대부분 **검사** 단계에서 발생한다. 어설션 코드는 `assert`로 시작하는 다양한 메서드 중 하나를 호출하며 시작된다. 가령 JUnit에서 `assertTrue()`는 인수가 참인지 확인하고 `assertEquals()`는 두 인수가 서로 같은지 확인한다. 이처럼 메서드명이 비슷하면 실수로 엉뚱한 메서드를 호출하기도 쉽다.

예를 들면 `assertTrue()` 또는 `assertFalse()` 대신 다음과 같이 `assertNotNull()`을 쓰는 실수도 자주 발생한다.

```
assertNotNull(data.isEmpty());   <-- assertTrue를 써야 함
```

이 코드에서 `isEmpty()` 메서드는 불리언 값을 반환하며, 어설션 함수에 전달되는 과정에서 `Boolean` 객체로 박싱된다. 물론 이 객체는 절대 `null`이 되는 경우가 없으므로 이 테스트는 `isEmpty()` 메서드의 결과와 상관없이 항상 성공하게 된다. 박싱 변환은 자동으로 진행되며 컴파일러는 이를 경고하지 않는다.

어설션 메서드의 파라미터를 누락하는 실수도 종종 발생한다. JUnit을 비롯한 대부분의 테스트 프레임워크는 어설션 메서드에 생략 가능한 파라미터가 있다. 예를 들어 JUnit 4는 `assertNotNull(object)`와 `assertNotNull(message, object)`를 모두 사용할 수 있다. 다시 말해 `message` 파라미터 하나만 전달해도 컴파일은 되지만 이 `message`는 `object`로 해석된다. 물론 메시지에 `null`을 전달하는 거의 일은 없으므로 이러한 `assert`는 항상 성공한다.

```java
assertNotNull("Check that we have a content");
```

개발자의 원래 의도는 다음과 같았지만 두 번째 파라미터를 실수로 누락했다.

```java
assertNotNull("Check that we have a content",
              storage.getContent());
```

결국 assert는 아무것도 테스트하지 않는다. 필자는 OpenJ9 프로젝트에서 실제로 이러한 문제를 발견하고 보고한 적이 있다.

한편, assertNotEquals()에서도 비슷한 일이 벌어질 수 있다.

```java
String oldContent = storage.getContent();
assertEquals(expectedContent, oldContent);
storage.modifyContent();
assertNotEquals("Check that content was modified",
                storage.getContent());
```

이 테스트는 어설션에 전달한 문자열 파라미터와 storage.getContent()가 똑같지 않은 한 항상 성공할 것이다. 마지막 줄은 원래 다음과 같이 작성되었어야 했다.

```java
assertNotEquals("Check that content was modified",
                oldContent, storage.getContent());
```

정적 분석

이러한 문제 중 일부는 정적 분석기가 감지할 수 있다. 예를 들어 IntelliJ IDEA의 'Null–Check Method Is Called with Obviously Non–null Argument' 검사는 assertNotNull()에 문자열 인수 또는 박싱된 boolean 값을 전달하는 곳을 감지한다.

| 실수 방지 가이드 |

- assertNotNull() 및 assertNotEquals() 메서드에 전적으로 의존하지 않는 것이 좋다. 이 조언의 의의는 이번 절의 사례에 국한되지 않는다. 일반적으로 이러한 유형의 메서드는 검사 대상이 특정 값이 아니라는

사실만 확인할 뿐이다. 무엇이 **아닌지** 확인하는 약한 검사보다는 무엇이 **맞는지** 보장하는 엄격한 어설션이 훨씬 효과적이다.

- 테스트는 항상 실패에서 시작해야 한다. **테스트 주도 개발**test-driven development(TDD) 방법론은 실제 코드보다 테스트를 먼저 작성하도록 제안한다. 이 규칙을 엄격히 따른다면 프로덕션 코드가 작동하는 것보다 테스트가 실패하는 것을 먼저 볼 수밖에 없다. 어떤 코드든 무조건 통과시키는 잘못된 어설션이 있다면 시작 단계에서 즉시 발각될 것이다.

실수 096 잘못된 예외 테스트

특정 예외의 발생 여부를 유닛 테스트에서 확인해야 할 때가 종종 있다. 과거에는 이를 간단히 처리할 할 방법이 없어서 다음과 같은 패턴으로 코드를 구현하곤 했다.

```
@Test
public void ensureException() {
  try {
    doSomething();
    fail("No exception was thrown");
  }
  catch (MyException ex) {
    assertEquals("Expected exception message",
                 ex.getMessage());
  }
}
```

이 코드는 `doSomething()` 호출이 `MyException` 예외를 일으켰을 때 예외 메시지가 `Expected exception message`라고 예상한다. 그렇지 않은 결과가 나오면 테스트는 실패해야 한다. 이러한 방식의 문제는 코드가 상당히 장황하며 중간에 어긋나기 쉽다는 것이다. 가장 흔한 실수는 다음과 같이 `fail()`을 빼먹는 것이다.

```
@Test
public void ensureException() {
  try {
    doSomething();
  }
  catch (MyException ex) {
```

```
    assertEquals("Expected exception message",
                 ex.getMessage());
  }
}
```

이 코드는 언뜻 보면 올바른 테스트같다. 예외가 발생했을 때 예외 메시지시나 예외 타입이 일치하지 않으면 예상대로 실패할 것이다. 그러나 doSomething()이 예외를 던지지 않고 정상적으로 작동하기 시작하면 이 테스트는 문제를 감지하지 못한다.

JUnit 4는 @Test 어노테이션의 expected 파라미터를 통해 예상 예외를 전달할 수 있다. 따라서 다음과 같이 더 간결하고 실수할 위험도 덜한 테스트를 작성할 수 있다.

```
@Test(expected = MyException.class)
public void ensureException() {
  doSomething();
}
```

그러나 이 방식으로 예외 메시지를 테스트할 수는 없다. 대안으로, JUnit 5에 도입된 assertThrows() 메서드를 사용하면 예외 메시지뿐만 아니라 더욱 다양한 방법으로 예외를 테스트할 수 있다. 동일한 메서드가 JUnit 4.13에도 추가되었으며 거의 비슷하게 작동한다. 이를 이용하면 처음 예시를 다음과 같이 간단하게 고칠 수 있다.

```
@Test
public void ensureException() {
  MyException ex = assertThrows(MyException.class,
                                () -> doSomething());
  assertEquals("Expected exception message", ex.getMessage());
}
```

이 코드에서 assertThrows()는 특정 타입의 예외가 발생하는지 확인하고 해당 예외를 반환한다. 따라서 예외 메시지 등의 각종 결과를 검증할 수 있다.

| 실수 방지 가이드 |

- 최신 버전의 테스트 프레임워크와 assertThrows() 등의 신형 메서드를 활용한다.
- 테스트 프레임워크를 업데이트할 수 없거나 용도에 부합하는 테스트 메서드가 없다면 assertThrows()처럼

유연한 헬퍼 메서드를 직접 만들고 모든 곳에서 재사용하라. 한 번만 제대로 작성해 두면 이후로는 실수할 염려가 없다.

실수 097 테스트 메서드 조기 종료

유닛 테스트 메서드 본문은 대체로 복잡한 제어 흐름 없이 연이어 명령문을 실행한다. 그러나 일부 개발자는 가끔 이곳에 제어 흐름을 추가하고 조건문이나 예외를 통해 return 문을 실행하며 테스트를 끝내곤 한다. 이러한 테스트 메서드는 잘 읽기도, 이해하기도 어렵다. 또한 누군가 테스트 메서드 마지막 단계에 어설션을 추가해도 중간에 return 문이 있으면 끝까지 도달할 수 없다. 이렇듯 도달하지 못하는 구문이 프로덕션 코드에 있다면 테스트를 만들어 감지할 수 있겠지만, 테스트 코드 자체에 이런 문제가 있으면 어찌할 도리가 없다.

필자는 Morphia 프로젝트에서 실제로 그런 테스트를 본 적이 있다. 코드는 다음과 비슷하다.

```
public void testMapping() throws Exception {
  E e = new E();
  e.mymap.put("a.b", "a");
  e.mymap.put("c.e.g", "b");

  try {
    getDs().save(e);
  } catch (Exception ex) {
    return;  <-- 테스트 정상 종료
  }

  Assert.assertFalse("Should have got rejection…", true);
  e = getDs().get(e);
  Assert.assertEquals("a", e.mymap.get("a.b"));     | return 이후 실행되지 않는 어설션
  Assert.assertEquals("b", e.mymap.get("c.e.g"));   |
}
```

이 테스트의 목적은 두 가지다. 첫째, save() 메서드가 예외를 던지는지 확인하고, 둘째, get() 메서드가 값을 잘 읽는지 확인한다. 그러나 save() 메서드가 계획대로 예외를 던지면 테스트는 catch 블록 안에서 즉시 끝난다. 그 결과, 메서드 맨 끝에 있는 두 assertEquals() 검사는 실행되지 않는다.

| 실수 방지 가이드 |

- 유닛 테스트 메서드 중간에서 결과를 반환하지 않는다. 이러한 반환문은 혼동을 유발하며 일부 어설션을 누락시킨다. 다음과 같이 assertThrows()를 쓰면 조기 반환 없이도 원하는 바를 정확히 달성할 수 있다.

```
public void testMapping() {
  E e = new E();
  e.mymap.put("a.b", "a");
  e.mymap.put("c.e.g", "b");

  assertThrows(Exception.class, () -> getDs().save(e));
  E restoredE = getDs().get(e);   <-- e는 람다에서 쓰였으므로 새로운 변수를 추가했다
  Assert.assertEquals("a", restoredE.mymap.get("a.b"));
  Assert.assertEquals("b", restoredE.mymap.get("c.e.g"));
}
```

- 하나의 유닛 테스트로 여러 기능을 테스트하지 않는다. 어설션을 추가하려면 새로운 유닛 테스트를 만들어야 한다.

실수 098 유닛 테스트에서 AssertionError 무시하기

유닛 테스트의 메커니즘은 간단하다. 예상치 못한 일이 생기면 AssertionError를 던지고 테스트 프레임워크는 이를 포착한 다음 테스트 실패 정보를 출력한다. 이 설명은 중대한 함의를 담고 있는데, assertEquals() 등의 메서드가 AssertionError를 던지는 것이 전체 메커니즘의 일부에 불과하다는 점이다. 이러한 예외를 테스트 메서드 호출자에게 전달하는 것 또한 필수적인 과정이다. 이 대목에서 발생하는 잠재적인 실수는 테스트 중에 지나치게 광범위한 예외를 포착하는 것이다. 가령, 특정 계산 결과를 확인하는 테스트가 있다고 가정해보자. 이러한 테스트에서 예외를 대수롭지 않게 취급하면 다음과 비슷한 코드가 나온다.

```
public void testFileProcessing() {
  try {
    List<String> input = Files.readAllLines(Path.of("input.txt"));
    List<String> expected = Files.readAllLines(Path.of("output.txt"));
    assertEquals(expected, processInput(input));
  } catch (Throwable ignored) {
```

```
      // 일부 I/O 에러 무시됨
    }
  }
```

물론 이 코드는 전체적으로 엉성하게 만들어진 유닛 테스트다. 그러나 가장 큰 문제는 assertEquals()가 실패하면 AssertionError가 무시되고 테스트 프레임워크가 테스트 실패를 감지하지 못한다는 점이다.

비슷한 유형으로, 별도의 스레드에서 어설션 메서드를 실행하고 원래 스레드로 예외를 전달하지 않는 실수도 있다. 다음 코드를 살펴보자.

```
public void testComputation() throws InterruptedException {
  Thread thread = new Thread(() -> {
    assertEquals("Expected", computeSomething());
  });
  thread.start();
  thread.join();
}
```

이 코드에서 어설션이 실패하면 별도의 스레드에서 AssertionError를 던진다. 이 예외는 **미처리 예외 핸들러**uncaught exception handler가 포착하고 표준 에러 스트림으로 예외 정보를 출력한다. 하지만 이 예외는 테스트가 시작됐던 원래의 스레드로 전달되지 않으며, 결국 테스트 프레임워크는 이 테스트가 성공했다고 판단한다. 누군가 에러 로그를 확인하지 않는 한 예외 발생 사실은 드러나지 않을 것이다.

필자는 이런 유형의 실수를 여러 번 봤지만 재현하기는 쉽지 않다. 스레드를 설정하고 결과를 수집하는 과정은 일반적으로 대량의 코드가 관여하기 때문이다. 그나마 단순했던 사례는 OkHttp 프로젝트에서 발견했던 실수였다. 해당 테스트는 미완성 상태로 폐기된 것으로 보이며 코드는 다음과 비슷했다.

```
ExecutorService executor = Executors.newCachedThreadPool();
CountDownLatch latch = new CountDownLatch(2);
executor.execute(new AsyncRequest("/r1", latch));
executor.execute(new AsyncRequest("/r2", latch));
countDownLatch.await();
… // 어설션 코드
```

이 코드는 새로 만든 스레드 풀에서 비동기 요청을 두 번 실행한다. 각 요청은 latch 카운트를 감소시키며 요청 결과는 어설션 코드로 검증한다.

AsyncRequest 클래스 코드는 대략 다음과 비슷하다. 실제 네트워크 요청 로직은 모두 빼고 record 방식으로 골자만 재현해보았다.

```
private record AsyncRequest(String path, CountDownLatch latch)
              implements Runnable {
  public void run() {
    try {
      String actual = performRequest();
      assertEquals("Result", actual);
      latch.countDown();
    } catch (Exception e) {
      throw new RuntimeException(e);
    }
  }

  private static String performRequest() {
    return "Result";
  }
}
```

여기까지만 보면 문제의 테스트 코드가 performRequest() 메서드의 반환값을 잘 검증할 수 있을 것 같다. 그러나 performRequest()가 "Result" 대신 "Result1"을 반환하도록 고쳤다고 가정해보자. 이제 assertEquals() 메서드는 실패하며 백그라운드 프로세스에 AssertionError를 던지면서 중단된다. latch의 카운트도 변경되지 않는다. 그러나 테스트 메서드는 이 네트워크 요청 결과를 계속 기다리고 있으므로 전체 테스트가 이 부분에서 대기 상태에 머무르게 된다. 이로 인해 지속적 통합 서버에서 빌드가 중단될 위험이 있다. 또한 어느 테스트가 문제를 일으켰는지 즉시 파악할 수 없으므로 불필요하게 많은 시간을 허비하게 된다.

어떻게든 네트워크 요청이 완료되게 하려면 다음과 같이 countDown() 호출 코드를 finally 구문으로 옮기면 된다.

```
try {
  String actual = performRequest();
  assertEquals("Result", actual);
} catch (Exception e) {
```

```
    throw new RuntimeException(e);
  } finally {
    latch.countDown();
  }
```

이렇게 하면 테스트는 멈추지 않고 완료되지만, AsyncRequest 내부의 어설션이 실패해도 테스트는 실패하지 않게 된다. 이보다 한 수 위의 해결책은 다음과 같이 Future 객체를 통해 예외를 원래 스레드로 전달하는 것이다.

```
Future<?> f1 = executor.submit(new AsyncRequest("/r1"));
Future<?> f2 = executor.submit(new AsyncRequest("/r2"));
f1.get();
f2.get();
```

이제 CountDownLatch는 더 이상 필요치 않다. 또한 스레드 풀 안에서 발생한 예외가 테스트 프레임워크로 직접 전달된다.

정적 분석

이번 절의 첫 번째 예시는 어설션과 try-catch 문이 한 메서드에 있는 단순한 코드에 한해 정적 분석 도구가 감지할 수 있다. SonarQube에는 S5779: Assertion Methods Should Not Be Used within the Try Block of a Try-Catch Catching an Error 규칙이 있으며 IntelliJ IDEA에는 Assertion Is Suppressed by catch 검사가 있다. 둘 모두 testFileProcessing 예시에서 경고를 일으킨다.

| 실수 방지 가이드 |

- Throwable처럼 광범위한 예외를 유닛 테스트에 적용하지 않는다. 테스트뿐만 아니라 일반 코드도 마찬가지다. 예외 감지 범위가 지나치게 넓으면 중요한 문제를 지나치기 쉽다. 또한 프로덕션 코드에 문제가 발생했을 때 원인을 조사하기도 어렵다. 예외를 무시하려면 무시할 예외를 정확하게 특정해야 한다.
- try 블록 안에서 어설션을 사용할 때는 주의해야 한다.
- 병렬 연산이 필요할 때는 기본 스레드가 아닌 java.util.concurrent API의 ExecutorService, ForkJoinPool 등을 쓰는 것이 좋다. 또한 CountDownLatch같은 사이드 동기화 메커니즘보다 Future 또는 CompletableFuture로 병렬 연산을 합치는join 것이 좋다. Future는 예외를 제대로 전달하기 때문이다.

- 가능한 한 모든 어설션을 원래의 스레드 안에 둔다. 또한 **Arrange, Act, Assert** 패턴을 따른다. 이 패턴을 따르면 모든 검증은 실행 단계 이후에 수행된다. 병렬 연산 결과는 원래의 스레드에 모두 수집하고 최종 결과를 검증하는 것이 좋다.

실수 099 assertNotEquals()로 동등성 비교하기

두 값이 같지 않음을 검증하는 assertNotEquals() 메서드는 다양한 테스트 프레임워크에 존재한다. 이 메서드의 문제는 '같지 않다'의 정의가 모호하다는 것이다. 다음과 같은 호출 코드를 살펴보자.

```
assertNotEquals(obj1, obj2);
```

여기서 obj1과 obj2가 같지 않다는 말은 정확히 어떤 의미일까? 다음과 같은 4가지 가능성이 있다.

- obj1.equals(obj2)가 false를 반환한다.
- obj2.equals(obj1)가 false를 반환한다.
- obj1.equals(obj2)와 obj2.equals(obj1)이 모두 false를 반환한다.
- obj1.equals(obj2) 또는 obj2.equals(obj1) 중 적어도 하나가 false를 반환한다.

잘 구현된 equals() 메서드는 대칭성을 띠어야 한다. 다시 말해, obj1.equals(obj2)와 obj2.equals(obj1)의 결과는 동일하며 위의 네 가지 경우를 모두 만족시켜야 한다. 그러나 테스트의 목적은 버그를 잡는 것이며 여기에는 equals() 메서드 자체의 버그도 포함된다.

아쉽지만 유명 테스트 프레임워크 중 일부는 assertNotEquals()가 어떻게 작동하는지 정확히 명시하지 않는다. 게다가 그 작동 결과가 가끔 놀랍기까지 하다. 가령 TestNG[1] 프레임워크 7.4.0에서 assertNotEquals()는 assertEquals()와 정확히 반대로 작동한다. assertEquals()는 매우 엄격하게 구현되는 메서드다. obj1.equals(obj2)와 obj2.equals(obj1)를 동시에 확인하며, obj1와 obj2 중 하나만 null일 때는 equals()를 호출

1 *https://testng.org/*

하지 않고 즉시 실패한다. 이러한 엄격한 요건은 자연히 assertNotEquals()의 성공 조건을 느슨하게 만든다. assertNotEquals()는 obj1.equals(obj2) 또는 obj2.equals(obj1) 중 하나라도 false를 반환하거나, 두 객체 중 하나만 null일 때(equals() 호출 없이) 성공한다.

MyCustomClass라는 클래스에 커스텀 equals() 메서드를 구현했다고 가정해보자. 이때 equals()가 잘 작동하는지 확인하기 위해 다음과 같이 assert 문을 작성할 수 있다.

```
assertNotEquals(new MyCustomClass(), null);
assertNotEquals(new MyCustomClass(), 1);
assertNotEquals(new MyCustomClass(), "");

assertEquals(new MyCustomClass(), new MyCustomClass());
```

일단 코드만 보면 그럴듯한 테스트처럼 보인다. 하지만 이 테스트는 다음과 같이 명백히 틀린 equals() 구현까지 문제없이 통과시킨다.

```
class MyCustomClass {
  @Override
  public boolean equals(Object obj) {
    return true;
  }
}
```

이 테스트에서 첫 번째 어설션은 한쪽이 null이므로 equals() 메서드를 호출하지 않고 즉시 통과한다. 나머지 두 어설션은 equals() 메서드를 양방향으로 호출하며 한쪽이 false이므로 테스트를 통과한다. 다시 말해 new MyCustomClass().equals("")가 무조건 true를 반환할 때, 반대 방향의 "".equals(new MyCustomClass())는 false를 반환한다. [그림 10-1]에 보이듯 String 클래스의 equals() 메서드는 정상적으로 작동하고 있다. 결과적으로 이 테스트는 MyCustomClass의 잘못된 equals() 구현 문제를 감지할 수 없다.

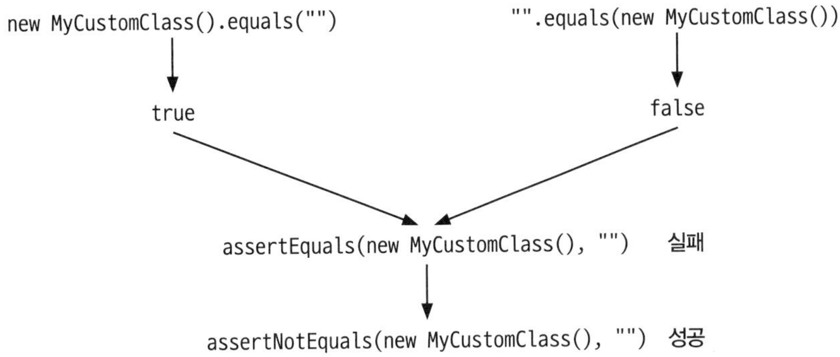

그림 10-1 TestNG의 assertNotEquals()는 assertEquals()와 정반대로 작동한다

| 실수 방지 가이드 |

- equals() 메서드가 대칭을 띠고 있다는 확신이 없는 한 assertNotEquals()는 사용하지 않는다. equals()가 false를 반환하는지 확인하려면 명확하게 assertFalse(obj1.equals(obj2))를 호출하라.
- 7장에서 언급했듯이, equals() 메서드를 테스트할 때는 EqualsVerifier[2] 등의 전용 라이브러리를 사용하라.

실수 100 양식이 잘못된 테스트 메서드

가끔은, 잘 만든 유닛 테스트도 제대로 실행되지 않을 때가 있다. 이런 경우는 테스트 양식이 틀렸을 가능성이 높다. 테스트 프레임워크의 종류와 설정에 따라, 다음과 같이 다양한 문제가 유닛 테스트 실행에 영향을 미친다.

- @Test 어노테이션이 누락됨
- 메서드가 public이 아님
- 메서드를 static으로 선언함
- 메서드가 void가 아닌 값을 반환함

2 *https://jqno.nl/equalsverifier/*

- 메서드가 public이 아닌 중첩 클래스에 선언됨

- 메서드가 @Nested 어노테이션이 없는 내부 클래스에 선언됨

- 다른 테스트 프레임워크의 어노테이션을 사용하는 경우. 예를 들어 JUnit과 TestNG 프레임워크가 모두 클래스패스에 있을 때 실수로 @org.testng.annotations.Test 대신 @org.junit.Test를 임포트하기 쉽다. 이 테스트는 TestNG를 통해 실행되지 않는다.

- 파라미터화된 테스트에 데이터 공급자가 아무런 데이터를 제공하지 않음

- 테스트 메서드명의 형식이 틀림(JUnit 3에서 테스트 메서드명은 test로 시작해야 한다)

결국 테스트 양식이 어긋나면 테스트가 잘 되고 있다는 확신이 착각으로 바뀌게 된다. 이러한 착각은 수많은 메서드가 담긴 대규모 테스트 스위트에서 특히 위험하다. 그중 일부 메서드만 누락됐다는 사실을 알아차리기 어렵기 때문이다.

OpenJDK처럼 큰 프로젝트에서도 이런 문제가 간헐적으로 발생한다. 자바 12에 단일 파일 프로그램single-file program이 도입됐을 당시, 이를 검사하는 유닛 테스트도 함께 추가되었다. 그러나 해당 테스트는 @Test 어노테이션이 빠져 있었다. 물론 테스트는 실행되지 않았고, 이 문제가 발견되기 전까지 해당 기능은 3년이 넘도록 테스트 없이 유지되었다.

정적 분석

일부 정적 분석 도구는 잘못된 테스트를 감지할 수 있다. 예를 들어 IntelliJ IDEA의 'JUnit Malformed Declaration' 검사는 이번 절에서 나열했던 문제 중 일부를 감지한다. SonarQube에는 'S5790: JUnit5 Inner Test Classes Should Be Annotated with @Nested' 규칙과 'S5810: JUnit5 Test Classes and Methods Should Not Be Silently Ignored' 규칙이 있다.

| 실수 방지 가이드 |

- '실수 095'에서 언급했듯이, TDD 원칙만 잘 따르면 잘못된 테스트를 쉽게 발견할 수 있다. 잘못된 테스트는 실패를 일으키지 않기 때문이다. 모든 개발자가 TDD를 선호하고 엄격하게 따르지 않을 것이다. 그러나 테스트는 이미 프로덕션 코드가 개발된 이후라 해도 만들만한 가치가 있다. 의도적으로 코드를 고장내고 테스트가 실패하는지 확인하면 많은 문제가 새롭게 발견될 것이다.

- 잘못된 테스트 메서드는 대부분 IntelliJ IDEA가 유효한 진입점으로 인식하지 않는다. [그림 10-2]에 보이듯 잘못된 malformedTest() 메서드 옆에는 'Run' 아이콘이 없지만 올바른 properTest() 옆에는 나타난다.

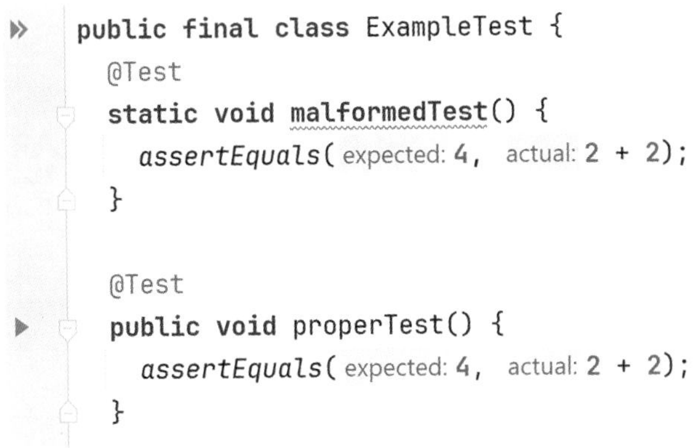

그림 10-2 잘못된 테스트 메서드는 'Run' 아이콘이 없다

정리

- assert 문의 표현식에서 부수 효과를 일으키지 않는다. assert 기능이 꺼진 상태에서 해당 표현식은 전혀 평가되지 않는다.
- assertNotNull()과 assertNotEquals() 등의 약한 어설션 메서드에 가급적 의존하지 않는다. 이러한 어설션은 설령 잘 작동한다 해도 테스트 자체에 문제가 있을 때는 아무런 역할도 하지 못한다.
- 과거에는 특정 메서드가 던지는 예외를 테스트 프레임워크에서 확인하기 어려웠다. 그러나 이제 assertThrows() 등의 메서드로 이를 쉽게 처리할 수 있다. 최신 API 메서드를 활용해 더욱 견고한 테스트를 작성하라.
- 조건에 따라 메서드 중간에 return 문을 실행하는 테스트는 문제를 일으키기 쉽다. 메서드 끝에 어설션을 추가해도 그 전에 테스트를 반환해 버리면 실행되지 않는 경우가 생긴다.
- 테스트 프레임워크는 테스트를 실행하기 위한 구체적인 조건을 요구한다. 이를테면 @Test 어노테이션을 추가하거나 테스트 메서드를 public으로 선언하는 등의 양식이다. 이러한 요구 조건을 지키지 않으면 테스트가 전혀 실행되지 않을 수도 있다.

APPENDIX

A 정적 분석 어노테이션

정적 분석의 효과를 높이려면 자바 프로그램에 적절한 분석 힌트를 주어야 한다. 이러한 힌트는 별도 패키지로 배포되는 특수한 어노테이션을 통해 이루어지는 경우가 많다. 이들 중 몇 가지는 본문에서 이미 언급했으며 특히 5장에서는 널리티 어노테이션의 일종인 `@Nullable`를 선보인 바 있다. 이번 장은 대표적인 어노테이션 패키지들을 개략적으로 소개하며 그중 자주 쓰이는 어노테이션들을 설명할 것이다. 이들을 잘 이해할수록 애플케이션에서 벌어지는 실수도 줄어들 것이다.

표준 자바 어노테이션도 정적 분석기를 조정하는 역할을 일부 수행할 수 있다. 가장 간단한 예시는 JDK가 제공하는 `@Deprecated` 어노테이션이다. 이 어노테이션은 특정 API를 가급적 지양할 것을 사용자에게 경고한다. 자바 컴파일러는 이 경우 정적 분석기의 역할을 맡아 어노테이션을 감지하고 경고 메시지를 표시한다. 또한 자바 9부터는 어노테이션의 기능이 더욱 확장되어 `@Deprecated(forRemoval = true)`처럼 파라미터를 지정할 수 있다. 이런 식으로 사용자에게 더욱 강력한 경고를 보냄으로써 클라이언트의 마이그레이션을 장려하는 효과를 낸다.

어노테이션 패키지

대부분의 정적 분석 도구는 자체 패키지를 제공하거나 여타의 패키지가 선언한 어노테이션을 인식한다. 다음은 자바 프로젝트에 쓰이는 대중적인 어노테이션 패키지들이다.

Error Prone 어노테이션

이 패키지는 구글이 개발한 정적 분석 도구인 Error Prone에 포함되어 있다. Error Prone 분석기가 인식하는 여러 어노테이션을 선언하며 그중 일부는 다른 정적 분석 도구도 인식한다. 널리티 어노테이션은 포함되어 있지 않다.

- 프로젝트 페이지: *https://errorprone.info/*
- 패키지명: com.google.errorprone.annotations
- 메이븐 좌표: com.google.errorprone:error_prone_annotations

Checker 프레임워크 어노테이션

이 패키지는 자바 타입 시스템을 증강augment시킨 수백 가지 어노테이션을 담고 있다. Checker 프레임워크는 이들을 통해 증강 타입 호환 여부를 검사하고 에러를 보고한다.

- 프로젝트 페이지: *https://checkerframework.org/*
- 패키지명: org.checkerframework
- 메이븐 좌표: org.checkerframework:checker-qual

젯브레인 어노테이션

이 패키지는 젯브레인 사가 지원하며 IntelliJ IDEA 정적 분석기가 인식한다. 정적 분석 어노테이션 외에 `@Debug.Renderer` 등의 디버깅용 어노테이션이 포함되어 있다.

- 프로젝트 페이지: *https://github.com/JetBrains/java-annotations*
- 패키지명: org.jetbrains.annotations, org.intellij.lang.annotations
- 메이븐 좌표: org.jetbrains:annotations

안드로이드 어노테이션

구글에서 안드로이드 애플리케이션 개발자를 지원하기 위해 제작한 어노테이션 패키지. `@Nullable` 등의 일반 어노테이션 외에 `@RequiresPermission` 등의 안드로이드 전용 어노테이션이 포함되어 있다. 대부분 Android Studio IDE에서 인식된다.

- 프로젝트 페이지: *https://developer.android.com/jetpack/androidx/releases/annotation*
- 패키지명: androidx.annotation
- 메이븐 좌표: androidx.annotation:annotation(구글 리포지터리)

널 분석용 JDT 어노테이션

이 패키지는 널리티 어노테이션을 담고 있으며 이클립스 컴파일러와 이클립스 IDE가 기본적으로 인식한다.

- 프로젝트 페이지: *https://eclipse.dev/jdt/*

- 패키지명: org.eclipse.jdt.annotation
- 메이븐 좌표: org.eclipse.jdt:org.eclipse.jdt.annotation

Java Concurrency in Practice 어노테이션

이 패키지는 『자바 병렬 프로그래밍』(에이콘출판사, 2008)에 등장한 어노테이션들을 담고 있다. `@GuardedBy`, `@Immutable`, `@ThreadSafe`, `@NotThreadSafe` 등이 있으며 주로 병렬 프로그램의 정적 분석에 사용한다. SpotBugs 등의 일부 정적 분석 도구는 이를 인식하고 경고를 표시한다. 해당 저서가 출간된 이후 갱신되지 않았다.

- 프로젝트 페이지: *https://jcip.net/*
- 패키지명: net.jcip
- 메이븐 좌표: net.jcip:jcip-annotations

JSR 305: 소프트웨어 결함 감지 어노테이션

JSR은 자바 스펙 요청Java Specification Request의 약자이며 JCP Java Community Process 소속 개발자들이 자바 플랫폼에 제안된 스펙과 기술을 설명하는 공식 문서다. JSR 305는 정적 분석 어노테이션을 표준화하려는 움직임의 결과물이었으나 현재는 중단된 상태다. 이 패키지는 FindBugs 개발자들이 메이븐 센트럴에 한차례 배포한 이래 공식화된 적도, 공식적인 지원도 없었다. 그럼에도 불구하고 아직 이 어노테이션을 사용하는 오래된 프로젝트나 라이브러리가 남아 있다. 심지어 신규 프로젝트도 가끔 이 어노테이션을 도입하곤 한다. 아마도 `javax.annotation`이라는 이름이 주는 공식적인 느낌 때문일 것이다. 이와 목적이 다른 JSR 250 공통 어노테이션 아티팩트도 패키지명이 동일한데, JSR 250과 JSR 305 패키지를 한 프로젝트에 쓰면 자바 플랫폼 모듈 시스템을 사용할 수 없으니 주의해야 한다. 동일한 패키지명을 두 개 이상의 모듈에서 사용하는 것이 금지되어 있기 때문이다. 일명 스플릿 패키지split package 문제라 불리는 이러한 제한 때문에, JSR 305는 되도록 쓰지 않을 것을 권장한다.

FindBugs/SpotBugs 어노테이션

이들은 FindBugs 정적 분석기와 그 후신인 SpotBugs가 인식한다. 이 패키지는 JSR 305와 거의 동일하지만 방금 언급했던 모듈 시스템 문제를 피하고자 패키지명을 바꿨다. 그러나 JSR 305 패키지에서 선언된 메타 어노테이션에 여전히 의존하므로 JSR 305는 전이 의존성 형태로 계속 남아 있게 된다. 이러한 구조가 직접적으로 문제를 일으키진 않지만 어노테이션을 잘못 가져오는 실수를 주의해야 한다. 예를 들면 자동 완성 기능을 쓸 때 `javax.annotation.Nonnull`과 `edu.umd.cs.findbugs.annotations.NonNull` 사이에서 어노테이션을 잘못 고를 위험이 있다.

- 프로젝트 페이지: *https://spotbugs.github.io/*
- 패키지명: edu.umd.cs.findbugs.annotations
- 메이븐 좌표: com.github.spotbugs:spotbugs-annotations

어노테이션 종류

대표적인 정적 분석 어노테이션과 각각의 의미는 다음과 같다.

널리티Nullity 어노테이션

자바에서 가장 널리 쓰이는 정적 분석 어노테이션 유형이다. null 여부를 명시할 수 없는 자바 타입 시스템의 특성은 다양한 버그의 원인으로 작용한다. 이 어노테이션은 '실수 041'에서 `NullPointerException`을 설명할 때 자세히 다룬다.

메서드 반환값 무시 불가 어노테이션

정적 분석기는 이 어노테이션이 지정된 메서드의 결과가 사용되지 않으면 경고를 보낸다(실수 011). 이 어노테이션은 일반적으로 `@CheckReturnValue`로 표기하며 젯브레인, Error Prone, FindBugs/SpotBugs 패키지에서 찾을 수 있다. Error Prone의 `@CheckReturnValue` 어노테이션은 클래스 또는 패키지 전체에 적용할 수 있으며, 해당 스코프 안의 개별 멤버는 반대 의미로 `@CanIgnoreReturnValue` 어노테이션을 적용함으로써 `@CheckReturnValue`의 효과를 취소할 수 있다.

메서드가 부수 효과를 일으키지 않음을 나타내는 어노테이션

Checker 프레임워크의 `@SideEffectFree` 어노테이션, 동일한 입력에 대해 항상 동일한 결과를 보장하는 `@Pure` 어노테이션이 여기에 해당한다. 젯브레인의 `@Contract(pure = true)`도 비슷한 역할을 한다. 이러한 어노테이션은 일반적으로 메서드의 결괏값을 반드시 확인해야 한다는 함의를 담고 있다. 부수 효과 없는 메서드의 결과를 무시할 수 있는 유일한 경우는 메서드에서 예외가 발생하는지 확인할 때일 것이다. (예외를 부수 효과로 볼 것인지는 이견의 여지가 있다.)

이 어노테이션이 적용되면 정적 분석기는 해당 메서드가 가변 필드나 배열 원소를 변경하지 않는다고 간주한다. 따라서 해당 값들은 신뢰할 수 있다. 예를 들어 다음과 같은 메서드를 살펴보자

```
void checkArray(int[] data) {
    if (data[0] > 0) {
        System.out.println("All numbers are positive");
        return;
    }
    int index = Arrays.binarySearch(data, 0);   <- binarySearch()는 pure 호출임
    if (index >= 0) {
        System.out.println("0 is found at " + index);
    } else if (data[0] <= 0) {   <- IntelliJ IDEA에서 'Condition is always true' 경고 발생
        System.out.println("First number is negative");
    }
}
```

이 코드는 배열의 첫 번째 원소가 양수인지 확인한 다음 메서드 끝에서 이를 한 번 더 확인한다. binarySearch() 라이브러리 메서드 호출은 그 사이에 있다. 일반적으로 이러한 메서드는 배열을 수정할 수 있으므로 data[0]도 변경될 가능성이 있다. 그러나 binarySearch() 메서드는 이미 pure 어노테이션이 지정되어 있다. IntelliJ IDEA의 내장 정적 분석기는 이를 신뢰하므로 이후에도 data[0]가 여전히 양수가 아니라고 간주한다. 따라서 마지막 if 문에서 적절히 경고가 발생한다. 이 경고는 조건문이 중복되었거나 다른 문제가 있음을 나타낸다.

숫자 범위를 나타내는 어노테이션

이 어노테이션은 메서드 반환값에 적용하며 해당 숫자의 범위가 제한되어 있음을 나타낸다. 메서드 반환값뿐만 아니라 필드나 파라미터에도 적용할 수 있다. 다음은 각 패키지의 숫자 범위 어노테이션들이다.

- JSR 305 패키지의 @Nonnegative와 Checker 프레임워크의 @NonNegative는 값이 항상 0 이상의 숫자임을 나타낸다. 예를 들면 String.length() 또는 Collection.size()처럼 0 이상의 숫자를 반환해야 하는 메서드에 사용한다.
- Checker 프레임워크 어노테이션의 @GTENegativeOne은 값이 양수, 0, −1중에 하나임을 나타낸다. 예를 들면 String.indexOf() 등의 라이브러리 메서드에 해당한다. 이 메서드는 양의 인덱스 값을 반환하거나, 검색 결과가 없을 때 −1을 반환한다.
- Checker 프레임워크 어노테이션과 안드로이드 어노테이션의 @IntRange, 젯브레인 어노테이션의 @Range는 정수값의 범위를 자유롭게 지정할 수 있다.

이러한 어노테이션 정보는 메서드 입력값을 검증하거나 메서드 출력값을 비정상값과 비교한 뒤 경고하는 용도로 사용한다. 예를 들어 다음 메서드는 LocalDateTime.getHour() 메서드의 결과를 24와 비교한다.

```
void processDate(LocalDateTime date) {
    if (date.getHour() == 24) {   ◁— 'condition is always false' 경고 발생
        System.out.println("It's too late");

    }
}
```

이 코드의 조건문은 절대 참이 될 수 없다. getHour()가 0에서 23 사이의 값만 반환하기 때문이다. getHour()는 @Range(from = 0, to = 23) 어노테이션이 미리 지정되어 있으며 IntelliJ IDEA는 이를 파악할 수 있으므로 조건문에 경고를 일으킨다. 한편 메서드 파라미터의 범위 어노테이션은 '실수 042'에서 설명한 IndexOutOfBoundsException 예외를 예방하는 데 도움이 된다.

수정 불가 컬렉션 또는 맵을 반환하는 메서드를 나타내는 어노테이션

젯브레인 어노테이션 패키지는 전적으로 변경할 수 없는 컬렉션과, 뷰만 변경할 수 없는 컬렉션을 각각 @Unmodifiable과 @UnmodifiableView로 나타낼 수 있다. 정적 분석기는 후자를 보며 이 컬렉션의 크기나 내용이 계속 동일하게 유지될 수 없다고 판단한다. 메서드 반환값에 이러한 어노테이션을 적용하면 정적 분

석기는 호출자가 반환값을 수정하려 할 때 경고를 보낸다. 자세한 설명은 '실수 073'을 참고하라.

서브클래스에서 오버라이딩할 때 필요한 메서드를 나타내는 어노테이션

Error Prone과 JSR 305 어노테이션 패키지에서 `@OverridingMethodsMustInvokeSuper`, 안드로이드 어노테이션에서 `@CallSuper`, 젯브레인 어노테이션에서는 `@MustBeInvokedByOverriders` 등이 여기에 해당한다. 오버라이드 가능 메서드에 이 어노테이션을 적용하면 정적 분석기는 오버라이드 메서드 내부에서 이 메서드를 호출하고 있는지 확인한다. 자세한 설명은 '실수 024'를 참고하라.

정규 표현식 문자열 파라미터나 변수를 나타내는 어노테이션

JSR 305 패키지의 `@RegEx`, Checker 프레임워크 패키지의 `@Regex`, 젯브레인 어노테이션의 `@RegExp`가 여기에 해당한다. 정적 분석기는 이러한 어노테이션을 보면 해당 문자열에 한해 정규 표현식 구문 에러 등의 전용 검사를 수행한다. 이러한 어노테이션은 '실수 049'에서 설명하는 문제를 예방하는 데 도움이 된다.

String.format() 및 System.out.printf()처럼 작동(포맷 문자열과 포맷 인수를 전달)하는 메서드 또는 포맷 문자열 파라미터를 나타내는 어노테이션

Error Prone과 Checker 프레임워크 패키지의 `@FormatMethod` 어노테이션은 메서드나 생성자에 적용한다. 반면 젯브레인의 `@PrintFormat` 어노테이션은 문자열 파라미터에 적용한다. 직접 구현한 유사 포매팅 메서드에 이 어노테이션을 적용하면 포맷 인수 불일치 에러를 방지하는 데 도움이 된다. 자세한 설명은 '실수 048'을 참고하라.

이 이외에도 비교적 덜 유명한 어노테이션들이 많다. 이러한 어노테이션들은 정적 분석기에 힌트를 제공할 뿐만 아니라 코드 자체를 문서화하는 역할도 한다. 가령 `@Nonnegative` 어노테이션이 달린 메서드를 보면 이 메서드가 음수를 반환하지 않는다는 사실을 바로 알 수 있다.

안타깝게도 대부분의 정적 분석 도구에 통용되는 표준적 패키지는 사실상 존재하지 않으며, 각각의 도구에서 비슷하게 작동하는 어노테이션도 미묘하게 다른 의미를 나타내곤 한다. 따라서 특정 도구만의 어노테이션을 광범위하게 활용하면 추후 다른 분석기로 마이그레이션하기 어려운 경우가 많다. IntelliJ IDEA는 다양한 패키지의 어노테이션을 이해하려 시도했지만 일관성은 떨어진다. 어떤 것은 인식되고, 어떤 것은 인식되지 않는다.

APPENDIX

B 정적 분석 도구 확장

이 책 전반에서 설명한 바와 같이 정적 분석 도구는 프로그램의 수많은 버그를 감지할 수 있다. 그러나 제아무리 뛰어난 정적 분석 도구도 코드의 모든 문제를 정적으로 찾아낼 수는 없다. 프로젝트마다 자체 API, 고유한 패턴, 안티패턴 등이 서로 다르기 때문이다. 대부분의 프로젝트와 라이브러리에는 특정 인수, 순서, 조건에서 호출하면 안 되는 메서드가 있다. 물론 모든 주의 사항을 API 문서로 설명할 수는 있지만, 개발자가 API를 사용할 때마다 문서를 읽고 기억하기를 바란다면 지나치게 낙관적인 기대일 것이다.

부록 A에서는 어노테이션 패키지를 통해 정적 분석기가 프로젝트를 파악하는 방법을 논의했다. 일부 정적 분석기는 프로젝트에 맞게 자신을 조정할 수 있도록 설정 옵션을 제공한다. 예를 들어 IntelliJ IDEA의 'Result of Method Call Ignored' 검사는 감지 대상 메서드 목록을 지정하는 설정이 있다. 프로젝트만의 자체 메서드를 이 목록에 추가하면 메서드 결괏값이 무시되는 사례를 감지할 수 있다. 또한 이러한 검사 설정 프로필을 버전 관리 시스템에 커밋하면 팀 동료와 공유할 수 있으므로 모두에게 도움이 된다.

이와는 별개로, 가끔은 전적으로 맞춤 제작된 규칙에 따라 정적 분석이 작동해야 할 때가 있다. 여기에 더해, 코드를 신속하게 수정할 수 있도록 퀵픽스 기능이 함께 제공된다면 더욱 좋을 것이다. 대부분의 정적 분석 도구는 일반적으로 플러그인을 통해 이러한 기능을 제공한다.

부록 B에서는 Error Prone, SpotBugs, IntelliJ IDEA를 확장하고 커스텀 경고를 생성하는 방법에 대해 설명한다. 또한 독자의 이해를 돕기 위해 매우 간단한 예제를 선보일 것이다. 가령, 프로젝트에 참여한 동료들이 `Math.sqrt(x * x + y * y)` 방식으로 빗변을 계산하는 행태가 못마땅하다고 가정해보자. '실수 027'에서 언급했듯이 이 계산은 경우에 따라 수치 오버플로나 언더플로를 일으키며 최종 결과를 그르친다. 반면 `Math.hypot(x, y)`라는 라이브러리 메서드는 똑같은 공식을 계산하지만 결과가 틀릴 일이 없고 중간 계산이 `double` 타입의 범위를 벗어나도 오버플로나 언더플로가 발생하지 않는다. 이번 예제의 목표는 소스 코드에서 명시적으로 `Math.sqrt(x * x + y * y)` 공식을 사용할 경우 경고를 보내는 것이다.

부록 B는 정적 분석 도구 확장에 관한 모든 참고 자료를 담기에는 턱없이 부족하다. 여기서는 다만 플러그인 개발을 시작하고 가장 간단한 예시를 완성하는 방법을 소개할 뿐이다. 더욱 전문적이고 자세한 내용은 플러그인 공식 API 문서에서 확인하기 바란다.

앞으로 설명할 프로젝트 소스 코드는 깃허브 저장소[1]에서 확인할 수 있다.

Error Prone 플러그인

Error Prone 정적 분석기는 커스텀 검사 또는 버그 검사기 플러그인을 작성할 수 있다. 자세한 플러그인 작성법은 Error Prone 문서[2]에 있다. Error Prone 소스 코드를 참고하면 검사기 제작 방법을 이해하는 데 많은 도움이 될 것이다. 간단한 검사기는 대략 100줄의 자바 코드만으로 만들 수 있다.

이제 Error Prone 분석기용 버그 검사기 플러그인을 간단히 만들어보자. 이 프로젝트는 깃허브 저장소의 `error_prone_custom_check` 디렉터리에서 확인할 수 있다. 기본적으로 메이븐 프로젝트이며 `com.google.errorprone:error_prone_check_api` 아티팩트를 필수 의존성으로 설정해야 한다. 또한 Error Prone 공식 문서의 권고에 따라, 구글 AutoService 생성기[3]를 통해 플러그인을 자동 등록할 것이다.

Error Prone 버그 검사기는 `com.google.errorprone.bugpatterns.BugChecker` 추상 클래스를 확장한 클래스다. 또한 보고 대상 소스의 유형에 따라 **tree-matcher** 인터페이스 중 하나를 구현해야 한다. `BugChecker` 클래스에는 다양한 인터페이스가 선언되어 있다. 예

1 *https://github.com/cloud-shadow/hanbit-java-100*

2 *https://errorprone.info/docs/plugins*

3 *https://github.com/google/auto/tree/master/service*

를 들어 instanceof 표현식을 검사하려면 InstanceOfTreeMatcher 인터페이스를 구현하고 Math.sqrt() 메서드 호출을 보고하려면 MethodInvocationTreeMatcher 인터페이스를 구현한다. 또한 @BugPattern 어노테이션에 경고 메시지와 심각도 수준 등의 메타데이터를 지정해야 한다. 이러한 조건을 종합하면 다음과 같다.

```
@AutoService(BugChecker.class)
@BugPattern(name = "MathHypotCanBeUsed",
        summary = "Math.hypot() can be used instead",
        severity = BugPattern.SeverityLevel.WARNING)
public class HypotChecker extends BugChecker
  implements BugChecker.MethodInvocationTreeMatcher {
  …
}
```

이제, 구문 트리의 하위 표현식과 일치하는 매처macher를 정의해보자. 첫 번째 매처는 곱셈 표현식의 두 피연산자가 동일한 변수를 참조하고 있음을 나타낸다. 코드는 다음과 같다.

```
// x * x 표현식에 대응하는 매처
static final Matcher<ExpressionTree> SQUARE_MATCHER =
  Matchers.ignoreParens(Matchers.allOf(
    Matchers.kindIs(Tree.Kind.MULTIPLY),
    (expr, state) -> ASTHelpers.sameVariable(
        ((BinaryTree) expr).getLeftOperand(),
        ((BinaryTree) expr).getRightOperand())));
```

다음으로, 두 제곱항의 합에 대응하는 매처를 다음과 같이 정의한다.

```
// x * x + y * y 표현식에 대응하는 매처
static final Matcher<ExpressionTree> SUM_OF_SQUARES_MATCHER =
  Matchers.ignoreParens(Matchers.allOf(
    Matchers.kindIs(Tree.Kind.PLUS),
    (expr, state) -> SQUARE_MATCHER.matches(
      ((BinaryTree) expr).getLeftOperand(), state),
    (expr, state) -> SQUARE_MATCHER.matches(
      ((BinaryTree) expr).getRightOperand(), state)));
```

마지막으로, 제곱수의 합을 인수로 받는 Math.sqrt() 호출에 대응하는 매처를 다음과 같이 정의한다.

```
// Math.sqrt(x * x + y * y)에 대응하는 매처
static final Matcher<MethodInvocationTree> SQRT_MATCHER =
  Matchers.allOf(
    Matchers.staticMethod()
      .onClass("java.lang.Math").named("sqrt"),
  Matchers.argument(0, SUM_OF_SQUARES_MATCHER));
```

이제 이 최종 매처를 호출하는 메서드만 있으면 된다.

```
@Override
public Description matchMethodInvocation(
    MethodInvocationTree tree, VisitorState state) {
  return SQRT_MATCHER.matches(tree, state) ?
          describeMatch(tree) :
          Description.NO_MATCH;
}
```

플러그인 제작 과정은 이게 전부다. 이 플러그인의 메이븐 좌표를 `org.example:hypotchecker`라고 가정해보자. `mvn install` 명령으로 플러그인을 설치하고 프로젝트에 알맞게 설정하면 바로 사용할 수 있다. 다음은 메이븐 컴파일러 플러그인 설정이다.

```
<plugin>
  <groupId>org.apache.maven.plugins</groupId>
  <artifactId>maven-compiler-plugin</artifactId>
  <version>3.11.0</version>
  <configuration>
    <encoding>UTF-8</encoding>
    <showWarnings>true</showWarnings>
    <compilerArgs>
      <arg>-XDcompilePolicy=simple</arg>
      <arg>-Xplugin:ErrorProne</arg>
    </compilerArgs>
    <annotationProcessorPaths>
      <path>
        <groupId>com.google.errorprone</groupId>
        <artifactId>error_prone_core</artifactId>
        <version>2.15.0</version>
      </path>
```

Error Prone 본체를 플러그인으로 등록

```
      <path>
        <groupId>org.example</groupId>
        <artifactId>hypotchecker</artifactId>   검사기 플러그인 등록
        <version>1.0.0</version>
      </path>
    </annotationProcessorPaths>
  </configuration>
</plugin>
```

이 예제는 깃허브 저장소의 staticanalysis_sample 디렉터리에 있다. 플러그인이 실제로 작동하는지 확인하기 위해 다음과 같이 테스트 클래스를 만들어보자.

```
package com.example;

public class Test {
  public static void main(String[] args) {
    double x = Double.parseDouble(args[0]);
    double y = Double.parseDouble(args[1]);
    System.out.println(Math.sqrt(x * x + y * y));
  }
}
```

이제 프로젝트를 빌드하면 다음과 같은 컴파일 경고가 나타난다.

```
[WARNING] Test.java:[7,33] [MathHypotCanBeUsed] Math.hypot() can be used instead
```

Error Prone 버그 검사기 개발에 대한 자세한 정보는 공식 문서의 'Writing a check' 튜토리얼[4]에서 확인하기 바란다.

SpotBugs 플러그인

SpotBugs 플러그인은 Error Prone 플러그인보다 훨씬 만들기 어렵다. SpotBugs는 자바 바이트코드 수준에서 작동하므로 검색 패턴도 바이트코드를 기준으로 작동한다. 자바 바이트코

4 https://github.com/google/error-prone/wiki/Writing-a-check

드의 흥미진진한 세계를 세밀히 탐구하기에는 아쉽게도 지면이 모자란다. 이 주제만으로 책이 여럿 필요할 정도로 방대한 내용과 깊이를 지닌 영역이기 때문이다. 이 분야에 관심이 생겼다면 『기본기가 탄탄한 자바 개발자(제2판)』(제이펍, 2024)의 4장을 함께 읽어볼 것을 권한다.

그렇다고 아주 모른척할 수는 없으니 바이트코드 내부를 살짝만 들여다보자. 자바 바이트코드를 가장 쉽게 체감하는 방법은, 자바 코드를 작성하고 컴파일한 다음 `javap` 명령으로 디스어셈블disassemble하는 것이다. 앞 절에서 설명했던 '제곱합의 제곱근' 클래스가 바이트코드로 어떻게 보이는지 시험삼아 확인해보자. 다음은 예시 표현식이 담긴 간단한 프로그램이다.

```
class Test {
  void test(double x, double y) {
    Math.sqrt(x * x + y * y);
  }
}
```

먼저 이 코드를 `javac Test.java` 명령으로 컴파일하고 이어서 `javap -c Test`를 실행한다. 메서드 코드를 실제로 디스어셈블하려면 `-c` 옵션을 붙여야 한다. 그런 다음 출력 내용을 확인해보자. 첫 줄은 컴파일러가 만든 기본 생성자를 나타낸다. 이 부분은 관심 대상이 아니며, 이어지는 `test()` 메서드의 디스어셈블 본문이 중요하다.

```
void test(double, double);
Code:
  0: dload_1
  1: dload_1
  2: dmul
  3: dload_3
  4: dload_3
  5: dmul
  6: dadd
  7: invokestatic #7 // Method java/lang/Math.sqrt:(D)D
  10: pop2
  11: return
```

메서드의 바이트코드는 이렇게 생겼다. 자바 가상 머신은 기본적으로 스택 머신이며 바이트코드의 각 명령어는 일반적으로 스택에서 인수를 가져와 계산하고 결과를 다시 스택에 되돌려주는 역할을 한다. 모든 명령어는 자바 가상 머신 스펙 § 6.5[5]에 나와 있다. 너무 깊이 들어가지 않는 선에서 다음 명령어들의 기능을 살펴보자.

- dload: 로컬 변수나 메서드 파라미터에서 double 값을 스택으로 푸시한다.
- dmul: 스택에서 2개의 double 값을 가져와 곱한 결과를 다시 푸시한다.
- dadd: 스택에서 2개의 double 값을 가져와 더한 결과를 다시 푸시한다.
- invokestatic: 스택에서 가져온 인수로 정적 메서드를 호출하고 결과를 다시 푸시한다.

Math.sqrt() 메서드 실행 결과는 쓰이는 곳이 없으므로 pop2 명령어가 이를 스택에서 제거한다. return 명령어는 메서드 실행을 끝낸다는 뜻이다. 이들은 표현식의 일부가 아니므로 지금은 관심을 두지 않을 것이다.

이제 본격적으로 SpotBugs 플러그인 프로젝트를 만들어보자. 이 프로젝트는 깃허브 저장소의 spotbugs_custom_check 디렉터리에 있다. 프로젝트를 직접 만드는 가장 쉬운 방법은 메이븐 아키타입archetype으로 프로젝트를 생성하는 것이다. 다음과 같이 명령을 실행하면 된다.

```
$ mvn archetype:generate \
      -DarchetypeArtifactId=spotbugs-archetype \
      -DarchetypeGroupId=com.github.spotbugs \
      -DarchetypeVersion=LATEST
```

또한 아키타입 프로젝트는 IDE를 통해 자동으로 만들 수 있다. 가령 [그림 B-1]은 IntelliJ IDEA의 신규 프로젝트 생성 화면이다. Maven Archetype 생성기를 선택한 다음 'Archetype' 필드에 'com.github.spotbugs:spotbugs-archetype'를 입력하고 'Version' 필드에서 'LATEST'를 선택하면 된다.

5 *https://mng.bz/5oB4*

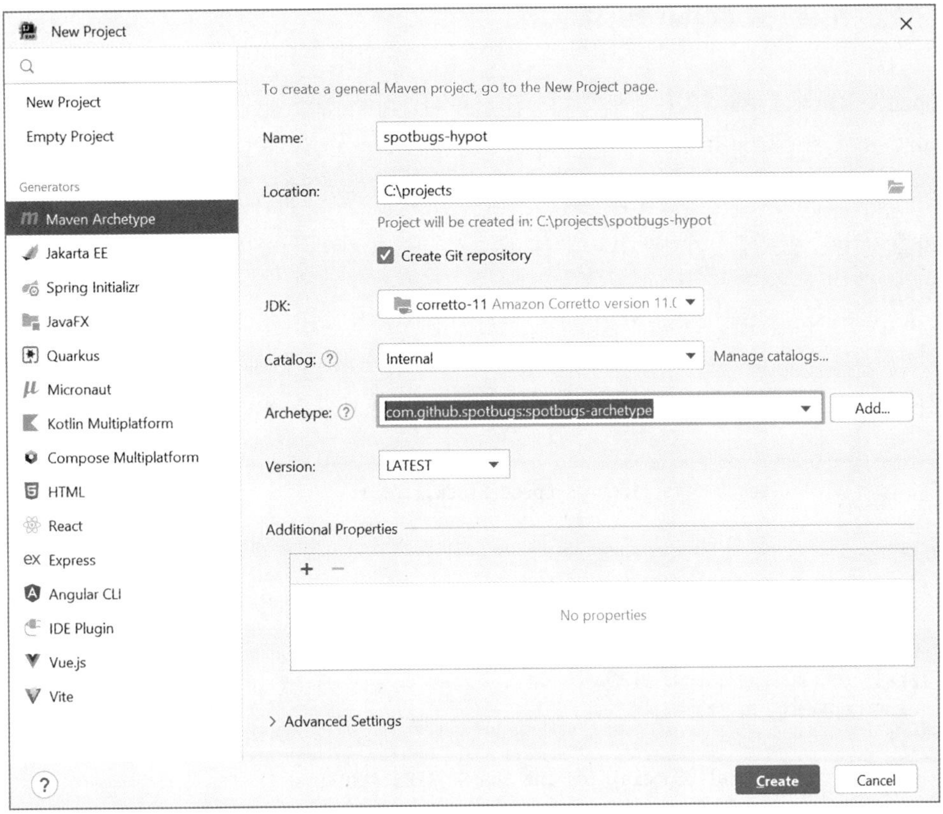

그림 B-1 Maven Archetype으로 SpotBugs 플러그인 프로젝트 생성하기

이렇게 프로젝트를 생성하면 `MyDetector`라는 버그 탐지기 클래스 예시가 생성된다. 이 클래스는 `OpcodeStackDetector` 클래스를 확장한다. `OpcodeStackDetector`는 JVM 스택 상태를 자동으로 관리하는 추상 클래스 헬퍼다. 이 헬퍼가 있으면 `dload` 명령어를 직접 다룰 필요가 없다. 언제든지 `getStack().getStackItem(0)`을 실행하면 최상위 스택값 정보를 가져올 수 있으며 `getStack().getStackItem(1)` 등으로 이후의 스택값 정보를 계속해서 얻을 수 있다. 스택에 있는 두 값이 하나의 레지스터에서 불러온 값인지 확인하는 코드는 다음과 같다. 다시 말해 두 값이 동일한 로컬 변수 또는 파라미터인지 확인하는 코드다.

```
OpcodeStack.Item item1 = stack.getStackItem(0);
OpcodeStack.Item item2 = stack.getStackItem(1);
int reg1 = item1.getRegisterNumber();
int reg2 = item2.getRegisterNumber();
```

```
if (reg1 == reg2 && reg1 != -1) { … }
```

OpcodeStack.Item 타입은 스택에 저장된 값을 나타내며, 해당 값에 대한 각종 정보를 담고 있다. 이를테면 이 값이 어떤 레지스터나 필드에서 로드되었는지, 또는 메서드 호출의 결괏값인지 알려줄 수 있다. 예시를 간소화하는 의미에서, 로컬 변수와 파라미터에서 불러온 값만 처리할 것이다. 필드에서 가져왔거나 메서드 호출로 반환된 값은 −1로 표현되므로 이를 제외시켰다.

사용자가 관심을 두는 특정 스택값에는 **special kind**라는 일종의 태그를 붙일 수 있다. 여기서는 특정 스택을 다루기 위해 다음과 같이 두 개의 상수로 태그를 정의한다.

```
import static edu.umd.cs.findbugs.OpcodeStack.Item.*;
…
/**
 * 로컬 변수 또는 파라미터의 제곱수 태그
 */
private static final @SpecialKind int SQUARE = 100;
/**
 * 두 제곱수의 합 태그
 */
private static final @SpecialKind int SUM_SQUARES = 101;
```

MyDetector 클래스에는 sawOpcode() 메서드가 구현되어 있다. 이 메서드는 바이트코드 명령이 실행될 때마다 호출되며, 각 명령어를 파라미터로 전달받는다. 반드시 구현해야 하는 sawOpcode()와 달리, afterOpcode() 메서드는 오버라이드 방식으로 편리하게 활용할 수 있다. afterOpcode()는 스택 상태를 관리하고 정리하는 각종 작업을 처리하므로 특수 태그를 추가하는 작업도 이곳에서 처리할 수 있다. 특히 슈퍼메서드를 호출하기 전과 후를 나누어 처리하면 편리하다. 호출 전 스택에는 현재 명령어의 인수가 담겨 있으므로 이를 검사할 수 있으며, 슈퍼메서드 호출 이후에는 스택 호출 결과가 담겨 있으므로 이를 확인하고 특수 태그를 설정할 수 있다. 이번 절의 예시에서 추적해야 할 명령어는 dmul과 dadd다. dmul의 경우, 두 인수가 동일한 변수인지 확인해야 하며 그 방법은 앞서 시연한 바 있다. dadd의 경우, 두 인수가 모두 제곱수인지 확인해야 한다. 이를 종합하면 다음과 같은 코드로 정리할 수 있다.

```
public void afterOpcode(int seen) {
```

```
  @SpecialKind int kind = NOT_SPECIAL;
  OpcodeStack stack = getStack();
  if (seen == Const.DMUL) {  <-- 2개의 동일한 값을 곱하는 명령인지 확인
    OpcodeStack.Item item1 = stack.getStackItem(0);
    OpcodeStack.Item item2 = stack.getStackItem(1);
    int reg1 = item1.getRegisterNumber();
    int reg2 = item2.getRegisterNumber();
    if (reg1 == reg2 && reg1 != -1) {
      kind = SQUARE;
    }
  }
  if (seen == Const.DADD) {  <-- 2개의 제곱수를 더하려고 하는지 확인
    OpcodeStack.Item item1 = stack.getStackItem(0);
    OpcodeStack.Item item2 = stack.getStackItem(1);
    if (item1.getSpecialKind() == SQUARE &&
        item2.getSpecialKind() == SQUARE) {
      kind = SUM_SQUARES;
    }
  }
  super.afterOpcode(seen);
  if (kind != NOT_SPECIAL) {
    stack.getStackItem(0).setSpecialKind(kind);
  }
}
```

목표했던 표현식을 감지하고 보고할 준비가 이제야 모두 끝났다. 최종 보고는 `sawOpcode()` 메서드 안에서 수행한다. 남은 작업은 `invokestatic` 명령어를 감지하고 제곱합에 `Math.sqrt()`를 호출하는지 확인하는 것이다. 다음 코드를 살펴보자.

```
Public void sawOpcode(int seen) {
  if (seen == Const.INVOKESTATIC &&
      getClassConstantOperand().equals("java/lang/Math") &&
      getNameConstantOperand().equals("sqrt") &&
      getStack().getStackItem(0).getSpecialKind() == SUM_SQUARES) {
    BugInstance bug = new BugInstance(
                this, "MATH_USE_HYPOT", NORMAL_PRIORITY)
              .addClassAndMethod(this)
              .addSourceLine(this, getPC());
    bugReporter.reportBug(bug);
  }
}
```

이 코드는 "MATH_USE_HYPOT"라는 이름의 버그 패턴을 NORMAL_PRIORITY라는 우선순위로 생성하고 보고한다. 버그 패턴을 감지할 위치는 클래스, 매서드, 소스 라인 등이다. Math.sqrt() 메서드의 클래스명을 판단하려면 JVM 형식으로 비교해야 한다. 따라서 "java.lang.Math" 대신 "java/lang/Math"를 썼다.

또한 이 탐지기와 버그 패턴을 findbugs.xml 파일에 등록하고, 적절한 설명 문구를 messages.xml 파일에 추가해야 한다. 이 파일들은 프로젝트 내부의 src/main/resources 폴더에 있다. 이와 더불어 MyDetector라는 클래스명을 ManualHypotDetector 등으로 적당히 바꾸면 금상첨화다.

이제 mvn package 명령을 실행하면 플러그인이 빌드되고 target 디렉터리 안에 jar 파일이 생성된다. 남은 일은 실제로 플러그인을 사용해보는 것뿐이다. SpotBugs 사용 방식에 따라 플러그인 추가 방식도 다르다. 예를 들어 이클립스 IDE에서는 [그림 B-2]처럼 'Window' – 'Preferences' – 'Java' – 'SpotBugs' – 'Plugins and misc. Settings' 메뉴를 통해 플러그인 jar 파일을 추가할 수 있다(SpotBugs 플러그인이 설치되어있어야 한다).

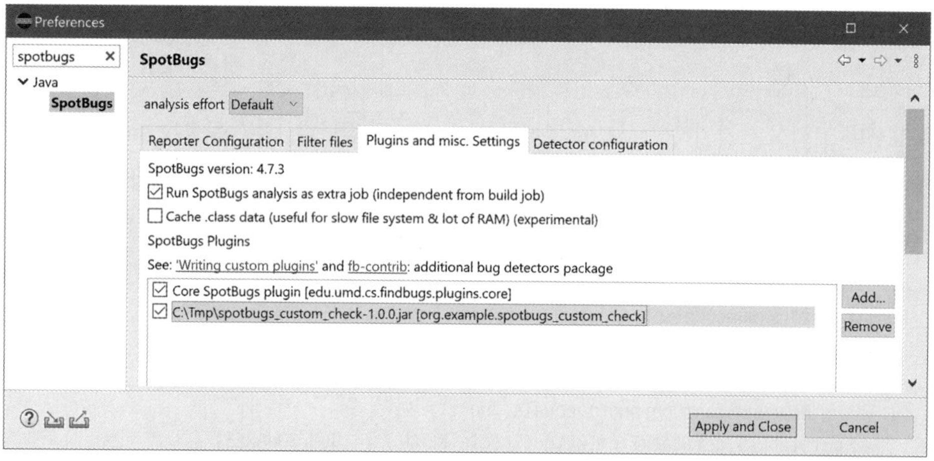

그림 B-2 이클립스 IDE의 SpotBugs 커스텀 플러그인 설정

이제 분석기를 실행하면 [그림 B-3]처럼 에디터에서 버그가 표시된다.

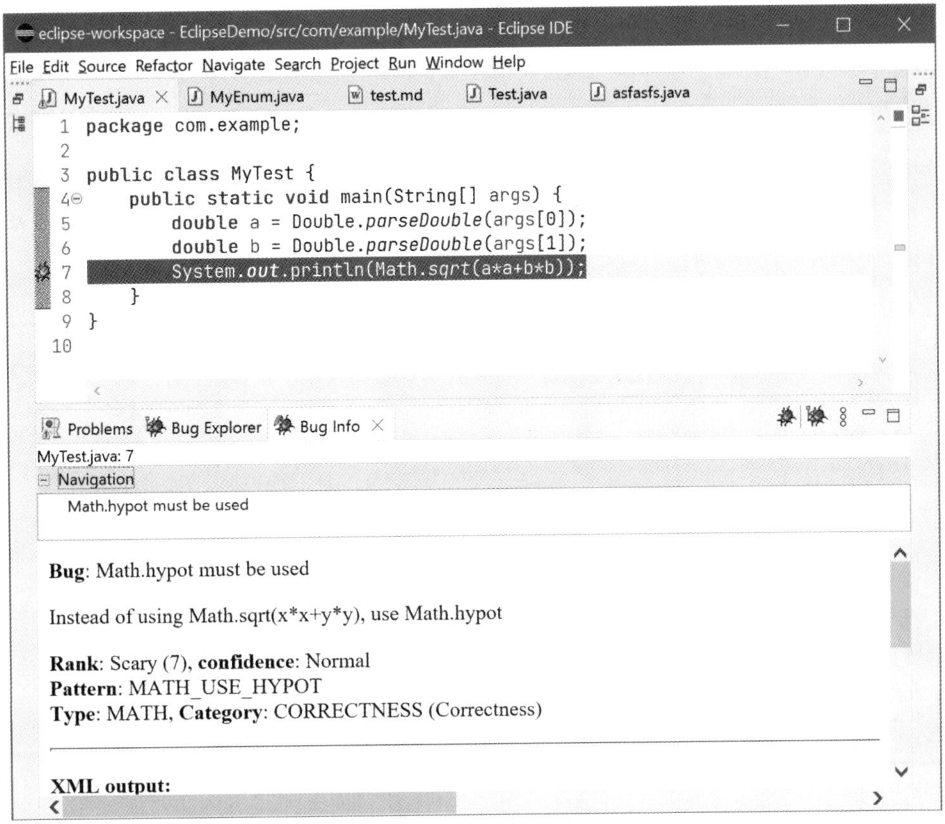

그림 B-3 이클립스 IDE의 SpotBugs 플러그인 경고

다른 IDE도 플러그인 등록 방법은 대동소이하다. 메이븐 또는 그레이들 빌드 과정에서 SpotBugs를 실행할 경우, 플러그인을 먼저 메이븐 저장소에 배포하고 좌표를 등록해야 실제로 사용할 수 있다. 더 자세한 설명은 SpotBugs 공식 문서[6]를 참고하기 바란다.

IntelliJ IDEA 플러그인

IntelliJ IDEA 또한 플러그인을 만들 수 있으며 정적 분석을 비롯한 다양한 용도로 활용할 수 있다. 젯브레인 마켓플레이스를 보면 각종 자바 라이브러리를 지원하는 수많은 플러그인이 공

6 *https://mng.bz/6ndG*

개되어 있다. 이들은 저마다 특정 라이브러리에 대한 검사 기능을 제공하며 부정확하거나 비효율적인 사용 사례를 감지하고 지적한다. 또한 기업에서 내부 프로젝트 개발을 지원하기 위해 자체적으로 플러그인을 만들고 배포하는 경우도 많다. IntelliJ 플러그인 SDK의 온라인 공식 문서는 `https://plugins.jetbrains.com/docs/intellij/`에 있다. IntelliJ 플러그인을 시작하는 가장 손쉬운 방법은 [그림 B-4]처럼 IntelliJ IDEA에서 'New Project'를 열고 'IDE Plugin' 생성기를 선택하는 것이다.

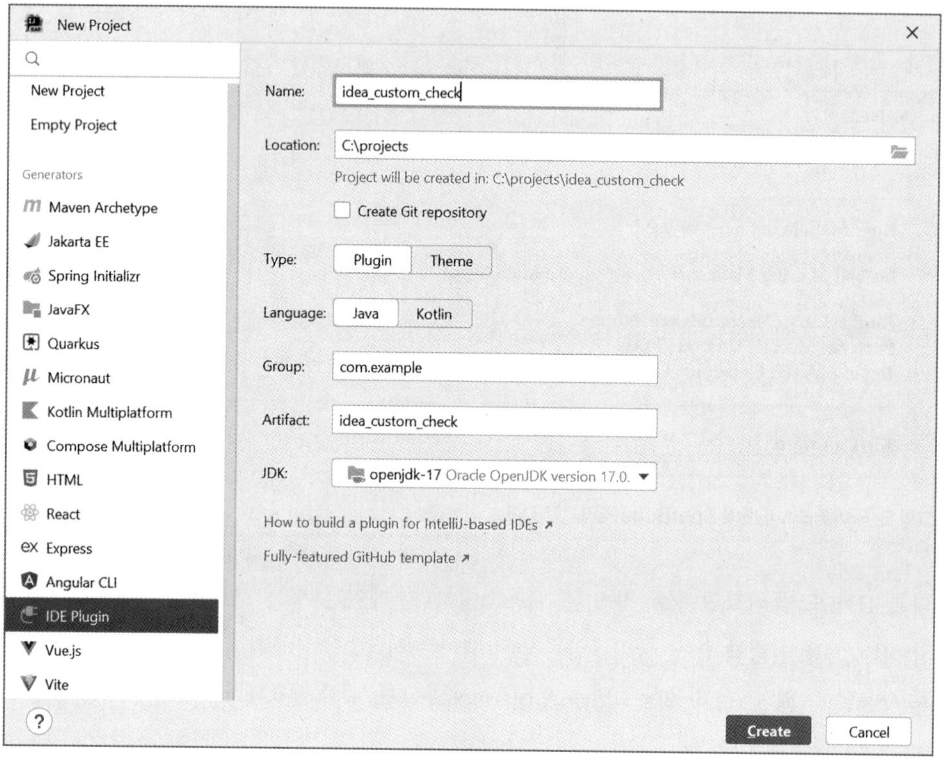

그림 B-4 IntelliJ IDEA 내에서 IDE 플러그인 프로젝트 만들기

이렇게 프로젝트를 생성하면 `idea_custom_check` 디렉터리에 예시 코드가 만들어진다. 이를 기본으로 각종 설정을 조금씩 조정해야 한다. 먼저 자바 검사임을 나타내기 위해 build.gradle.kts 파일에 `"java"` 플러그인 의존성을 추가할 것이다. `intellij {}` 섹션을 찾아 다음과 같이 수정해보자.

```
intellij {
    version.set(…)
    type.set("IC") // 대상 IDE 플랫폼

    plugins.set(listOf("java"))
}
```

"IC"는 **IntelliJ IDEA 커뮤니티 에디션**을 뜻하며, 이 플러그인을 IntelliJ IDEA 무료 버전에서 사용할 수 있음을 나타낸다. 다음으로 plugin.xml 파일을 열고, `<idea-plugin>` 태그 내부에 IntelliJ SDK의 `com.intellij.java` 모듈 의존성을 다음과 같이 추가한다.

```
<depends>com.intellij.java</depends>
```

이 외에도 plugin.xml과 build.gradle.kts을 통해 플러그인 설명, 제공자 이메일, IntelliJ 요구 버전 등의 각종 설정을 적용할 수 있다. 이제 검사 클래스를 만들 차례다. 먼저 다음과 같이 `LocalInspectionTool` 추상 클래스를 확장하고 `buildVisitor()` 메서드를 구현해야 한다.

```
public class HypotInspection extends LocalInspectionTool {
  @Override
  public PsiElementVisitor buildVisitor(ProblemsHolder holder,
                                       boolean isOnTheFly) {
    return new Visitor(holder);
  }
}
```

다음으로 방문자visitor를 직접 구현해보자. 방문자 클래스가 입력 받는 `ProblemsHolder` 객체는 플러그인이 경고를 보고하는 최종 단계에서 활용한다. 자바용 방문자 클래스는 `JavaElementVisitor`를 확장하며 특정 엘리먼트를 찾아서 접근하는 역할을 한다. 여기에서 검사할 대상은 `Math.sqrt()` 호출 코드이므로 다음과 같이 `visitMethodCallExpression()` 메서드를 오버라이딩해야 한다.

```
private static class Visitor extends JavaElementVisitor {
  private final ProblemsHolder holder;

  Visitor(ProblemsHolder holder) { this.holder = holder; }
```

```
  @Override
  public void visitMethodCallExpression(PsiMethodCallExpression call) {
    …
  }
}
```

visitMethodCallExpression() 메서드의 인수는 일명 프로그램 구조 인터페이스program structure interface(PSI)라 부르는 유형의 호출 엘리먼트다. PSI는 IntelliJ API를 이루는 하나의 계층으로, 파일을 파싱하고 구문 모델과 의미 모델을 생성하는 역할을 한다. PsiMethodCallExpression에는 메서드 호출과 전달 인수에 대한 정보가 정확히 담겨 있다. 다음과 같이 CallMatcher를 이용해 특정 자바 메서드 정보를 상수로 저장하면 간편하게 call과 대조할 수 있다.

```
private static final CallMatcher SQRT_CALL =
    CallMatcher.staticCall("java.lang.Math", "sqrt").parameterCount(1);

@Override
public void visitMethodCallExpression(PsiMethodCallExpression call) {
  if (!SQRT_CALL.test(call)) return;
  …
}
```

SQRT_CALL 매처로 call을 검사하면 해당 호출이 Math.sqrt() 메서드에 단일 파라미터를 전달한 호출임을 확인할 수 있다. 그런 다음 해당 파라미터를 안전하게 가져와 괄호를 제거한다. 이어서 PsiBinaryExpression과 + 토큰을 활용해 파라미터의 표현식이 덧셈인지 확인한다. 마지막으로, 표현식의 두 피연산자가 모두 제곱수인지 확인한다. 여기까지 모든 조건이 충족됐다면 문제 상황임을 보고하면 된다. 이 과정을 코드로 구현하면 다음과 같다.

```
@Override
public void visitMethodCallExpression(PsiMethodCallExpression call) {
  if (!SQRT_CALL.test(call)) return;  <-- 단일 인수로 호출된 Math.sqrt()인지 확인한다
  var arg = call.getArgumentList().getExpressions()[0];  <-- 인수를 얻는다
  arg = PsiUtil.skipParenthesizedExprDown(arg);  <-- 괄호를 제거한다

  if (!(arg instanceof PsiBinaryExpression sum)) return;  <-- 이항 연산인지 확인한다
  IElementType token = sum.getOperationTokenType();
```

```
    if (!token.equals(JavaTokenType.PLUS)) return;   ◁─┤ 덧셈이 맞는지 확인한다

    if (isSquare(sum.getLOperand()) &&       │ sum의 두 피연산자가
        isSquare(sum.getROperand())) {       │ 모두 제곱수인지 확인한다
      holder.registerProblem(call, "Use Math.hypot()");
    }
  }
```

isSquare() 구현은 상대적으로 더 간단하다. 이항 연산이 맞는지 다시 한번 확인하고, 이번에는 곱셈 토큰(IntelliJ API의 **ASTERISK**)과 비교하면 된다. 그리고 나서 다음과 같이 EquivalenceChecker 유틸리티를 쓰면 두 피연산자가 서로 동일한지 확인할 수 있다.

```
  static boolean isSquare(PsiExpression expr) {
    expr = PsiUtil.skipParenthesizedExprDown(expr);   ◁─┤ 괄호를 제거한다
    if (!(expr instanceof PsiBinaryExpression mul)) {   ◁─┤ 이항 연산인지 확인한다
      return false;
    }
    IElementType token = mul.getOperationTokenType();   │
    if (!token.equals(JavaTokenType.ASTERISK)) {         │ 곱셈이 맞는지 확인한다
      return false;                                      │
    }                                                    │
    PsiExpression left = mul.getLOperand();                  │
    PsiExpression right = mul.getROperand();                 │ 곱셈의 두 피연산자가
    var eq = EquivalenceChecker.getCanonicalPsiEquivalence(); │ 동일한 표현식인지 확인한다
    return eq.expressionsAreEquivalent(left, right);         │
  }
```

이제 이 검사를 플러그인으로 등록해보자. plugin.xml 파일에서 <extensions> 태그를 찾아 다음과 같이 <localInspection> 항목을 추가하면 된다.

```
  <extensions defaultExtensionNs="com.intellij">
    <localInspection implementationClass=
              "com.example.idea_custom_check.HypotInspection"
      language="JAVA" displayName="Math.hypot() could be used"
      groupBundle="messages.InspectionsBundle"
      groupPath="Java" shortName="Hypot"
      groupKey="group.names.verbose.or.redundant.code.constructs"
      enabledByDefault="true" level="WARNING"/>
  </extensions>
```

이 설정은 기존에 존재하는 'Java' – 'Verbose or Redundant Code Constructs' 검사 그룹에 플러그인을 추가한다. `shortName`으로는 `Hypot`을 지정했다. 이 이름은 검사 프로필 보고서에서 각 검사를 식별하거나 검사 경고를 억제할 때 사용된다.

기본적인 과정은 모두 끝났다. 이제 `gradle runIde` 명령을 실행하면 플러그인이 잘 작동하는지 확인할 수 있다. `gradle build` 명령을 실행하면 build/libs 디렉터리에 설치형 패키지 jar 파일이 생성된다. 'Settings' – 'Plugins' 대화 상자에서 'Install Plugin from Disk'를 선택하면 이 파일을 설치할 수 있다. 또는 이를 젯브레인 마켓플레이스[7]에 게시하면 모든 IntelliJ IDEA 사용자에게 공개된다.

자동화된 퀵픽스 구현 또는 검사 자체를 테스트하는 방법은 이 부록에서 다루지 않았다. 이러한 기능도 그리 어렵지 않게 구현할 수 있을 것이다. 하나의 플러그인에서 다양한 검사를 수행하는 것도 물론 가능하다.

IntelliJ IDEA의 구조적 검색 및 교체 기능

복잡한 정적 분석 검사 기능을 IntelliJ IDEA에 추가할 때는 플러그인 방식이 적합하다. 그러나 지금까지 예시로 들었던 간단한 검사에 플러그인을 동원하는 것은 다소 과한 조치다. IntelliJ IDEA가 제공하는 구조적 검색 및 교체structural search and replacement(SSR) 메커니즘을 활용하면 플러그인 없이도 간단하게 목적을 달성할 수 있다.

SSR은 기본적으로 검색 메커니즘이다. 그러나 부분 문자열이나 정규 표현식 등의 통상적인 검색 요소가 아닌, 자바 프로그램의 추상 구문 트리에서 특정 요소를 검색한다. 이 과정에서 주석, 포매팅 등의 부차적인 세부 사항은 무시한다. 또한 커스텀 검사를 만들 수 있으며 검사에 걸린 부분을 소스 코드에서 자동으로 강조해서 표시할 수 있다. 마지막으로, 자동으로 변경 사항을 적용하는 퀵픽스 기능을 설정할 수 있다.

`Math.sqrt(x * x + y * y)` 계산 코드를 찾아서 수정을 제안하는 SSR 템플릿을 만들어보자. 'Settings' – 'Editor' – 'Inspections'을 열고 + 툴바 아이콘을 누른 다음 'Add Structural Replace inspection'을 선택한다. 템플릿 입력 창이 열리면 'Search template:' 란에 다음과

7 *https://plugins.jetbrains.com/*

같이 입력한다. 참고로, `$identifier$` 형태로 작성된 부분은 각각 변수를 참조하는 플레이스홀더 역할을 한다.

```
Math.sqrt($x$ * $x$ + $y$ * $y$)
```

다음으로, Replace template: 란에 다음과 같이 입력한다.

```
Math.hypot($x$, $y$)
```

여기까지 진행한 화면은 [그림 B-5]와 비슷할 것이다.

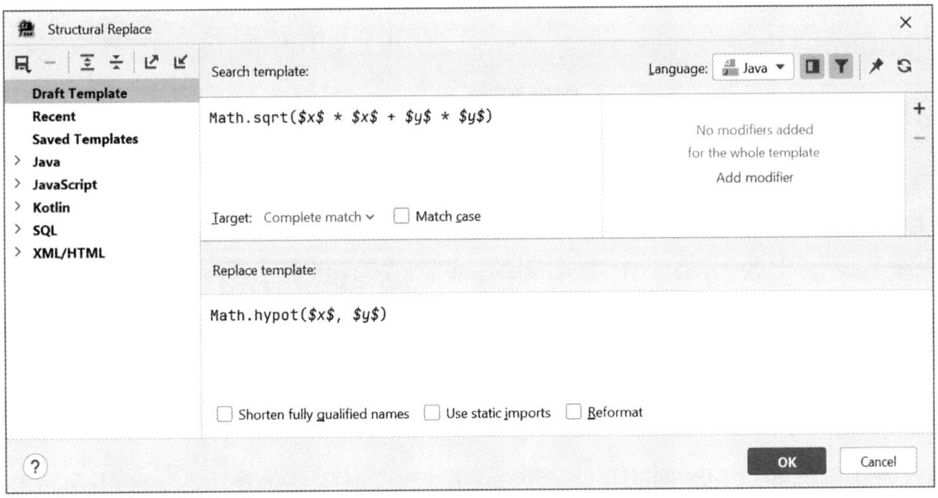

그림 B-5 IntelliJ IDEA의 구조적 검색 및 교체 템플릿 입력 화면

전체 표현식이나 개별 플레이스홀더는 필터를 이용해 범위를 제한할 수 있다. 예를 들면 개별 변수가 특정 타입일 때만 일치하도록 설정하는 것도 가능하다.

[OK] 버튼을 누르면 [그림 B-6]처럼 검사 메타정보를 입력하는 창이 열린다. 이곳에는 검사명, 설명, 억제 문자열 등을 입력한다.

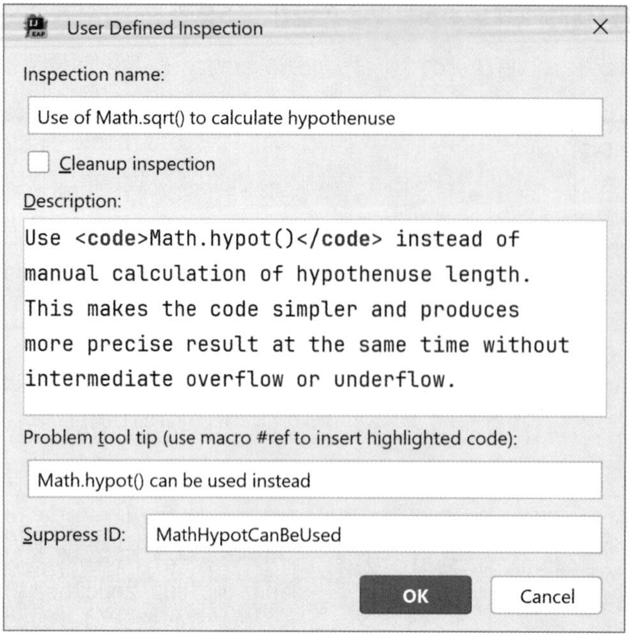

그림 B-6 SSR 검사 메타데이터 설정

이제 프로젝트 설정에서 검사 프로필에 새로운 검사가 추가되며 해당 패턴과 일치하는 모든 표현식이 [그림 B-7]처럼 강조된다. 참고로, **x**와 **y**는 단일 변수뿐만 아니라 복잡한 표현식도 인식한다.

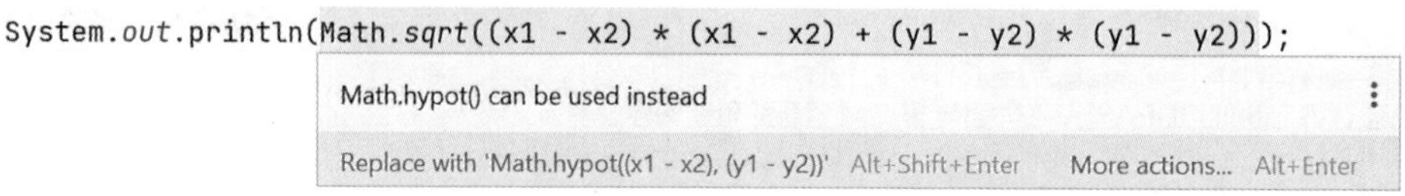

그림 B-7 IntelliJ IDEA 에디터의 구조적 검색 경고

검사 프로필은 일반적으로 .idea 폴더에 저장된다. 이를 프로젝트와 함께 커밋하면 동료 개발자도 이 검사를 사용할 수 있다. 또한 이 프로필은 젯브레인의 정적 분석 도구인 Qodana[8]에서도 쓰인다. 이를 CI/CD 서버에 적용하면 지속적 통합 단계에서 똑같은 프로필로 정적 분석을

8 *https://www.jetbrains.com/qodana/*

수행할 수 있다. 일반적으로 SSR은 프로젝트 단위로 버그 패턴을 방지하거나 기존 정적 분석기를 보완할 때 강력한 효과를 낸다. SSR에 대한 더 자세한 설명은 IntelliJ IDEA 공식 문서[9]를 참고하기 바란다.

9 *https://www.jetbrains.com/help/idea/creating-custom-inspections.html*

INDEX